NOTICIAS DE ESTADOS UNIDOS

NOTICIAS DE ESTADOS UNIDOS

1881 - 1883

José Martí

Fredonia Books
Amsterdam, The Netherlands

Noticias de los Estados Unidos 1881-1883

by
José Martí

ISBN: 1-4101-0751-5

Fredonia Books
Amsterdam, The Netherlands
http://www.fredoniabooks.com

NOTICIAS DE ESTADOS UNIDOS

1881 - 1883

José Martí

Fredonia Books
Amsterdam, The Netherlands

Noticias de los Estados Unidos 1881-1883

by
José Martí

ISBN: 1-4101-0751-5

Fredonia Books
Amsterdam, The Netherlands
http://www.fredoniabooks.com

INDICE

1881

1883

CARTA DE NUEVA YORK

Sumario

Mejoría de Garfield.—Ansiedad pública.—Periódicos y médicos.—El Presidente y el Vice-Presidente.—Los dos rivales.—Nuevo atentado de Guiteau. — Complicidades misteriosas. — El General Hancock.—La candidatura de Tilden.—Hartmann, su extradición, su carácter.

---

(1) Las correspondencias con los números 7 y 9 proceden del archivo de Néstor Carbonell y Rivero; los demás trabajos 1, 2, 3 y 10 del archivo de Gonzalo de Quesada y Miranda, y los numerados con el 4, 5, 6, 8, 11, 12 y 13 del archivo de Félix Lizaso. Estos últimos le fueron facilitados al Sr. Lizaso por el Sr. Vicente Dávila, Director del Archivo Nacional de Caracas, Venezuela.

(12)

CARTA DE NUEVA YORK

SUMARIO

Mundo de Capital.—Amistad política. Periodico y modas.—El Presidente, y el Vicepresidente.—Los dos grandes.—Nuevo método de Qué fue.—Complicadas naciones.—El General Hancock.—Las candidaturas de Tilden.—Hendricks, en Externación.—De regeñar.

(1) Las más completas noticias hallaremos y se procesan del archivo de Nueva Castildel y Rivera, son desde el libro 1, 2, 3 y 10 del registro que consulta de Castilla y Rivera, y las jornadas social 4, 5, 6, 8, 10, 12 y 13 relativo de la Librera Carta dirigido y formalizado al Instituto por el Sr. Vicente Davila. Director del Archivo Nacional de Nueva Venezuela.

Nueva York, 20 de agosto de 1881.

Señor Director de *La Opinión Nacional*:

Tal es el acontecimiento que absorbe aquí toda la atención, y tales pudieran ser las consecuencias, que de él se derivasen, que ni la presencia del famoso nihilista Leo Hartmann en Nueva York, ni la energía conque el partido democrático se prepara para las próximas elecciones, ni el movimiento anticipado del comercio de otoño que ha comenzado ya desde el verano,—ni las peculiaridades curiosas de este pueblo en la terrible estación que atravesamos,— son bastante a distraer los ánimos del capital asunto, que los interesa, preocupa y alarma a todos: la vida del Presidente, de ese hombre fuerte y cristiano, tan diestro para combatir a los envilecedores del sistema republicano, como valeroso para sufrir la cruenta tortura a que le expone su terrible herida. El tiempo que ha pasado desde que la recibió no ha hecho mas que aumentar la simpatía que el noble enfermo inspira, "el enfermo de la Nación" como lo llama el *Herald*. Es el saludo de todos, de ricos y de pobres, de potentados y de mendigos, de apasionados y desentendidos: ¿Cómo está el Presidente? Pero son muy ambiguos los datos, que hora tras hora publica el cuerpo médico encargado de su cura, y sería en verdad tan grave toda aserción equivocada acerca del estado

del enfermo, que se conciben sin esfuerzo la vaguedad y prudencia que envuelven estos ansiados
boletines. Tres días hace, creyóse que moría, la ansiedad pública creció tan súbita y marcadamente,
que bien se vé que estrago haría en este pueblo la
muerte de su hidalgo jefe. Pero recobró las fuerzas que parecían abandonarle por completo, desa-
parecieron los síntomas de infección purulenta de
que se le creía amagado; cejó la tenaz fiebre que lo
viene consumiendo, y hoy salió ya de labios del
médico de cabecera; esta frase consoladora: "Oh!
va espléndidamente!" Ciertamente, es de esperar
que, puesto que retiene mayor suma de alimento,
desciende su fiebre, y desaparecen los síntomas de
infección, salgan al fin vencedor el resignado enfermo de los graves trances que siguen a su herida. Mas la bala aún no ha sido extraída, y continúa amenazando a todas luces, desde su aposento misterioso, algún órgano importante. Ni se ex-
trañen estos detalles, ni parezcan minuciosos. Sábese aquí a cada minuto la menor alteración del
pulso del Presidente, que se repite de boca en boca,
en el correr de las calles de acera a acera, en medio de los más árduos negocios, como una palabra
de pésame, o de felicitación. Se sabe la menor frase que el herido murmura, el cambio más sencillo
de su fisonomía, el lado de que está acostado, la
clase de alimento que toma, por quien pregunta, a
quien sonríe, quien está cerca de él. Cuatro o cinco
columnas dedica diariamente el *Herald* a estos detalles, a recontar pláticas de la casa, a censurarlas,
a acusar de error a los guardianes, a registrar los

más agrios comentarios de los médicos; a informar
en ediciones sueltas al país, del menos cambio que
ofrezca la salud del Presidente. ¡Cuánto plan!
¡Cuánta envidia de los doctores! ¡Cuánta extravagancia! Médico ha habido que afirma que Garfield
ha tenido dos asesinos: el malvado que disparó
contra él, y el médico que dirige la cura. Disgusta esta falta de respeto al gran dolor público y así
propios. En tanto; una sonrisa de bondad ilumina
perennemente el rostro demacrado del enfermo; su
mano generosa estrecha con gratitud las de los que
lo asisten; como que se quiere hacer perdonar el
que hayan de ocuparse tanto de él; y cuando tiene
fuerzas para hablar, dice palabras de amor o reconocimiento. ¿Quién enfrenaría la cólera de esta
Nación, quién ampararía de su ira y de la cegue-
dad de su dolor al vulgar asesino, si este hombre magnánimo muriese?

El asesino, en tanto, con los pies desnudos, nervioso y azorado, esperando confusamente en una
salvación de que a poco desconfía, rumiando ideas
siniestras, que se copian en el fulgor vago y visible
de sus ojos, gira como una hiena en torno a las paredes de su calabozo, atrae la atención de sus cela-
dores con movimientos inusitados, y cuando uno de
estos entra al fin en la celda a investigar la causa
de aquella especial agitación, salta al cuello del
empleado, esgrime contra él un trozo de acero, que
se usa aquí dentro de la suela de los zapatos, afilado y cortante, echa al celador en tierra; procura
arrebatarle su pistola, rueda con él por sobre el
suelo contra los muros, contra la tarima, en un de-

sesperado duelo a muerte, hasta que otros celado-
res que acuden al disparo casual de la pistola, caída en tierra en la lucha, salvan a su compañero
amenazado de aquel ataque bárbaro y extraño.
¿Qué miedo de no salvarse puso espanto en el espíritu de este hombre? ¿Qué plan súbito de fuga
concibió? ¿Imaginó acaso, cometiendo en un hombre ignorado un nuevo crimen, llegar a ser tenido
por maníaco de homicidio? Sólo responde con una
frase vacía a las preguntas que se le hacen. "No
he querido lastimar a nadie". Sus guardianes le
temen por la rapidez de su penetración, de que da
constantes muestras. Ocúpase de su comodidad
personal, y de pequeños deseos de comida y de
bebida, con tranquilidad y minuciosidad repugnantes. He ahí una gran ambición injustificada, que
ha llevado al crimen.

Mas ¿quién sabe cuántos empujan la mano que
al fin cae sobre la víctima? ¿quién sabe que misteriosos y grandes cómplices tendrá este hombre, de
cuya complicidad ni él mismo sospecha? ¿Qué lazo
singular ha venido a unir, a un mismo tiempo el
resultado de los insanos y desmesurados apetitos
del asesino, y el interés de un partido político, que
con la vida y actos de Garfield no tenía ya esperanza alguna de existencia? ¿Qué sutil veneno no
se habrá tal vez vertido por hábiles manos en el
espíritu de este criminal, conocido y servidor de todos aquellos en quienes caería irremediablemente
la herencia del poder, si muere Garfield? A tales
abismos desciende el interés humano, y había pos-
trado en tierra la inusitada y brillante energía

del nuevo Presidente tantos intereses; había arremetido, con tan noble vehemencia, contra los que, en su provecho y el de su gloria, estaban en camino de deshonrar a su partido y a su patria; había levantado tan alta valla a ambiciones desmedidas, ilimitadas, criminales; había hecho saltar, como a acero mal templado, planes e intrigas tan trascendentales y sombríos, que si el ánimo generoso se aflige de dar cabida a una sospecha injusta, las lecciones históricas, los intereses en lucha, y el carácter y momento del suceso la hacen surgir y la autorizan. En la sombra, y en posición desgarbada, a que lo reduce su reconocida y vehemente enemistad contra Garfield, espera el vice-presidente Arthur, y con él el soberbio, elocuente y hábil Jefe del partido republicano de Nueva York, Roscoe Conkling, la solución, de este atentado, que ha de darles el poder que ansiaban, o alejarlos de él para siempre. De frente están aún los dos enemigos fieros que encabezan los dos grandes bandos republicanos,—Blaine, el Jefe del Gabinete de Garfield, y su auxiliar impaciente y brioso;—y Conkling, el mantenedor infatigable de los proyectos grantistas, vastos e impenetrables, pero de seguro tan culpables como ignorados y tenebrosos. Blaine, en quien brilla luz de genio, quiere nación libre, tesoro puro, derecho asegurado; quiere la grandeza americana por las libertades que han hecho la fortuna de este pueblo, y la gloria de sus fundadores. Conkling, abogado altanero de un Gobierno aristocrático y fuerte, no ofrece más programa definido que la reelección de Grant, ni manifiesta su actividad pasmosa, y sus especiales dotes políticos, sino en la desesperada defensa de su preponderancia en el Estado, y la del partido de su estado en el partido que gobierna a la Nación: todo esto, proyectos sombríos de Grant, ambiciones y altiveces de Conkling, colosales fortunas adscritas a ellas, vanidades y riquezas poderosas, habían venido a tierra a los primeros embates de la limpia lanza que movían Garfield y Blaine. Y todo esto vuelve a flote, y Blaine, de este grupo tan odiado, muerde el polvo, si el Presidente muere. Este es el gran combate.

Una cuestión grave, que han hecho tratar a la prensa, porque a ellos les impide el decoro tratarla, preocupa ahora a los conklinistas. Verdad es que por la especial situación de la política; por la enemistad pública del Presidente y el Vice-presidente; por el trastorno radical que causaría en el país, y por las sospechas de ambición irreverente que caerían sobre Arthur,—éste no podría intentar el ejercicio del derecho que la Constitución parece concederle, sin que se asemejase este acto a un atentado. Su sola tentativa cubriría de merecido descrédito al general Arthur, para quien se convierten en silenciosas censuras y desaprobaciones tácitas las simpatías que inspira el Presidente. La cuestión, aunque grave es simple. La Constitución establece que cuando entre otros casos, el Presidente esté en inhabilidad de ejercer las funciones de su cargo, debe entrar a reemplazarlo el Vicepresidente. No hay ampliación: no hay atenuación: no hay interpretación posible: la frase es neta y seca. Y el Presidente está en verdad en inhabilidad para ejercer las funciones de su cargo. Mas honor, y prudencia, y bien parecer prohiben al general Arthur solicitar la realización de un derecho que la Constitución le concede, ni ocupar en vida de su enemigo, el puesto que deja vacante un adversario, de cuya desgracia le viene a él tanto provecho. Pone la honra vallas que ningún código salva. He aquí la ley suprema, legislador de legisladores, y juez de jueces:—la conciencia humana.

En tanto que así se batalla en el campo republicano, desbandado y lleno de iras, los demócratas se agrupan y reorganizan, y se escuchan de nuevo dos nombres a quienes la fama no escatima elogio;—el del general Hancock, vencido por traiciones de los suyos, y por intereses de orden vil, en las últimas elecciones, y el del estadista Tilden, el anciano paciente, vencido en las elecciones anteriores por la astucia y deslealtad del partido republicano, que dio la Presidencia a Hayes. De Hancock se habla para celebrar un caballeresco rasgo suyo: en respeto a su vencedor, el general demócrata no ha asistido a ninguna de las diversiones públicas y privadas que el verano ofrece, y en tanto que el Presidente que lo venció se debilita en él que puede ser su último lecho sobre la tierra, él no abandona el recinto austero de su casa de Gobernador. De Tilden se habla para presentar su candidatura a la Presidencia en las elecciones próximas, y volverlo por un nuevo voto, indudable e invencible, a la dignidad que le fué arrebatada. El sabio político cree oportuno el momento de la nueva campaña, mantiene que el partido demócrata fué vencido en las elecciones de 1880 por haber dudado de la eficacia de su nombre, y sustituído con el de Hancock,—y se muestra seguro del éxito de ellas. Este pueblo heredó calma y grandeza: en la lucha. Reina animación desusada en las filas de los discípulos de Jefferson: parece, en suma, como que cansados de tanta política mezquina, corre un aire puro por las asambleas políticas de este país, señor en apariencia de todos los pueblos de la tierra, y en realidad esclavo de todas las pasiones de orden bajo que perturban y pervierten a los demás pueblos. Y es esta la nación única que tiene el deber absoluto de ser grande. En buena hora que los pueblos que heredamos tormentas, vivamos en ellas. Este pueblo heredó calma y grandeza: en ellas ha de vivir.

Un hombre pequeño y delgado, de bigote y perilla castaños, de grandes ojos azules, astuto y móvil, precavido y parlero, inquieta hoy a Nueva York. Ese es Leo Hartmann, el nihilista acusado de tentativa de asesinato contra el Czar, tentativa inútil, que causó la muerte de numerosos seres infelices. Jovialidad, serenidad, actividad y desembarazo distinguen al nihilista. Su caso apasiona a los americanos, como apasionó a franceses y a ingleses. No bien llegó surgió la cuestión que en Inglaterra y Francia había surgido: la de su entrega a Rusia, en el caso de que Rusia, amiga de los Estados Unidos, solicitara aquí como solicitó allá, su extradición. Los abogados le dieron respuesta favorable, mas como el vice-secretario de Estado indicó confi-

dencialmente que sería entregado, Hartmann se re-
fugió en el Canadá. La opinión, en tanto, se es-
clareció en la prensa: Wendell Phillips, el gran
orador humanitario, rechazó con indignación, como
Victor Hugo en Francia la idea de la entrega. La
prensa americana ha decidido que sería una ignominia para la nación la entrega de un refugiado
que si es un criminal, es un criminal político. Cí-
tanse a esto grandes autoridades de derecho; y
Hartmann tranquilo y alegre vuelve del Canadá,
prepara la publicación de su libro sobre Rusia, habla en ruso a los reporteres que le hablan en inglés; se señalan sus respuestas por su habilidad en
esquivar las preguntas importunas, mas en vano se
buscarían en las minuciosas denuncias de espías rusos, y cartas referentes a su caso que dirije a los
periódicos, un concepto grandioso, un pensamiento
desusado, una consagración apostólica, una fe sobrehumana, una idea alada. Es una naturaleza de
combate, inquieta y persistente: es un roedor y un
derribador. Su fe política no exculpa su crimen
frío e innoble: vale más continuar indeterminada
esclavitud, que deber la libertad a un crimen. Curiosidad inspira: no afecto público. Es un caso,
una novedad, un escándalo, una atracción. Pero,
cualesquiera que sean las simpatías que la causa
del pueblo infortunado de Rusia inspire a los corazones generosos,—hay un vacío, un irreparable
vacío entre este hombre y los hombres.

Uniendo mi plegaria cariñosa a la ferviente oración que por la vida de su abnegado enfermo alza
al cielo este pueblo, conmovido, suspendo aquí esta

carta por no enojar a Ud. con ella, y saludo a Ud. afectuosamente.

M. DE Z.

Ultimas noticias (a la salida del Claudius).

Agosto 20.

El Presidente continúa mejor. Retiene más alimento. No progresa la inflamación de la parótida, que se creyó síntoma de pyoemia. El Patriarca de Armenia le ha dirigido desde Constantinopla una tierna felicitación. La reina Victoria telegrafía frecuentemente a la esposa de Garfield.

M. DE Z. (1)

La Opinión Nacional. Caracas, 5 de septiembre de 1881.

---

(1) Martí inició sus correspondencias desde Nueva York a *La Opinión Nacional* de Caracas con el seudónimo *M. de Z.*

2

NOTICIAS DE LOS ESTADOS UNIDOS

2

NOTICIAS DE LOS ESTADOS UNIDOS

Nueva York, 3 de setiembre de 1881.

Señor Director de *La Opinión Nacional*:

Aún vive el esforzado Presidente de la América
del Norte, el cristiano enfermo, el reformador atrevido, el venerado Jefe de la sección honrada del
partido republicano. Ni un instante han cesado el
interés público, las plegarias religiosas, las alaban-
zas unánimes a la fortaleza heroica del enfermo, los
testimonios de adhesión de Cortes y Repúblicas, y
las múltiples y cariñosas formas conque este pueblo expresa su ansiedad. Ni un instante han cesado
la publicación de boletines extraordinarios, las muchedumbres agitadas frente a las estaciones de telégrafo, el gentío que se reune de noche en los hoteles en busca de noticias, y el gemido de alarma
y la sonrisa de alegría con que este pueblo, indiferente para otras cosas muy nobles, despierta al fin,
para premiar con un afecto vehemente y candoroso
el martirio de uno de sus mejores servidores.

Las fluctuaciones entre la esperanza y el desaliento mantienen viva la curiosidad que hubiera
podido de otra manera fatigarse. En medio de las
funciones de teatros, se leen en alta voz, todas las
noches, telegramas dirigidos a un empresario vestido de correo de Czar de Rusia, o teñido de negro
y vestido de harapos como los antiguos esclavos del

Sur, por algún coronel amigo ⌢ Senador bien in-
formado que da cuenta de la situación del Presidente. Excelentes retratos de Garfield, a mínimos
precios andan en todas las manos. Noches pasadas en una fiesta de fuegos artificiales, imponente
y grandiosa como una fiesta de circo romano, en
Coney Island, a una figura representando un elefante vivo, con trompa, piernas y cola en movimiento, lo cual arrancaba exclamaciones de supremo goce al gentío inmenso, sucedió un hermosísi-
mo cuadro coronado por los genios de la fama, en
que brillaban de un lado, en colosales líneas de
luz, el retrato del caudillo moribundo y del otro el
de la noble Reina de Inglaterra que hora tras hora
envía mensajes ferventísimos a la santa señora que
sonríe y vela a la cabecera del enfermo.

Ah! no es esa mujer, abnegada y amante, como
esas abominables figurillas que a modo de mani-
quíes escapados de los aparadores de las tiendas,
deslumbran por estas calles ricas a extranjeros in-
cautos y a jóvenes voraces; no es esta mujer como
esas criaturas frívolas y huecas, vivas sólo para la
desenfrenada satisfacción de los sentidos, que aflijen y espantan el espíritu sereno con su vulgar y
culpable concepto de los objetos más nobles de la
vida: es una compañera excelentísima apegada a su
sufriente compañero, como las raíces a la tierra, y
que sobre su lecho de muerte, lo enlaza y lo calienta, como esas yedras amorosas y emparrados
verdes que oscurecen la entrada de los cementerios
de Greenwood.

La sola virtud de la noble señora ha dado origen

a uno que pudiera llamarse renacimiento de pensamientos puros, y en realidad, a una gala justa de orgullo nacional: bastan para honra de un pueblo prendas tales. No hay periódico que no celebre, con palabras trémulas y agradecidas, la ingenua e inagotable solicitud, la suave y apasionada delicadeza, la enérgica y fortalecedora resignación de esta ejemplar esposa. No es mucho decir que como Washington y Lafayette y Lincoln, el casto matrimonio de Ohio tendrá, de hoy más sus retratos colgados en las paredes de todos los hogares, y su memoria conservada en todos los corazones norteamericanos.

Mas no sólo vive aún el Presidente: he aquí el último telegrama que media hora antes de zarpar el vapor *Caracas* leo en el *Herald*.

"A Lowell, Ministro en Londres.

"El Presidente ha tenido un día muy satisfactorio y en el juicio de sus médicos todos sus síntomas eran favorables anoche. Considerando el día en conjunto ha tenido menos fiebre y mejor apetito que en muchos días pasados.—Blaine, Secretario".

El pulso en el herido que llegó a alcanzar 140 grados, mantiénese hoy entre 90 y 100: toma con moderación y deleite los alimentos que le ofrece su tierna compañera, que fué tan enérgica en los días fatales y lúgubres de la última semana y animó de tal modo al enfermo y riñó tan cariñosamente a los desconsolados médicos y sacó de su amor tales esfuerzos de vida, que parece como que desde aquel día, rasgó con su mano y guarda en ella los crespones de muerte que enlutaban la alcoba de su esposo. En tan buena condición le juzgan los médicos ahora, que ya se trata de trasportarle a Quebec, ciudad celebrada por la pureza de su aire y de sus aguas y la extraña fortaleza que allí ofrecen a las naturalezas desmayadas los sanos y frondosos alrededores. Allá van, a las alturas del viejo Itacona, a recobrar su fuerza perdida los inválidos del Sur, y allá iban en los tiempos agitados de la guerra civil los heridos graves y los enfermos macilentos del ejército federal. Allá se proyecta llevar al Presidente en este instante, y ya los médicos impeccionan cuidadosamente el vapor *Tayapoosa*, que con la máquina encendida y las velas dispuestas aguarda a su venerando pasajero.

No exagero si digo que con el deseo de enviar a Ud. las últimas noticias, estoy escribiendo esta correspondencia en la escalera del vapor. ¿Que hará ahora el Gobierno en tanto que el Presidente se recobra? Llamará sin duda al Vice-presidente Arthur que alejado de Washington porque la Nación que le ha visto hostil a Garfield, no podría suponer sinceros sus cuidados, espera en Nueva York a que el Presidente o sus Ministros le señalen el instante en que ha de comenzar a autorizar con su firma las decisiones del poder Ejecutivo. Mas esta sustitución temporal y meramente de fórmula no alterará la briosa política original y salvadora que ocasionó la tentativa de asesinato del Presidente. Los hombres honrados serán mantenidos en sus puestos y los dilapidadores expulsados de ellos. La política volverá a ser el arte de conser-

var en paz y grandeza a la Patria, mas no el vil
arte de elaborar una fortuna a sus expensas.

De la presencia de un nihilista ruso, distinción
que es preciso hacer porque en todas partes va
habiendo nihilistas, hablé a Ud. en mi carta anterior, y lo cierto es que en este fatigante y denso
verano en que la vida parece como que huye es-
pantada a refugiarse en las orillas de la mar y en
los rincones de los bosques, todo parece como ale-
targado y en suspenso, y fuera del interés que inspira el restablecimiento del Presidente, su fortaleza de ánimo y el vigor mental y moral de su esposa, apenas hay noticia que interese, de no ser las
querellas de los partidos interiores, las palabras ás-
peras y condenatorias que en algún periódico se leen
sobre Grant, el lujo de fuerza pecuniaria que este
país desplega en sus relaciones industriales con
Méjico, y esta noticia de que, para ahorrarse sin
duda complicaciones y para levantar obstáculos a
los proyectos revolucionarios del atrevido estudiante ruso, el gobierno del Czar ha comunicado al caballeresco y afamado Secretario Blaine, que Leo
Hartmann que se conoce en los Estados Unidos no
es, "aunque Hartmann está haciendo un viaje por
América," el Hartmann verdadero.

Con decir a Ud. que no creo por mi parte verdadera sino astuta, la afirmación del Gobierno del
Czar, y que es cosa que debiera pensarse en esta
hora de exceso de capitales y boga de países americanos el establecimiento de una red de negocios,
más fácil que en cualquiera otra de las Repúblicas
del Sur, entre los Estados Unidos, exuberantes de

riquezas y ganoso de mercado, y Venezuela, mercado fácil y grandioso y necesitado del caudal extranjero, cierra aqui hoy felicitando a Ud. por la popularidad de que su periódico goza en las redacciones de buenos periódicos neo-yorkinos, su amigo tan sincero como afectísimo.

M. DE Z.

La Opinión Nacional. Caracas, 17 de septiembre de 1881.

3

NOTICIAS DE LOS ESTADOS UNIDOS

Nueva York, 16 de setiembre de 1881.

Señor Director de *La Opinión Nacional*:

Quince días han pasado desde que envié a Ud. mi última carta. Los sucesos se amontonan, buscando puesto, en torno de mi pluma; mas aunque los Apaches vengativos han dado muerte en la frontera meridional a buena suma de soldados norteamericanos, y amenazan de incendio sus casas, de violencia a sus familias, y de muerte a sus compañeros; aunque con implacable rudeza, en cumplimiento de un tratado leonino, acaba de compeler este Gobierno a una mísera tribu de indios a que abandone para siempre sus risueños poblados, frondosos bosques y valles alegres, de que se despidieron con grandes voces y gemidos, con que pueblan la selva, en busca de nuevos hogares de donde mañana, como de estos ricos de ahora los expulsarán "los hombres blancos"; aunque en sendas y numerosas columnas de periódico, se cuenten aquí trasmitidas por el cable como noticia de suma valía, las proezas del potro americano Iroquois, de las caballerizas del rico opulento Lorillard, que acaba de vencer en las carreras de Doncaster, con gran amargura e ira de los ingleses, al caballo St. Leger, a cuya victoria llaman los periódicos más graves "gran victoria de América", aunque ya se aglome-

ren y den qué decir los preparativos para el centenario de Yorktown que renueva la memoria de
esta nación cuanto de osado, fiero y épico hubo en
ella,— ni un instante amengua, ni en el concepto
público cede en nada, el interés que la recia lucha
del Presidente con la muerte inspira.

Ya no languidece Garfield como antes en aquella
calurosa casa en cuyos muros no ondeaba perfu-
mado como ondea ahora en su casa de Long Branch
el aire sano, sino que se condensaba y se movía en
ondas espesas el aire impuro, cargados de los gérmenes palúdeos que emanan del ancho río de Washington. Ahora reposa en su cama unas veces, en
una silla de brazos otra, viendo desde ambas cómo
el mar bravío azota con su espuma blanca la limpia arena de la margen; ahora hace gala, en sus
pláticas de familia, de sus conocimientos náuticos,
y les explica que viento mueve a los buques, y que
buques son, y que rumbo llevan; ahora como en días
pasados, ve ir y venir al centinela que guarda su
ventana, y al mirarlo de frente, alza la mano y le
saluda con bondad, a lo que el soldado levanta el
fusil, hace un saludo militar y rompe en llanto.
Mas nada garantiza aún la salvación de este tenaz enfermo, cuya herida viene ya cerrándose, en
apariencias de fuerza y limpieza, cuya mente poderosa solo vacila en las horas de la mañana en que,
como el día aparece velada por las nubes; y cuya
recia máquina se alimenta de escasos trozos de
aves, y de cucharadas de whiskey, encaminadas sin
duda a contener el visible envenenamiento de la
sangre. Y ora se cree, ora se desconfía, ora las gen-

tes se alejan con rostro satisfecho de los lugares
donde se fijan los telegramas que dan cuenta del
enfermo; ora se separan silenciosas, y como si les
cubriera el rostro crespón fúnebre. La fe no se
asegura: la alarma no cesa. Fíase, sin embargo, en
la virtud fortificante del agua de mar que respira;
en la energía que viene al herido del placer que la
linda casa nueva, la casa de Franklyn y la cercanía del mar, la limpieza de la atmósfera, el vasto
espacio y la clara luz le producen; fíase, mas que
en todo, no ya en el vigor de su fortaleza espiritual
que no ha bastado a conmover la muerte, sino en
el poder de la naturaleza criadora, que en aquella
orilla de mar, saturada de sales saludables, puede
llevar a sus venas invadidas por el pus matador,
nuevos elementos y gérmenes predominantes que
aseguran su existencia amenazada: del viaje a
Long Branch se espera todo.

Y ¡qué conmovedor fué aquel viaje! ¡Rara muestra de afecto público!

¡Singular expectación! Todo este pueblo tembla-
ba como un corazón de mujer. El país como un
corderillo asustado, bajaba la voz como para no
turbar con el ruido de su respiración la calma de
su enfermo. Cuando se supo al fin que la locomotora poderosa,—una gran locomotora de fiesta, a
la cual su conductor acariciaba como orgulloso de
su hazaña y satisfecho de su compañero de trabajo,—se detuvo al llegar al tramo de ferrocarril im-
provisado durante la noche anterior; cuando empujado por hombros de amigos y sirvientes, el carro del herido se detuvo con su carga a la puerta

de la amplia y pintoresca casa que le aguardaba,
sintióse como si un suspiro de alivio se hubiera es-
capado a la vez de todos los pechos, y como si un
grave peso hubiera caído súbitamente de todos los
hombres. Este ha sido un viaje majestuoso, lleno
de detalles conmovedores y admirables.

Era la nación como una gran casa, y en ella había el mismo recogimiento y el silencio mismo que
se observan en la morada de un enfermo amado.
No bien había pasado las doce de la noche del día
precedente al del viaje, numerosos grupos invadían
cuchicheando las avenidas que conducen a la Casa
Blanca. Las más tiernas palabras se oían en la
sombra. Del Potomac impuro ascendían gérmenes
mefíticos. Fantásticas luces brillaban brevemente
en una y otra ventana de la casa. Ya a las cuatro,
el panadero llega en su rápido vagoncillo, con su
brazada de pan fresco; entra y sale el mayordomo;
aparece en la puerta, cargado el hombro de toallas,
el fiel criado de color que sirve al Presidente. Se
pisa con cuidado: se habla con confianza; se oyen
exclamaciones dolorosas. Y cuando al cabo, tendido en unas andas, con un paño húmedo sobre la
frente, expuesto al aire espeso de aquella mañana
tórrida, limpia y ansiosa la mirada, larga la barba
y los cabellos, apareció en la ancha puerta del hogar nacional el bravo enfermo, la multitud sobreco-
gida de amor y de angustia apagó sus murmullos,
y todas las cabezas por espontáneo impulso, quedaron en un mismo momento descubiertas. Lleno el
rostro de lágrimas entró en su coche la abnegada
esposa, y al ver salir en andas a su padre, la buena

Mollie, la hija a quien prefiere, escondió su rostro
en el seno de una amiga para que no se oyeran sus
sollozos. A la par que el carro que llevaba por las
blandas calles de Washington al Presidente, se
aproximaba a la estación, abríanse las ventanas y
poblábanse las portadas de las casas, y afluían en
grupos silenciosos los habitantes desde la ciudad a
los lugares de tránsito. Al fin, el enérgico enfermo
a quien la salida de aquella mansión que abomina y
el espectáculo de la encariñada muchedumbre que
le seguía, habían dado ya como aire de salud y
animación, fué colocado en un alto lecho en mitad
de un carro que ha llevado a ilustres viajeros, a
potentados y a príncipes, a triunfadores y a futuros reyes. Una elegante máquina precede a la que
mueve el tren presidencial. Precauciones minuciosí-
simas han sido tomadas. La locomotora vibrante
y rugiente, rueda ahora sin ruido, y como con conciencia de su carga. Y se anda, se corre, se vuela.
"Más a prisa, más aprisa," decía el Presidente que
por las cortinillas corridas disfrutaba con visible
deleite del paisaje. A las veces se anduvo a milla
por minuto.

El gigante de hierro se cansa, se le acaricia, se
le olea, se apaga el humo de sus resortes encendidos por el veloz roce. Cuando, precedidos siempre de la alígera máquina exploradora, llega el
tren a Filadelfia, como pétalos apiñados en una
rosa llena el camino, la estación, la avenida, la muchedumbre ávida. Se asoma a la plataforma la hija del herido,—y la victorean. Leen los médicos
para calmar el ansia pública, un boletín en que afir-

man que el enfermo va en salvo y alegre,—y resuenan hurrahs, ondean pañuelos, danzan la gente de
alegría, y echan al aire sus sombreros.—Recomien-
sa la marcha: el tren no se detiene en las estaciones, que rebasan en hombres y mujeres: "Oh! nunca pensé que me pareciese tan bella esta tierra ári-
da". "¡Bravo paseo Lucrecia!" "Bueno es el aire
salado!" dice poseído de un júbilo que atiza su fiebre, el animoso paciente. Le echan las cortinillas del
vagón, para que la multitud ansiosa no le impre-
sione; y él se yergue, y recoge por primera vez el
premio de su herida: sabe que es amado: "quiere
ver la gente".

Ya se acercan al pueblo elegido, a Long Branch
aristocrático, que el mar besa con ondas azules, y
el fausto neo-yorkino con ondas de oro. Trabas y
hábitos se han dejado a un lado. El pueblo ha sido durante la noche una familia. Las casas han
estado iluminadas; los hoteles como en fiesta; las
gentes, en las calles. Desde el alba hiciéronse tan
apiñados los grupos en torno a la residencia esco-
gida, que no estaban al medio día más apretadas
las arenas en la playa que las criaturas humanas en
todas las avenidas de la casa. Parecía como que
la locomotora salida de sus rieles, se abría paso entre la masa humana. El cielo brilla: el mar parece
cortejar con mas blandas espumas, la orilla areno-
sa. Y cuando el enfermo llevado de nuevo por médicos y amigos, deja el carro en que anduvo arrastrado por la arrogante locomotora, desde hoy famosa, y desaparece por la puerta de la nueva morada, abierta a la luz viva del Sol del puerto y al

aire generoso de la mar, en una bendición unánime rompen al fin los labios, por el respeto y el solemne instante y el amoroso miedo comprimidos:—
y allá y aquí es un "¡Dios le bendiga!"—un "¡Dios
nos salve a nuestro amigo!"—y acá "¡Qué Dios
lo auxilie!" y allí "¡Cómo no he de orar para que sa-
ne!" Y empieza en aquel punto para Long Branch
un renuevo de su espléndida vida de verano: los
bañistas pasean con el orgullo de recientes titula-
dos: parece a cada uno que de su celo depende la
salud de la nación; y vivir en el saludable puerte-
cillo que ha de salvar al Presidente les parece no
igualado regalo y singularísimo favor de la Providencia. De la casa se ha hecho como fortaleza; solo el aire y corto número de familiares y de médicos tienen allí libre entrada. De campamento daban idea, al día siguiente de la llegada, los alrededores. Aquí un ginete, presto a montar: allí el empleado de correo, que deja en los peldaños de la
escalera sendas balijas henchidas de cartas; allá el
telégrafo, cuyo martilleo elocuente y vivaz no cesa
un punto. El Dr. Bliss, tan famoso en los Estados
Unidos como el Dr. Hammond, su rival, y los ci-
rujanos Agnew y Hamilton, comparten con estos
dos últimos y con el Dr. Boynton, la asistencia del
enfermo. No pueden en verdad los médicos des-
viar las corrientes de la naturaleza, ni extinguir en
los órganos interiores del herido las raíces diversas
de su mal; mas ven en su cuerpo como a través de
claros cristales y atacan con brío y fortuna todo
nuevo accidente. La ciencia es como Tántalo, que
vé el agua de que no ha de beber jamás. La bala

no ha sido extraída, y se opina ahora que ha en-
cajado en el hueso, por lo que ya no se la teme.
Mas a cada punto aparecen síntomas de la terrible
invasión del pus en la sangre, y unos sostienen que
el Presidente padece *pyoemia* que es la forma rápida de la infección, y otros septicemia, que es la
forma benigna, revelada acá en la inflamación de
la parótida que fué sajada y enjugada, allá en un
abceso en un pulmón, peligro formidable, que por
fortuna fué atajado a tiempo. Ya el Presidente
llama a sus Ministros, a James, el Director de correos, a Windom, el hábil financiero; a Blaine, este brillante hombre, capaz de una política sana, intrépida y gloriosa, y amigo de la América del Sur.
De Blaine, que juega con el inglés áspero como el
Tintamarre, el periódico de los equívocos, juega
con el francés flexible, se repite, una frase feliz:
Bullet es bala, *in* es dentro, y *out* es fuera: en los
días de mayor gravedad, en que se creía improrro-
gable la extracción de la bala, los médicos expe-
dían gran número de boletines, en inglés *bulletin*.
Y, dijo Blaine: "No es un *bulletin* lo que necesi-
tamos, sino *bullet-out*".

Un día solemne siguió al de la traslación a Long-
Branch, día de ansia y plegaria, en que el Estado
de Nueva York cerró todas las tiendas y abrió todos los templos, un día de súplica a Dios, en que
resonaban las calles con los acentos de estos hermosos himnos norte-americanos, entonados a una
en las iglesias por una concurrencia compacta y
conmovida. Era jueves, y día de gran calor. Señalado por el Gobernador del Estado este día de

oración, brillaba el sol sobre la parte mercantil de
la ciudad como sobre un inmenso circo vacío; y
fueron aquellas horas solemnes, en que las manos
se apartaron de los timones de los buques y de las
ruedas de las máquinas para alzar al Señor clemente el libro de los Cánticos, las horas mejores
para estimar las colosales vértebras de esta ciudad
monstruosa. La engrandecía el silencio: la súbita
soledad la agigantaba. Guardaron los cómicos, sus
caretas, y los trágicos sus puñales, y los especuladores dejaron en paz la red de alambre que hace
trenzado techo a las calles vecinas a la Bolsa. Los
sacerdotes que aquí llaman *divinos,* aprovechaban
de esta situación efusiva y amorosa de las almas,
traídas a lástimas y afectos tiernos por los méritos,
infortunios y magnánima fortaleza del Jefe del país,
para afincar en la necesidad de la plegaria, y provocar un renacimiento religioso, que aquí llaman
con palabra típica, *rivival:*—más la filosofía natural de Emerson, y la poesía panteística de Bryant,
y el desenvolvimiento de la razón humana y la pequeñez y falibilidad de los intérpretes múltiples de
las innúmeras sectas, han dado mortal golpe en
este país a la fe en las ceremonias del culto. El
espíritu de estas gentes no quiere techumbres que
ahoguen su cántico, ni piedra en que se petrifique,
ni mas mirra ni incienso que la invisible de las almas y las fragantes de los árboles. Mientras las
formas perecen y los que de ellas viven,—la esencia moral que les dió apariencia de vida, como que
se nutre del alma humana imperecedera perdura y
perfuma:—así asisten las gentes no a los templos

desiertos en que se discuten apreciaciones nimias
o textos aislados o ritos convencionales de las sectas que luchan,—sino a aquellas iglesias donde, con
generoso criterio, se eleva con la palabra de la libertad, que fué la que Dios dió al hombre para
hablarle, monumento de fe cristiana al Hacedor misterioso del cielo y de la tierra:—así se agruparon
los neo-yorkinos el último domingo a la reapertu-
ra de una hermosísima iglesia, en que se venera,
comenta e imita a un hombre elocuente, cuya voz
fué ala y cuyo espíritu fué fuego; que quebrantó
y purificó en sí y en los demás todo germen de
amor excesivo de sí, desconfianza, intransigencia,
ferocidad y vileza: el Dr. Chapin.

Mas no es sólo por el Presidente por quien se
ora hoy en los templos: es por las víctimas de un
incendio asolador que ha devorado en un espacio de
treinta leguas en el Estado de Michigan las hojas
secas, las ramas rotas, los árboles, las cabañas y
los pueblos. La ola abrasadora lo unió todo en su
cauce: cadáveres y cenizas llenan hoy allí toda la
tierra. Un mismo labrador conducía ayer en un
carro a padres, mujer e hijos muertos. Durante el
incendio, sofocados por el humo, perseguidos por
las llamas, enfurecidos por la sed, huían los infelices como conciencias réprobas, por aquellas llanuras incendiadas en que el cielo se unía a la tierra en una misma llama, y se respiraba y palpa-
ba aire encendido: allí perdió el labrador sus caballos y carros, y sus siembras lujosas, y su hogar
amado: allí la siega ha sido no de trigo y maiz,
sino de padres e hijos. La seca se prolongaba im-

placable, del suelo ascendía vapor fogoso; los árboles se doblaban como sedientos y amortecidos;
los bosques, abrumados por el aire cálido y el sol
secado, parecían anunciar un incendio espontáneo:
un tabaco encendido, un fósforo arrojado sin apagar, las chispas de una locomotora, han causado la
bárbara catástrofe. Sobre las ruinas de sus chozas, frente a los esqueletos de sus bestias, junto a
la fosa humeante de sus pequeñuelos, se sientan hoy
hambrientos los infortunados campesinos. Mas ya
la Unión se mueve, y el amparo se anuncia: digno
será el alivio de la pena; celébranse reuniones, nóm-
branse juntas, organízase una colecta nacional, y la
oportuna limosna llegará a tiempo al menos para
reencender la confianza en aquellas criaturas aba-
tidas, renovar sus tareas, y comprar cruces a tanta
tumba abierta.

A la par que la tierra de Michigan abría su seno
para dar sepultura a pobres héroes y a bravos y a
infelices ignorados, en Nueva York moría un anciano cuyo apellido goza ya universal fama, más
que por especiales títulos suyos a la celebridad,
porque de citarlo o recitarlo cobraban renombre de
elegantes o ricos los hombres a la moda:—Delmónico ha muerto. ¿Quién que haya venido a Nueva York no ha tenido citas, no ha saboreado café,
no ha mordido una fina galleta, no ha gustado espumoso champaña, o Tokay puro, en uno de los
restaurant de Delmónico? Allí las comidas solemnes; de allí, los refrescos de bodas; en aquella casa, como en la venta ganó Quijote título de caballero antiguo, se gana desde hace treinta años tí-

tulo de caballero moderno. En estos tiempos pro-
digar es vencer; deslumbrar es mandar; y aquella
es la casa natural de los deslumbradores y los pródigos; en ricas servilletas las botellas húmedas; en
fuentes elegantes manjares selectos; en leves cristales perfumados vinos; en platos argentados pane-
cillos suaves: todo es servido y preparado allí con
distinción suprema. El creador de esta obra ha
muerto: un italiano modesto, tenaz y honrado, que
comenzó en un rinconcillo de la ciudad baja vendiendo pasteles y anunciando refrescos, ha desaparecido respetado y amado, después de medio siglo de faena, dejando a sus parientes dos millones
de pesos. Los ahorró con su perpicaz inteligencia,
su humildad persistente, su infatigable vigilancia.
Cincuenta años estuvo,—y era millonario, y aun estaba detrás de su escritorio, inspeccionando las entradas; por entre las mesas, riñendo a los criados y
resplandeciente en todo su figura la dignidad hermosa del trabajo. Mientras que su sobrino iba con
el alba a los grandes mercados; él, en pie con el día,
elegía los vinos que habían de sacarse de sus ma-
gas bodegas, que eran cosa monárquica, de abundante y de rica. Este hombre venía siendo símbolo de este progreso gigantesco: en cada pliegue nuevo de la inmensa ciudad, alla alzaba él bandera y
llevaba su nuevo restaurant. Por el número de sus
establecimientos se miden los grados de desenvolvimiento de Nueva York; y cada nueva casa de Delmónico era más favorecida, más suntuosa, más refi-
nada, más coqueta que la anterior: $100.000 pa-
gaba por alquiler de establecimientos; quince mil

pagaba al mes de sueldos a 500 empleados. Dejaba de la mano el negro y recio tabaco que fumaba
y ha acelerado su muerte, para firmar un check
a beneficio de tanto oscuro pariente, y tanto pobre
francés y suizo de quienes cuidó siempre con especial solicitud. Fábulas parecen las ganancias de
Delmónico,—y cosas de fábula parecían a los neoyorkinos, las maravillas y delicadezas culinarias que
él les había enseñado a saborear:—salsas, ornamen-
tos y aderezos eran cosas desconocidas para los
norteamericanos, que en sus periódicos se confie-
san deudores a Delmónico del buen gusto y elegante modo que ha reemplazado con los actuales hoteles al burdo tamaño y tono áspero de los manjares, y su preparación y servicio, en otros tiempos.
En casa de Delmónico fué donde se sirvió aquel
banquete afamado de Morton-Pets, en que se pagó a $250 el cubierto; y los de a $100 el cubierto
eran banquetes diarios: fué Delmónico quien preparó una artística mesa, no con esos incómodos flo-
rones, monumentos frutales, y deformes adornos con
que generalmente se preparan, sino con un risueño lago en que nadaban cisnes nevados y avecillas
lindas, por lo que aun se llama aquél el banquete
de los cisnes. En Delmónico han comido Jenny
Lind, la sueca maravillosa, Grant, que después de
un banquete recibió a sus visitantes bajo un dosel;
Dickens, a quien un vaso de brandi era preparación necesaria para una lectura pública, y dos botellas de champaña, bebida escasa para un *lunch*
comun. Luis Napoleón, antes de acicalarse con el
manto de las abejas, comía allí; allí los grandes po-

líticos, allí los grandes mercaderes, allí el chispeante James Brady, que entre escogidos invitados, celebraba en comida de solteros cada uno de sus triunfos de abogado; y el hijo del Czar, y célebres actores, y nobles ingleses, y cuanto en las tres décadas últimas ha llegado a Nueva York de notable y poderoso. Una corona singular yacía a los pies del muerto, que decía en grandes letras de flores: "La Sociedad Culinaria filantrópica". Y muchos hombres ilustres que lo fueron más por este tributo varonil y honrado, asistieron a los funerales del virtuoso y extraordinario cocinero, ya por esa singular afinidad que atrae a los hombres hacia los que satisfacen sus placeres, ya por espontánea admiración de los dotes notables de energía, pertinacia, inteligencia y modestia que adornaron a aquel rico humilde, que no abjuró jamás su delantal de dril y su servilleta blanca. Es la época serena: la de la glorificación y triunfo del trabajo.

Y ¡como se acelera, afina y simplifica el trabajo en Nueva York! Es de noche: la luna, en el claro cielo luce pálida, y como globillo opaco que huye avergonzado de la tierra. En la tierra, en la calle Broad, paralela a Broadway, un centenar de trabajadores levantan mármoles, abren canales, suspenden pisos, encajan puertas, ruedan máquinas, mueven pescantes a luz eléctrica. ¡En el silencio de la noche, en el seno iluminado de la sombra, se yergue sobre la tierra y como que intenta penetrar el cielo un edificio blanco: ¡qué himno mejor ha cantado a Dios el hombre! Es la Bolsa nueva, que se construye de noche y de día: a los trabajadores diurnos, suceden los nocturnos,—marea inmensa, en la que no hay baja—mar; monumento de pórfido, con corona de mármol y cintas de granito.

El hombre, fatigado de preguntar a lo desconocido la causa de su vida y el objeto de sus dolores, concentra en la tierra todo su poder de estudio, y saca de ella fuerzas conque alumbrarse en sus estrañas, destruir los gérmenes impuros e imitar al cielo. Angel rebelde, reta, encarado con lo alto, a Dios oculto: ahora ha hallado esta nueva espada para el combate,—la electricidad.—Anuncia con ella la permanente luz beatífica de que debe el espíritu probado gozar en mundos mejores; y con ella intenta remover del suelo húmedo los elementos pútridos que encierra, y generar en medio del invierno el calor tórrido. Mantiene un hombre de ciencia del Pacífico que, filtrando la luz eléctrica por las máquinas de sembrar, que desmenuzan y vuelcan el terreno, y haciéndola reflejar sobre lagunatos y pantanos, se hará morir en aguas y terrenos todo germen de fiebre miasmática. Y un grave caballero acaba de informar con copias de personales experiencias que el crecimiento de las plantas puede ser favorecido con el calor benigno de esta luz, y que a su blando influjo, irradiada de entre cristales, una agradable temperatura moderada permitirá la conservación en plenos climas fríos de las frutas volcánicas del trópico. Y ¡pensar que cuando todas estas maravillas, y las nuevas que las sucedan, sean sabidas,—se sentará el hombre, triste, desconocedor de sí como en los primeros días,—a preguntarse por sí mismo; y moverá con ira inú-

til el angel rebelde, encarado al Señor, el manojo
de espadas conque ha ganado la batalla de la tierra, y el haz de luces a cuyo resplandor no alcanza a ver el lugar de estación en que ha de trocar
al fin sus pies en alas! Pero, en tanto el trabajo
nos consuela.

Ya se acerca para Nueva York la estación bella,
la estación brillante, la estación trabajadora. Allá
viene el invierno, con sus gorras de piel de foca,
y sus abrigos opulentos, y sus calzas de goma; allá
viene el invierno, derramando desde su trineo veloz sobre la tierra su capa de nieves pintorescas,
sacudiendo sus vocingleras campanillas, rollizo, sonrosado, rico, alegre. Aun no empieza el otoño; aún
no juegan los niños en las esquinas con los montones de hojas secas; aún no encienden en medio de
las calles, poseídos de una extraña e indómita alegría, las vivas llamaradas que se truecan en copos
densos de humos odorífero y lechoso, cargado con
la savia de las ramas; aún el vapor del agua de los
ríos, sofocante y oscuro, absorbe los rayos tenues
del sol, y luchando en vano por retener los rayos
rojizos baña con un resplandor de incendio y sume
en sombra de bruma la ciudad sofocada y rendida
al aliento pestífero del verano; aún mueren los niños, con las manos crispadas, la piel sobre los huesos, y los ojos abiertos y febriles, sobre la falda
de sus madres; aún se abrasan los bosques, y tala
y quiebra y avanza el fuego terrible por sobre cerros, llanos, pueblos y cortejos,—y ya los neoyorkinos previsores, abren sus teatros, anuncian
sus modas, recuentan sus placeres, preparan sus

lecturas. Multitudes ávidas repletan la Academia
de Música en que con indecorosos atractivos se
pone en escena una versión de *Michael Strogoff*,
este drama que cuenta las hazañas de un correo ruso, a través de las estepas, de aldehuelas, de escaramuzas, de batallas, de paisajes suntuosos y de
espectáculos de desordenada y deslumbradora fantasía. Un público compacto invade el elegante teatro de Booth, en que, con mayor fidelidad literaria
y menos ilegítimos atavíos, se representa también a
Michael Strogoff, en el que la concurrencia tiene
ocasión de risa con los lances y chistes de dos co-
rresponsales de periódico, que en todo el drama se
hallan y son como los Sganarellas de la pieza. Acude la gente a ver en Niblo pasmosas escenas, reu-
nidas con el nombre de un buque, el *World*, que
se ve mover, funcionar, vacilar, zozobrar, perderse,
como si fuera entre mares, entre las tablas. No se
halla lugar vacío en el teatro de los Minstrels de
San Francisco, especie de Aristófanes tiznados de
negro, que ora en elegante frac y nevada corbata,
ora vestidos de harapos, como vestían antaño los esclavos del Sur, sacan a plaza con gracejo, a veces
brutal, cuanto personaje y acontecimiento del día
preocupa al público.

Pero en lo que se anuncia más el invierno es en
la preparación para las lecturas. Hay aquí agentes de ellas, en cuyas listas, mediantes diez pesos,
se inscriben los que quieren en público, ya por provecho, ya por gloria. Cargo es del agente buscar
ocasión y auditorio a los lectores, que bien pudieran llamarse lecturistas, por cuanto a cosa tan nue-

va como esta, y tan especial y genuina, debe llamarse con palabra nueva. Y lector es el que lee,
y principalmente lee lo ageno, en tanto que el lec-
turista no lee generalmente, sino habla, ni habla o
lee mas que lo suyo. Pues hay agente este año que
lleva ya en sus listas 400 y cincuenta nombres, de
los que 200, son nombres de señoritas y de damas,
ansiosas de renombre las unas, las otras de lucro.
Y ¡qué variedad inmensa, de materias, las que tratan los lecturistas,—y qué modo tan honesto de
vivir proporcionan a las gentes de letras,—y qué
provecho tan abundante y tan agradable sacan los
concurrentes a las lecturas! Bien que las pudieran
hacer en Caracas, los arrogantes poetas, estudiosos
letrados, y críticos severos; e irían las gentes a
oirlos, porque a poca *costa* aquirirían ciencia útil,
por cuanto se retiene mejor lo que se ha oido brotar coloreado y palpitante de labios amigos, que
lo que se lee en pálidos libros de tierras extranjeras. Los talentos se fortificarían con el estímulo,—
y se dignificarían con este empleo grato, propio y
airoso. Un día leería Jugo sobre Maracaibo,—y
otro Rojas sobre Razas indias, y otro Escobar sobre poetas de plantilla de caña y lira de oro. De
pronunciar sus lecturas les vendría un provecho;
de venderlas impresas, y ya afamadas, otro; ser
conocidos por ellas fuera del país les ofrecería causa mayor de gozo, y la patria la tendría de regocijo viendo que en estas fiestas sus hijos se acer-
caban y se amaban. ¡Singular mujer esta mujer
americana! Ya como la señora Edson, con carácter, título y habilidad de Doctor, asisten en su le-

cho de angustia al Presidente; ya como la elocuente señorita Aliver, recuerdan con palabras fogosas
a los hombres de Brooklyn la necesidad de la virtud y la certidumbre del mundo venidero; ya de pie
sobre una plataforma explican, frente a un lienzo
en que se han dibujado cuadros disolventes, las márgenes del Danubio; ya regalan, a los ojos de los
jueces, como acontece todos los días en una ciudad cercana, ramilletes de flores a dos ricos liber-
tinos, acusados de haber dado muerte, con ayuda
de una cazadora de voluntades, a una hermosa mujer a quien uno de ellos cortejaba. En el tribunal
se exhiben trozos del cuerpo de aquella criatura
desventurada, que fué muy bella, y pobre, y oyó
a rico, y se llamó Jennie Cramer; se descubren por-
menores incastos; se presenta una villana mujer, de
esas que mercan en la virtud propia y en la agena;
se detallan vidas licenciosas; y ¡un centenar de matronas y doncellas asisten avidamente a estas sesiones, siguen con ansia los procedimientos del tribunal, y envían recados, billetes y flores a los dos
menguados caballeretes, acusados de haber causado o precipitado al menos, la muerte de la hermosa! En todas las manos anda el relato del suceso: de memoria sabe todo neoyorkino los detalles
de la persecución y la defensa: la madre de la doncella muerta va al tribunal, y acusa faz a faz del
crimen a los ricos jóvenes; el retrato de la mísera
beldad adorna escaparates y repisas; los defensores interrogan fumando y en chaleco a los testigos
del proceso; el acusador público fija durante largas
horas la vista en los acusados. reclinado en su silla

y cruzados los pies sobre una mesa: venció a Hartmann, Jennie Cramer: es el caso de moda.

Es Hartmann ciertamente,—aunque por ahorrarse una negativa probable si pedía su extradición a los Estados Unidos, ha dicho el Gobierno ruso que no es,—el estudiante intrépido, el hombrecillo pequeño, el nihilista locuaz que su odio al Czar, su fría tentativa de asesinato, y su actividad posterior han hecho famoso. Y es su rostro al decir de los que los han visto a ambos, singularmente semejante al del hombre que como hiena enjaulada, pasea desazonado en torno de las paredes de su celda, y rumia pavorosos proyectos para esquivar la pena que le aguarda: el villano Guiteau. Y ¡que peligro corre la vida del villano! A su mismo perseguidor oficial se acusa de formar parte de una asociación creada para darle muerte, si no la recibe de manos de la ley; juraméntanse otros en los bosques, protegidos por máscaras para forzar su prisión y darle muerte; y hace unos cuantos días, acurrucado en un rincón, y oculta en sus rodillas la cabeza, pedía a grandes gritos que lo mudasen de su calabozo, en cuyos muros acababa de clavarse una bala, que erró el blanco: a la cabeza de Guiteau la había dirigido uno de los sargentos de la Guardia, un hombre honrado y valiente, convencido de que hacía una buena obra, el sargento Mason, que fué al instante preso, y muestra satisfacción y calma.—"Era un malvado y debía matarlo". "Yo no me alisté para dar guardia a un asesino".— Así responde a los que inquieren de él las razones de su acto. Ocho años de prisión y exoneración

le hubieran venido de castigo, a habérsele juzgado
en tribunal civil; mas es ya procesado por desobe-
diencia e infracción de disciplina, y se le juzgará
en tribunal militar. Esto aviva el clamor de la prensa, que insiste en la urgente necesidad de las reformas de las leyes penales, que asimilan en penas
dos hechos que obedecen a origen tan distinto como el que, por inconcebible perversión, atentó al
Presidente, y el que por honrada indignación, atenta a su asesino. A actos originales ha dado margen la tentativa de Mason: los unos, fieles creyentes en aquella severa República de Webster y Madison, quieren que se castigue con toda rudeza este
atentado a la vida humana; los otros, obedeciendo
a ese flujo incontestable de simpatías y antipatías
instintivas que dominan la naturaleza humana, y
extraviados por consecuencias exageradas del concepto del bien, no sólo excusa, sino premio quieren
para el matador· frustrado del frustrado asesino: a
tal punto se llega, que los empleados del Correo
de Nueva York, esta gran casa con cuyos empleados pudiera sostenerse una batalla, han pedido en
un documento público que se gratifique con un
ascenso militar al Sargento Mason. Prevalece, sin
duda, un espíritu de absolución; y, por sobre las
agrias censuras de la razón, adivínase el aplauso
tácito. Los que, como se la negaran a Caín, ne-
garían su mano a Guiteau la tenderían sin repugnancia a Mason. Hoy mismo inicia un capitán de
Washington los preliminares del proceso militar,
intentado sin duda para librar al sargento de las
prisiones comunes, y de la mayor pena que le hu-

biera cabido en tribunal civil. De tentativa de asesinato se le hubiera acusado en este: sólo de conducta perjudicial al orden y disciplina militar, y de haber disparado a un preso sin órdenes de un oficial superior,—acaban de acusarle sus jefes ante Hancock, el caballeresco y bravo Hancock, el general vencido en la última campaña electoral. En Washington, la ciudad tranquila de las calles de asfalto, se juzgará al sargento; no en Nueva York, la ciudad inquieta de calles ruidosas. El sigilo favorecerá la lenidad.

Y en tanto que un general, notorio por su romántica bravura, ampara así, so pretexto de proceso, a un hombre equivocado—otro general, a cuya mano no fué pesada la espada de los héroes,— es llevado a la fosa, en la ciudad de Bristol, en hombros de sus leales veteranos. El general Burnside que, como Lincoln, tuvo "para todos caridad, mala voluntad para nadie"; en la batalla pujante como un Par; en el hogar, bueno como un belga,— ha muerto: antes que en la tierra, su cadáver ha descansado en los hombros de sus conciudadanos, tumba digna de los que sirven, como sirvió él, con su valor a la Patria y a la humanidad con su honradez.

M. DE Z.

La Opinión Nacional. Caracas, 1 de octubre de 1881.

4

CARTA DE NUEVA YORK

Sumario

*Hechos, juicios, tributos y noticias varias a propó-
sito de Garfield.—Comparaciones, recuerdos, singularidades, accidentes memorables.*

CARTA DE NUEVA YORK

Sumario

Nueva York, 1 de octubre de 1881.

Señor Director:

Es en vano buscar hoy en los periódicos extranjeros cosa que no se refiera a la vida, muerte y funerales del Presidente de los Estados Unidos. Los de Inglaterra están tan llenos de detalles como los de Nueva York, Wáshington y Cleveland. Se ha recogido toda frase, todo pequeño suceso, toda memoria olvidada que hiciera directa o indirecta relación a cualquiera de las agitadas épocas de la trabajosa y admirable vida del gran muerto. París, durante una semana no ha leído más que detalles de aquella existencia sana y ejemplar. Es uno de los triunfos de esta época, el modo de vivir y el modo de morir de este humilde hombre. Nosotros recogeremos, como quien tala en mies rica, todo lo que en estos periódicos, a medida que leamos, vayamos hallando de curioso o de notable. Y lo agruparemos en la misma confusión pintoresca con que viene a nuestras manos. Helo aquí:

De Garfield —dice el *Herald* del día posterior al de sus funerales —puede decirse lo que dijo Hume del sajón Alfred:— "El supo reunir el más osado espíritu a la más fría moderación; la más obstinada perseverancia a la más fácil flexibilidad; la más severa justicia a la más grande lenidad; el mayor rigor en el mundo con la mayor afabilidad en el trato común; la más alta capacidad para la ciencia con los más brillantes talentos para la acción. Por igual eran admirables sus virtudes civiles y militares, pero aquéllas, por ser más raras entre príncipes, y más útiles, merecen mayor aplauso. La naturaleza, como deseosa de presentar cumplidamente tan buena obra suya, le había dotado de encantos corporales— vigor de músculos, dignidad de aspecto y forma; y aquel continente franco, amable y seductor". Y no es solo el *Herald*: íntimos amigos suyos, y un periódico inglés lo comparan también a Alfredo el Grande.

Entre los poetas modernos ingleses, Tennyson, el bardo laureado, el feliz renovador de la vieja gráfica lengua inglesa, el autor de afamadas elegías y de delicados y profundos retratos de mujer,—era el poeta favorito de Garfield, que recitaba sus versos de memoria, y citó unas estrofas de él en su elegantísima oración fúnebre de Lincoln.

"Cuando pronunció su discurso de entrada en la Presidencia, —dice uno de sus compañeros en el Congreso—, me pareció que con el esfuerzo nervioso de los últimos meses, su rostro estaba en cierto modo transfigurado, no por una luz radiosa, sino por una mirada visionaria y soñadora, propia de uno que se hallase en ocasión mayor que en la de una mera instalación en un puesto político:—¡tal vez era la instalación en aquel reino más vasto en que ha desaparecido!"

Cuando estaba triste, rara vez abría sus labios.

y parecía, como si se hubiese vuelto más femenil y dócil.

Su influencia, que era vasta en todos y singular en los hombres jóvenes, venía de su fácil y osado dominio de todas las formas del conocimiento humano, su espléndido modo de aplicar y hablar lo que sabía; y su ardiente y afectuosa naturaleza, que la llevaba a echar familiarmente sus brazos sobre la espalda de los niños y las niñas, y a veces de hombres crecidos, y de llamar a los pequeñuelos por sus primeros nombres, como si fuese a la escuela con ellos. Se le veía gozar, con cierto ingenuo gozo infantil, cuando adquiría algún nuevo conocimiento.

"He hallado —decía Garfield— un notable tesoro en mi mujer. En su extraordinaria prudencia y su valor no igualado,—ha hecho a mi lado una maravillosa mujer para hombre público. Ella fué mi discípula de latín, y ahora enseña latín a sus hijos. Nunca me ha dejado sentir las pesadumbres de la casa,—y a ella debo haber podido adelantar con energía en mi anhelosa carrera de hombre de Congreso, y en todas las difíciles empresas que he intentado en mi vida. Nada la ofusca ni la asusta: entonces es cuando está más serena. Cuando la veo especialmente tranquila, y cumpliendo con sus oficios de casa como si gozase particularmente con ello, es cuando algún infortunio me amenaza, o alguna injusticia ha caído sobre mí".

Garfield escribió en noviembre del año pasado, después de su elección:—"Hay un tono de tristeza a través de este triunfo que apenas puedo explicar".

Uno de los hijos pequeños del Presidente, dijo hace pocos días: —"La gloria no paga".

Cuando los médicos se acercaron a su cama, con prisa y espanto, poco después de haber recibido el balazo, Garfield les dijo: "Todo va bien: todo va bien!" Y volviéndose luego a Rockwell, el fidelísimo amigo, este modelo de militares respetadores de la ley civil, le dijo con una mirada poderosa y penetrante: —"Rockwell, sé perfectamente lo que me pasa."

Solo una vez, durante toda su enfermedad, salió una frase amarga de sus labios. Le preguntó su esposa: "¿Qué es lo que te duele, Jaime?"— Y él detuvo un momento su mirada en la de ella, y dijo: —"Vivir es lo único que duele!"

Cuando llegaron a Long Branch, le dijo Rockwell: —"Has hecho tan bien este viaje que bien pudieras emprender otro mayor." —"Sí, dijo Garfield, bien puede terminar en el largo, el largo viaje a casa!"

"Es una noble cosa morir con la armadura encima, y estando en el trabajo a que la vocación nos ha llamado", dice un periódico de Nueva York.

Qué no dice en favor del carácter brioso y tenaz de Garfield, esta exclamación de su esposa, cuando le preguntaron si tenía fe en la curación de su marido: —"Jaime quiere curarse!— Jaime ha conseguido siempre lo que ha querido conseguir!"

Durante la estancia del enfermo en Long-Branch, una niña de 10 años, desconocida de la familia del Presidente, entró en la casa, logró con su insistencia ver a la señora de Garfield, y le dijo: "Quiero rezar por Mr. Garfield: Dios siempre responde a mis oraciones: quiero rezar por él." —Otro niño,— en la noche en que se colocaba el tramo de vía férrea provisional que llevó al enfermo desde la estación hasta la casa en que murió, en su afán de "hacer algo por el Presidente", cargó con una pesada espiga de las que sirvieron para el tramo. —Y otro niño preguntaba a su madre en Broadway al ver la inmensa calle colgada de negro: —"Mamá! ¿se ha muerto todo el mundo?"

"El que empieza la vida sin fortuna, sin educación, sin el auxilio de amigos influyentes, y hace su camino victoriosamente "contra esos carceleros gemelos del bravo corazón— el bajo nacimiento y la fortuna de hierro," prueba su propio sobresaliente mérito, y prueba también cuán sólida es la tierra americana que asienta que de las masas del pueblo se levantarán siempre hombres tan competentes para guiar al Estado, como los gobernantes que surgen del mecanismo monárquico en los países aristocráticos."—

Cuando estudiaba en Chester, pagaba a un carpintero $1.06 a la semana por posada y lavado de ropa, cuya suma ganaba ayudando a su hotelero en trabajos sueltos. Entre otros, éste: el carpintero estaba fabricando una casa de dos pisos cerca del Seminario, y el primer trabajo de Garfield fué cepillar las tablas a dos centavos cada una: así ganó el primer sábado $1.02. —En ese mismo tiempo empezó el estudio del griego.

En un discurso notable, en defensa de unos acusados, decía Garfield al terminar: —"Oh! jueces!

en vuestro poder está erigir en esta ciudadela de
las libertades un monumento más duradero que el
bronce; invisible en verdad a los ojos de la carne,
pero visible a los del espíritu, como la imponente
figura de la Justicia, alzándose sobre las tormentas
de la batalla política, sobre las sombras del combate, sobre el choque de terremoto de la rebelión;
visto desde lejos y saludado como protector por
los oprimidos de todas las noticias; dispensando
iguales beneficios, y amparando con el ancho escudo de la ley, a los más débiles, los más humildes,
los más miserables, y —hasta que la ley los decla-
re solemnemente indignos de protección— los más
culpables de los ciudadanos!"

Era sumamente benévolo, y blando a la mayor
súplica: debió casi todos sus embarazos a su repugnancia a decir: nó. —Tenía fuerte el cerebro,
y estaba lleno de vida física. Era como de seis
pies de alto, con levantado pecho y ancha espalda,
y con una libre y fácil apostura que eran fieles re-
veladores de su abierta y jovial naturaleza.

Un hombre robusto, amoroso, franco, modesto, de
hermosos ojos, de amplio rostro, confiado siempre,
siempre alerta, ha estado constantemente a la cabecera de Garfield: —su amigo Rockwell, un simple
oficial al servicio del jefe de Estado Mayor. Fueron amigos toda la vida: en el colegio primero y
en todas partes luego. Cuando el Presidente cayó
herido su primera pregunta fué: "¿Dónde está Rockwell?" —En todos esos días de ansia y de prueba,
en la puerta de la habitación, al pié del lecho, o

con la mano del herido entre las suyas, allí estaba
Rockwell: se entendían sin hablarse o con medias
palabras. Nada agradaba tanto a Garfield como
recordar en largas pláticas sus horas de colegio y
sus dificultades de hombre joven: en su enfermedad, gozaba aún más con esto. Hablaban un día
Rockwell y él, a quien estaba prohibido hablar mucho, de unas reuniones de colegiales, señaladas por
la buena voluntad, hábitos virtuosos y fe en lo porvenir de los reunidos: —"¿Ternura?" preguntó Garfield, con sus claros, límpidos ojos en los de su
amigo—. "Sin medida!" contestó Rockwell: y sonrió dulcemente el enfermo.

¿Cual es el verdadero apogeo de una vida humana, su punto de zénit y madurez?— se pregunta
un escritor a propósito de Garfield: —"si es la vida de un patriota, es seguramente el punto de su
mayor utilidad a la nación."

El día 16 de abril de 1865, los periódicos de la
mañana publicaron la noticia de la muerte de Lincoln. La ciudad fué un motín. Nueva York, como
ébria de ira, se desbordaba y rugía. Parecía que el
alba había surgido, en vez de sonreir envuelta en
sus gasas rosadas, vestida de negros crespones.
La multitud llenaba las calles del comercio, Wall
Street. Del sombrío y poderoso edificio de la aduana, de entre las gruesas columnas, de entre los obs-
curos y grandes pedestales, salió un hombre. Su
palabra, como río encendido, o serpiente de fuego,
enardecía a los oyentes: los inundaba de pasión, se
deslizaba como para abrazarlos y dominarlos a to-

dos, por entre ellos. En su cara resplandecía una ira grandiosa: Lincoln era el mártir del día: aquel hombre fué el héroe: aquel hombre era Garfield.

Ninguno entre los que lo han llorado, fué tan elocuente como él fué llorando a Lincoln.

En una ventana de la compañía de Seguros de Lorillard, se leían en grandes letras estas frases de Antonio en el "Julio César" de Shakespeare: "Los elementos se mezclaron en él de tal manera, que la naturaleza pudo detenerse, y decir al mundo todo: —"Este fué un hombre!"

Cuatro han sido los vice-presidentes que han venido a la Presidencia por muerte de los Presidentes electos: John Tyler sucedió al activo y cortés Harrison; a Zacarías Taylor, el caudillo de la guerra contra México, sustituyó Fillmore; al admirado Lincoln sucedió Andrew Jackson, acusado y desdeñado luego; —a Garfield sucede Arthur.

En Garfield la impresión de los sucesos notables de su vida se producía en una especie de piadosa superstición. Creía en presentimientos y fechas, y gustaba en conversación de familia o amigos de deducir consecuencias de este género de acontecimientos en que estaba él mezclado. Creía en el mundo invisible, pero luchaba a la vez con toda bravura, energía y claridad de mente en el mundo visible. Su romanticismo no se producía en desaliento ni en quejas. Reprimía el elemento poético de su naturaleza y fortalecía el elemento práctico. Su muerte fué la fortificación de sus vagas creencias en la virtud de

ciertas fechas, murió en el aniversario de una batalla
que él tenía como el hecho culminante de su vida:
—la batalla de Chi Kamanga, en que vencida ya el
ala derecha del ejército federal, y a punto de ser
la batalla total y desastrosamente perdida,— Garfield atravesó, con gran serenidad y riesgo, la distancia hasta el extremo del ejército comprometido,
y lo salvó con sus órdenes. —Su presencia, seguridad y bravura en aquel día se recuerdan en la historia de la guerra como hechos poéticos. El general Rosecranz decía en su informe oficial: "Estoy
especialmente agradecido al Brigadier Garfield, por
la clara y rápida manera con que descubría los pun-
tos de acción y movimiento, y expresaba en excelentes órdenes las ideas del general director. Los
soldados observaron su presencia con mucha satisfacción, y tenían visible placer en que él fuese testigo de su espléndido modo de combatir". Por esta batalla fué hecho Mayor General.

El *Evening Standard* de Londres, dice de la
muerte de Garfield:— "Desde la muerte del Príncipe consorte, y la terrible enfermedad del Príncipe de Gales, el corazón de la nación inglesa nunca se ha conmovido tanto como hoy."

El *Post* de Londres dice: "El Presidente Garfield
intentaba la destrucción de un sistema que hace el
patronato dependiente de consideraciones de partido, y que evidentemente crea una de las más graves dificultades a la obra generosa y amplia de la
Constitución de los Estados Unidos."

El *Tagblatt*, alemán, dice: "El nombre de Garfield brillará en la historia al lado de los de Wásh- ington y Lincoln."

Uno de los más elocuentes y sentidos tributos a Garfield, fué el vehemente y hermoso discurso con que Torres Caicedo, que preside el Congreso Internacional Literario en Viena, anunció la noticia dolorosa, y suspendió en honor del difunto los trabajos del Congreso. "No es nuestra obra política, dijo, pero la muerte de caballero orador, de apóstol, de soldado semejante, imponen a todo honrado corazón humano esta muestra de tierna simpatía."

La muerte del Presidente de los Estados Unidos sorprendió las fiestas de la corte de Alemania, en que se celebraban las bodas del príncipe de Suecia y la hija del gran duque de Baden.

Nobles y llenas de enseñanza son estas frases de un periódico:

"¿De nada vale, acaso, que por cerca de tres meses haya estado la Nación faz a faz de ese sagrado ejemplo de noble sufrimiento? Cuando un hombre mira en el corazón de su vecino, y ve el oculto y no sospechado bien que yace allí, —es mejor que un nuevo conocimiento y por una nueva y más profunda veneración. Aquí han sido reveladas a un gran pueblo el valor espléndido, la paciencia, la gallardía de una noble alma. ¿No somos mejores por esto que hemos visto? Nos hemos sentado junto al lecho de este pobre héroe, que ha sufrido, sin afectación y sin temor, los tormentos de la duda, del temor, y del martirio físico. Tan hermosa era la naturaleza que vimos en su mortal agonía que no es maravilla que rehusamos pensar en el hombre en relación con los negocios ordinarios de la vida. Entre los hombres de todos los lugares y de todos los partidos, se creó un cariño casi infantil por el enfermo, que en su adoración del Santo canonizado por el sufrimiento se negaba a tomar acta de los errores posibles, grandezas o desfallecimientos del hombre de Estado." —Cuando Garfield, luego de su herida, cobró conocimiento, su primera pregunta fué por su mujer.— "¿Y Crete? —que así llamaba él a su esposa, Lucrecia, que convalecía en Long Branch: —¿cómo ha recibido la noticia?".— "Como la mujer de un buen soldado."

"Querida mujercita! Antes hubiera querido morir, que causarle con esto algún pesar!" Otro día, uno de los negros días de su enfermedad, empeñado en que su esposa saliera, le decía: —"Ve, ve a tomar un paseo, antes que el sol caliente mucho: si yo pudiera, te acompañaría, pero tengo tantos negocios a que atender!" Y en aquel momento, agonizaba! Cuando pudo tener una pluma, escribió con ella una carta a su madre. Cuando le hablaron los médicos del riesgo que en la operación iba a correr, dijo: "He afrontado la muerte antes de ahora, y no he tenido miedo: puedo volverla a afrontar: aun tengo fuerzas bastantes para vencerla." "Puede venir la muerte cuando quiera: yo estoy listo."

Un americano pregunta al *Sun* de Nueva York: —"Al señor editor del Sun.— Señor.— Este es un gran país, y sin embargo, es un hecho que dentro de los últimos 16 años dos Presidentes han muerto ase-

sinados; otro Presidente fué procesado, y a poco
se le echa indignamente de su puesto; y otro Presidente ocupó su puesto por abominable fraude. ¿No
es este un interesante estado de cosas? ¿Qué viene ahora?"

La Opinión Nacional. Caracas, 19 de octubre de
1881.

M. DE Z.

5

CARTA DE NUEVA YORK

Sumario

Gran batalla política.—Convención republicana y la convención democrática.—El Boss.—Purificación de la democracia.—El brillante Blaine y el prudente Arthur.—Campaña en el Senado.

———

Nueva York, 15 de octubre de 1881.

Señor Director:

Allá en Méntor reposa triste la que fué compañera del Presidente muerto, y en torno de su anciana abuela se agrupan los benévolos nietos, en quienes el dolor que acaban de sufrir, y el carácter nacional que han revestido sus pesares íntimos han acelerado el juicio; allá se queda la familia, llorosa, clamando por aquél que viaja "por un país del cual no ha vuelto jamás ningún viajero": la Nación, en tanto, luego de haber honrado a su muerto, recobra su animada vida, descuélganse los lutos de las ventanas, reúnense los políticos en convenciones rivales; ábrese en Atlanta un certámen agrícola; acércase la hora del proceso para el asesino Guiteau; los hoteles visten de fiesta sus corredores para recibir, bajo las banderas que sus antepasados honraron con su valor, a los descendientes de los bravos defensores de la Independencia americana; los negocios sonríen; los Museos se abren; los teatros ofrecen selectos repertorio; al borde de la tumba de un poeta que muere se cuentan sus libros, sus labores, su éxito; viene a América un retrato directo de Milton; el brillante arte, la traviesa política, la justiciera historia se han reunido a dar realce y color de vida a esta última quincena. Cada cual, al

morir, enseña al cielo su obra acabada, su libro escrito, su arado luciente, la espiga que segó, el árbol que sembró. Son los derechos al descanso:
¡triste el que muere sin haber hecho obra!

No se puede mirar a la tierra sin consuelo. Parece, como si a un tiempo mismo, los hombres todos
se hubieran hablado a sí propios. Los tiempos son
para Sísifo, y no para Geremías; para empujar ro-
cas hasta la cima de la montaña; no para llorar sobre exánimes ruinas. Hay como un despertamien-
to universal; como si todas las frentes se hubieran
cansado de los yugos; como si la fuerza, que ha sido durante tanto tiempo señora de la libertad, fuese
ahora su esclava. Los pueblos han crecido, y se
sienten ya fuertes; un anhelo de derecho, una capacidad para ejercerlo, una determinación unánime
para lograrlo se notan en todos los lugares de la
tierra: magnífica portada abren los hombres a la
época que nace. El látigo se declara bueno para
castigar las espaldas del flagelador. Hasta las
Convenciones parciales del Estado de Nueva York
ha llegado esta necesidad de saludable independencia. Gemían en el Estado ambos partidos, el republicano y el democrático, bajo tercos y altivos soberanos. El ex-senador Conckling, el orador aca-
démico y dominante, regía a su placer el partido
republicano: el partido democrático era regido por
un hombre de notable energía personal, de astucia
poderosa, y de excepcional capacidad para la in-
triga, por John Kelly. En las filas de los republicanos, como en las de los demócratas, surgió una
generosa y prudente rebelión: aquéllos, como par-

tido que goza del poder, han devorado en sigilo sus
rencores, y ocultándolos en lo posible a la curiosidad pública; los demócratas, que por su largo ale-
jamiento del mando no tienen hoy semejantes razones de cordura, han desplegado a los vientos sus
banderas, y han luchado a la faz de la Nación.
En uno y otro partido se habían creado corporaciones tenaces y absorbentes, encaminadas, antes que
al triunfo de los ideales políticos, al logro y goce
de los empleos públicos. Nueva York es un Estado dudoso, en el que a las veces triunfan los republicanos, y a las veces los demócratas. Estas corporaciones directoras, que solían venir a escanda-
losos tráficos para asegurarse mutuamente la victoria en las elecciones para determinados empleos,
impedían que interviniesen en la dirección de los
partidos hombres sanos y austeros, cuya pureza no
hubiera permitido los usuales manejos, o cuya competencia se temía. Cada una de estas corporaciones obedece a un Jefe; y del nombre de "boss" que
se da a estos caudillos, hasta hoy omnipotentes e
irresponsables, viene el nombre de "bossismo", que
pudiera traducirse por el nuestro de cacicazgo, aunque las organizaciones que lo producen, y las es-
feras de su actividad le dan carácter y acepción
propios. El *boss* no consulta, ordena; el *boss* se
irrita, riñe, concede, niega, expulsa; el *boss* ofrece
empleos, adquiere concesiones a cambio de ellos,
dispone de los votos y los dirige: tiene en su mano
el éxito de la campaña para la elección del Presidente. Si la elección del Presidente que nombra su
partido choca con sus simpatías personales, o con

sus intereses en el Estado, lucha contra su partido, porque él ve preferentemente por su preponderancia en el Estado. Un *boss* es soberbio, como Conckling, y emplea sus personales atractivos y su influjo para hacer triunfar su política dominante, ruda y agresiva; otro *boss* es ambicioso, como Kelly, y dirige todos sus esfuerzos a ejercer una influencia incontrastable sobre las fuerzas electorales y la distribución de los empleos públicos en el Estado cuya política democrática dirige. Contra el uno y contra el otro se han alzado a la vez sus lastimados y vejados secuaces. A Conckling, jefe de los "Staewarts"—que pudiera traducirse por "los mejores,"—lo han vencido los *Half-Breeds*, los "media-sangre" los republicanos que no aspiran a la revisión de la Constitución, a la violación de los derechos populares, a la centralización absoluta del poder, a la creación de un gobierno de fuerza, a la reelección del general Grant, en suma; sino a gobernar, en el credo conservador, con el salvador sistema de rápidos turnos en el gobierno que garantiza la honestidad en las costumbres de la nación, y el respeto a la ley en los mandatarios encargados temporalmente de hacerla cumplir. A Kelly, jefe de "Tammany Hall," que así se llama, con el nombre de un fiero y sabio indio, la asociación en que residió un día todo el poder democrático del Estado, lo han vencido en tormentosa contienda los hombres más ilustres de su partido, inhábiles para reprimir en el seno de la asociación de Tammany, más que dirigida, poseída por Kelly, los abusos, los comercios, las traiciones que venían siendo la ruina de la democracia en el Estado. Contra el atrevido dominio de Kelly, se había alzado ya otra asociación rival, que se llamó *Irving Hall*, por cuanto aquí "hall" significa salón vasto, lugar de reunión: mas no eran los miembros de la corporación nueva los más venerables y poderosos miembros del partido, que no creyeron prudente por entonces revelar a los republicanos la división profunda que había en sus filas, o no se juzgaban aun bastante fuertes para vencer al hábil Kelly. Mas con la elección frustrada de Hancock vino a flote una acusación tremenda: Kelly fué acusado; con grandes visos de razón, de haber permitido, por su provecho personal, y por la satisfacción de sus rencores, el triunfo de los republicanos en el Estado de Nueva York, de cuyo voto dependía toda la elección presidencial. Cuando una candidatura democrática no place a Kelly, o no se acepta llana y sumisamente la candidatura de Kelly, Kelly, —el caudillo de los demócratas— vota contra la candidatura democrática. Como en las elecciones parciales del Estado en el año de 1879, fué cosa probada que dió a los republicanos en un lugar cierto número de votos para que los republicanos le dieran en otro lugar un número de votos que le era necesario;—salióse de madre el río de la ira, la indignación callada tuvo lengua y forma, los ilustres de la democracia se reunieron en junta popular solemne para apelar al pueblo elector, de quien todo poder viene contra la corporación traidora: el pueblo confirmó en elecciones privadas la sentencia; nombráronse cincuenta notables, que fueron luego ciento, para dirigir los

trabajos de reorganización y purificación democrática; *Irving Hall* se fundió en la asociación nueva;
Tammany Hall, que no concibe más poder que el
absoluto que venía ejerciendo, se alzó en rebelión
contra el partido de quien el poder le viene; y sostuvo su derecho de primacía y unicidad en la gestión de los negocios democráticos. "Derribaré
cuanto sin mí se haga—exclamaba Kelly: derro-
taré toda candidatura democrática que sin mí se saque a votación. Piérdase en buena hora toda capacidad de triunfo del partido democrático, que
depende de su triunfo en Nueva York: como sin
mí no puede vencer el partido, vendrá a mí". Estas graves querellas tuvieron ahora airosa y honrada solución. Celebra cada año cada uno de los
partidos del Estado una Convención, a la cual
asisten delegados de todos los cuerpos de electores, y a la cual compete el señalamiento de los funcionarios anuales por cuya elección han de votar
los miembros del partido: sin estruendo y con decoro fué vencido Conckling en la Convención republicana, que celebró su junta en el hermoso teatro de la Academia de Música de Nueva York. Con
ignominia y sin ocultación negó la Convención democrática, reunida en Albany, la entrada en su seno
a los delegados rebeldes y traidores de Tammany
Hall. Levantados y elocuentes documentos han pu-
blicado a este propósito el partido demócrata. Quieren el libre ejercicio del voto por todos los votantes,
del examen de la conducta de los comisionados por
el más humilde miembro del partido, la purificación
de la democracia, desacreditada y envilecida por los

intereses personales creados a su sombra. Quieren, y han señalado al pueblo para su elección en este año, empleados escogidos entre hombres respetables e independientes, ajenos a las ambiciones de bandería; y no contaminados en el trato pernicioso de los políticos hambrientos, y voraces e indignos empleómanos. Quieren, en suma, que una facción rebelde de la ciudad no domine y burle al partido entero del Estado; y que la democracia, íntegra y honrada, retenga a su lado el número de servidores fieles y poderosos, que, avergonzados de la gestión de los negocios del partido, amenazaban ya con abandonar sus filas, se replegaban melancólicamente a sus hogares. Temerosos los buscadores y tenedores de empleos de que la Convención reunida en Albany no osara negar la entrada en su recinto a la facción rebelde de John Kelly rodeaban aún a éste numerosos partidarios, que con él han compartido los provechos de su largo dominio en Tammany Hall: mas ahora, cortada ya la cabeza del caballo, tiénese por seguro que los que, —por su interés y por miedo de exponerse a las iras monárquicas del *boss*, seguían a Kelly, abandonarían a un jefe tiránico. cuyas habilidades no han podido salvarlo de la cólera y el anatema de una agrupación que no han sabido honrar. Y así quedan ahora ambas agrupaciones: ya están abiertos los registros. publicadas las candidaturas rivales, vecinas las elecciones para altos empleados del Estado. Kelly que no tiene ya fuerzas suficientes para vencer, cuenta aun con fuerzas bastantes para derrotar. Por vencidos se dan ya importantes de-

mócratas, mas estiman útil y poco grave esta derrota parcial en el Estado, si merced a ellas se cap-
tan las simpatías que iban perdiendo, aislan el osado rebelde que con sus manejos atraía sobre el
partido creciente, y llegan fuertes, compactos y res-
petados a la próxima campaña presidencial. Cierto
que a villanías de propios, más que a poder de los
extraños, debieron los demócratas su derrota en las
elecciones en que el honrado Garfield venció al caballeresco Hancock. Y ¡cuán pintoresca es una
población en día de convención! Rebosan los hoteles; resuenan alegres bandas; despléganse banderas: óyense de lejos los vítores y silbos de las
juntas tumultuosas; grandes grupos bulliciosos llenan las aceras, discuten por las calles, detiénense
ante las puertas. Vénse caras robustas de hombres del campo; gallardos caballeros, políticos de
ciudad; escúchanse fanfarronadas, amenazas, denuestos, risas, chistes; llénanse las arcas de los mostradores de bebidas. Y luego de electa la mesa de
la Convención, de pronunciado por el Presidente
discurso de orden, que viene a ser un programa del
partido; de leída la plataforma, en que las esperanzas, propósitos y creencias del partido se condensa
en un número breve de resoluciones; luego de sus-
tentados los candidatos a los diversos empleos por
sus respectivos partidarios, y de electos en votación,
y de anunciada la lista de candidatos definitivos,
—suenan aires marciales, humean en las estaciones
de ferrocarril trenes extraordinarios, vacíanse los
hoteles, y vuélvense los combatientes a toda prisa
a sus lares desiertos, cargados los unos con los lau-

reles del triunfo, y los otros con sus esperanzas
muertas, a trabajar en junto por la victoria de los
candidatos definitivamente señalados por la Conven-
vención. Tal señalamiento es sagrado. El enemigo tiene que trabajar por el enemigo. Al interés de hombre, servido por la comunidad en la satisfacción de otros intereses. El desleal es lapidado
con Kelly. Esta disciplina explica esas compactas
masas, esos súbitos y felices acuerdos, ese sofoca-
miento rápido de rencores que parecían terribles e
insaciables, esas admirables victorias del sufragio
en los grandes combates de este pueblo. Para noviembre quedan emplazados los partidos.

Aún están en sus puestos los Ministros del Presidente Garfield. ¡Cuánta especulación, cuánto
proyecto, cuánta predicción a propósito de este
acontecimiento, que no es tal vez más que un acto
de respeto al muerto, y un medio hábil de hacer
parecer, por menos inmediata, menos violenta la
transición que proyecta acaso el Presidente nuevo!
De que sus simpatías le llevan a gobernar con un
número escogido de sus amigos personales, tomados
de la sección del partido republicano que mantuvo
al Presidente actual, y originó su nombramiento,
—no ha de caber duda. Mas no debemos tampoco—de que él y los suyos, estiman como más con-
veniente a los intereses generales del partido republicano, y al juicio que de Arthur haga el país, la
probabilidad de gobernar con ambas secciones del
partido, que ha menester unión y cordura para vencer al adversario democrático, que se presenta para
las venideras elecciones formidable. Ni puede du-

darse, por otra parte, que es Blaine un hombre poderoso, por el respeto que inspira, los recursos que crea, las simpatías que en torno suyo mantiene, y la maestría con que se mueve entre los graves obstáculos que le alzan sus temerosos adversarios. Todo es a propósito de esto, preguntar y suponer: corre impresa la generosa y tierna carta en que Blaine aceptó la secretaría de Estado que le propuso Garfield: es un varonil documento, lleno de nobles miras, en que, al ofrecer mezclar con la de Garfield "su política fortuna",—se ve a un hombre sensible, arrogante, honrado, bueno, casi grandioso. Tal hombre no puede ser desdeñado por Arthur: tal desdén fuera de graves resultados para la Administración. De seguro que el Presidente ha deseado retenerlo. De seguro, que, movido a la par del ansia de conservarlo cerca de sí, por el crédito que a su Gobierno daría este acto paternal, prudente y noble,—y del anhelo de llamar a su lado a los leales amigos a cuya consecuencia debe su alto puesto,—habrá trabajado Arthur tenazmente por reunir a los políticos rivales en torno de su silla. De seguro que si Blaine se retira del Gabinete, porque sólo con todo honor y libertad consentiría en quedarse en él, se retira solicitado, llamado, agasajado. La figura del Ministro de Garfield crece con estos días accidentales y revueltos: se le ve con su rostro luminoso, húmedo aún del llanto que vierte por su amigo, y en sus ojos lucientes, en su franca mirada, en su alta frente, en sus hinchados labios, en su desordenado cabello, se ven anuncios del brío honesto con que, en los próximos combates de su partido, se alzará contra toda elección que el elemento rebelde, ambicioso y dominador del bando republicano acaricia y prepara. Hay brillo latino en los actos y sentimientos de este elocuente norte-americano.

Sin sucesor legal venía viviendo el Presidente, y ya lo tiene. Eligió el Senado presidente pro tempore,—y a él es a quien tocaría, en caso de nueva catástrofe, ocupar temporalmente la Presidencia de la República. Fué por cierto lo del Senado una animada escaramuza. Por la renuncia famosa de Conckling y Platt, los senadores de Nueva York lastimados porque Garfield no les consultó determinados nombramientos de empleados para el Estado que representa,—quedaron los demócratas en mayoría en el Senado, y quedó el Senado sin su Presidente. No habiendo sucesor a la primera magistratura de la nación, elegirlo era el primer acto natural de la alta Cámara. Más si se elegía antes de dar entrada a los dos senadores republicanos electos en lugar de Conckling y Platt, era el Presidente un demócrata. Forzados a la elección, eligieron, antes de dar entrada a los nuevos senadores, al demócrata Bayard, diestro político, hombre puro y orador celebrado. Mas no bien recibido ya los dos nuevos senadores, contaron otra vez los republicanos con la mayoría, eligieron Presidente nuevo. Del mismo voto de Bayard dependió durante un momento su permanencia en el puesto, y su derrota. Urgido a darlo, dijo altivamente: "Jamás he votado por mí mismo para obtener un puesto: no votaré ahora para retenerlo". Recayó la elec-

ción en David Davis, prominente anciano, que, aun
que más inclinado a las resoluciones republicana<
que a las democráticas, ha logrado fama de hom
bre imparcial y cuerdo, a quien ambos pueden fiar
como a común amigo, sus constantes diferencias.

M. DE Z.

La Opinión Nacional. Caracas, 26 de octubre de
1881.

6

CARTA DE NUEVA YORK

Sumario

Medalla de oro.—La autobiografía de Guiteau ante el Tribunal.—Premio al valor.—Fuego terrible. — La exposición de Atlanta.—Escenas de gala.—El Centenario de Yorktown.

Nueva York, 15 de octubre de 1881.

Señor Director:

Ya ha visto U. en lo que se ocupa el Senado,
a tiempo que en las Oficinas del Congreso, corre
ya, a propuesta del Senador Voorhees, la moción
de que el Poder Legislativo de los Estados Unidos acuñe como especial tributo, una medalla en
memoria de la muerte trágica de Garfield. Era
Garfield tan profundo hombre de letras como puro
hombre político: hablaba y escribía un lenguaje ac-
cidentado, sólido, repleto, lleno de incisos enérgicos y oportunos, fundido —aún en la conversación
vulgar— en molde clásico. No cupo nunca pensamiento bajo en su lenguaje amplio y hermoso. La
grandiosidad del lenguaje invita a la grandiosidad
del pensamiento. Tales dotes lo llevaron a la presidencia de la Sociedad literaria de Washington, y
de la Sociedad ha nacido la generosa idea de conmemorar en metales ricos su admirable muerte.

Elizabeth Bryant Johnson, que lleva entre sus
nombres el de un ilustre poeta, surgirió la cariñosa
moción, que por ser de ella, que es dama conocida
y estimada en el círculo social y político de Washington, y por honrar a tan grande hombre, ha sido aceptada con vehemente aprobación.

El nombre de un poeta evocamos, el nombre de

Bryant: de otro poeta, menos famoso, pero amado
y leído, se lamenta hoy la muerte: de Josiah Holland. Por centenares de miles se han vendido sus
libros de versos: su "Catalina" es el más gustado.
Poeta trabajador, debió su gloria a su mérito, y
su éxito a su trabajo. Novelas, historias, libros de
educación, toda una ruda labor de artesano a que
está obligado el literato pobre, —ocupó durante su
enérgica vida sus activas manos. Amaba a sus
cofrades y era amado de ellos. No era de esos
bardos que acumulan en elaboradas rimas imagi-
narios dolores, y sentimientos cerebrales: era de
aquellos bardos sinceros cuyos versos brotan hechos
de una hora real de dolor, de fe o de amor Un
hermoso periódico publica mensualmente en Nueva York la casa de Scribner, una revista excelente,
en que, bajo elegantísima cubierta de uso antiguo,
retratos bellos, minuciosas y perfectas obras de arte: era Holland el director de esta revista de Scribner, hoy leída con fama en Inglaterra, y vendida
mensualmente en grandes cantidades en las más lujosas librerías y en los más humildes casuchos de
periódicos de los Estados Unidos. Murió Holland
como mueren los que saben cumplir con su deber:
murió al entrar en su casa de trabajo; murió de pie.
El corazón fatigado de sentir, se negó a enviar a
las venas la sangre. ¡Noble poeta!

¡Qué sanos libros, esos que escribe el alma! ¡Qué
repugnante libro, ese que ha escrito en su prisión
el menguado Guiteau! Pero atrae los ojos, como
los atraen todos los fenómenos. El libro es una autobiografía, dictada a un empleado del *Herald*, es-

te omnipresente periódico, —autobiografía tal que
la oía a veces el escribiente con irreprimible disgusto y con justa ira. ¡Con qué regalo se detenía en
los menores accidentes de su vulgar vida! ¡Qué
importancia imaginan que va atada a la más necia
de sus confesiones! Es la vida de un ambicioso,
que llega con el deseo a donde no llega con los
medios intelectuales y morales de satisfacerlo. Le
devoraba ansia de notoriedad y vida cómoda. Todo lo suyo es raquítico, impotente, soberbio, extravagante. No se somete a trabajos humildes. Aspira a grandes premios con mezquinos merecimientos. En todas partes es desestimado por inepto,
por vanidoso y por díscolo: su lenguaje es rastre-
ro; sus propósitos pueriles y enfermizos; leyéndolo
se imagina un hombre de mirada viscosa, color pálido y cráneo deprimido. Este hombre es una im-
perfección moral, como hay imperfecciones físicas.
Enseñarse, ofrecerse, alabarse, proponerse, —eran
sus oficios. Como periodista, quiere ponerse a la
cabeza de un periódico como el de Horacio Greeley;
cosa posible, cuando se es Horacio Greeley; como
esposo, martiriza, expulsa y abandona a su esposa;
como creyente, aspira a demostrar la venida del segundo Cristo en un libro indigesto y monótono "La
verdad o el compañero de la Biblia;" como lector,
habla a salas desiertas; como orador político, fué
su única gloria asaltar una vez la plataforma en
una junta de hombres de color; como abogado, es
perseguido por probada estafa; como escritor de
campaña electoral, publica y reparte como anuncio
un discurso suyo, que envía a los cuatro vientos,

y ellos se llevan: "Garfield contra Hancock"; como desvergonzado, atrévese a enviar a Garfield después de las elecciones en que fué proclamado Presidente este singular telegrama: "Los hemos barrido como yo esperaba, gracias a Dios! —Vuestro respetuosamente— Carlos Guiteau"; y en otra entrevista, en la única que alcanzó de Garfield, osa darle el discurso en el que, con mengua de todo decoro, había unido a las palabras del título impreso, por una línea de tinta, estas palabras manuscritas "Consulado de París", que no era menor puesto el que de Garfield pretendía. Más ni Ministro en Austria, ni Cónsul en París, logró ser el osado vagabundo! Con que frialdad pedía a Blaine que removiese, en honor suyo, al Cónsul actual! A este punto su vida, y de este asalto a la fortuna robustamente rechazado, la ira toma en este espíritu malvado la forma del asesinato. Y entonces describe con repulsiva complacencia cómo "viendo en los periódicos que la tenacidad del Presidente iba a dividir el partido republicano, dar el gobierno a los demócratas y encender una nueva guerra," concibió la idea de "remover a Garfield", para que el poder recayese en "su amigo Arthur". Se concibió héroe. Creyó que cambiaría el curso de la tierra, y dejaría con su valor extáticos y deslumbrados a los hombres. Preparó una segunda edición de su libro "El compañero de la Biblia", porque creyó que "por la notoriedad que alcanzaría él por el acto de remover al Presidente," esta edición se vendería copiosamente. Empezó una tarea de zorra y de hiena. Expió durante días enteros todos

los movimientos de su víctima. Compró el mayor revólver que hubo a mano; le probó a orillas
del río; quedó satisfecho de su gran ruido y de su
grande estrago; lo envolvió cuidadosamente en papel para que no se le humedeciera; durmió tranquilamente, despertó a las cuatro de la mañana,
y "se sintió bien en alma y cuerpo". Y se encar-
niza en dar idea de su serenidad. Almorzó bien,
y volvió a sentirse bien en cuerpo y alma. Revisó
su revólver; aguardó a su víctima; le disparó el
primer tiro; lo vió vivo y le disparó el segundo. Y
cuando describe la manera con que un policía ciego de ira, se le echó encima y le estrujó el brazo,
queda de sus mismas viles palabras la impresión
misma que queda en los ojos, de ver a una hedionda sabandija aplastada por la pata de un mastin.
¡Concibió este hombre la única gloria que su ruin
mente era capaz de concebir, y sacrificó a ella fríamente, por el beneficio de su fama y provecho,
una criatura privilegiada y admirable!

Y dice en su autobiografía, de una manera
descosida y violenta, que revela intención de ser tenido por víctima de extravío mental, que hace
veinte años comenzó a creer y cree que será electo
por un acto de Dios Presidente de los Estados Unidos y ofrece para entonces al pueblo americano "una
administración de primera clase": no sufrirá política de sección ni nada que no sea recto: su objeto
será "dar satisfacción a todo el pueblo americano y
hacerlo feliz, próspero y temeroso de Dios." ¡Fal-
tan en ese hombre los gérmenes normales y las
corrientes naturales y cálidas de la vida! Parece

un árbol seco en que han anidado los gusanos. Se concibe un gran criminal, con gran entereza, gran maldad, y constante propósito: mas no a ese raquítico culpable, que al delito de haber cometido su extraordinario crimen, une el de la debilidad de disfrazar su real carácter. Para él el asesinato del Presidente fué un negocio, de que esperó nombre y dinero. Sospecha ya que ni el nombre logrado es el que anhela, ni el bienestar a que en consecuencia de su acto aspiraba, se le anuncia. Y procura torcer las consecuencias de este mal negocio! La autobiografía termina con un cómico anuncio: "Busco una esposa, y no veo razón para no mostrar aquí este deseo mío. Solicito una elegante y acaudalada dama católica, de menos de treinta años, que pertenezca a una elevada familia. Esta señora puede dirigirse a mí con la más absoluta confianza". Bien hizo Holland, el poeta que acaba de morir, en escribir aquel ardiente verso: "¡Qué una criatura tan miserable haya podido exterminar a una tan noble criatura!"

Un cuñado de Guiteau ha venido a defenderle. Parece un hombre justo, no aguijado del deseo de lograr impura reputación o hacerse de mayor crédito profesional, sino movido de ánimo compasivo, por su corazón humano, y por lealtades de familia. Desdén y misericordia muestra por Guiteau. El proceso le daba ocasión para largas demoras, y enojosos trámites: mas parece que no desea usarlos. Juzga a Guiteau demente; y acumula cartas antiguas, documentos de vieja fecha, documentos recientes, testimonios personales, cuanto haga a la prueba de demencia. Desea Guiteau pasar como un monomaníaco político y religioso. Su cuñado afecta, o siente, confianza en el veredicto de los jueces. Hablarle, verle, oirle, basta, —dice el abogado.

—"¿Cuáles serán vuestros testigos?"

—"Guiteau el primero," —responde. "Que los jueces que le interroguen, que lo vigilen, que lo escuchen, que lean las cartas que a su hermana y a mí nos viene desde hace tiempo escribiendo; el informe que ha redactado desde su prisión para la prensa; el manifiesto que antes de cometer el crimen escribió al pueblo americano, y me dictó ayer de memoria, y la adición al manifiesto en que establece que uno de los objetos del asesinato fué crearse renombre para ayudar a la venta de su libro que ha de salvar a las almas."

De la perspicacia de los jueces, y del extravío mental de Guiteau parece seguro el abogado que viene a Washington, humilde y sin dineros, a disputar su víctima al cadalso. Altas razones de honra nacional ven algunos abogados en esta defensa; y enseñar a las pasiones buena enseñanza, digna de ser intentada, y de ayudar en ella al modesto abogado de Seoville.

Mas ya está el proceso ante la barra. La sala está llena de juristas y empleados. La multitud, de pie en el fondo del salón, lo veo en silencio. El desdén se mezcla a la lástima. El preso lleva un mal flus muy usado. Grueso y rollizo lo representaban los informes: débil, y de mísera apariencia se le ve ahora ante los jueces.

—"Os confesáis culpable, u os creeis inocente."
El acusado se lleva la mano trémula al bolsillo,
y como buscando un papel, dice:

—"Traigo aqui un informe que deseo leer".

—"No es el momento de leerlo. ¿Culpable o inocente?" repite el Juez.

—"Inocente", dice Guiteau; y se escapa de sus
labios un suspiro.

Se ajusta el día del proceso, que va a ser el 7 de
noviembre: quiere el defensor demorarlo; anuncia
que lo defenderá por demente, y que negará juris-
dicción al tribunal actual; rodeados de empleados
de la Corte, sale tímido y nervioso, del salón por
entre la multitud, que lo ve pasar sin una amenaza, sin un clamor, sin un gesto. Va poseído de visible zozobra. Lo asusta su propio drama. Le
abandona la calma con que en la celda dicta su
vida y redacta sus informes. Se buscan testigos;
se urge al Tribunal para que a su costa los haga
venir a Washington, más por demorar el proceso,
en espera de lo imprevisto favorable, que por enojar al Tribunal con ello. Vuelve el criminal a su
jaula de piedra. El aire de la sala de la Corte,
cuyas ventanas habían sido cerradas, era caliente y
fétido.

Por destruir una vida es procesado este hombre
en Washington: por salvar a trece náufragos, con
grave riesgo, ha sido condecorada una mujer en
New Port con la medalla del valor heróico. En
noches tenebrosas, en frágil bote, Ida Lewis Wilson, ha arrebatado al mar enfurecido numerosas
víctimas. De oro es la medalla con que la premia

el Gobierno; y de manos de un bravo comandante pasó a las de la intrépida náuta esta recompensa de su extraordinaria bravura. Afronta, monta, doma la ola furiosa: arranca de su seno a dos hombres medio muertos; los trae en sus espaldas a la playa: bien merece las frases de alta estima que adornan la magnífica medalla.

Por sobre las olas cabalgaba, señora de la tormenta, Ida Lewis: por sobre llamas iban montados los bomberos en el aire noches hace, en un incendio majestuoso y terrible. Una manzana entera vino a tierra: aún humean los restos: entre montones de piedra lucen blancos y grandes huesos; hedor de carne quemada penetra en la atmósfera. El fuego devoró el depósito de un gran tranvía, el tranvía de la Cuarta Avenida. 950 caballos estaban en las cuadras. 6,000 pacas de heno ardieron a un tiempo. De provisiones de establo había $50.000. De pérdida total, más de un millón. El cielo de Nueva York se tornó rojo. Los caballos, frenéticos, se resistían a seguir a sus salvadores; o morían entre estremecedores relinchos, o salían desalados, envueltos en llamas, por las anchas puertas. Ya ondeaba la masa roja sobre las casas de los pobres, que se alzan en uno de los costados del depósito; ya envolvían con sus terribles lenguas, y devoraban objetos valiosísimos, cuadros, manuscritos, maravillas de cerámica, libros raros, curiosidades, joyas dejadas a guardar por viajeros ricos, habitantes de hoteles o gente transeunte en un acreditado almacén cercano; ya el intenso calor derretía los cristales, y la gigantesca ola roja lamía, golpeaba, iluminaba la fachada de hierro de un edificio monumental, construido para casa de mujeres pobres por el benéfico comerciante Stewart, y convertido por sus ambiciosos herederos en hotel colosal y lucrativo: no tuvo Asiria palacios más altos. Salvó el azar las frágiles casas de los pobres; tragóse el incendio todas las riquezas del lujoso almacén; salvó la dirección del viento al edificio de hierro de mayores peligros; al nivel de la tierra está el vasto depósito: ruedas de carros, arneses rotos, cráneos de animales, montones de escombros, líneas de vívido rojo entre pedruscos negros, columnas de pardo y denso humo elevándose lentamente de las ruinas, he ahí los restos del inmenso establo.

A la vez que en Nueva York venía a arruinar tan grande riqueza, un suceso de trascendencia considerable abre nuevos cauces a la fortuna del mediodía de la Unión Americana.

Bajo el techo de un soberbio edificio, construido en forma de cruz griega, de 750 pies de largo por cien de ancho, ostentando en su centro la máquina potente que movió las maravillas de la industria presentadas a la Exposición de Philadelphia, se abrazan ahora, y se miran como amigos, el Norte y el Sur.

La Exposición Internacional se abrió en Atlanta con conmovedoras ceremonias el día 5 de octubre. No se oyó por cierto en esa hermosa fiesta industrial, que viene a ser un banquete político, aquella voz amada y consoladora que había prometido hacerse oir: fríos están ya, bajo la tierra de Cleve-

land, los labios que hubieran dado paso en ocasión
como ésta a evangélicas y arrebatadoras palabras
de hermandad, esperanza y consuelo.

Esta es una fiesta de conciliación, tanto como
una fiesta de agricultura. El Sur presenta al Norte su producto rico, de cuya cosecha recaba 300
millones de pesos anuales: el tabaco, el azúcar, el
maíz, el arroz, sus jugosas frutas, sus minerales
abundantes, sus flores delicadas, sus maderas de
monte, todas sus naturales riquezas son desplega-
das por el Sur rico en ellas a los ojos del Norte,
rico en caudales. Y el Norte en cambio su suntuosa maquinaria que, manufacturando el algodón
en los terrenos mismos en que se cultiva, traería al
Sur con el hecho solo de exportar en objetos lo
que exporta en masa valiosísimo aumento en el
precio de su productivo capital.

Con gran pompa, con plegarias de Obispo, con
versos de Hayne, poeta ya afamado; con un levantado discurso del senador Voorkees se inauguró la
Exposición. Ella viene a iniciar al Norte a que
lleve al Sur sus capitales desocupados. Ella viene
a mover al Sur a que favorezca el cultivo de los
frutos del Trópico que hoy a alto precio compra
el Norte, a tierras extranjeras, y a demostrarle la
posibilidad y urgencia de que, con tan rica materia
prima, y con tan vastos mercados en su frontera
como los de México, y los del resto de la América
latina, más allá, se trueque de país agrícola perfecto, y en país manufacturero de artículos que hoy
compra de los mismos a quienes vende la materia
prima con que se elaboran.

Día solemne será para la Exposición el día 25, en que los gobernadores congregados en Yorktown para la magna fiesta histórica, irán en masa a tomar y llevar a sus Estados impresión de las ventajas mutuas que de venir a más íntimo comercio mostrará sin duda esta afortunada Exhibición.

De recordar las glorias de los muertos irán los Gobernadores a honrar las prendas del trabajo de sus laboriosos hijos —trabajar: gran manera de honrar a padres gloriosos. Los hijos deben hacer practicar, no ahogar en sangre, la simiente de gloria que de sus padres ilustres recibieron. De flores y de frutas habrá exhibición luego; y de bueyes y mulas; y de ovejas y cerdos; y de los perros, que guardan la hacienda; y de todos los útiles animales y menesteres de las casas de campo.

De desolación y espanto fué la escena en el incendio de la Cuarta Avenida; de gala y de colores la hubo en el rico hotel que ostenta la Quinta. De famosos generales, de suntuosos viajeros, de altos políticos, de damas poderosas, es el hotel de la Quinta Avenida natural morada. Allí pasando por puertas embanderadas con los pabellones de Francia y Norte América, fueron a descansar de su viaje los descendientes de los heroicos franceses que abatieron —frente a los viejos reductores de Yorktown el poder y la fortuna de Inglaterra. Del intrépido alemán Steuben, del romántico Lafayette, del noble Rochambeau fué allí la gloria. Decidió el sitio de Yorktown de la Independencia de la América del Norte. El inglés Cornwallis rindió a Steuben su espada; Washington mismo disparó con sus manos el primer cañonazo en la batalla decisiva; en proezas y audacias rivalizaron los auxiliares de Francia, ataviados de brillantes vestidos, y los nativos criollos, envueltos en trajes azotados por la lluvia, quemados por el fuego de la batalla, destrozados por los arbustos del camino.

El Gobierno Americano, que secunda los activos esfuerzos de la asociación, del Centenario de Yorktown, invitó a los descendientes de los héroes franceses, y a los del bravo alemán, a venir a saludar en el campo de sus hazañas el lugar donde blandieron la espada y rindieron al enemigo sus ilustres mayores. Alegres y elegantes han venido los nietos de Lafayette, de Rochambeau, de Haussonville, de Noailles. Fornidos y severos han parecido a los neoyorkinos los atléticos sucesores del audaz Steuben. No bien llegaron los alemanes sobre el casco de cuyo robusto jefe se leía la insignia de los Hohenzollern "Suum cuique," y las palabras de lealtad, "Con Dios por mi rey y por mi patria," coronadas del águila prusiana, —siguieron, luego de ser cariñosamente recibidos por las autoridades de la ciudad, camino de Yorktown. Ver condes, y vizcondes y marqueses enajena de gozo a los buenos neoyorkinos, y grandemente han gozado con los nobles de Francia alojados en la Quinta Avenida. Sus uniformes han sido menudamente descritos; acotada toda observación; celebrada toda frase oportuna; contadas y alabadas las plumas de colores, las cruces, las armas, los bordados.

En procesión luciente fueron traídos del muelle

al gran hotel. Policía montada abría y cerraba el séquito. A los acordes de la "Marsellesa", que no ha mucho resonaron bajo los balcones de Sarah Bernhardt, sucedían los de "¡Salve Columbia!" y "La estrellada y listada bandera". El séptimo regimiento, servido aquí por ricos mercaderes y jóvenes elegantes, escoltaba a los vivaces y sonrientes nietos de los que, con calor de hijos, ofrecieron sus pechos generosos en defensa de un pueblo amigo a las balas inglesas. Apenas desembarazados de los deberes de orden, —la inquieta comitiva se repartió por esta ciudad maravillosa. Fueron los unos a pasear las luengas avenidas en el ferrocarril elevado, que en un extremo remata en atrevidas curvas, y en otros se alza a elevación pasmosa sobre los riachuelos y praderas que rodean el solemne Puente Alto. Cuáles cruzaron en coche el ruidoso Broadway. Otros, con un pintor osado a la cabeza, se encaramaron en frágil andamio al más extenso puente colgante que va a Nueva York y a Brooklyn.

El que fué campo de batalla se aptereza en tanto para recibir a los viajeros. Revistas, saludos, plegarias, discursos, músicas marciales, todo lo prepara Yorktown para sus cuatro días de fiesta. Se ha remozado y vestido de limpio, el miserable villorrio. En pie está la casa en que firmó su rendición Cornwallis: aún se señala el lugar que ocupó el humeante parapeto, a cuya cima se asomó entre redobles de tambor, el oficial inglés pidiendo parlamento; aún se enseña el lugar donde los incontrastables franceses, al mando del barón de

Viomenil, asaltaron el reducto británico, coronado de llamas; aún se apunta el pedazo de tierra en que cayó herido de muerte el barón Scandell.

Allá iremos: mediremos el glorioso terreno; contaremos la espléndida historia; y de brazo andaremos, de aquí a quince días, por la playa animada, teatro ha un siglo de tan altas proezas, los benévolos lectores de estas humildes cartas, y su afectuoso amigo,

M. DE Z.

La Opinión Nacional. Caracas, 27 de octubre de 1881.

7

CARTA DE NUEVA YORK

Sumario

*Historia.—Las doce de la noche.—La última bata-
lla.—Jorge III y Washington.—El centenario de
Yorktown.—La batalla de la Paz.—Arthur y Blaine.
La bandera Británica.—Triste soledad.—Los cautos
y los cultos.*

Nueva York, 29 de octubre, 1881.

Sr. Director de *La Opinión Nacional*:

Gritos de triunfo y gritos de reforma han reso-
nado en los Estados Unidos en esta quincena: con
los unos se celebraba aquella magnífica época que
vió vivir a Wáshington; con los otros, se entra con
incontrastable ímpetu por la vía de honradez y pureza que abrió Garfield. Impacientes los hombres de
hoy por asegurarse el dominio de sí mismos, que el
sistema de camarillas políticas comenzaba a arrebatarles, como de prisa y de mal grado, emprendieron su peregrinación al campo sacro donde sus
tenaces y gloriosos abuelos plantaron sobre reductos humeantes el pabellón a cuya sombra crece el
pueblo más pujante, feliz y maravilloso que han
visto los hombres. ¡Luego de echar la vista por
estas calles, por estos puertos, por estas ciudades,
se piensa involuntariamente en mares y en montañas! ¡Qué simple y qué grande! ¡Qué sereno, y
qué fuerte! Y este pasmoso pueblo ha venido a
la vida, de haberse desposado con fé buena, en la
casa de la Libertad, la América y el trabajo! Poseer, he aquí la garantía de las Repúblicas. Un
país pobre vivirá siempre atormentado y en revuelta. Crear intereses es crear defensores de la
independencia personal y fiereza pública necesaria

para defenderlos. La actividad humana es un monstruo que cuando no crea, devora. Es necesario
darle empleo: aquí, ha creado.

Eran hace cien años estas ciudades, aldeas; estas bahías, arenales; y la tierra entera, dominio de
un señor altivo y perezoso, que regía a sus hijos
como a vasallos, y con el pomo de su látigo escribía sus leyes, y con el tacón de sus pesadas botas
las sellaba. Los caballeros de las Colonias, se alzaron contra los caballeros de Jorge III. Desun-
cieron los campesinos los caballos de sus carros,
y los vistieron con los arreos de batallar. Con el
acero de los arados, trocado en espada justiciera,
rompieron las leyes selladas con el tacón de la bota
del monarca. Se combatió, se padeció frío, se venció el hambre, y con largo y doloroso cortejo se
cautivó al fin a la gloria. El 16 de octubre de 1781,
los franceses y americanos aliados, recibieron de
manos del caudillo británico el pabellón inglés vencido. Cornwallis, cercado, deslumbrado, anonada-
do, aterrado, se rindió a Wáshington y a Lafayette
en Yorktown. Siete mil ingleses se rindieron con
su jefe: trescientos cincuenta habían perecido en el
brillante sitio; con valor fiero asaltaron los sitiadores las obras de defensa de las tropas reales;
con gallarda nobleza y ejemplar calma, se regoci-
jaron de su triunfo. Allí descansaron de su jor-
nada de seis años los soldados de Lexington, Concord y Bunker Hill. Allí doblaron la rodilla, para
dar gracias a Dios, los que la habían alzado de una
vez fatigados de tenerla humillada ante su tirano,
en 1775. Allí se ha honrado ahora a los héroes.

se ha conmemorado a los muertos, se ha contado la gloriosa historia, y se ha saludado cariñosamente a los vencidos.

Hace cien años, fué la señal de la redención la toma de Yorktown: Francia, que ha redimido a los hombres con su sangre, se había aliado a las colonias americanas rebeldes. En aquellos tiempos de odios, el rey francés obedecía así a la usual política, y debilitaba el poder de Inglaterra, su robusta enemiga. Mas no fué el rey quien decretó la alianza: fué el clamor de la nación generosa que, enamorada de la libertad, y no bastante fuerte aún para conseguirla, empleaba la energía ya recojida en empujar a la libertad a un pueblo más cercano a ella y más fuerte: fué el clamor de la nación, pagada por la casaca parda y las medias de lana del humilde Franklin, de aquel Embajador austero, que entró en la casa del Rey con los vestidos modestos de la libertad, y habló con sus palabras y venció con ellas. La flota francesa había vencido a la flota inglesa entre los cabos de Chesapeake, con rapidez tan grande y tal fortuna que un noble que venía a visitar al almirante inglés, fué recibido por el conde de Grasse, el marino de Francia, y en las mesas francesas se sirvieron los manjares que habían sido preparados para adornar la mesa de los marinos de Inglaterra. Washington, con cartas diestramente escritas, que aparentaba dejar sorprender a los enemigos, hacía creer a Clinthon, el representante del monarca y director de la campaña, que cuando cruzaba el Hudson estaba aún lejos de él. Cuando despertó de su sueño, halagado por la seguridad de

venidera glorias el inglés Cornwallis, Wáshington
mismo, con su mano firme y su postura augusta,
disparaba contra Yorktown la bala de cañón que
abrió el famoso sitio. De noche construían los aliados las trincheras, de donde, al romper el día, habían de disparar las balas llevadoras del asombro,
la derrota y la muerte. La luz de una fragata incendiada alumbra el combate. Lafayette generoso
y Rochambeau valiente, mandan a los franceses, y
Washington sereno, Washington amado, manda a
los americanos. Con ellos pelea el soldado bravo,
el disciplinador enérgico, el alemán noble, el barón
de Steuben. De Lauzan va a la cabeza de la caballería. Viomenil guía la infantería ligera. Entre
los franceses van un Montmorency, un Lameth, un
Noailles.

¿Qué eran los parapetos, los terraplenes, las empalizadas? ¿Qué las grietas del terreno, naturales
defensas de Yorktown? ¿Qué los anchos pantanos,
que parecían sepulcro inglorioso, inevitable tumba?
¿Qué las fortificadas baterías? Cada mañana ama-
necían los sitiadores más cerca de los absortos sitiados! Es que hay una hora en que la tiranía se
ciega, y se deja vencer, aturdida por el brillo y la
pujanza de la Libertad! ¡Es que el soldado que lucha por la honra vale más, y lidia mejor, que el
soldado que lucha por la paga! Rivalizaban en
bravura los tenaces americanos y los ardientes franceses. Dos reductos se levantan a su paso: "Viva
el Rey!" dicen los soldados de Francia, y toman el
uno: sobre cien de sus compañeros, muertos o heridos, pasan los triunfadores: en el otro reducto

el jefe inglés rinde su espada a Alejandro Hamilton, el jefe americano. En vano aguarda Lord Cornwallis refuerzos de la flota inglesa, que ha sido vencida; en vano intenta, contra la naturaleza que, amiga una vez de los hombres libres, le cierra con una tormenta el paso, la fuga de sus tropas. Ya no tiene fuerzas el Lord poderoso para sacar el acero de la vaina. Bate el tambor, pidiendo tregua. Se ajustan condiciones: el inglés las rechaza: el americano las impone: se firman en una casa histórica, la casa de Moore: las tropas quedan prisioneras de guerra: la propiedad pública pasa a mano de los vencedores: la propiedad privada, ya de los hombres de armas, de los habitantes del pueblo, queda en poder de sus dueños: los productos del saqueo y la rapiña han de ser devueltos a los que los reclamen, y Tarleton, un hombre odiado, tiene que echar pié a tierra de una caballo admirable que reclama su dueño. Témese que peligren, por su fama de crueles, algunos oficiales de Cornwallis, y Washington permite y favorece su salida del campo de batalla, so pretexto de que van en comisión de duelo, a dar parte a los gobernantes ingleses de la amarga derrota. Y el día brilla: en carros, a caballo, a pie, ha venido de los campos y poblaciones vecinas, muchedumbre imponente de curiosos. ¡Cuán solitario suele estar el campo de batalla el día antes del combate! ¡Cuán poblado el día después de la victoria! Es la hora de la entrega de las armas. A un lado del campamento, con Rochambeau al frente, forman, con sus lujosos uniformes, los franceses: al otro lado, mandados por

Washington, forman, con sus uniformes empolva-
dos, desiguales y raídos, los americanos; aquellos,
brillantes; éstos, ingenuos. Por entre ambas columnas adelanta, con paso solemne, armas al hombro,
banderas plegadas y tambor batientes, el ejército
vencido: no lo manda Cornwallis, que está avergonzado. Allá cerca, en un espacio vecino, dejan
aquellos hombres tristes sus mosquetes. Nadie los
injuria, no los maltrata nadie. Y la nación entera,
como a alba magnífica, se regocija y amanece. Filadelfia era ciudad de fieles, y cuando el guardia
nocturno anunció las doce de la noche, con aquel
grito lento: "¡Las doce de la noche, y todo va bien"
y añadió —"y Cornwallis ha sido tomado",— no
hubo ventana sin luz, ni balcón sin bandera, ni ser
humano dormido en Filadelfia. El Congreso en
masa fué a dar gracias al bondadoso Legislador del
Universo. La grandeza serena había vencido a la
tradición insolente: a Jorge III lo había vencido
Washington.

Yorktown fué la batalla decisiva, el triunfo efectivo, la victoria incontestada. Tras ella, quedó de
hecho el país libre. Esa es la batalla que en estos
días los americanos han conmemorado. Han vuelto,
llenos de vida, a aquel lugar famoso donde a ella
nacieron. Han llamado, para apretar la liga de los
pueblos buenos, a los descendientes de aquellos bravos soldados de Francia. Como el alemán Steuben batalló en Yorktown, llamaron también a sus
descendientes alemanes. Como Inglaterra ama a
sus hijos y no está celosa sino orgullosa de ellos,
han saludado la bandera de Inglaterra en el lugar

mismo en que fué vencida, nueva manera de vencerla. Recuerdo sin odio, fuerza sin vanidad, agradecimiento sin interés, esto ha sido esta fiesta. Y
viene a tiempo a este país laborioso esta hora de
remembranza de aquellas puras glorias, como vino
a tiempo la noble agonía y dichosa muerte del honrado Garfield. Tiene el corazón sus caudales, y
perecen en su palacio de oro, como el Rey Midas,
los pueblos que dejan morir estas puras riquezas.
Sentir, es ser fuerte. Ni cabe comparación, en el
concepto y gratitud humanos, entre Jesús y Creso.
¡No hay flores más lozanas ni fragantes que las
que nacen sobre la tierra de los muertos! De amar
las glorias pasadas, se sacan fuerzas para adquirir
las glorias nuevas.

Oficial, más que nacional, aunque aprobado y
loado por la nación, ha sido el centenario de
Yorktown. No suspendió el pueblo sus labores;
no hablaron los oradores a las masas; no lu-
cieron banderas en puertas ni ventanas; no recorrie-
ron músicas las calles; ni regocijo, ni emoción, ni
curiosidad marcada pudo observarse en comarca alguna de los Estados Unidos. Mas allá, en el campo glorioso, milicias, veteranos, altos huéspedes, dignatarios altos, estaban reunidos. Yorktown, morada del silencio, resonaba con ecos de orquesta,
clamores de gozo y voces de vida. Al vapor silen-
cioso que cruza lánguidamente las olvidadas aguas
de su puerto, un día rico, sucedieron como bosques
de buques, ya los americanos de la armada del Atlántico, ya fragatas francesas, ya hoteles flotantes, improvisados en las cámaras de los vapores;

ya buques de vela, buquecillos de recreo, vapores de
travesía, blancos y gigantescos, y barcas de pes-
cadores. Era en tierra todo polvo y ruido; todo
tiendas, hoteles improvisados, comedores al aire,
puestos de refresco, grupos de jugadores, bailes de
la comarca, comedias de polichinelas, casillas de
buhoneros, gritar de gentes, cantar los negros de
las haciendas, ir y venir de alegres carruajes tira-
dos por mulas y cargados de lindas virginianas, o
de aquellos curiosos vehículos de campo, que llevan
sobre dos ruedas la abundante y parlera familia de
un hombre de color, tirada por una mansa vaca,
que obedece a la voz del guiador acurrucado en la
delantera del carrillo, como el más dócil jaco. De
feria estaba el pueblo, y parecía feria. De las sesenta casas que un día tuvo, y que solían dar abrigo a opulentos armadores y a funcionarios pomposos, quedan en pie, envueltas en clásico musgo,
la casa de Nelson, y—por manos irrespetuosas blan-
queada, pálida y amueblada—la casa de Moore,
aquella en que con ojos relucientes de gozo vieron
cien años hace los jefes americanos moverse sobre
el pliego de la capitulación las manos trémulas del
jefe inglés que lo autorizaba con su firma. Algazara y bullicio era todo en Yorktown. Estos, que
aquí se agrupan y vienen a oir las tradiciones que
narra, apoyado en su báculo ruin, el habitante más
anciano del puerto; aquellos, que se apiñan y vocean, ven bailar sobre un entarimado a un hombre
de color, calzado con ponderosas y luengas botas,
cubierta la cabeza con un gorro rojo, y todo lleno de
lazos azules, y marchitos encajes. En un lado los

militares presentan armas a un gobernador; en otro,
sacian su sed con benéfica cerveza alemana, o áspero whiskey. Ya son corporaciones invitadas a
la fiesta, a que la multitud abre paso; ya una columna cerrada de fracmasones, que vienen en gran
número a la fiesta. Y ya se arremolinan, se empujan, se atropellan para salir al encuentro de un
cuerpo de artilleros que viene "cubierto del polvo de seis Estados", por el mismo camino que
el ejército libertador anduvo un día, empolva-
do, alegre, sediento, desplegando al aire el pabellón
luciente, y arrancando voces de triunfo a las marciales cornetas: 465 millas han andado en treinta
días. Esto era, al inaugurarse la semana de la conmemoración, el lugar de la famosa batalla. En un
yacht, por el puerto, paseaba el dueño del *Herald,*
y agasajaba a bordo a Archibald Forbes, el más
atrevido corresponsal de guerra que cuentan los
periódicos ingleses; y en tierra, en un rincón, un
grupo ansioso, que viene de comprar a un vendedor de baratijas piedras mágicas y medicinas om-
nicurantes, entra a ver un ternero que nació con seis
pies, o una vaca ya crecida que anda sobre cinco.
Un lúgubre cortejo cruza en tanto el río. Fatigado
de sentir el corazón de un marino se había roto en
su pecho. Era un noble oficial el capitán Mr. Crea.
De su buque sacaron solemnemente su cadáver.
Singular procesión surca las aguas. Va delante, en
un bote de guiador, el capellán que reza; detrás,
como guardia de honor, botes de los buques de
guerra anclados en el puerto:—entre ellos, el cadáver. Quedó éste en tierra. Y continuó el gozo.

El sol del día 18 brilló sobre los buques lujosamente engalanados. En el *Tallapoosa*, el vapor que tuvo encendidas sus calderas para llevar al buen Garfield a las tierras sanas del Canadá en busca de vida, trajo a Yorktown al Presidente de los Estados Unidos, miembros de su Gabinete, y respetables personas. Cada buque disparó en su honor 21 cañonazos. Batalla parecía aquel estruendo, y lo era realmente: la daba el agradecimiento y la ganaban los hombres: era aquella la batalla de la paz. A poco, en lujoso buque, vinieron con el Secretario Blaine, de blanco cabello, bondadosa faz y penetrantes ojos, los huéspedes franceses y alemanes. En larga procesión, encabezada por el jefe del país, dirigíase la compacta comitiva, acongojada por el caluroso día, y cercada a un lado y otro por la curiosa muchedumbre, al promontorio donde ha de alzarse el monumento que recuerde el esfuerzo de los redentores, la bravura de los aliados y la trascendental victoria. En ancha plataforma acomodáronse los huéspedes. Cerrados los ojos, baja la cabeza, cubierto a medias el rostro por la mano alzada,—que es aquí la señal de reverencia,—oyeron los concurrentes la plegaria en que se ofreció al Alto Señor la ceremonia. De los francmasones era el día 18 la fiesta. Con ceremonias masónicas colocaron la primera piedra del monumento memorativo. En el sillón de roble en que, en sus trabajos de jefe de lógia se sentó Washington, se sentó en Yorktown el gran Maestro de los francmasones. Las bandas y el mandil que lo adornaban fueron bordados por la esposa del humano

Lafayette, y a Washington presentadas en ofrenda, allá en la sala humilde de su hacienda solitaria de Mount Vernon. Y el mallete que en la ceremonia resonaba, está hecho de la madera del puente de la fragata Lawrence, el buque abanderado en la gloriosa flota que en 10 de septiembre de 1813, venció en el lago Erie a los tenaces ingleses. A los golpes de ese mismo mallete, se colocó en 1876 la piedra primera del monumento que recuerda el combate de Monmouth; y a sus golpes también fueron echadas en la tierra del Parque Central de Nueva York las bases del obelisco valioso cuyas letras extrañas y seculares intentan en vano descifrar los hombres. Del misterioso Egipto vino a Nueva York el obelisco raro. "A la admirable y sensible Francia, a nuestra amiga constante y fiel, queremos honrar en este monumento: y a ese gallardo Steuben, que honró a su patria y nos ayudó a fundar la nuestra",—así dijo el Gobernador del Estado histórico, en cuyo recinto está Yorktown. "Ved ese monumento"—decía el senador Johnson: "en él están nuestra cima, nuestros triunfos, nuestra actual gloria. Por él sabremos cómo nacimos, y él dirá cómo somos. El es nuestra existencia nacional. Trece figuras de mujer, los trece Estados viejos, sustentan la columna en que van inscritos los treinta y ocho potentes Estados que hoy forman la Unión. Y coronándolos a todos, como fruto de esta concordia espléndida, de aquella victoria brillante, y del trabajo con que la hemos confirmado, brilla la Libertad, nuestra salvadora y nuestra hija".

Fué el día 19 el día solemne. Ante los rudos prusianos, cubiertos de su casco de batallar; ante los gallardos enviados de Francia, especialmente honrados; ante la multitud de gente ilustre reunida en esta hora grave de la conmemoración, se irguió el Presidente Arthur, honró a la vez a los Estados Unidos que vencieron, y a la madre Inglaterra que fué vencida. Ni honró a Iglaterra demasiado, ni la honró demasiado poco. Fué breve, brillante, seguro, oportuno, su discurso. Tenía un modo de decirlo y dió con el modo. A los franceses dió ardientes gracias. Con Alemania fué cortés. "De esta batalla nos vino un legado"—dijo: "el amor de la libertad, protegida por la ley". "Quiera Dios —exclamaba al concluir— que nada altere ni conmueva las relaciones que nos unen con el pueblo que fué nuestro adversario, y con los pueblos que nos cedieron en la hora de la prueba sus mejores hijos: quiera dios que vivamos con nosotros mismos y con todos los pueblos de la tierra en eterna paz". De elegante manera respondió al Presidente el marqués de Rochambeau: con francés de marcado y vehemente afecto habló en nombre del Gobierno de Francia el comisionado Max Outrey. La Oda al Centenario, del poeta del Sur, de Paul Hayne, briosa y bella, fué luego leída. Con donaire de Academia y galanterías de hidalgo dijo su discurso celebrado el caballero Winthrop. "Digamos— exclamó— Dios salve a la Reina", puesto que aún se oye el grito generoso con que la Reina nos dijo en nuestra hora de agonía: "Dios salve al Presidente". "Manteneos en la fe de nuestros pa-

dres", dijo a los Estados. "Sois la vanguardia de
la raza humana: el mundo venidero es nuestro", dijo
una vez Mme. de Sevigné a un distinguido ameri-
ricano: ¡alcémonos a un completo sentido de esta
responsabilidad inmensa, y mantengamos el progreso
de la Libertad en todas las tierras y en la nuestra!"
Culto y hermoso fué el discurso de Winthrop.

Un anciano, entre murmullos lisonjeros, se alzó
luego: el ministro Blaine. Y leyó con voz segura
este documento simple y grandioso, de él nacido, y
con su mano escrito.

"En reconocimiento de las relaciones amistosas
tan larga y felizmente mantenidas entre la Gran
Bretaña y los Estados Unidos, en la fe y confianza
en la paz y buena voluntad de los dos pueblos en
todos los siglos por venir; y especialmente como
una señal de respeto profundo del pueblo americano por la ilustre soberana y noble señora que se
sienta en el trono británico, ordénase por este documento que al terminar estas ceremonias conme-
morativas del valor y triunfo de nuestros antepasados en su lucha patriótica por la independencia,
la bandera británica sea saludada por las fuerzas
del ejército y marina de los Estados Unidos en
Yorktown. Háganlo cumplir el secretario de Guerra y el secretario de Marina. *Arthur.—Blaine*".

Con salvas estruendosas saludaron baterías y
buques el día 20. Fué el día militar, el día naval.
Quince mil concurrentes vieron pasar a ocho mil
soldados. El hermoso Hancock, como llaman al
general demócrata sus entusiastas soldados, llega en
arrogante bruto ante la plataforma en que se alza

el sillón presidencial; saluda al Jefe del país, entrega las riendas de su caballo y asciende a la plataforma. Apuestas milicias, probados veteranos, pintorescos regimientos desfilan a los ecos de las bandas. Allá van los dos cañones tomados a Cornwallis en la heróica refriega. Allá van con sus blusas azules y sus sombreros blancos, los soldados de la Carolina del Norte. Con su banda vestida a la austriaca, van allí los ricos voluntarios del Regimiento 13º de la ciudad de Brooklyn; la caballería del escuadrón del viejo Dominion, en caballos castaños, arranca altos vítores. Especialmente aclamados por sus vestidos pulcros y marcial continente, pasan las milicias de color del noble Estado de Virginia. Montes del polvo y ruidos de combate quedan trás las baterías de artillería, que cierran el séquito. Y en buque elegante pasa revista el Presidente a los buques anclados en el puerto, que en su honor izan banderas, suenan músicas y descargan cañones. Y movidos de prisa de volver a sus quehaceres diarios; y pagada ya, aunque no con el fantástico brillo y suntuoso arreo que fueron prometidos, y que se debían al caso glorioso, las deudas de agradecimiento, a los padres de la nación y a los pueblos que vinieron a ayudarlos, volviéronse con premura, dignatarios, militares y masones a sus oficinas y a sus lares; fustearon a sus mansas vacas, camino de la hacienda, los labriegos de color; quedó en su soledad triste la histórica Yorktown; y es fama que se ha oído decir a muy elevado personaje que allá conocieron los concurrentes,—con el polvo y el asendereado andar y el imperfecto comer, y el dormir en los hoteles flotantes o en míseras casas,—todos los horrores y miserias de la batalla, sin ninguna de sus glorias. Y ha sido, en verdad, el centenario, para los que ven con ojos penetrantes y leales, como ceremonia impuesta, a los más indiferentes, y sentida sólo por los cautos y los cultos. En periódicos,—por más que no en todos,—y en un buen libro, ha hallado estima y loa la patriótica fiesta; y más allá del mar será tenida como acto digno de un pueblo grande, fuerte y bueno. Fiesta de los tiempos, y liga de los pueblos. Mas ¿dónde, dónde, ese patriótico anhelo; esos rapsódicos arranques; esa calurosa sensibilidad; esa filial ternura; ese calor de alma, brillo de mente y vida espiritual de nuestros pueblos? En júbilo debieron encenderse todos los corazones; y los muros todos vestirse de colores de fiestas; y regarse de rosas todos los umbrales; y en peregrinación ir el inmenso pueblo a doblar las rodillas sobre el campo sacro. ¡Líbrenos Dios del invierno de la memoria! ¡Líbrenos Dios del invierno del alma!

M. DE Z.

La Opinión Nacional. Caracas, 14 de noviembre de 1887.

8

CARTA DE NUEVA YORK

Nueva York, 29 de octubre de 1881.

Señor Director:

Mas en la política activa, andan calores de verano. Las palabras honradas no son habladas en vano; ni son vanas las vidas puras; ni es vana la muerte de un varón ilustre, que puso mano fuerte sobre los abusadores y corruptores, y ofreció el pecho a sus iras. Se quiere audazmente la realización de las reformas porque Garfield ha muerto. Así como hay espíritus evangélicos que gozan en dar en silencio, como las violetas humildes, su perfume a los hombres, así hay, refrenadas por la educación o por el miedo, satánicas manos dispuestas a matar. Guiteau, un perpétuo vencido, tenía odio a todos los victoriosos. En sus rencores ardientes cayó la palabra de cólera de los que, con más fortuna y poder que él, se habían adueñado de los empleos y votos públicos, y granjeaban en ellos opulenta vida, y se revolvieron iracundos contra el hombre sano que quería volver a la nación, en manos ya de unos cuantos despreciados mercaderes, el uso de sí misma. De motivo político disfrazaron los corruptores el motivo de su cólera frenética, y su apetito de los bienes nacionales; y movieron la mano inquieta del ambicioso vulgar y torpe, y le dieron ocasión para que asignase motivo político a cri-

men. Siéntense en la nación, más que se dicen, estas graves cosas.   Ansia de reforma y anhelo de
dignificación, poseen a los ciudadanos.   ¿Recuerdan
los lectores de *La Opinión Nacional* la carta anterior de M. de Z.?   Allí estaba descrito el *boss* odioso; el cabecilla de partido; el que prepara las elecciones, las tuerce, las aprovecha, las da a sus amigos, las niega a sus enemigos, las vende a sus adversarios; el que domina los cuerpos electorales; el
que exige a los empleados dinero para llevar a cabo las elecciones que han de conservarlos en sus
empleos; el que con la presión de un dedo en el
resorte que mueve la máquina política, echa a andar a su voluntad, o detiene, o rompe las ruedas;
el que impone al partido los candidatos, que son
siempre tenaces tenedores de ricos oficios, de los
cuales les vienen influencia y modos pecuniarios
para asegurarse en elecciones nuevas la continuación del goce de los frutos públicos.   ¿A qué votar,
se iban diciendo ya los ciudadanos, si nuestro voto
libre y aislado nada ha de poder contra el voto or-
ganizado del partido?   Y los hombres buenos dis-
gustados de aquellas granjerías, desertaban las urnas; y en los salones de cerveza, y en las aceras
de la casa de registro, se compraban con monedas
o cambiaban por licor los votos de los extranjeros
naturalizados; y no ascendía a los públicos oficios
el caballero honrado, lleno de fama y méritos, y
amado de su comunidad, sino el logrero favorecido, sacado del séquito del capataz, a quien en cambio del dominio que sobre su oficio y él tendría el
boss, dábale el *boss* su insano apoyo y echaba a

rodar todas las ruedas de su máquina. De llamarse
aquí *halls* los lugares en que las gentes se reunen,
y de reunirse en ellos constantemente los políticos
de oficio, ha venido el odio a los *halls*. Y es unánime el grito de rebelión que, con motivo de las
elecciones de noviembre, lanzan al aire los buenos
ciudadanos. En Brooklyn, en Nueva York, en Philadelphia, quiebran la máquina. Buscan reforma.
Exígenla. Niegan a las corporaciones corruptas el
derecho de imponer candidatos a los partidos. Reúnense en clamorosos meetings, llenos de la savia de
la juventud, la cordura de la ancianidad y la fuerza del decoro los miembros independientes de cada partido. Conciértanse, para votar por los hombres honrados, republicanos y demócratas. En uno
y en otro campo cunde la revuelta. Ni caciques, ni
asambleas directoras; ¡ni *halls*, ni *bosses!* Quieren
que el ciudadano electo sea el mejor ciudadano; y
quieren que cada votante tenga voz libre y voto
libre en la designación y elección de los candidatos
por quienes vota. Brooklyn tenía un dueño demócrata, que se llamaba Mc Laughlin; lo echa abajo.
Nueva York se sacude de su dueño, el tenaz y
astuto Kelly. En Philadelphia, el partido republicano resiste la candidatura que la asamblea de políticos que viven de los oficios públicos les imponen, y vota por Wolfe, un candidato rebelde, que
se presenta espontáneamente a ser votado. Quieren reformar los partidos, que garanticen el ejercicio del sufragio, y hagan imposible el retorno al
corrompido organismo actual. No dan aún con el
modo constante que ha de amparar el libre voto,

mas esta vez, salvarán el suyo, con el vigor de su noble rebeldía. Peligran la independencia y la dignidad de la nación. No al triunfo de los partidos, sino al beneficio de los municipios, han de atender los munícipes.

La Academia de Música, el más hermoso teatro de Brooklyn, la ciudad anexa a Nueva York, resuena con vítores y coros de hurrahs a los desinteresados candidatos de ambos secciones de partido el popular general Tracy y el meritorio anciano Ropes, que van a ofrecer juntos su influencia y sus cohortes de combate, a un hombre joven y puro, a quien el pueblo y ellos aman, al generoso y rico Seth Low. Habla en la admirable reunión el anciano Ropes, para deponer toda probabilidad de triunfo de su candidatura, determinada una semana antes, como bandera de combate de los hombres puros. Habla entre salvas nutridas de macizos aplausos, el general Tracy, para ofrecer al hombre joven la candidatura que a su vez le ofreció la Asamblea de políticos republicanos de la ciudad. Para decir que auxiliará a los republicanos, habla un demócrata. Para flagelar a los explotadores y ensalzar al nombrado, habla un hombre que gozó un tiempo en este país honores cuasi divinos, y que, acusado de adulterio en un proceso escandaloso, no ha perdido aun, sin embargo, todo aquel no igualado prestigio e influencia mágica que un tiempo tuvo: el sacerdote de rostro encendido, mirada llameante y labios y largos cabellos blancos, el brioso e infatigable abolicionista de otros días, el párroco de la iglesia de Plymouth, el que lleva de

la mano con altos honores a la plataforma de su
iglesia al hereje célebre, el antideísta Ingersoll; el
orador famoso, Henry Ward Beecher. Su palabra en azote, canto arrebato indignado; bufonada,
chiste. Ve las cosas con ojo americano. Se sacude hacia atrás, en un movimiento oratorio, los
faldones de la levita. Mezcla con gran fortuna los
tonos nobles y los tonos bajos —¿por qué no decir innobles?— del discurso. Que rían de lo que
dice, le regocija. Conoce el espíritu de su pueblo,
y se adelanta a dar forma hablada, siempre oportuna y feliz, a lo que bulle en la mente popular. Con
él los americanos se espasman, se enardecen, se de-
leitan. El tiene, como ellos vivacidad, penetración,
burla de lo romántico, grandeza y candor. Su voz,
ya fatigada, es aún melodiosa. Odia las notas altas, y emite naturalmente sus sonidos correctos, penetrantes, blandamente timbrados. No lleva ante la
mesilla del orador un discurso elaborado, grandilo-
cuente, bien armado. Revolotea, se para, anda a
retazos, pica, muerde, pisotea, ridiculiza, brilla. Se
le sigue con placer, con asombro, con provecho.
Oirlo es dar con la clave en este país extraño, que
tiene de infantil y de maravilloso, y en igual grado
lo repulsivo y lo atrayente. La palabra francesa de
Chaucey Depew, la palabra universitaria de George
Curté, la palabra llana del abogado Choate, la imperial palabra del elegante Conckling revelan ya la
influencia de las altas clases y literatura alta de
los pueblos viejos en este nuevo país. La palabra
descarnada, vigorosa, familiar, desenvuelta, pintoresca; la palabra brusca, sincera, cándida, llana, la

palabra yankee: —esa es la de Henry Ward Beecher. Discurso sin convención; plática sin embarazos; conversación vivaz, sencilla, útil y humana.
Quedó nombrado candidato para Mayor de Brooklyn el hombre joven y bueno, que odia los saraos
y ama a los pobres, el noble Seth Low. —Que es
joven, dicen sus rivales mohinos.—"Pues porque lo
es!" exclama Beecher;—"¿nacen acaso los hombres viejos? Tan joven como él quisiera yo ser,
y cuando tenía yo su edad, había creado dos pa-
rroquias y vine a Brooklyn a fundar la parroquia
tercera; mas ¡ay! que el general Tracy decía, pintando su vejez y en consecuencia que él había cortado las maderas en que se había hecho la plataforma republicana, y yo planté las semillas de los
robles de que se cortaron las maderas de la plataforma!" A lo que siguieron colosales coros de estruendosas risas.

Halagando a los hijos de Brooklyn, decía Beecher,
por cuanto existe rivalidad de vecinos entre las dos
ciudades, —por el río y por los hábitos de sus mo-
radores separados: "Nueva York es vuestra casa
de trabajo; y vuestro hogar, es Brooklyn". Con
igual clamor y con inusitado empuje, continúa su
campaña de reforma la democracia neoyorkina. Gigantesca reunión atronaba antenoche los aires en
el Instituto de Cooper. Los grandes del partido,
que son los buenos del partido, hablaban al frenético pueblo. Libre elección, libre designación, y
empleados honrados quieren los neoyorkinos. Los
hombres puros, que ven libres las urnas de los gavilanes que habían sucedido a las águilas, vuelven

a las urnas. En verdad, no presentaba esta tierra a los observadores de su máquina política menos deplorable espectáculo que el de los más viejos y corruptos países. Todas las malas pasiones y todos los ruines apetitos, tenían aquí el usual dominio, y el usual empleo. Falsedad era el voto, e iba camino de su descrédito el superior. Venía a ruinas el templo de Jefferson. Mas los caballeros de la libertad se arman, llaman con las espadas de los padres de la patria a las puertas de la casa de la libertad, y echan del templo con voces de anatema a los procaces logreros. A tiempo viene la reforma: podríanse los cimientos de esta gran República.

De sed de decoro sufrían los buenos republicanos; de sed de agua están a punto de sufrir los neoyorkinos. ¡Qué catástrofe, si aconteciera! El acueducto de Croton no recibe de sus corrientes proveedoras el agua necesaria; los grandes receptáculos apenas bastarán a las necesidades de cortos días; la lluvia reacia se ha negado a los campos; la tierra ardorosa enjuga las lluvias escasas que la riegan; no corren los arroyos, ni bajan los hilos de agua de los montes, ni crecen, como suelen, los majestuosos ríos. Ya ha avisado del peligro de la seca el jefe del acueducto; ya ha rogado el Mayor de la ciudad que economicen los vecinos el agua que amenaza faltarles. 95.000.000 de galones de agua consume cada día Nueva York; y solo 4.000.000 diarios podrá dar Croton si sigue la seca. Y no llueve, los ríos no se hinchan; los caudales del acueducto se vacían: el riesgo es inminente, es grande, está cer-

cano. Las familias imprevisoras, habituadas a pro-
digar la rica agua de Croton, no harán en ella la
necesaria economía. De fijo que el próximo domingo todo serán plegarias por la lluvia. Y ya se
piensa en traer el agua a la inmensa Nueva York
del Lago Erie.

¿Y en Washington? ¿qué hace, qué piensa, qué de-
cide el vigilado Presidente? Sus amigos personales
están desacreditados; el espíritu de Garfield llena
el país. Por honra y pureza hay general clamor.
Podría el Presidente llamar a sí a amigos íntimos,
y él cuenta entre sus hábitos el de serles fiel, mas
acontece que cuentan, como los más prominentes entre ellos, hombres de cuya participación constante
y absorbente en los negocios públicos desconfía ya
la nación. Una caricatura recientemente publicada,
pinta esta difícil situación. Es el pasaje de la Odi-
sea: Ulises cruza su azotada barca, entre Scyla y
Caribdis. No atado como pasó Ulises, sino con la
recia mano sobre el timón rebelde va, con su traje
griego, el Presidente Arthur. De tierra lo llaman
las sirenas; Conckling, con largos cabellos, toca la
pandereta. Pratt, el compañero de Conckling en
el Senado lo llama con el dedo; en gran lira, suelta
sobre la robusta espalda la negra melena, tañe me-
lodías seductoras del cacique Logan, partidario tenaz de una secta oficial, de una casta de tenedores
de empleo, y de un Gobierno fuerte; mueve, con manos frenéticas, el general Grant una guirnalda de
rosas. El Presidente, con vigorosa voluntad, tuerce la barca hacia el encantado promontorio: mas la
barca empujada de lleno por los vientos contrarios

corre mar adelante, y arrastra al barquero. Rodeado
de escollos está el promontorio. Sobre el uno que
dice "Servil fidelidad a los amigos" hay un mástil
roto: léese en una roca: "Patronato para fines personales". "Patronato, protección para el logro de
empleos". En otra roca está escrito: "Servicio civil corrompido". A los pies de las sirenas se lee
"Stalwartismo".—Stalwartismo, gobierno de la casta alta, de la casta política. Y al volver del promontorio, están, en una grieta de la roca, una ca-
lavera y un hueso roído que dice: "muerte política".

¡Mas los vientos de la nación llevan la barca del
Presidente, entre las agitadas aguas políticas, mar
adelante! Y ese es de cierto el Gobierno en Washington. La sección honrada del partido republicano no levanta obstáculos al Presidente nuevo; mas
no fía en él. —Hombres ilustres y probados se niegan como el buen caballero Morgan, a servir en
la secretaría de Hacienda que, para ocupar su puesto de Senador a que ha sido electo renuncia el pro-
bo y hábil Windon, el Secretario de Hacienda de
Garfield. El Juez Fodger, ya confirmado por el
Senado, como aquí es uso, ha sido señalado para
desempeñar la secretaría. Atemorizados del ruido
de las olas, no asoman sus buques francamente los
íntimos amigos de Arthur, vencidos de hecho por
el vigor con que la Nación entra por los caminos que
abrió Garfield, que descargó sobre sus frentes, depósito perpétuo de maquinaciones personales, un
golpe robusto. Y así entra noviembre.

Buenas cosas a fe se nos preparan. Elecciones
reñidas de los personalistas que resisten la pérdida

de su largo dominio, y los buenos ciudadanos que toman al abordaje el bajel que estaban echando a pique los piratas: elecciones magnas, en que votará libre y alegremente el honrado pueblo. E iremos a las urnas, y asistiremos a sus casas de reunión, y los veremos votar, y registraremos la crónica del triunfo, y los clamores de la derrota. Rossi, el magnífico actor, representará a Shakespeare. Adelina Patti, de voz celeste y ojos andaluces, cantará sus dulcísimas romanzas. Booth, el trágico americano, personificará a Richelieu, a Otello, a Hamlet, a Ricardo III. Y le veremos todos; irá, camino de la noble Caracas, lleno de curiosas noticias el venturoso correo. Bienaventurados sean los buques que salen de la casa de Washington y van a la casa de Bolívar: ¡tristes los que no los acompañan! (1).

La Opinión Nacional. Caracas, 15 de noviembre de 1881.

---

(1)   A continuación Martí escribe sobre noticias de Francia

9

CARTA DE NUEVA YORK

Sumario

*Pueblos perezosos.—Elecciones honradas.—Un mi-
llonario es vencido por un trabajador.—Una campaña electoral.—Recursos, hábitos, preparaciones
gastos extraordinarios, día de elecciones.—Adelina
Patti.—Shakespeare: Othello y Hamlet.—Booth y
Rossi.—El Día de Gracias.—¿A qué matarlo?*

CARTA DE NUEVA YORK

Sumario

Nueva York, 12 de noviembre, 1881.

Sr. Director de *La Opinión Nacional*:

Días de drama, de ansia de victoria y derrota, de brillo y sorpresa, han sido en Nueva York estos últimos días. Vivir en nuestros tiempos produce vértigo. Ni el placer de recordar, ni el fortalecimiento de reposar son dados a los que, en la regata maravillosa, han menester de ir mirando perpetuamente hacia adelante. Sofocados, cubiertos de polvo, salpicados de sangre, deslustradas o quebradas las armas, llegamos a la estación de tránsito, caemos exánimes, dejamos,—ya retempladas en el calor de la pelea,—a nuestros caros hijos las golpeadas armaduras, y rueda al fin en los umbrales de la casa de la muerte el yelmo roto al suelo. Al que se detiene en el camino, pueblo u hombre, échanlo a tierra pisoteándolo, injúrianlo, despedázanlo, o, —para que limpie el camino,—húrtanlo los apresurados, embriagados, enloquecidos combatientes. Y en vano ya, si queda vivo, arrepentido de su flaqueza, levántase el caído, repara su abollada coraza, intenta mover el oxidado acero. Los grandes batalladores, empeñados en la búsqueda de lo que ha de ser, han traspuesto el magnífico horizonte. Y el pererozo ha sido olvidado. Van ya lejos; muy lejos!

Ni de las riendas de su caballo debe desasirse el buen jinete; ni de sus derechos el hombre libre. Es cierto que es más cómodo ser dirigido que dirigirse; pero es también más peligroso. Y es muy brillante, muy animado, muy vigorizador, muy ennoblecedor el ejercicio de sí propio. Estas cosas venían olvidando las gentes de este pueblo, y como que era comprar y vender los votos, ley suprema, implacable señor y cuna de todo poder,—hallaban los elegantes caballeros y altos potentados, menos trabajoso que coaligarse para votar honradamente, coaligarse para comprarlos y venderlos. Elecciones las hay aquí todos los años, mas estas de ahora han sido como el despertar arrogante y colérico de hombre robusto que sabe que se ha abusado de él en sueño.

Tienen en Nueva York, como en toda la Unión, tipo especial las elecciones, y en las más, que son las de Presidente de la República, salen a la batalla los más reacios, señoriles o perezosos elementos, y se combate con angustia, con fiereza, con rabia, con toda la fuerza de la voluntad y todos los músculos del brazo; y en las otras, que son llamadas "de año aparte",—aparte del gran año de la elección presidencial,—ciertos esfuerzos dejan de hacerse, ciertos resortes, más necesarios para la lucha magna, son dejados, temerosos de irritarlos, en descanso; los partidos locales, compactos ante el rival compacto en la gran lucha cuatrienal, se subdividen y desatan; las simpatías personales ponen en peligro la fidelidad y disciplina de los sectarios del partido; como se vota por hombres conocidos de

cerca, y de la casa, y cuya influencia se ha de sentir más en la casa, se les duda, se les pregunta, se
les analiza, se les despedaza, o se les ama más. Las
pasiones toman formas cómicas, un instante después
de haber tenido amenazantes formas. "Quisiera que
se quemase esta noche la buena ciudad de Brooklyn,
y el buen Low con ella!"—decía al bajarse de un
carro el día de las elecciones un partidario rival
de Low, vencido. Ya a la madrugada, un pobre-
cillo muchacho mensajero, un gran trabajador de
baños, volvía con su lindo uniforme, sus ojos cargados de sueño, y sus manos de telegramas por repartir, aún a las dos de la mañana, a su casita pobre a la que lleva cada día un peso, y de la cual
sale cada día, para tornar a su faena, no bien el
sol,—que ve tantas maravillas calladas,—como hostia de oro, generadora de vida, se alza en el cielo.
Y como hablándosele de la elección se le dijese:
"pero la gente pobre quiere a Seth Low, el Mayor
electo". "Oh, no señor: ahora tendremos que pagar más renta: él es un rico y no cuidará de los
pobres". "Pues Henry Ward Beecher dice que pocos aman a los pobres como Low". "Yo sé, decía
con aire grave el mensajero, tanto sobre Henry
Ward Beecher, como pueda saber nadie en esta localidad. Su mujer mandó una vez a un mensajero
a buscar un centavo de leche, le dió una moneda
de dos centavos y le pidió el cambio". Y la puerilidad y suficiencia de aquel niño reflejan en gran
modo la lucha electoral. Talmeg, un orador elocuente, aunque epiléptico, censuraba con razón en
plática religiosa reciente, las ruindades, las desleal-

tades, los voluntarios olvidados de la verdad, de que se hace arma, con deliberado propósito, en las elecciones. Se conspira, se anatematiza, se ridiculiza, se desfigura al rival candidato. Mas esta vez tenían las elecciones, no ese encono local, ni esa menor significación que las usuales elecciones de año aparte tienen; sino aquella grandeza de la rebeldía, y aquella virtud singular de las vindicaciones, y aquel hermoso empuje con que los hombres engañados se alzan al fin contra los que comercian con su decoro y beneficio. El buen espíritu de Jefferson, que amó la libertad de una manera ardiente y majestuosa, infundió brío al pueblo adormecido. De dejar las urnas en manos de vagabundos ébrios y politicastros, o de votar humildemente por los candidatos señalados por los omnímodos caciques que en cada partido de ciudad reinan, se ha venido de súbito a repeler presiones bochornosas y corregir olvidos fatales, que resultaban en la elección de hombres menguados, criaturas y siervos del cacique; a cerrar la entrada a puestos públicos, a los hombres por el cacique recomendados; y a elejir, con voto enérgico y mayoría grande, hombres probados, sanos, útiles, capaces, como un noble diputado mejicano,—de ceder su alto puesto a sus rivales,—por estimar que el calor de sus amigos, o el interés de su partido, habían llevado a la elección manejos que descontentan a un hombre virtuoso. La infiel memoria no quiere ahora recordar el nombre de este buen diputado de Méjico. Debiera la memoria olvidar las vilezas que sabe, y recordar sólo las nobles acciones!

Elecciones de Estado y Municipio han sido éstas de ahora, y su importancia—esa: la de despertar el pueblo a la conciencia y uso de sí y arrancarlo de las manos de traficantes osados o dueños soberbios que venían disponiendo, como de hacienda propia, de los votos públicos. Para muchos puestos se elejía: para senadores del Estado, para diputados al Congreso de la Nación, para altos oficiales del Estado, fiscal, ingeniero, tesorero público: y en Brooklyn, ciudad democrática, se elejía Mayor de la ciudad. Y en otros Estados hubo también elecciones varias, mas no tan reñidas ni tan trascendentales, ni tan imponentes como las de la ruidosa Nueva York y la doméstica Brooklyn. En Nueva York, una recia, apretada, interesantísima contienda atraerá a sí los ojos: un millonario luchaba contra un trabajador. En Brooklyn, aparte de todo personal accesorio, que diera amenidad y brillo a la lidia, peleábase cerradamente por la libertad electoral. En Nueva York, un hombre alto, imponente, delgado, elegante, Astor, disputaba la elección de representante en el Congreso de la Unión a un hombre robusto, espaldudo, jovial, llano, humildísimo, Roswell Flower. En Brooklyn, el Mayor de la ciudad, que en su término de gobierno ha probado inteligencia y honradez, pero que era cera blanda en las manos del *boss* formidable, del cacique dominador de las organizaciones políticas de la ciudad, se presentaba a ser reelecto, contra un hombre joven, caritativo, justo, impetuoso, acaudalado, el buen Seth Low.

Es necesario, es necesario seguir la contienda de

Flower y de Astor. Como una, son todas; pero ésta fué más agitada, más palpitante, y más reflejadora del espíritu y prácticas de este pueblo que otra alguna. Astor es un gran caballero, que ha dado en ser político, y tiene palacios, y anhelos de gloria, que son otros palacios, y, sobre sus riquezas, la rica dote de no ver su caudal como derecho al ocio. Es pobre de años, mas no de millones. Es senador del Estado. Pero es miembro, y aspira a ser representante, de esa singular aristocracia de la fortuna, que pretende, para tener pergaminos, hacer olvidar los únicos que la honran: sus modestos pañales. Los ricos de la primera generación recuerdan con cariño aquella época en que fueron mozos de tienda. cuidadores de caballos, cargadores de lana. mandaderillos miserables, criadores de vacas. Pero los ricos de la segunda generación, que montan galanamente en los caballos que llevaron de la brida sus padres, ven como blasón de indecoro en los neoricos aquello que fué para sus padres blasón de honra: la creación de sí. Un acaudalado que se está haciendo, es un ser bajo y desdeñable para un rico ya hecho. Y hay abismo hondísimo entre los poderosos por herencia, delgados, pálidos, y a modo de luenga flauta—porque es la usanza de la señoría inglesa—aderezados; y los poderosos del trabajo, saludables, castos, decididores, rollizos, y extremadamente limpios, con la antigua limpieza americana, sobria y sólida.

Una aristocracia política ha nacido de esta aristocracia pecuniaria, y domina periódicos, vence en elecciones, y suele imperar en asambleas sobre esa

casta soberbia, que disimula mal la impaciencia con
que aguarda la hora en que el número de sus sectarios le permita poner mano fuerte sobre el libro
sagrado de la patria, y reformar para el favor y
privilegio de una clase, la magna carta de generosas libertades, al amparo de las cuales crearon estos
vulgares poderosos la fortuna que anhelan emplear
hoy en herirlas gravemente. De éstos es apoyado
y a éstos apoya Astor. Los amigos de lo que se llama aquí en política "gobierno fuerte", son sus amigos. El ceñudo Grant y el desdeñoso Conklyn lo
defienden. Es para él cosa de código que su familia, su millonaria familia, debe estar representada,
como en los antiguos brazos del Estado en las antiguas Cortes, en el Congreso de la Unión. Y era
este como un ensayo inoportuno del sistema aristocrático de Inglaterra, cuyos jóvenes nobles aprenden, como ineludible deber e inabandonable derecho,
el arte de gobierno. El competidor Astor es un
modesto, un rico de a primera generación, que guarda aún, como trofeo de victoria, su sombrero sin
alas y sus zapatos rotos. Anda hoy en coche, pero
él dice que anduvo mucho tiempo descalzo. "Yo
sé a lo que sabe" —decía en días pasados magníficamente— "esa pobre comida traída de la casa
en tina de lata, sobre la cual se inclina el trabajador al medio día con tanto regocijo". Roswell Flower tiene el imán, el ímpetu, la fragancia, el poder
de atracción de las fuerzas nuevas. Hoy dirige un
Banco, donde le aman: en otro tiempo tendía en
vano los brazos desesperado en busca de trabajo.
Dice la verdad; desdeña a los hipócritas; ama a los

infortunados. Tiene el orgullo de su humildad, que
es el único orgullo saludable. En su campaña electoral, su única arma ha sido su historia. "Los trabajadores me votarán porque he sido trabajador:
muchos años anduve sin ver mis pies libres de heridas y cicatrices. Los hombres jóvenes me votarán porque ha de regocijarles ver a un hombre cuya vida les demuestra que desde el más
bajo principio se puede alcanzar el fin más alto". Los trabajadores y los hombres jóvenes le
votaron, y le votaron sus copartidarios demócratas,
y sus adversarios republicanos. Era de ver el distrito en la semana anterior a la elección. Leíase en
grandes carteles, en letras negras: "Votad por Astor".

Y en carteles no menos grandes, en letras rojas,
verdes y azules: "Roswell Flower". Postes, cercas, montones de ladrillos, muros muertos, todo estaba lleno de altísimos carteles. Cada hotel era un
hervidero: cada cervecería una oficina de elección.
Entraban y salían por las calles del distrito carruajes cargados de agentes electorales, y poníanse a la
obra gentes nuevas, y no pagadas, a labrar el triunfo del candidato democrático. Gran casa de telégrafos parecía, o tienda de estado mayor en campamento, la oficina electoral de Astor. Oíanse, en
incesante movimiento, cerrar de sobres, doblar de
cartas, rasguear de plumas. Un mensajero que salía chocaba con un mensajero que entraba. Afluían,
como mariposas sedientas a flor cargada de miel,
los electores, e influyentes de oficio, de los distritos. Y se pesaban, estimaban y pagaban los ser-

vicios de cada mariposa. Se hablaba bajo; se entraba por puertas secretas; se estrechaban las manos con misterio; se sonreía maliciosamente. Los unos salían tristes, y como con poco peso sobre sí; y los otros jocundos, y como cargados de un peso reciente. Porque una elección de representante al Congreso no ha venido costando menos de $16.000, al candidato o a su partido; y esta de Astor ha costado al rico luchador $80.000. Doscientos pesos pagaba cada día a sus escribientes. Cuarenta mil circulares envió a sus electores, por correo. En grandes carros salían las cartas y circulares de la casa en que tenía el candidato su campo de elecciones. Ciento cinco distritos cuenta la demarcación en que se recogió el voto, y $100 se dieron para pequeños gastos a cada distrito. Del gran número de ofrecedores de sí, como gentes de valía entre los votantes, se cercenaron los inútiles, y a los útiles, por su habilidad, práctica o influjo, se regalaba con $50 diarios. Cantinas y cervecerías, eran al paso del millonario, fuentes de champagne, cerveza y whiskey. Salía de mañanita, no hecho a tales paseos ni a visitas tales, el inquieto candidato. Le acompañaba su ministerio electoral, formado de gentes probadas en el amoldamiento, violación y seducción del voto público. Le seguían de cerca por las calles lodosas, bajo la recia lluvia, los reporters voraces. Sobre su última pisada ponían ellos el pie; no decía Astor palabra, ni echaba moneda sobre el mostrador de una cervecería, que no resonasen al punto sobre las cajas de impresión de los periódicos. Como tábanos seguían al joven rico los periodistas,—y lo ha vencido esta guerra de tábanos. A captarse simpatías, a mezclarse con los electores, a deslumbrarles con la frase cordial, la promesa oportuna, el modo llano o la plática amena; a cautivar con generosos dones a los dueños de las casas de bebida, que votan, y empujan a los que votan, a esto van habitualmente los candidatos a las cervecerías. En ese horno se venían calentando aquí las elecciones. Allí, sobre el mostrador de madera se ofrece, regatear y ajustar el precio de los votos; allí, en un rincón de las oscuras salas, llenas de humo, háblase misteriosamente en pequeños grupos; allí descienden a triviales gracejadas, complacencias impropias y llaneos indecorosos los que andan en solicitud del voto popular; allí un candidato, escaso de dinero, insinúa a los vagabundos, que lo reciben con estruendosas risas, la bebida humilde, y dice: "¿Qué querrán estos caballeros? ¿Cerveza?" Allí otro, que es hoy embajador en Europa, en ausencia del mozo de la cervecería, despréndese de su gabán, da vuelta a la llave del barril, sirve la cerveza a sus invitados, choca vasos y manos con ellos y los seduce con su gracia y llaneza. Allí entraba, con guantes de cabritilla, humilde continente y sonrisa afable, el poderoso Astor. A champagne, no a menos, invitaba a los perezosos; a vinos caros, a licores exquisitos. Echaba en el mostrador, sin aceptar cambio, gruesas monedas de oro de a veinte pesos. Ochenta fábricas de cerveza, llenas de obreros que votan, tiene la ciudad; y visitó casi todas las ochenta. Apuraban la copa los invitados, y el invitador llevaba apenas el vino a los labios.

Cautivaba a un vendedor de cerveza, porque le hablaba con soltura en la lengua del idolatrado Vaterland; mas otro alemán le recibía duramente, y otro le negaba faz a faz, luego de haber vaciado a cambio de mal vino su bolsa, el voto que el millonario le pedía. A un baile de gentes bajas fué el candidato, y tapizó el mostrador de monedas brillantes, con las cuales se dió de beber a los bailadores largamente, y danzó con las más humildes mozas. Acá defendía un acto suyo en el senado; allá se excusaba de haberse opuesto a medidas útiles, de cuya advocación en el Congreso empeñaba ahora promesa. ¡Oh, desdichada gloria, que a tales cosas y a tales prácticas rebaja a los que anhelan sus pasajeros beneficios! "¡Pues ni un centavo daré para ser electo!"—decía a esto el honrado Seth Low en Brooklyn—"ni iré a pagar a los demás cerveza que no bebo; ni a comprar votos que no me honran". Y Roswell Flower, el adversario de Astor, no hacía eso que llaman, en el lenguaje político de la ciudad, "campaña personal", "campaña de cervecerías": negábasele ya la voz fatigaba a emitir pensamientos robustos, a decir a los electores congregados en casas de reunión sus frases netas, crudas y honradas. Deteníase en las aceras; visitaba a sus amigos; explicaba en esta y aquella tienda, y a éste y aquél grupo, las razones de la actual lucha, y su conducta en las lidias del Congreso, caso de lograr ser electo. Iban a su oficina electoral puñados de votantes a asegurarle que, a pesar de haber recibido de los agentes de Astor, redondas y pesadas monedas, no por Astor que les hería pretendiendo

comprarlos, sino por él votarían. Los agentes de
Astor pagaban con monedas de cinco pesos un vaso de agua Selz, y dejaban al dueño de la tienda
el cambio "para que regalase a los muchachos cuando vinieran". Y Roswell Flower rechazaba a un
grupo de trabajadores demócratas que le pedían un
pequeño premio de dinero;—y a quien le hablaba
de la posible compra de algunos votos republicanos
respondía bravamente: "No espero mi derrota; pero
prefiero ser derrotado a deber mi victoria a la compra de votos republicanos. Quiero sacar mi honra
en salvo de esta campaña". "Vencerme puede, y
me vence mi competidor en riqueza y piernas largas,
pero ya salvarán esa diferencia mis leales electores
demócratas. Como un pobre muchacho del pueblo
empecé mi vida: votará por mí el pueblo; votarán
por mí los honrados republicanos". Y llegó el día
solemne. Como gavilanes en espera de presa, me-
rodeaban junto a las tiendecillas en que suelen co-
locarse, guardadas por policías, las urnas, —los
agentes electorales. Y es fama que los republicanos mismos, lastimados de aquella obra de compra
de hombres y vergonzante visiteo a que se había
abandonado el candidato republicano, descartaban
del grupo de papeletas de voto la que llevaba el
nombre de Astor,—e iban sin ellas a las urnas, o
se proveían de una papeleta que llevase el nombre
de Flower. Al caer la noche, un joven triste, sentado en el sillón presidencial de una ancha mesa,
en un salón casi vacío, movía febrilmente una mano
nerviosa, cuajada de magníficos brillantes: era Astor, que rodeado de sus tenientes humillados, reci-

bía en telegramas y cartas las nuevas de su ingloriosa y radical derrota.

Con más de dos mil votos de mayoría le venció
Flower, en un distrito donde las anteriores elecciones habían dado mayoría igual sobre los copartidarios demócratas de Flower a los copartidarios republicanos de Astor. Y era ley, que en la ciudad del
trabajo, fuese electo el hombre del trabajo. No están en el fondo de los barriles de cerveza, ni en la
voluntad ruin de unos cuantos vagabundos o menesterosos mercadeables, las leyes venideras de un
pueblo fuerte y bueno. Se sienta mal el que se
sienta sobre hombros pagados; porque, acabado el
goce del dinero, para servir a nuevo señor, o para
recobrar decoro ante sí propios, los hombres pagados dan, de una sacudida de su espalda, en tierra
con los pagadores.

Y la prensa, la reina nueva, la amable reina poderosa, a quien Flower ha dado ardientes gracias,
ha sido arma de muerte contra el millonario. No
era el odio insano a la riqueza, sino repugnancia
viril de verla de tan bajo modo empleada. Los periódicos educados se dolían y airaban de aquella tentativa de abuso de los hombres ineducados. Lastimaba a su decoro de hombres aquella manera de
comprar hombres. Jóvenes, y aspiradores, y soñadores de gloria, los periodistas que vigilaban de cerca la contienda, y la narraban con realidad sangrienta e implacable, que tan baja cuna preparaba a
las leyes, y tan vil empleo a las libertades, y de
tales amenazas henchía el porvenir de un pueblo

en que las llaves de la casa de la ley pueden ser así compradas y vendidas.

Y han sido las crónicas de esta campaña, verduguillos, saetas, lenguas acusadoras, espadas penetrantes, hachas de armas. De desprecio y desconocimiento de los hombres ha venido al vencido millonario esta lección áspera e inmisericordiosa; y de abuso del poder en el Estado ha venido a los republicanos este ruidoso comienzo de pérdida de poder. "Pues, si es necesario—decia en pujante exabrupto un diario de la ciudad respondiendo a otro —elejir entre los jóvenes de casas ricas nuestros representantes al Congreso ¿cómo tendremos entonces entre nuestros hombres por venir a Henry Clay, a Abraham Lincoln y a James Garfield? Pues no venía de casa rica Garfield, cuya madre viuda plantaba cercas en las haciendas de campo para ganar el alimento de sus hijos".

Y los que así han flagelado al rico corruptor, han mantenido en brillante pavés, y alzado entre himnos de victoria, a un rico virtuoso. A Seth Low, heredero de la mayor fortuna de Brooklyn, y electo Mayor de la ciudad por mayoría avasalladora, lo han alabado, defendido, congratulado. Campaña animadísima le hicieron sus secuaces; apiñábanse en las casas de reunión los brooklynianos, para oir al joven bueno; de seis a ocho discursos pronunciaba cada noche, nutridos de pensamiento honrado, y dichos lentamente, en frase llana:—no caudalosa por cierto, ni castigadora, ni culebreadora, como la de Beecher, sino coloquial, serena y sin aliño, más atenta a decir las cosas, que a la manera de decirlas. En odio a la presión política que en la ciudad venía ejerciendo un cacique demócrata, y en respeto a sus no usuales bondades, ha sido electo por demócratas y republicanos, Seth Low. Es de aquellos ricos que pudieran, sin merma del amor que gozan, perder su riqueza: que él, con su virtud y actividad, sabría hacerse otra. Le viene la fortuna de su padre, y la de ser resignado, humilde, laborioso y benéfico, le viene de sí. Le parece que no ha de ser un rico, dorado parásito que crezca en taza de oro, sino criatura animada y arpa sonante al viento humano, y combatiente útil en la enorme y complicada liza de la vida. Héle ya preparado a ocupar su alto asiento, y a trabajar desde él por el bien público, el voto libre, la escuela útil, las comunicaciones rápidas, y a no hacer cosa que resulte hecha fuera del temor de Dios y de sí mismo, sin miedo a la censura de los hombres.

Ya sobre los anuncios de elecciones, tiéndense en luengos trozos de papel, nuevos anuncios. Ya, dado punto a este reñidísimo torneo, —en que los malos caballeros, que es justicia que en ocasiones no acontece, han sido humillados por los buenos, —ábrese en Wáshington el torneo lúgubre, cuyo juez tendrá ante los implacables ojos el arma con que un vulgar ambicioso dió muerte al bravo Garfield. Ya se asegura que el Presidente monta en cólera porque no cree su Ministro de Justicia que debe el Gobierno mostrarse parte en el proceso de Guiteau, sino abandonar su fortuna a la justicia ordinaria, por cuanto influir en ella en este caso, fuera tacharla de parcialidad, torpeza o lenidad en los demás. Ya se

afirma que al fin de este proceso y al de alguno de
los de desfalco en la administración de Garfield,
iniciados contra amigos políticos del actual Presidente, aguarda Arthur para la reforma definitiva
de su Gabinete. Ya se van camino de Francia, luego de ser obsequiados con lujosos bailes, los caballeros franceses que vinieron a conmemorar en
Yorktown las hazañas de sus mayores. Ya, luego
de chocar vasos de cerveza en los "comers", la
fiesta de los bebedores alemanes, y de ser con ger-
mánica alegría festejados en la casa de las sociedades de canciones, que son para los hijos de Alemania templos amados, donde es diosa la lejana
patria —se vuelven también, camino del país de
los hombres de hierro, los descendientes del Barón
de Steuben. Ya se vinieron abajo dos casas de
pobres, que aquí parecen nidales de gusanos, y
mueren por la incuria de los avarientos propieta-
rios nueve míseras criaturas, y se salvan las demás que habitaban la casa, por verdadera maravilla. Ya se mueve grandísimo escándalo porque el
cajero del banco más rico de una ciudad vecina,
prestó y negoció con valores del banco dos millones
de pesos; —y llamó una mañana a los directores de
la casa arruinada a darles cuenta del hurto colosal.
Ya, al cabo, Rossi ha representado en el teatro de
Booth a Hamlet, y Adelina Patti ha cantado en la
sala de Steinway *Ah, forse é lui* de la *Traviata*, y
Ombra leggera de la *Dinorah*: que es, dicho al terminar este cúmulo de cosas terrenas, como empezar un viaje en el lomo de un insecto, y acabarlo
en el ala de un ángel.

La naturaleza, como frutas perfectas, como paisajes de rematada corrección, crea seres humanos avasalladores. Llevan en sí, por hermosura extrema, o genio extremo, un poder que deslumbra, desvanece y ciega. Negarlos es vano. En ellos, aparecer es dominar. Si las criaturas de la tierra, celosas de estos seres mejores, hincan en su mano blanca el diente airado, su manera de llevar el dolor aumenta la vida gloriosa que la mordida intentó arrebatarles. De estos hombres, la frente resplandece como nieve no hollada. De estas mujeres, tiene el cutis perlados matices, y la mirada intensidad de llama; semeja el pie juguetoncillo cisne; el talle, caña alada; la mano, beso de niño; la voz, promesa de otros mundos, venidos a verter consuelo y fuerzas en este. Así Adelina Patti. ¿Qué parece, sino un vellón de nieve? ¿Qué se busca en la escena, luego de haberla visto, sino un ser sobrehumano? Ni ¿qué tienen los ojos sino lágrimas? Después de oirla, palpa uno aterrado, como palparía honduras de abismo y trozos de cadenas, el sillón en que se sienta, la ropa que se viste, el vecino que le codea, el muro que le cerca. Se viene de tan lejos! Se estuvo en país tan bueno! Volvió a oir al fin el alma palabras a que parece ella tan acostumbrada! Luego, ¿qué es el cielo, sino un viaje de vuelta? Ni ¿qué ha de decirse ahora que es cantante maravillosa, y alada mujer Adelina Patti? Ella aquí fué a la escuela, y cantó por primera vez "Lucía", y arrebató a las gentes con aquella tristísima manera de entonar las baladas del país, con su mirada plena, misteriosa y profunda; con su esbeltez aérea, que le añadía encantos angélicos; y con aquella voz sonora, límpida, amplia, que nace como manantial inmaculado de monte hondo, y crece a arroyo revoltoso, a riachuelo veloz, a río opulento, a océano. Y así vuelve. Nunca, con sus alas de entusiasmo, volaron vítores más ardientes por el aire. Perfumes de elegancia asomaba la atmósfera del inolvidable concierto de inauguración. De gentes, —no había muchedumbre—que costaban diez pesos los buenos asientos. Mas ese común ruido de teatros vulgares; esos altos matices de los trajes de las damas; esa antiartística mezcla de profanos e iniciados; creyentes verdaderos y falsos adoradores; ese parlear de pájaros que precede a las fiestas teatrales,—no ofendían allí la mente preparada a cosas grandes. Se sentía la cercanía de lo solemne. Luego, en admiración frenética y unánime, se fundieron todos aquellos arrebatados corazones.

Mas ella viene a dar conciertos, y en la majestuosa ópera quieren oirla los neoyorkinos. Quieren a la gallarda Juana de Arco, cuya elegante armadura de oro y acero, ocupa el centro de un rico trofeo en el palacio de hadas que Adelina Patti tiene en su castillo de Inglaterra. Quieren verla, como a la triste Dinorah, persiguiendo a su cabrita blanca, menos juguetona que su voz, cuando danza a los rayos suaves de la luna. Quieren oirla cantar de amores con el Conde de Almaviva; pasear. plegar, ondear, hacer gemir a extremo no escuchado la voz humana en la *Sonámbula*. Su *Elixir de amore* es muy famoso. En *Fausto* aún alcanza las altas notas que en vano persigue ya la arrogante.

Nilsson. Oir se quiere de nuevo esa música que-
brada, vibrante, chispeante de Rossini. Ni a Nico-
lini, el tenor de voz potente y artística escuela; ni
a la señorita Castelani, a quien las cuerdas del violín obedecen galantes y sumisas; ni a un buen ba-
rítono, ni a un buen pianista, que con la Patti vienen, quieren oir los neoyorkinos. Templo quieren
digno de la sacerdotisa. Bien sería! Mejora oir
cantos dulces.

En el teatro de Booth trabaja Rossi. Booth—un
trágico. Rossi, otro trágico. De fama se sabe que
Yago, este hijo siniestro de la mente insondable de
Shakespeare, vasta y varia como el mundo en que
vivía, es la creación acabada de Booth. Y Hamlet
es para el apasionado Rossi el personaje favorito.

¿Por qué es esto revista, y no libro?

Artax es en la India Asiática todo lo sumo y no
excedible: y hay artax-hombres: Shakespeare es
uno. Rompió todos los moldes de la tragedia, y
ajustó las suyas a un molde nuevo: el corazón humano. Debió ser su espíritu como seno de montaña, en que la rica veta de onix se une al carbón negro. De singular bondad no hay huella en sus
obras; mas si las hay de no igualado poder de examen de la combatida mente, y los voraces y ciegos
afectos humanos. Fué como si un hombre, víctima
anterior de todas las enfermedades, se sentase en
la altísima cúspide a dar la ley de todos. Abunda
más en lo divino satánico que en lo divino celeste.
Echó a andar por la tierra criaturas tremendas; mas
no creó una gran figura llorosa, afligida de amor

sobrehumano, perdonadora. A Shakespeare van los
anglos a buscar aguas de inspiración como a inex-
hausta fuente, y como a Grecia y Roma vamos nosotros. De sus maravillas casuales, y de los capri-
chos de su exuberante genio, rico en creaciones como la atmósfera en celajes, han hecho los comenta-
dores maravillas intencionales; y partos de mente
laboriosa, allí donde no hubo más que una colosal
y deslumbradora florescencia. Fué una selva, con
todos los ruidos, luces lúgubres, castos matices
penetrantes aires, y fantasías enfermizas de la noche. Faltóle paz de alma que es el fulgor del día.
Mas no hubiera nacido con ella este poeta dramático, que es montaña humana.

Es Booth para los americanos un hombre venerando. Están orgullosos de él, y hoy más orgullosos, porque ya Inglaterra, enamorada de Irving,
que es actor muy famoso, sanciona y aplaude al
trágico americano. Estiman un tanto suya la gloria de este hombre a quien miran como gloria patria. No se le escatima, antes se le prodiga admiración. Los poderosos de la Iglesia celebran su teatro, y le acatan en público; los poderosos de la fortuna le miman y regalan; los poderosos de las letras lo ven como a mayor hermano; sus cofrades en
arte lo tratan con respeto supersticioso. Parece de
naturaleza hecho,—no para decir rimas de amores,
ni dar cuerpo a pasiones generosas, que iluminan la
faz de luz muy bella, y truecan la más grande fealdad
en hermosura,—sino para sacar a luz lo frío y sombrío del alma. Pálida es su color; anguloso su rostro: violenta su sonrisa; magnífica su honda mira-

da; vasta, y batida por cabellos lacios, su huesosa frente; va por las calles y anda por los salones, como ser de otros mundos, o rey de este. A un ánimo grave disgusta su afectado continente. Tiene, en su más sencillo movimiento, aire de Macbeth y de rey Lear. Sus piernas, en vez de parecer partes importantes y olvidadas del cuerpo, parecen personas sabias. Se mueven, lenta, acompasada, juiciosamente. No cometen la menor imprudencia. Saben en todo momento qué les toca hacer, y cómo se han de colocar y a donde han de ir. El rostro mismo del actor, que revela espíritu ahondador y mente lúcida, es olvidado ante la teatral personalidad de de sus graves piernas. Mas en escena, este actor desaparece. Ni se pinta, ni se aliña, para hacer de Yago; y no es Booth sino Yago. Yago, el falso amigo de Otelo; el teniente envidioso del favorito de su capitán Michael Cassio; el que infunde, con astucia de sierpe, celos salvajes en el ardiente espíritu del moro; el que origina con trama mentirosa, por causar la ruina a su rival y cebarse en los tormentos de su egregio Otelo, la muerte de la desdichadísima Desdémona. El que al fin, como zorro villano, es convicto de haber ideado falsos amores de la veneciana mísera y el leal teniente Cassio: el muy vil Yago. Es Booth, sutil en la escena, como el Espíritu de la calumnia. No parece hombre, sino satánico fantasma. Es flexible, móvil, rápido, impalpable. Una lengua de escamas de acero no es más flexible que él. Se desliza como culebra en la grieta de un palacio, en el alma del moro. Como veneno por estrechas venas, échale las palabras, encendidas cual espadas ardientes, en el espíritu ya puesto en llamas. Sus miradas parecen dagas, y sus frases silbos. Deja aquel hombre, a cada aparición suya en la escena, la impresión de un relámpago fúnebre. Parecen oírse luego de verle, golpes de florete que azotase rápidamente el aire vacío. Propiedad, verdad, seguridad, fidelidad, gracia, realzan esa pasmosa encarnación. Ha dado cuerpo visible al alma luminosa y ruin que en Yayo puso Shakespeare. Ya, luego de vivir este hombre, vive Yago. ¡Y entre qué accidentes resaltaba esta límpida, perfecta figura! ¡Qué grupo de menguados actores! ¡Qué singular excepción es Booth entre los hijos del arte en su pueblo! Parecía aquello, no casa consagrada a la veneración y loa del que se sienta al lado de Esquilo entre los que han puesto la batalla humana en drama, sino tienda ambulante, pabellón de saltibanquis, feria de gitanos. A no ser por aquella criatura mefistofélica que encadenaba los ojos a la escena, con ira hubiérase salido de aquella cueva iluminada de osados profanadores. ¡Qué hacer estribo en una vocal, y arrastrar en creciente una nota, para alcanzar efecto dramático! ¡Qué matar a Desdémona, con el mayor respeto, y la más cuidadosa caballeresca cortesanía! ¡Qué vestir a Otelo como el extravagante bellaco que se ha tragado espadas, o exhibido de gigante chino, en compañía de acróbatas! ¡Qué reducir a nivel bajo, de puro no entenderla, la que, no por ser creación poco acabada del soberano poeta, es menos una de las más vigorosas y fieles síntesis del espíritu del hombre, fiera nacida a vivir,

con los dientes con que ha de morder, y las riendas con que ha de enfrenarse!

Pues en el teatro de Booth, que es en su parte
exterior de arquitectura monumental y digna, y en
lo interior joya graciosa, y sala cómoda, resuenan
ahora las altas voces del rival de Salvini, del ardiente Rossi. Es de ociosos repetir lo que de él
cuenta la fama; que lleva a la vida real el nervio y
juego que despliega en sus caracteres teatrales; que
es amigo de reyes; que maravilló a Oporto; que con
Zaira y *El Cid* admiró a los parisienses; que defendió la libertad en la desventurada Lima; que en fogosos trasportes de elocuencia habló de derechos y
movió a guerra el pueblo de Cádiz; que es gallarda
persona; que lleva en el robusto pecho honrosísimas
órdenes; que aprendió arte del majestuoso maestro
Módena, hombre grave y generoso que amó la libertad, peleó por ella, fué actor severo y perfecto
educador de actores. De ovaciones innúmeras; de
calles sembradas de rosas a su paso; de saludos de
monarcas, a él ofrecidos por los cañones italianos;
de la viva amistad con que lo vió Víctor Manuel y
le ve Humberto, de la brillantísima manera con que
da vida en la escena a los fogosos héroes de Pietro
Cossa, cuyo féretro aún caliente, acaban de coronar
de palmas y rosas los romanos; de su vehemente
amor al profundo teatro shakespeariano; de una
medalla de plata, finamente labrada, en que se ve
un hermoso barco que, combatido por las olas, no
naufraga,—medalla que como talismán de ventura
acompaña a este actor brioso, inquieto, célebre, rico, bello, y ya entrado en cincuenta y dos años: de

todo esto, y de obras dramáticas de Rossi, que calza coturno y blande peñola, habla la fama. Y héle
ahí, en Hamlet. Fué Hamlet su primera creación
shakespeariana. Demasiado humano lo hallaron los
críticos de Boston en su encarnación del desventurado Otelo, que no es en sus manos nobilísimo espíritu, traído a crimen por deficiencias de educación
y arterías de traidor, sino mercenario jovial y afortunado, que ama ardientemente y mata brutalmente. Trino de pájaros pareció a los de Boston el habla de amores de Rossi, en Romeo, y resonó con
vehementes aplausos el austero y magistral teatro
del Globo. Y héle aquí vestido de negro, penetrado de dolor, y más que de dolor, de la convicción
de que es en realidad aquel profundo y bello príncipe de Dinamarca, hijo de aquel rey bueno que
murió de tósigo a manos del hermano ambicioso que
le robó trono y dama. Prueba Rossi en el Hamlet
que ha concebido, ser gran actor. Mas no es ese
amante débil, ese amante recitador, sentimental, ese
afeminado príncipe, aquella figura sobrenatural y
compleja en que vació Shakespeare las más grandes dudas, las más venturosas osadías, los más
amargos juicios de su magna mente. El soplo de lo
divino falta en Rossi al acabado personaje humano.
No es su Hamlet incompleto en lo que es, sino rematada e irreprochablemente bello: mas no es su
Hamlet lo que debe ser. No es aquella alma serena, turbada de manos de los hombres por maldades
extremas; y de sí misma por el mal humano, que
consiste en creer como cierto o dudar como probable un cielo que no abarcan nuestros brazos. La

soledad de un alma honrada en la pequeña tierra,
esto es Hamlet. La brava rebeldía de hijo de rey,
de rey de mundos, que se siente sin culpa conocida,
echado abajo de su trono: esto es Hamlet. Y todo
lo divino que cabe en lo humano: esto es Hamlet.
Mas es en Rossi un errabundo poeta, un fidelísimo
hijo, un implacable vengador, un apasionado amante, un hombre tierno, infortunado, inteligente y bello. Aquella frase aguda que como lanza de templado hierro va derecha al cielo; aquella garra de
león clavada para escarmiento, en la faz lívida de
todos los hipócritas; aquel perseguidor de sí, que
va buscando, tendidas las crispadas manos, el secreto de la vida en las tinieblas; aquella entidad universal que toma pretexto de una trama oportuna para dar vida teatral a pensamientos aislados, adolo-
ridos y maravillosos; aquella criatura lúgubre como
el desencanto de la grandeza; utilidad y pureza de
esta vida, y la duda de la realidad y justicia de la
otra; aquel soplo eterno, providente como el soplo
cargado de vida y de frescores aromados, de la primera mañana de la tierra, y frío y preñado de querellas, como las entrañas de la noche; aquel personaje místico que invade, engrandece, ahoga y se en-
señorea del príncipe danés, no aparecen en el Hamlet, amoroso, caliente, dramático, activo, plástico de
Rossi. Y es hermoso hombre, leal sentidor y elegante caballero. Todo es en su naturaleza gallardo y lozano. Escena de duelo hay al final del drama; y en ella, aunque falta ese terrífico y sobrehumano aliento que empuja al príncipe por el drama
vasto, cual si llevase en los pies alas negras; de

gracia, arte de esgrima y energía, es modelo Rossi. Y arrebatado de su dramática creación, se le ve ir como alma de hijo tras alma de padre, tras el fantasma del rey muerto que viene a revelarle como lo envenenó su propio hermano, esposo hoy de su esposa. Y con vigor magnífico arranca del cuello de su madre el retrato del asesino, y lo despedaza con admirable arrebato bajo sus pies. Nunca artista católico ideó más bello al arcángel Gabriel. Y con voces desgarradoras envía a un convento a su gentil Ofelia. Y con arte sumo dirige y presencia aquella famosísima escena en que los comediantes recitan ante el rey cercado de su corte, un trozo de tragedia en que Hamlet ha intercalado versos que cuentan el crimen del monarca. Mas no resplandece en su gallardo príncipe el misterioso príncipe del drama, con su claridad pálida de luna, y su dolor nocturno, y la ira santa de la soledad irrevocable en una tierra que, por estar preñada de elementos ruines, parece, mientras más rebosante, más vacía!

Y ahora, ¿qué viene? ¿A qué contar que un mísero estudiante chino, prendado de una veleidosa criatura, se ha arrebatado, la que ya estimaba, por incapaz de goces, inútil vida? ¿A qué repetir con los periódicos americanos, cómo en contienda electoral, murieron en formal batalla, a manos de hombres armados de color, cuatro hombres blancos? ¿A qué decir, si no ha de poder ser dicho sin dolor, que en el día mismo en que se escriben estas líneas, tres hombres han perecido ahorcados por crímenes distintos en comarcas diversas de esta tierra; y por la muchedumbre enfurecida ha sido un hombre de color, culpable de grave delito, despedazado a la vista de los oficiales de justicia? Ya se acerca, tras adecuada preparación de los nobles defensores, el proceso del mísero malhechor que, por ruin motivo de provecho propio, privó a los Estados Unidos de un ilustre jefe: ya se acerca el día de huelga y recogimiento público, el día de gracias al Hacedor magnánimo por los beneficios que en el año dispensa a este pueblo infatigable y laborioso. Es día de banquetes familiares, y juntas de corporaciones y grandes pláticas en los templos, y narraciones en los diarios, de los orígenes de esta piadosa costumbre añeja. Nos sentaremos en el día de gracias a la mesa de pobres y de ricos, y oiremos los himnos de los templos, y pediremos al buen Dios que libre de inútil muerte a la desamparada criatura que como insecto humano vive entre los recios muros de la cárcel de Washington. Si por justicia se le mata, de la más grande de las muertes está muerto. Abridle las puertas de la cárcel, y se refugiará espantado y trémulo en su jaula de piedra! Si por venganza ha de matársele, ¿cómo se ha de ofrecer en holocausto a tan gran muerto tan ruin vivo?

M. DE Z.

La Opinión Nacional. Caracas, 26 de noviembre de 1881.

CONEY ISLAND [1]

En los fastos humanos, nada iguala a la prosperidad maravillosa de los Estados Unidos del Norte. Si hay o no en ellos falta de raíces profundas; si son más duraderos en los pueblos los lazos que ata el sacrificio y el dolor común que los que ata el común interés; si esa nación colosal, lleva o no en sus entrañas elementos feroces y tremendos; si la ausencia del espíritu femenil, origen del sentido artístico y complemento del ser nacional, endurece y corrompe el corazón de ese pueblo pasmoso, eso lo dirán los tiempos.

Hoy por hoy, es lo cierto que nunca muchedumbre más feliz, más jocunda, más bien equipada, más compacta, más jovial y frenética ha vivido en tan útil labor en pueblo alguno de la tierra, ni ha originado y gozado más fortuna, ni ha cubierto los ríos y los mares de mayor número de empavesados y alegres vapores, ni se ha extendido con más bullicioso orden e ingenua alegría por blandas costas, gigantescos muelles y paseos brillantes y fantásticos.

Los periódicos norte-americanos vienen llenos de descripciones hiperbólicas de las bellezas originales y singulares atractivos de unos de esos lugares de verano, rebosante de gente, sembrado de suntuosos hoteles, cruzado de un ferrocarril aéreo, matizado de jardines, de kioskos, de pequeños teatros, de cervecerías, de circos, de tiendas de campaña, de masa de carruajes, de asambleas pintorescas, de casillas ambulantes, de vendutas, de fuentes.

Los periódicos franceses se hacen ecos de esta fama.

De los lugares más lejanos de la Unión Americana van legiones de intrépidas damas y de galantes campesinos a admirar los paisajes espléndidos, la inejemplar riqueza, la variedad cegadora, el empuje hercúleo, el aspecto sorprendente de Coney Island, esa isla ya famosa, montón de tierra abandonado hace cuatro años, y hoy lugar amplio de reposo, de amparo y de recreo para un centenar de miles de neoyorkinos que acuden a las dichosas playas diariamente.

Son cuatro pueblecitos unidos por vías de carruajes, tranvías y ferrocarriles de vapor. El uno, en el comedor de uno de cuyos hoteles caben holgadamente a un mismo tiempo 4.000 personas, se llama *Manhattan Beach* (Playa de Manhattan); otro que ha surgido, como Minerva, de casco y lanza, armado de vapores, plazas, muelles y orquestas murmurantes, y hoteles que ya no pueblos parecen, sino naciones, se llama *Rockaway;* otro, el menos importante, que toma su nombre de un hotel de capacidad extraordinaria y construcción pesada, se llama *Brighton;* pero el atractivo de la isla no es Rockaway lejano, ni Brighton monótono, ni Manhattan Beach aristocrático y grave: es *Cable,* el riente *Cable,* con su elevador más alto que la torre de la Trinidad de Nueva York —dos veces más alto que la torre de nuestra Catedral— a cuya cima suben los viajeros suspendidos en una diminuta y frágil jaula a una altura que da vértigos; es *Cable*, con sus dos muelles de hierro, que avanzan sobre pilares elegantes un espacio de tres cuadras sobre el mar, con su palacio de *Sea Beach*, que no es más que un hotel ahora, y que fué en la Exposición de Filadelfia el afamado edificio de Agricultura "Agricultural Building", trasportado a Nueva York y reelevado en su primera forma, sin que le falte una tablilla. en la costa de Coney Island, como por arte de encantamiento; es *Cable*, con sus museos de a 50 céntimos, en que se exhiben monstruos humanos, peces extravagantes, mujeres barbudas, enanos melancólicos, y elefantes raquíticos, de los que dice pomposamente el anuncio que son los elefantes más grandes de la tierra; es *Cable*, con sus cien orquestas, con sus risueños bailes, con sus batallones de carruajes de niños, su vaca gigantesca que ordeñada perpetuamente produce siempre leche, su sidra fresca a 25 céntimos el vaso, sus incontables parejas de peregrinos amadores que hacen brotar a los labios aquellos tiernos versos de García Gutiérrez.

> Aparejadas
> Van por las lomas
> Las cogujadas
> Y las palomas;

es *Cable*, donde las familias acuden a buscar, en vez del aire metífico y nauseabundo de Nueva York, el aire sano y vigorizador de la orilla del mar, donde las madres pobres,—a la par que abren, sobre una

de las mesas que en salones espaciosísimos hallan
gratis, la caja descomunal en que vienen las provisiones familiares para el *lunch*—aprietan contra
su seno a sus desventurados pequeñuelos, que parecen como devorados, como chupados, como roídos,
por esa terrible enfermedad de verano que siega niños como la hoz siega la mies,—el *cholera infantum*.—Van y vienen vapores; pitan, humean, salen
y entran trenes; vacían sobre la playa su seno de
serpiente, henchido de familias; alquilan las mujeres sus trajes de franela azul, y sus sombreros de
paja burda que se atan bajo la barba; los hombres
en traje mucho más sencillo, llevándolas de la mano,
entran al mar; los niños, en tanto con los pies des-
calzos, esperan en la margen a que la ola mugiente
se los moje, y escapan cuando llega, disimulando con
carcajadas su terror, y vuelven en bandadas, como
para desafiar mejor al enemigo, a un juego de que
los inocentes, postrados una hora antes por el recio
calor, no se fatigan jamás; o salen y entran, como
mariposas marinas, en la fresca rompiente, y como
cada uno va provisto de un cubito y una pala, se
entretienen en llenarse mutuamente sus cubitos con
la arena quemante de la playa; o luego que se han
bañado,—imitando en esto la conducta de más gra
ves personas de ambos sexos, que se cuidan poco
de las censuras y los asombros de los que piensan
como por estas tierras pensamos,—se echan en la
arena, y se dejan cubrir, y golpear, y amasar, y envolver con la arena encendida, porque esto es tenido
por ejercicio saludable y porque ofrece singulares
facilidades para esa intimidad superficial, vulgar y

vocinglera a que parecen aquellas prósperas gentes tan aficionadas.

Pero lo que asombra allí no es este modo de bañarse, ni los rostros cadavéricos de las criaturitas, ni los tocados caprichosos y vestidos incomprensibles de aquellas damiselas, notadas por su prodigalidad, su extravagancia, y su exagerada disposición a la alegría; ni los coloquios de enamorados, ni las casillas de baños, ni las óperas cantadas sobre mesas de café, vestidos de Edgardo y de Romeo, y de Lucía y de Julieta; ni las muecas y gritos de los negros *minstrels,* que no deben ser ¡ay! como los *minstrels,* de Escocia; ni la playa majestuosa, ni el sol blando y sereno; lo que asombra allí es, el tamaño, la cantidad, el resultado súbito de la actividad humana, esa inmensa válvula de placer abierta a un pueblo inmenso, esos comedores que, vistos de lejos, parecen ejércitos en alto, esos caminos que a dos millas de distancia no son caminos, sino largas alfombras de cabezas; ese vertimiento diario de un pueblo portentoso en una playa portentosa; esa movilidad, ese don de avance, ese acometimiento, ese cambio de forma, esa febril rivalidad de la riqueza, ese monumental aspecto del conjunto que hacen digno de competir aquel pueblo de baños con la majestad de la tierra que lo soporta, del mar que lo acaricia y del cielo que lo corona, esa marea creciente, esa expansividad anonadora e incontrastable, firme y frenética, y esa naturalidad en lo maravilloso; eso es lo que asombra allí.

Otros pueblos—y nosotros entre ellos—vivimos

devorados por un sublime demonio interior, que nos
empuja a la persecución infatigable de un ideal de
amor o gloria; y cuando asimos, con el placer con
que se ase un águila, el grado de ideal que perse-
guíamos, nuevo afán nos inquieta, nueva ambición
nos espolea, nueva aspiración nos lanza a nuevo vehemente anhelo, y sale del águila presa una rebelde
mariposa libre, como desafiándonos a seguirla y en-
cadenándonos a su revuelto vuelo.

No así aquellos espíritus tranquilos, turbados sólo
por el ansia de la posesión de una fortuna. Se tienden los ojos por aquellas playas reverberantes; se
entra y sale por aquellos corredores, vastos como
pampas; se asciende a los picos de aquellas colosales casas, altas como montes; sentados en silla cómoda, al borde de la mar, llenan los paseantes sus
pulmones de aquel aire potente y benigno; más es
fama que una melancólica tristeza se apodera de los
hombres de nuestros pueblos hispano-americanos
que allá viven, que se buscan en vano y no se hallan;
que por mucho que las primeras impresiones hayan
halagado sus sentidos, enamorado sus ojos, deslum-
brada y ofuscada su razón, la angustia de la soledad les posee al fin, la nostalgia de un mundo espiritual superior los invade y aflige; se sienten como corderos sin madre y sin pastor, extraviados de
su manada; y, salgan o no a los ojos, rompe el espíritu espantado en raudal amarguísimo de lágrimas,
porque aquella gran tierra está vacía de espíritu.

Pero ¡qué ir y venir! ¡qué correr del dinero! ¡qué
facilidades para todo goce! ¡qué absoluta ausencia

de toda tristeza o pobreza visibles! Todo está al aire libre: los grupos bulliciosos; los vastos comedores; ese original amor de los norte-americanos, en que no entra casi ninguno de los elementos que constituyen el pudoroso, tierno y elevado amor de nuestras tierras; el teatro, la fotografía, la casilla de baños; todo está al aire libre. Unos se pesan, porque para los norte-americanos es materia de gozo positivo, o de dolor real, pesar libra más o libra menos; otros, a cambio de 50 céntimos, reciben de manos de de una alemana fornida un sobre en que está escrita su buena conducta; otros, con incomprensible deleite, beben sendos vasos largos y estrechos como obuses, de desagradables aguas minerales.

Montan éstos en amplios carruajes que los llevan a la suave hora del crepúsculo, de Manhattan a Brighton; atraca aquel su bote, donde anduvo remando en compañía de la risueña amiga que, apoyándose con ademán resuelto sobre su hombro, salta, feliz como una niña, a la animada playa; un grupo admira absorto a un artista que recorta en papel negro que estampa luego en cartulina blanca, la silueta del que quiere retratarse de esta manera singular; otro grupo celebra la habilidad de una dama que en un tenduchín que no medirá más de tres cuartos de vara, elabora curiosas flores con pieles de pescado; con grandes risas aplauden otros la habilidad del que ha conseguido dar un pelotazo en la nariz a un desventurado hombre de color que, a cambio de un jornal miserable, se está día y noche con la cabeza asomada por un agujero hecho en un lienzo esquivando con movimientos ridículos y

extravagantes muestras los golpes de los tiradores;
otros barbudos y venerandos, se sientan gravemente
en un tiegre de madera, en un hipócrifo, en una
efigie, en el lomo de un constrictor, colocados en
círculo, a guisa de caballos, que giran unos cuantos
minutos alrededor de un mástil central, en cuyo
torno tocan descompuestas sonatas unos cuantos se-
dicientes músicos. Los menos ricos, comen cangre-
jos y ostras sobre la playa, o pasteles y carnes en
aquellas mesas gratis que ofrecen ciertos grandes
hoteles para estas comidas; los adinerados dilapidan
sumas cuantiosas en infusiones de fuchsina, que les
dan por vino; y en macizos y extraños manjares que
rechazaría sin duda nuestro paladar pagado de lo
artístico y ligero.

Aquellas gentes comen cantidad; nosotros clase.

Y este dispendio, este bullicio, esta muchedumbre,
este hormiguero asombroso, duran desde Junio a
Octubre, desde la mañana hasta la alta noche, sin
intervalo, sin interrupción, sin cambio alguno.

De noche, cuánta hermosura! Es verdad que a
un pensador asombra tanta mujer casada sin marido; tanta madre que con el pequeñuelo al hombro
pasea a la margen húmeda del mar, cuidadosa de su
placer, y no de que aquel aire demasiado penetrante
ha de herir la flaca naturaleza de la criatura; tanta
dama que deja abandonado en los hoteles a su chi-
cuelo, en brazos de una áspera irlandesa, y al volver de su largo paseo, ni coje en brazos, ni besa en
los labios, ni satisface el hambre a su lloroso niño.

Mas no hay en ciudad alguna panorama más

espléndido que el de aquella playa de *Cable*, en las
horas de noche. ¿Veíanse cabezas de día? Pues
más luces se ven en la noche. Vistas a alguna distancia desde el mar, las cuatro poblaciones, desta-
cándose radiosas en la sombra, semejan como si
en cuatro colosales grupos se hubieran reunido las
estrellas que pueblan el cielo y caído de súbito en
los mares.

Las luces eléctricas que inundan de una claridad
acariciadora y mágica las plazuelas de los hoteles,
los jardines ingleses, los lugares de conciertos, la
playa misma en que pudieran contarse a aquella luz
vivísima los granos de arena parecen desde lejos
como espíritus superiores inquietos, como espíritus
risueños y diabólicos que traveseasen por entre las
enfermizas luces de gas, los hilos de faroles rojos,
el globo chino, la lámpara veneciana. Como en día
pleno, se leen por todas partes periódicos, progra-
mas, anuncios, cartas. Es un pueblo de astros; y
así las orquestas, los bailes, el vocerío, el ruido de
olas, el ruido de hombres, el coro de risas, los halagos del aire, los altos pregones, los trenes veloces, los carruajes ligeros, hasta que llegadas ya las
horas de la vuelta, como monstruo que vacíase toda su entraña en las fauces hambrientas de otro
monstruo, aquella muchedumbre colosal, estrujada
y compacta se agolpa a las entradas de los trenes
que repletos de ella, gimen, como cansados de su
peso, en su carrera por la soledad que van salvan-
do, y ceden luego su revuelta carga a los vapores
gigantescos, animados por arpas y violines que llevan a los muelles y riegan a los cansados paseantes,

en aquellos mil carros y mil vías que atraviesan, como venas de hierro, la dormida Nueva York.

JOSE MARTI.

La Pluma. Bogotá, Colombia, 3 de diciembre de 1881.

11

CARTA DE NUEVA YORK

Sumario

Proceso de Guiteau.—Varios sucesos.—Animada escena: singular drama.—La turba; la sala, la sesión; la salida.—El hombre.—Escenas de extravagancia e irreverencia "¡manos afuera!"—Discurso de Guitteau.—Elección de los jurados, procesión curiosa.

XI

CARTA DE NUEVA YORK

Sumario

Nueva York, 26 de noviembre de 1881.

Señor Director:

Un hombre rico, venido a menos, intentó aterrar con una amenaza de muerte a Jay Gould, el monarca de la Bolsa de Nueva York, para obtener por este medio del gran negociante consejos secretos que en el juego bursátil, que es fama que Gould maneja, favoreciese su fortuna, y el hombre rico, culpable de lo que llaman aquí *blackmail*, está en las Tumbas, que así se llama la fétida y sombría cárcel de Nueva York; Jay Gould mismo, a cuya merced suben y bajan los valores públicos, y se tienden y enmudecen los cables, y hienden altos techos y desiertos vastos los hilos del telégrafo, intenta, en junta con Cirus Field, que es hombre magno entre los acaudalados neoyorkinos, la creación de una nueva Bolsa. Thurlow Wheed, un admirable anciano, patriarca de las letras y padre de la prensa de esta tierra, recibe con su casta sonrisa, la sonrisa de los hombres de otros tiempos, a los escritores cariñosos que van a estrechar su mano con respeto el día que cumple ochenta y cuatro años. George Law, que comenzó su vida como muchachuelo de una hacienda, reunió una cuarentena de pesos con sus jornales, y se lanzó a buscar fortuna en una áspera y lluviosa mañana de otoño —ha sesenta años—, ha muerto a la cabeza de una de las empresas más pu-

dientes de Nueva York, luego de haber sido, sin
quiebra ni merma, salvador y jefe de Bancos y Bolsas, constructor de un puente sencillo y maravilloso,
el Puente-Alto; retador del Gobierno de España, a
quien obligó a aceptar, contra el consejo del Presidente de los Estados Unidos, sus buques y sus empleados en el puerto de la Habana en 1851; y activo
y favorecedor del ferrocarril de Colón a Panamá.
Acompañados de gran séquito, de aficionados y
apostadores, van a un rincón del Estado de Ohio a
luchar "por el premio de la pluma", el primer pugilista inglés y el primer pugilista americano; y desnudos de pecho y brazos, en el centro de la preparada arena, rodeados de gente ansiosa que gesticula
y vocea, a pocos pasos del guardián que con una
rodilla en tierra, espera el instante de restañar la
sangre y bañar los músculos hinchados de los combatientes con el menjurje que llena la ancha tina
que tiene junto a sí, el recio Holden y el torvo White
se dan, con el puño cerrado, hasta que la policía los
interrumpe, sendos golpes de maza en frente y labios. Quiebran Bancos; vienen actrices de Inglaterra, encréspanse en silencio dos grandes hidras, una
que vuelve la fauce a Méjico, y otra que la vuelve
a Panamá.

Mas sobre telegramas de Europa, sobre los desdeñosos editoriales del *Herald*, sobre los versos,
grandes e irregulares como montañas, de Walt
Whitman, sobre la crónica de la peregrinación que
en busca de socorros para la mísera Irlanda han
emprendido del lado acá del mar los miembros libres
de la laboriosa Liga Agraria; sobre la espantable

cohorte de suicidas, de malversadores, de asesinos,
de cuyas hazañas fatídicas es la prensa vocero permanente, —no buscan las manos entorpecidas bajo
el frío guante en las mañanas crueles de noviembre
más que las compactas columnas en que los periódicos dan cuenta del proceso de ese hombre enfermizo, colérico, nervioso, de ojo vidriado, de tez
amarillenta, de cabello hirsuto, que a manera de
aterrada hiena, de inquieto movimiento, inhallable
mirada, vago giro y elástico paso, echan cada mañana sus guardianes, maniatado y sombrío, a la sala del Jurado en Washington: Guiteau.

Ya está iniciado su proceso, ya están sentados sus
jueces; ya, temblante y generosa de una parte, y
formidable y severa de otra, están frente a frente,
ante los juzgadores populares, la acusación y la defensa. El, como vasija de piel, vacía de soplo humano, en que fueron echadas a bullir, como en
cárcel quebradiza, hambrientos y rebeldes, cual
duendes presos, las maldades, su defensor, hombre
humilde y magnánimo, armado de esa coraza que
reluce, cual forjada de acero divino: la bondad
cristiana; y su hermana, llorosa; y su sobrina pequeñuela, cuya cabecita han adornado otras veces las
flores de mayo, cubierta graciosamente con su gorrillo blanco y azul. El torvo, rebelde, áspero: ellos,
silenciosos, pálido de angustia: el público, reidor,
rencoroso, ávido; los jurados, mudos; el juez, flexible, benévolo, sereno.

Vedlo entrar! La sala rebosa. De circo, de teatro, de magna fiesta, da idea la concurrencia. Llega la gente a los codos del juez; gime empujada la

barra que separa el dominio del público del de los
actores del proceso, y los cronistas de la prensa.
¡La prensa es un poder! Miradla, acatada y holgada, ocupando la parte mejor de la sala de la justicia! Los primeros días, fueron muchedumbre des-
bordada y varia: ¡qué condenar! ¡qué excecrar! ¡qué
befar! Mas hoy son damas lujosas, y caballeros favorecidos, que logran billetes de entrada, ya porque pertenecen al cuerpo de testigos, ya porque les
da privilegio la amistad del juez, ya porque obtienen
el beneficio de los Departamentos del Estado. Las
damas van allí con sus hermosos trajes, sus som-
brerillos cubiertos de plumas, sus anteojos de teatro, y sus cestas de provisiones de boca. Oyen ansiosas; ora hacen ademanes de disgusto, ora rien
sin medida. La masa humana llena las puertas, los
pasillos, las avenidas que van a dar al tribunal.
Llega de la prisión el carro, forrado de hierro; salta
el preso, cerrado de guardianes; vocifera la turba;
cuál anhela tener a mano una pistola; cuál le echa
al rostro injurias terribles, como lluvia de piedras
encendidas. Vedlo entrar! Hombres y mujeres, movidos de igual ansia, se levantan a verlo. Un murmullo le acoje. Pisa con rapidez, como quien va
huyendo. Como por entre abismos se desliza por
entre los muros de gente. Va lleno de espanto. Sus
ojos giran de prisa, como los de quien busca un
peligro que teme. Con mirada rápida y humilde,
como para no excitar ira, ve al público. Y se sienta, con la cabeza baja: su hermana, al ver que le
quitan de las manos las esposas, rompe en llanto.
Su hermano que tiene aspecto de honrado merca-

der, vuelve el rostro. Su defensor, el buen Scoville,
que es su cuñado, para esconder su noble aflicción,
hace como que registra en sus papeles. Así fué el
primer día, que luego, saciado ya su apetito insano
de verse objeto de la curiosidad de la muchedumbre, y más hecho a ella, y al público de damas del
Jurado, entra con su paso felino y su prisa nerviosa, se sienta sonriendo, tiende las manos a que se
las libren de los hierros, saluda graciosamente a su
hermano y comienza a arreglar papel para escribir,
o a leer periódicos.

En larga fila se sientan, ante la mesa del juez
Cox, los actores del proceso: a la izquierda está la
acusación, mantenida por abogados de gran fama;
por Potter, criminalista de cuenta, cuyos ojos des-
cubridores centellean tras sus lentes brillantes; por
Korkhill, el fiscal del distrito, de caballeresca apostura, hecho a acusar; por Smith, anciano elegante;
por Davidge, feliz en la pregunta, inquebrantable en
la respuesta, cerrado en el debate, que trueca en
expresión temible la benéfica que dan a su rostro
de ordinario su tez fresca, su afable sonrisa, y su
blanco y rizado cabello. En el extremo derecho
del banco se sientan los hermanos del preso. Y
junto a ellos la defensa, la defensa de un hombre
odiado y sin fortuna, la defensa que intenta alzar
con sus brazos débiles un escudo tan ancho y tan
recio que ampare a su ahijado de la ira de toda
la nación, la única defensa de la ruin criatura que
arranca a la par a su público diario miradas de
odio, que parecen saetas de dinamita, y risas; el
abogado único, que con su continente humilde sin

afectación, e hidalgo sin alarde, su palabra reposada y llana, su corazón sensible y bueno, ha logrado ya ver quebrarse en su escudo las primeras armas de los contrarios que hacían mofa del abogado desconocido, y ha conmovido a los jurados, y cautivado al juez, y héchose amar del público que abomina a su repulsivo cliente. ¡La virtud es un hada benéfica: ilumina los corazones por donde pasa: da a la mente las fuerzas del genio!

Guiteau se sienta al lado de Scoville, con su fría mirada. Gusta de hacer reir, y actúa a la par de payaso y de profeta. Pocos días ha se sentaba junto a él otro abogado defensor, que en elegante modo pidió al Juez que demorase aún la vista de la causa, para poder preparar con menor desventaja la defensa del preso, por tantos abogados notables atacada. "¡Oh, no, señor Juez! decía Scoville: yo no pienso como mi compañero Robinson. El quiere hacer una defensa técnica, yo una defensa humana. El intenta recurrir a las astucias honradas de la mente: no hay mente tan astuta como la evidencia que la naturaleza ofrece. El quiere que la defensa sostenga que la víctima de este hombre murió de mala práctica de los médicos, y no de la bala de su matador; pero esto puede parecer malicia, y yo quiero que la defensa de este hombre influya, no por hábil ni maliciosa, sino por honesta. Nada he de preparar para que el Jurado se convenza de la demencia de este infortunado: si creo sinceramente en su demencia ¿cómo no he de arriesgarme a probarlo? Buscar nuevos escudos a este preso, fuera dudar de la fortaleza de este escudo". A ésto Guiteau se pone en pie, y llena al abogado joven, a Robinson, de denuestos. Intentan sus guardianes sentarlo de nuevo, y él desase de ellos sus hombros con brusco movimiento, y se revuelve contra los guardianes. "¡Quiero hablar! Quiero hablar!" —"¡Manos afuera!" dice a un guardián que lo toca. Le ruegan en voz baja que calle Scoville y los guardianes: "¡No callo, no callo! Estoy procesado, y diré lo que me plazca! ¡No os atrevais a tocarme! Manos afuera! Y vos Robinson, sabed que no me ha gustado vuestro discurso. Yo soy el jefe de esta defensa, y Scoville es mi segundo. Idos, u os haremos ir. Yo dirijo mi defensa. Solo para tecnicismos quiero yo abogados!" Los guardianes, asombrados de la irreverencia, lograron sentarle. Y en el público se oian mezcladas exclamaciones de honrada cólera, y grandes risas. Como cebra a quien echase mano el domador, Guiteau se rebelaba, se sacudia, coceaba. A poco, hecha patente la división honda de los pareceres en la dirección de la defensa, que con los dias aumentaba entre los dos defensores, desertó Robinson, autorizado por palabras corteses del Juez, el banco de los actores del proceso. Y quedó solo Scoville. Y ese dia mismo, el dia primero del proceso, Guiteau de nuevo en pie, intenta leer larguísimo discurso. Se lo niegan: insiste. Ofende: se le trata con dulzura. Al fin, por arte mágica, el discurso cae en manos de los cronistas, y a la mañana siguiente leíalos en los periódicos la gente ansiosa. ¿Cómo no dar idea de esta obra histórica? No hay, no, en todos los actos y palabras de este odiado réprobo, aquella analogía

y engranaje que revelan que una causa constante
y cierta regula o perturba a quien habla y actúa.
La extravagancia y desórden innegables que ofus-
caron siempre este rebelde espíritu, han ido trocán-
dose, a medida que se acercaba el proceso, en mo-
nomanía persistente y científica, que en el proceso ha culminado en arranques violentos y groseros,
en exabruptos risibles, en propósitos y acciones ex-
traordinarias, que no debieron ser cual son, mas altas en grado que el habitual desarreglo y satánica
abstracción de esta mente imperfecta, cuando continúa siendo una misma causa, la causa de su creencia en órdenes divinos, la que originó su actual estado. Ideas apuntadas como ensayos de venidera
defensa en la autobiografía y documentos varios del
preso, adquieren ahora carácter desembarazados de
ideas esenciales; y osadamente insiste hoy en lo que
apuntaba ayer confusamente. Cierto que no debe
morir: ¿se interrumpen acaso las leyes eternas que
rigen la vida, y la traen poco probada a existencia venidera en que sean hechos beatíficos las que
aquí no son más que luminosas vislumbres, y alados pensamientos? ¿se interrumpen acaso la esencia
perdurable y fines necesarios de la vida porque los
hombres aceleren el término de este trance humano? ¡El horror que inspira un crimen aleja más de
él que el castigo del criminal, que lo realiza y poe-
tiza! Cierto que no debe morir, mas no parece que
sean de hombre hecho a salas, recibido en hoteles y
corporaciones, y justo apreciador ha pocos meses
de altos hechos políticos, —que sus cartas lo muestran— esa selvática fiereza, esa brutal desenvoltu-

ra, esa ridícula puerilidad, esos infantiles juicios, esas afirmaciones absolutas de fe en orden divino. Que no a Dios, sino a servicios que él imaginaba reales invocaba cuando en cartas arrogantes y frecuentes pedía al llorado Garfield la Embajada de Austria y el Consulado de París. ¡Loco, sí, mas de vanidad, de impotencia, de fiereza, de rabia, de envidia, de odio! ¡Aposentad en una vasija humana esos chacales, y dadme luego hombre sano!

Oidle empezar: "En los umbrales de este caso quiero hablar a la Corte. Estoy en su presencia acusado de haber asesinado con malicia y maldad a un Jaime Garfield. Nada puede ser más absurdo porque el general Garfield murió de mal tratamiento. El silogismo para probarlo es este: Tres semanas después de que fué herido, sus médicos declararon oficialmente que sanaría. Dos meses después de esta declaración oficial, murió. Luego, según sus propios médicos no fué herido de muerte. Los doctores que no supieron curarlo, deben llevar sobre sí el odio de su muerte: no su heridor. Ellos, y no yo, deben ser procesados por el asesinato de Jaime Garfield". Pero él dice que recibió de Dios la inspiración del acto: "¿Por que me inspiró a mí con preferencia a otro alguno? Porque yo tenía favorablemente, sesos y nervios bastantes para hacer la obra. El Señor no emplea personas incompetentes para servirle: él usa del mejor material que puede hallar. Muchos pensaban como yo de Garfield; y a haber tenido la concepción, el nervio, los sesos y la oportunidad, lo hubieran removido. Yo de todo el mundo, fuí el único hombre que tuve la concepción. Y

otra razón de por qué el Señor me eligió a mí, y no
a otro para remover al Presidente, es que él deseaba circular *La Verdad,* mi obra teológica. Este libro fué escrito para salvar almas, y no para ganar
dinero, y el Señor, circulando el libro, va en busca
de almas." Y aquí viene un concepto extremadamente lúcido, que arroja súbita claridad en la mente tenebrosa y lóbrega de este ser complejo: "¿Qué
cómo supe que era la Deidad quien me inspiraba?
Tan cierto estaba de ello, que puse en ello mi vida!
Y a la Deidad abandono mi defensa. Ella contras-
tará a esas sabias cabezas de la acusación. A ella
serví, y ella me cuidará. Habló su voz, dijo el psal-
mista, y se deshizo la tierra!" Habla luego de su
esposa, de "su ex-esposa,"—y dice: "mi ex-esposa
ha sido citada para la acusación". "¡Matrimonio prematuro! La conocí diez semanas, y nos casamos en
diez horas. Era una pobre muchacha. No hacía
yo negocio con casarme con ella. No sé de ella
desde que nos divorciamos por acuerdo. Entiendo
que se ha casado, y vivo bien. Yo he sido estric-
tamente virtuoso durante seis o siete años. Presumo de ser un caballero y un cristiano". Mas ved,
ahora como el hombre real, rencoroso y torvo; el
hombre que esperó, y ve desvanecida su esperanza;
el hombre desnudo, y sólo arreado de los motivos
verdaderos de su crimen, se revela en estas frases
hurañas y amenazantes, preñadas de punzante desengaño y sorda ira: "No necesito yo nombrar a ciertas personas que han sido grandemente beneficia-
das y ayudadas por mi inspiración; pero he de pe-
dirles que contribuyan a mi defensa. No he de tener

trabajando sin paga a mis abogados!" Y en seguida insiste, con su frase de otros tiempos, ambiciosa, soberbia, desaliñada y fría: "Digo que hay centenares de personas que han recibido gran beneficio pecuniario por la nueva administración. Todos me deben su posición actual, del Presidente abajo! Confiadamente apelo a ellos, y al público en masa, que me envíen dinero para mi defensa".

¡Ese, es el hombre real! Y ese el motivo de su crimen: sacar paga en premio del provecho que había aportado a la nueva administración! ¡Esa esperanza insana movió su mente avarienta a la idea malvada, luego, y no antes, de que fué desdeñosamente desoído de sus pretensiones de magníficos empleos! El vió, en el desconcierto público, en sus tentativas de teólogo, en las exaltadas polémicas de los periódicos, disfraces para la causa real de su acto, de modo que pudiera él sacar de su acto provecho y no peligro. Base le dieron los periódicos, en aquella época encendidos en agrio debate; mas no motivo para el crimen: "Yo llamaré aquí, dice en su discurso, a los magnos políticos del partido republicano y del democrático: yo citaré aquí a los capitales editores de Nueva York y Washington, a que ellos muestren la situación política y cuenten de nuevo los peligros que rodeaban durante la última primavera a la República". Y ved ahora su pueril argucia, vacía el poder sombrío que tienen sus palabras de oculta amenaza: "Hiere la mente esa palabra *asesino* y alguna gente se deleita todavía en usarla. ¿Por qué soy yo más asesino que cualquiera otro hombre que disparó sobre otro en la guerra.

Millares de bravos murieron así, y mataron así, en
la guerra americana, y nadie habló por eso de asesinato. Aquí ha habido un homicidio, esto es un
hombre muerto. Mas yo no lo maté, sino los médicos. Ni de homicidio soy, pues, culpable en este
caso. El Presidente fué, simplemente herido por un
hombre loco: loco respecto de la ley porque fué el
acto de Dios, y no acto suyo". Y vedle al acabar
envuelto en el manto rojo y despedazado de la locura: "Yo soy un patriota, sufro entre hierros hoy
como un patriota. Washington fué un patriota:
Grant fué un patriota. Washington condujo a los
ejércitos de la Revolución a través de ocho años de
sangrienta guerra, a la victoria y a la gloria. A la
victoria y a la gloria llevó Grant los ejércitos de la
Unión, y hoy la nación es feliz y próspera. Ellos
alzaron el viejo grito de guerra: "Uníos, bravos,
alrededor de la bandera". Y millares de hijos selectos de la República se lanzan a la batalla a morir
o a vencer. Washington y Grant, por su valor y
éxito en la guerra, ganaron la admiración de la humanidad, y yo sufro hoy entre hierros como un patriota, porque tuve inspiración y nervio para unir a
un gran partido político, y salvar a la nación de otra
guerra desastrosa. No que la guerra fuese inmediata; pero, tras de las divisiones que iban ahon-
dando hora tras hora en el partido republicano, hubiera venido en dos o tres años. Callaron los corazones en presencia de la muerte; cesó la contienda;
corazón y mente puso la nación en el hombre enfermo de la Casa Blanca. Se fué al fin por el camino porque va toda la carne; y fué la nación casa

de luto. En verdad he sido mal entendido y cali-
ficado, por casi toda la prensa, por casi todo el pueblo americano. La Providencia y el tiempo lo corri-
gen todo: y ya puedo desafiar el veneno continuo de
ciertos periódicos: ¡cambien ya el nombre de "Guiteau, el asesino", por el de "Guiteau, el patriota".
—Y oid ahora sus últimas palabras, y ved como per-
vade en ellas la mente secreta, desconcertada y airada, mas aún crédula de este hombre; ved como se
fía a la impresión de esta rapsodia risible; ved como
envía lanzas venenosas al pecho de los grandes en
cuyo obsequio trabajó espartanamente, seguro de la
paga y el amparo que hoy no recibe; ved cómo, aunque termina hábilmente con frases vagas de mono-
maniaco de deidad, no pone punto a su discurso
sin pedir, con colérica impaciencia, y embozado odio,
auxilio a aquellos de quienes se cree con derecho a
esperarlo; porque en su beneficio para promover el
suyo propio con el de ellos, realizó el crimen: "Apelo
por justicia a la prensa liberal de la Nación. Apelo
por justicia al partido republicano, y especialmente
a los Stalwarts, entre los cuales me recuento con orgullo. Y apelo al Presidente de los Estados Unidos
por justicia: yo soy el hombre que le hizo Presidente!
Sin mi inspiración, él era una cifra política, sin poder ni importancia. Yo estuve constantemente a su
lado en Nueva York durante la última campaña, y
a poco la perdemos, y es electo Hancock: nadie sabe
qué hubiera acontecido entonces a la República.
Vedlo ahora jugando a caballero. Más que alegre
estoy de que el Presidente Arthur pruebe ser hombre cuerdo en su nueva posición, y espero que dará

al país una administración nunca igualada. Apelo
por justicia a esta honorable Corte, y estoy contento de que sea Vuestro Honor un caballero de tan
vastas miras, cristiano sentimiento y claro juicio:
me cuento afortunado, ciertamente, con que mi caso
sea probado ante tan hábil y celoso jurista. Apelo
por justicia al Fiscal del Distrito que me acusa, y
sus ilustrados compañeros; y les ruego que vayan
despacio en su acusación, para que no sean injustos con la Deidad, cuyo siervo fuí cuando intenté
remover al difunto Presidente. En el gran día último, ellos y todos los hombres estarán en presencia
de la Deidad clamando por merced. Tendrán allí lo
que aquí hayan merecido. La vida es un enigma.
Este es un mundo extraño. Gobierna a los hombres
a menudo la pasión, no la razón. La multitud crucificó al Salvador de la humanidad, y Pablo su
apóstol, sufrió una ignominiosa muerte. Esto sucedió muchos siglos hace. Durante diez y ocho siglos,
ningún hombre ha ejercido tan tremenda influencia
como el Galileo y su grande Apóstol. Hicieron su
obra, y dejaron su resultado al celo del Padre To-
dopoderoso!" —Y esto acaba el discurso, que Guiteau remata con esta nota americana como de quien
descansa de hacer gran obra, que ha de ser famosa,
y está contento de sí: "Este discurso fué escrito acurrucado en mi celda".— Y ese discurso no fué dicho,
que se lo estorbó la Corte. Ha sido conocido por
los diarios. El gesticulaba, y exigía que se lo dejasen leer: codeaba, injuriaba. La muchedumbre
prorrumpía en exclamaciones de asombro: "¿Qué
significaba esto?"— "¡Este es el hombre que mató

al pobre Garfield!" —"¡Qué farsa!"— "¿Estará
loco?" —"¡Hace su papel demasiado bien!"—
—"¡Por cierto que esa locura es más metódica que la
de Hamlet!"— —"¡Qué miserable criatura!"—
—"¡Y pensar que tal hombre ha costado al país tal
pena!"— —"De seguro que no está loco".— —"¡No
en balde no le dieron el empleo!"— "¡Debe estar
loco!" Más que la compasión domina el disgusto.
Parece por los gestos de los concurrentes que se está
en presencia de algo que infesta y daña los ojos.
Vedle ahora salir: Parece como que espera al true-
no del cielo. Anda como corriendo. Salta, más que
entra, al vagón blindado, que parte entre las injurias mortales y las voces de odio de la muchedumbre. Los muchachos lo vocean como a perro espantado: se oyó por todas partes: ¡"allá va, el villano!" "Tuviera yo aquí un arma, y no te escapa-
rías!" "Espera hasta mañana, que no sabíamos que
venías hoy". "Cuerda, y no asilo, necesita ese loco!"
Y un hombre de color, cargado de años, dijo: "El
único modo de poner en proceso la vida de este
hombre es, someter al voto del pueblo en todo el país
si debe o no ser ahorcado". ¡Y allá va, en el carro
forrado de hierro, trémulo y lívido, guardado por
policías de a caballo, seguido de maldiciones, de denuestos, de silbos y de gritos!

Las grandes líneas del proceso están ya dibuja-
das: electos los jurados, establecidas la acusación y
la defensa; probado el crimen e intentada la prueba
de locura. Guiteau rie unas veces y hace reír, otras;
como fiera con fiebre, rompe su continente habitual,
que disimula compostura, y lucha brazo a brazo con

los guardianes que intentan volverlo a su asiento y
reprimir sus ofensas a la Corte. Tiene burlas mal-
vadas. La acusación tiene derecho a impugnar cinco
jurados, mas la defensa sostenía que sólo podía impugnar cuatro. El Juez, que sin vejar ni mermar los
derechos de la acusación, favorece a los prudentes
defensores, dice que tienen derecho a cinco: ¡Hum!
exclama Guiteau, con risa maligna: eso lo supimos
de Robinson: él no es abogado. Hace de monarca
con los cronistas, o cuando cree que ha dicho cosa
de mérito o frase aguda, se vuelve, como rey que
ordena, y dice: "Escribid eso, cronistas!" Y se levanta de súbito, e increpa al Juez: "Os digo que
estáis ultrajando la justicia! Os digo que habéis de
oírme, que yo soy el jefe de esta defensa, y sé la
ley y seré oído!" Y cuando al cabo, entre ruegos y
amenazas, lo sientan, se le oye que dice: "Ese Robinson no tiene sesos bastantes para manejar un
pleito de cinco pesos!" Un día vino a la Corte, con
ademán furente y ceño adusto: un guardia se le
acerca, y le intima que se abstenga de las interrupciones escandalosas del día anterior. Pareció su
exabrupto el súbito salto de un manojo de resortes
de acero oprimidos. ¡Qué lamentosa, qué extraña
escena! La sala estaba en pie: el juez se mordía los
labios, y enfrenaba su cólera: "¡Cállate, siéntate,
estate quieto!" le decían sus hermanos: "¡Ea! aten-
ded a vuestros negocios! es su colérica respuesta:
dejadme solo, que soy aquí abogado en jefe, y ha-
blaré cuanto tenga que hablar": —le tocan los
ugieres en el hombro y él se vuelve convulso: que
nada le irrita como que le pongan mano encima;

"¡Lejos de mí: las manos quietas!" —"O el acusado se modera"... empieza el juez. "¡No he de
moderarme. Y apelaré! Y os denunciaré! ¡Que os
estéis quietos! repite a los ugieres: ¡quietos malditos
locos! Sabed, juez, que quiero y debo hablar..."
"Sabed, acusado, que en casos semejantes al vuestro, el Tribunal ha prescindido del preso rebelde, y
lo ha juzgado en su ausencia: os lo anuncio con
pena, pero os lo anuncio". "Bien está, dice Guiteau sentándose: apelaremos!" Y esa es la escena
diaria: ya interpela a los jurados, ya traba pláticas
con sus acusadores, ya injuria o cumplimenta a su
cuñado, ya coloquia amigablemente con los testigos
de la acusación, ya se resuelve contra los que vienen
en beneficio suyo, a dar testimonio del desorden,
brutalidad, soberbia, miseria y extravagancia que
han marcado su vida. Pregúntanle a un testigo si
estaba Guiteau en más carnes que ahora antes de
cometer el crimen, como ciertamente estaba, y él
dice, entre coros de carcajadas, porque es ya famosa
su insaciable gula: "Debo decir aquí que hoy he
gozado por primera vez de una comida entera desde
el día 2 de julio". El almuerzo de aquella mañana
en que hirió al Presidente, fué cosa estupenda, y ya
célebre, que revela en este hombre su exceso de
instintos animales.

Y ¿quiénes son sus jueces? Son doce jurados,
doce hombres de trabajo, doce seres humanos, tomados al acaso entre la masa viva, con tal de ser
honrados y poseer dosis común de juicio; doce juzgadores, desconocidos del acusado, que viven en la
naturaleza fresca, real, libre, ora perfumada, ora

hedionda de las ciudades, que pueden juzgar de la
pasión porque son capaces de sentirla, que estiman
el hecho desnudo, descarnado y brutal, ni torturado, ni desfigurado, ni exagerado, ni empequeñecido
por imaginaciones legales, argucias, escarceos téc-
nicos, preocupaciones tradicionales, doctrinas de
uso, y ante-juicios, sino neto y en globo, tal como
hiere los ojos, repugna a la mente y espanta los
oídos. Esos son los jurados, y eso los de Guiteau!
Cuánta dificultad para elegirlos! A 150 hombres
hubo que examinar para elegir doce! Uno a uno pasan, en séquito pintoresco, ante la mesa del Juez.
A éste Guiteau lo injuria: "¡Ea que no quiero negros en mi caso!" "¡A ver: a ver: ese que ha dicho
que su opinión del hecho cambió cuando vió en las
ventanas de la Casa Blanca los boletines de los médicos, —ése me conviene!" A uno lo impugna Scoville; a otros los impugnan los acusadores. La sala
aplaude, se divierte, ríe. Como la ley exige que
los que hayan de ser electos como jurados, no tengan
opinión hecha del caso !qué respuestas la de los
jurados propuestos! Este es uno que dice: "No hay
suma tortura bastante grande, para ese preso". Este
es otro que exclama: "¿Qué si tengo hecha mi opinión? Sí, debe ser ahorcado o quemado". Otro
dice: "Yo creo que está loco", a lo que rompe Guiteau en risa caudalosa. "¡Colgadlo! esa es mi opinión", dice un Joshud Green. Un hombre de color
que lleva mal colgada al hombro una capa parda, y
en sí gran número de años,y en el pecho una camisa
de rizada pechera, y entre los anchos labios un gran
limpiadientes, responde con agudeza y decoro, y ma-

jestuoso desdén del asesino, a las preguntas que lo
acosan. Otro hombre de color, Ralph Wormsley, albañil ornamentista hace admirar de la sala su compostura, probidad y juicio. "¡Ahorcadlo!" "!Guin-
dadlo!" van diciendo por turnos, los jurados inscritos que, en procesión curiosa, pasan ante el juez.

Y todo esto ante el acusado, que finge gozo o da
señales de impaciencia e ira, y apunta a sus defensores cuál jurado le es grato, y cuál no se lo es.
Todo esto ante la hermana del reo. Al cabo, los
doce hombres fueron electos, y acusación, defensa y
criminal dicen que fían en haber elegido un Jurado
sesudo, inteligente y leal. Y ved los jueces, que no
son grandes hombres, ni de gradualidades de la
pena, ni de tinieblas fisiológicas, ni de reminiscen-
cias religiosas, ni de rudas leyes sajonas tienen llena
la mente. ¿Mató o no mató? ¿Está loco, o no está
loco? He aquí lo que ellos van a decidir. Y son los
jueces: John Hamlin, dueño de un restaurant; Fre-
derick Brandenburg, un vendedor de cigarros; George Gates, un maquinista, y Joseph Palthre, un comi-
sionista, que tienen parientes locos; Sheeran, un irlandés que vende comestibles, y que firma que no
ganó nunca dineros del gobierno; Wormley, el hombre de color sensato; Thomas Heinlein, herrero, que
dice con arrogancia que él no ha formada parte de
conspiración alguna para dar muerte (linchar) a
Guiteau, porque "él es americano, e instituciones
como esas no son americanas". Otro jurado es William Brawner, negociante, que anuncia que ha es-
tudiado, y cree que existen diversos grados de demencia, y que, aunque no es persona devota, cree

en Dios y en una vida futura de penas y castigos!
Hobbs, otro albañil; Langley, otro vendedor de comestibles; y Bright y Stewart dos mercaderes, hacen los doce. Ya están en pie ante el juez; ya el
juez le dice, tomándoles en punto solemne juramento: "Vos y cada uno de vosotros juráis solemnemente
que procederéis bien y opinaréis con verdad entre
los Estados Unidos y Carlos Guiteau, el acusado de
la barra, a quien recibís procesado por el asesinato
de Jaime Garfield; y que daréis un leal veredicto
conforme a la evidencia: ayúdeos Dios!" Y juran.
"Idos ahora, jurados, a preparar vuestros negocios,
de modo que estéis mañana libres". Así se hizo el
tribunal histórico.

M. DE Z.

La Opinión Nacional. Caracas, 10 de diciembre
de 1881.

12

CARTA DE NUEVA YORK

Sumario

*Proceso de Guiteau.—Discurso del Acusador.—
Juego de esgrima.—El buen defensor.—Testigos:
extrañeza: risas.—Un hombre a caballo dispara un
balazo a Guiteau.—La cárcel de fiesta.—¡Admirable
defensa!—Testigos favorables.—El proceso hasta
el día.—La humana hiena.*

CARTA DE NUEVA YORK

Nueva York, 26 de noviembre de 1881.

Sr. Director:

Y de entonces siguieron los acontecimientos culminantes. Siguieron en orden el establecimiento de la acusación, el examen de los testigos en que se apoya, el establecimiento de la defensa, y el examen de los testigos en que la defensa se sustenta. El combate interesa: el criminal obra de modo que hace creer en su locura; resplandor de escaramuza brilla durante las preguntas y repreguntas de los testigos: Scoville, desvalido, cubre con su delgado cuerpo, y para con sus generosas manos los golpes que los abogados de la acusación, numerosos y venerados, dirigen a su mísero cliente. Un caballero se levanta, y habla, y arranca lágrimas. Es el fiscal, que abre el proceso: es el abogado Corkhill, que sin encono, mas con firmeza, acusa al homicida. Levita de doble hilera de botones le cierra el cuello, su apostura es severa, sus ademanes, sobrios; su voz golpeando a veces como si contuviera su indignación, y húmeda otras, como de quien llora sobre un muerto. Describe el carácter de Guiteau, su ambición desordenada, su deseo terco de mezclarse en los grandes actos del partido republicano, sus naturales desengaños, sus vanas tentativas de alcanzar altos empleos. Lee sus cartas a Garfield, y a Blaine, el

elocuente ministro, que está a su lado, pronto a dar
testimonio, opacos ya los ojos que no ha mucho brillaban como centellas en su sillón senatorial. Se ve
en las cartas al oficioso amigo, al bellaco entrome-
tido, al vulgar aventurero, al ambicioso sin freno, a
un hombre osado, astuto y sano. Espera un empleo,
ruega, aconseja, amenaza. Adula a Blaine, y luego
llama a Blaine, cuando de él ya nada esperaba, traidor amigo y genio malo. Describe Corkhill las esperanzas, la tarea de logro, la tenacidad inconcebible de Guiteau. Persigue en su mente, que la pérdida absoluta de su fe en hallar empleos, puebla de
pensamientos feroces, la idea criminal, idea de ira
hacia el que lo desdeña, idea de provecho. Su proyecto comienza cuando su ilusión acaba. Comprende que necesita un disfraz de crimen, y lo halla en
las pasiones del momento. Repasa su vida y se de-
cide a utilizar todos sus errores, como excusa de su
acto. Pero es un acto de inicua venganza, de cobarde desesperación, de rencorosa impotencia, de
rebelde odio. ¡Cuán tristemente acaba Corkhill su
discurso! Muchas mejillas habían húmedas en la sala
del Jurado. "Ningún veredicto vuestro", decía a los
Jurados, "puede ya llamarlos: duerme el ilustre
Garfield el sueño que no conoce despertar, sobre
la pacífica ribera del Lago Erie, cuyas límpidas
aguas bañan los límites de su nativo Estado; duerme en aquella ciudad que él amó tanto, y bajo el
suelo del Estado aquel que coronó su vida con los
más altos honores. Es demasiado tarde para volver
aquel esposo a la doliente esposa, a los desheredados hijos: que en cuanto aquella vigilante ma-

drecita, cuyo rostro no se borrará jamás de la memoria de la Nación, no hay ya en la tierra alivio para ella. Cierto es el fatal caso, y vivos quedan para siempre sus horrores y penas. A cada uno de vosotros se ha preguntado si estábais regidos por convicciones religiosas. Y así lo habéis jurado. Mil ochocientos años hace fué escrito por la pluma de la inspiración, como la ley de aquel Dios misericordioso a quien reverenciais: ¡Anatema sobre aquel hombre por quien la ofensa viene; fuera mejor para él que una piedra de molino colgase de su cuello, y que se ahogase en las profundidades de la mar! Y el honrado, patriótico, el obediente pueblo de esta Nación está esperando por vuestro veredicto, ansioso de ver si el hombre por quien esta grande ofensa fué acometida no sufrirá el justo y merecido castigo de la ley!"

Abrió seguidamente la acusación sus arsenales, y llamó al banco de testimonio a sus testigos. Allí se sentaron, a dar llena y abrumadora evidencia, Blaine, que acompañaba al Presidente en la horrible mañana; Camacho, el Ministro de Venezuela, estaba cerca de él cuando recibió el balazo funesto; los doctores, que pusieron la mano en aquella honda herida, de negruzca fauces, y dieron calma y alivio al noble enfermo; la buena señora que reclinó en sus brazos la cabeza de Garfield desmayado; los que vieron huir a Guiteau, o le vieron entrar, o le vieron disparar, o le prestaron dinero, o le tomaron preso, o ajustaron con él o le vieron ajustar el carruaje que preparó para su fuga. Anonadora es la evidencia. Ni la defensa la discute; ni él la niega. Que

por venganza y despecho mató a Garfield Guiteau,
con plena libertad, plena deliberación y pleno juicio,
mantienen los acusadores. El mantiene, ora que le
dió muerte para salvar al partido republicano, ora
que obedeció a la voz de Dios, ora que ambas razones le movieron. Y mantiene la defensa que le
mató con libertad, mas no de la razón; y con deliberación, mas no con juicio. Sobre esos ejes gira el
gran proceso.

Y ¡si vierais al buen Scoville! "Perdonadme, señor, dice al juez, mi ignorancia de las leyes criminales. Ved, caballeros acusadores, que defiendo a
este hombre porque creo honestamente en su locura;
y sé quien es, y le he visto vivir: ved que abomino
y desdeño toda argucia legal, toda habilidad de abogado, toda negativa moratoria, todo entorpecimiento
impertinente que cause al Estado más gastos y a la
Nación más inquietudes que las que ha causado ya
este infortunado. Pero ved que me respetéis, como
respeto yo el decoro de la justicia!" El no tiene dinero, él no paga auxiliares; él no puede presentar
toda la prueba que conoce; él está solo, frente a su
mesilla, llena de cartas y papeles. Hace de modo que
sus peticiones sean justas y que el tribunal esté siempre, en las escaramuzas jurídicas, de su lado.
"¡Aquel Robinson era un bellaco, dice Guiteau; pero
éste Scoville está trabajando espléndidamente!" Y
eso es lo cierto. El no hace pregunta sin objeto ni
se intimida por la fama de agudos, ni social prosa-
pia de los testigos, ni por las risas burlonas que celebran las réplicas felices de sus contrarios. Nada
objeta que no haga a su concepto de la defensa:

nada excusa de todo lo que puede fortalecerla. Ha
meditado, y obra firmemente. Es honrado, y asombra y hace vacilar a sus adversarios. El los persigue, los acorrala, los estruja. ¿Quién es ese magni-
fico anciano, de tez descolorida, belicosa apostura,
y suelta barba? Le rodean el aplauso y el respeto.
Ese es el primer testigo: es Blaine: el formidable
discutidor, el vivaz replicante, el caballero de la
palabra, en ninún torneo vencido; el verboso y
diestro Blaine, que sacude sus frases como látigos,
las lanza como azagayas, y las esgrime y hace re-
lucir como floretes. ¡Y a ese afamado esgrimidor
lo pone Scoville en confusión y compromiso, y le
obliga a esquivar la batalla, y a confesar lo que a
la defensa conviene que confiese! Mirad, mirad
conmigo esta escena de esgrima. Ya el amigo ha
narrado cómo murió el amigo, cómo conversaba
aquella mañana alegremente de cosas de la patria,
cómo llegaron a la estación, cómo cayó Garfield en
ella, cómo le abrumó a peticiones Guiteau terco:
ya ha dado plena evidencia del bárbaro suceso. Y
el sencillo Scoville, que cierra los ojos ante aquella
montaña, inicia el combate. Blaine, lo ataca, para
sus estocadas, hace vacilar el acero en las manos
entorpecidas del abogado de provincia; latiguea el
arma de Scoville como estoque de oro o estoque de
plomo. Mas no ceja el humilde estoquillo, y se tiene
firme en la mano provinciana, y estremece en su
puño el arma áurea: ¡qué no pudiera yo haceros ver
el hermoso combate! El Ministro, que no sabe re-
frenar en sus labios la palabra bullente, no olvida,
sin embargo, su alto deber y el grave caso. Ni per-

dona Scovílle pregunta que le sirva. Guiteau, tímido, calla.

Pregunta la defensa: —¿Cuántas veces, señor
Ministro, recordáis haber visto al acusado?

Y Blaine responde: —Oh, muchas veces! Es difícil decir el número exacto en casos como este, porque ocho o diez visitas de esa clase, bien pueden
hacer la impresión de 20 ó 25.

—¿No podrían ser mostradas las cartas que Guiteau escribió durante la campaña electoral?

—No lo creo posible. Al fuego o al cesto van los
restos de la campaña. No es cosa importante que
una persona se ofrezca como orador al comité de
elecciones: muchas se ofrecen. Bien saben ya a
qué atenerse los oradores: la regla general es no
usar jamás de un orador que se ofrece a hablar.

—¿Por qué esa regla?

—Porque un hombre de reputación suficiente
para que sus palabras ejerzan influencia, no busca
sino que espera a ser buscado.

—Porque empleos semejantes se dan siempre a
hombres señalados por su notable inteligencia y públicos servicios. Nunca creí a Guiteau tal.

Y aquí entró de lleno Scoville a sacar a la vergüenza, con inquietud del Ministro, cuanto de patro-
nazgos, dones de empleos y complacencias de bandería se censuran justamente al partido republicano.
Ved que arranque:

—¿Entendéis por servicios públicos, servicios de
partido?

—No sé porque habéis de torcer mis frases. Pueden ser servicios de partido. Por ejemplo, el actual

cónsul en París ha prestado servicios públicos en el Departamento de Hacienda de Massachusets, y ha sido agente de negocios de Massachusets en Europa y es vasta y favorablemente conocido. He ahí los hombres de quien hablo.

—¿No es costumbre, y cosa siempre esperada que esos empleos se distribuyan como recompensa a servicios de partido?

—Debo decir que ese es un elemento que entra siempre en la distribución: mas hay enviados diplomáticos que lo son sin haber prestado jamás servicios de partido.

—¿Queréis dar a entender que en absoluto este elemento de servicio de partido no es reconocido prominentemente en la distribución de empleos?

—No quiero decir que no sea reconocido: sino que no se hace sobre esa sola base la distribición, y que hombres que no prestan esos servicios. gozan sin embargo empleos conspícuos.

—¿Era una peculiaridad de Guiteau basar su petición en servicios de partido?

—Ah! no! eso es muy común.

—Y ¿no se basan en eso todas las peticiones?

—Hallaréis como regla que los que gozan altas posiciones en el cuerpo diplomático, son aquellos que no las han pedido.

—¿Os pedía Guiteau el empleo con alguna recomendación?

—Solía decirme que era amigo del general Logan.

—Y ¿es usual que se pidan empleos sin recomendaciones?

—Oh! cuarenta cada mañana!

—Y ¿todos son semejantes, substancialmente?

—Todos semejantes en el deseo y casi todos semejantes en el desengaño. No era peculiar el caso de Guiteau.

—¿Cómo tratábais a Guiteau?

—Si yo no hubiera conocido más que un buscaempleos, me hubiera parecido un poco persistente; pero he conocido tantos, que no podía hacer especial reparo en él.

—¿Lo tratásteis siempre con la usual cortesía?

—Yo procuro siempre tratar con cortesía a todo caballero que viene al Departamento de Estado.

—¿Cuándo rechazásteis definitivamente su petición?

—Era como otra, muy tenaz, y venía y venía, y tornaba a venir, y seguía viniendo: díjele al fin que no debía alentar ninguna esperanza de obtener lo que me pedía. Mas lo hice sin ninguna dureza.

—¿Le dijísteis, que si el Presidente le nombraba, no opondríais objeción? ¿Concluyó así la entrevista?

—Me parece que no; debí hablarle de una manera decidida.

Y fué luego cosa curiosa ver sacudirse al gran político militante de las preguntas incisivas que, para apoyar la defensa de Guiteau en la influencia que en él tuvieron las disensiones políticas, dirigía a Blaine fríamente Scoville. ¡León cogido en trampa de conejo!

—¿Y cuál era la condición del partido republicano seis semanas antes del atentado, en cuanto a unanimidad y armonía?

Medita Blaine y dice al cabo:

—Había algunas disensiones en él.

—¿Considerables, nó?

—Sí: considerables.

—¿Y creaban gran excitación en el país?

—No debo decir en el país.

—¿Entre las gentes?

—La disensión era puramente local: diferencias entre el Presidente y sus co-partidarios sobre asuntos de Nueva York.

¡Aquí versaba el diálogo sobre todo lo que apasiona y lastima a Blaine, sobre todo lo que hay para él de amenazador, de candente, de grave, de odiado, de temible, en la política actual!

—Y ¿se agitaban esas disenciones en la prensa?

—Eran comentadas.

—Deseo que expongáis libremente esas diferencias, las diferencias que culminaron en la renuncia de los Senadores de Nueva York.

Sábese de sobra que uno de esos Senadores es Conckling, el agrio e irreconciliable rival de Blaine.

—No me explico el alcance de la pregunta.

—¿Había disturbios?

—Sí: grandes disturbios.

—¿No eran actos, a más de opiniones?

—Eran actos.

—¿De qué consistian?

—Del acto que creó la diferencia.

—¿Hizo algo el Senador Conckling, o dijo algo que avivase esa diferencia?

—¿Qué diferencia?

—La del Partido Republicano.

—¿Sobre qué?

Y aquí ya el preguntado, echado sobre sus trincheras, iniciaba un ataque infructuoso.

—Cese el combate de palabras. Deseo vuestro informe sobre aquellas discusiones del Partido Republicano.

—Bien sé yo que podría hacer un discurso político de dos horas y media sobre el caso. Pero decidme en concreto a qué queréis que os responda.

Y así lleva Scoville a Blaine a que afirme cuan cierta, honda y acalorada fué aquella contienda, y cuan innegable y visible, para excusar luego a su ahijado, con la excusa de que aquella frenética batalla asordó la conciencia y oscureció el juicio de un hombre de mente débil y pasiones desenfrenadas a quien defiende.

El Representante de Venezuela, Simón Camacho, autorizado por el Gobierno venezolano, con cortesía que ha sido aquí estimada, a declarar libérrimamente, sin ampararse de ninguno de los privilegios a que los empleados diplomáticos tienen derecho, declaró luego. El vió el disparo: vió la tentativa de fuga del asesino. Excita el ira de Guiteau por asegurar que llevaba el sombrero sobre los ojos. Dice que recuerda como estaba Guiteau pálido y lleno de espanto. Recuerda que oyó a la turba gritar: "¡Linchadlo! ¡Linchadlo!"

Oh! Y al día siguiente, qué momento de espanto! A veces el cuerpo es muro de acero, puesto que no lo rompe la ira! Habían ya declarado menudos testigos en general o especial prueba del atentado y sus detalles. Había dicho una mujer joven que vió a Guiteau ajustando el carruaje, que le pareció tan

agitado que creyó que iba al cementerio a visitar
muertos queridos. La pistola que arrancó la vida a
Garfield, cargada aun, había pasado de mano en
mano. En entretenido coloquio había estado Guiteau
con el policía que lo hizo preso, irlandés fuerte y
agudo. Y hubo un punto en que la generosidad y
la prudencia debieron perder todo su freno. Sobre
la mesa del juez estaba tendido el esqueleto de un
hombre. Entre sus huesos amarillos seguía con sus
dedos pálidos el curso de la bala uno de los médicos de Garfield. La hora es lúgubre: el esqueleto
es frío: el médico es grave. Y ved ahora que el
médico explica, sobre el hueso mismo, roído de pus,
que se extrajo del cuerpo del Presidente, la cabeza
del proyectil: ved cómo los jurados examinan el
hueso y ved cómo pasa a las manos del defensor de
Guiteau, que lo vuelve, palpa y examina: y ved a
Guiteau que se inclina tranquilamente sobre el hueso roído de su víctima, y ayuda en el examen sin
que el terror cierre sus ojos, ni sus carnes tiemblen,
ni se contraiga un solo músculo de su faz. Se hacían atrás las mujeres, como huyendo de algo. Des-
pedían rayos los ojos de los amigos del Presidente.
Siguió, reasumió luego la lectura del periódico en
que parecía entretenido.

Ese día mismo había aprovechado con vivacidad
Scoville la declaración de un testigo a quien pareció Guiteau antes del atentado, como fuera de sí; y
de aspecto extraño.

—Le di veinte y cinco pesos, decía el testigo,
porque me pareció miserable y hambriento.

Protesta Guiteau con ímpetu que nada le irrita

tanto como que se revele su miseria. Parecer criminal le inquieta menos que parecer pobre, mal vestido o sin magnos amigos.

—¿Hambriento? pregunta Scoville.

—Tenía una mirada singular y cansada, y su traje estaba usado, y como si se le saliese del cuerpo.

—No se usa pronto un traje de $70, prorrumpe el
prisionero. Yo comía muy bien en el tiempo en
que estuve libre en Washington. Era la ansiedad
mental lo que me hacía parecer delgado. "A vuestro negocio!" dice brutalmente a Scoville que le
interrumpe.

—Debo insistir, repetía el testigo, en que tenía un
aire inquieto, y como salvaje.

Y ese mismo día estuvo Guiteau a punto de perder la vida: "Sabed, señor Juez, que hay en el tribunal gentes que tratan de atentar a mi vida. No
cuido de ello, que Dios cuida de mí. Pero es bueno
que sepan que tendrán lo que les conviene por su
atrevimiento: ¡apuntad eso, cronistas!" Esto dijo
Guiteau, y en verdad había las gentes de que hablaba: al montar en el carro que le lleva y trae por
el camino de la prisión, fué el vocerío, y el clamor
y los silbidos de siempre. Más esta vez no iba tras
el carro, porque se creía ya inútil la guardia de a
caballo; sino un hombre robusto, caballero en un
jaco de pobre apariencia, que a poca distancia iba
siguiendo el vagón. De pronto una bala rompe la
pared de hierro del carro en que Guiteau iba sentado, por el lugar de su asiento. La bala tibia ya, rompió su levita e hizo una contusión en uno de sus
brazos. —"A escape! a escape!" grita el policía que

iba al lado del conductor del carro: "A escape tras
de aquel hombre que huye!" Y le dispara su pistola.
El hombre gira sobre su silla, como si hubiese sido
herido, mas continúa su fuga voladora, prendido al
cuello de su velocísimo caballo. Era Pegaso la bestia, y él pampero. En vano clamaba porque lo per-
siguiesen Guiteau acurrucado en el suelo del carro:
el vengador se escapa. Lo persiguen, cercan el Estado; toman preso a un fanfarrón de las cercanías,
que hace de valiente, y es ginete grande. Mas el
fanfarrón no fué el hombre que disparó la bala, a
lo que dice el policía que descargó sobre él su pistola. Pero el policía que custodia el fondo del carro,
dice que es el que iba tras el carro. Hay pues conspiración cerrada, secreta y temible. Como de héroes contaban el lance las gentes de Washington.
Les parece que el que mate a Guiteau es tan benefi-
cioso como el que mata a un escorpión: y tan irresponsable como la suela del zapato que aplasta a una
hormiga.

La curiosidad tuvo su fiesta al día siguiente, que
era domingo. Lugar de peregrinación parecía la
cárcel. Sitiadas de curiosos estaban las puertas.
Unos lograban entrar: otros luchaban por lograrlo.
Y Guiteau con acento de inspirado, respondía a los
guardias que le movían conversación: "¡Oh! soy
duro de matar! La gente sabrá dentro de poco que
Dios está conmigo y que no ha de permitir que yo
sea muerto". —"Pero él insiste, dice un visitante,
en que una fuerte guardia de policía asista el lunes
al Señor en librarlo de peligro". —Tanta gente llegó al cabo a salvar las murallas de la cárcel, que él,

a indicación del llavero, tomó con gran prisa, como quien hace lo que le agrada, su levita y sombrero y se asomó al corredor, a ser visto por la multitud ansiosa. Fué su hora de triunfo, y se regaló con ella grandemente. Y al reentrar en su celda, como un hombre feliz que se siente amado, sonrió dulcemente, y saludó a modo de jefe del ejército que responde al saludo de sus soldados. ¡Qué mucho! Al día siguiente, elegantes grupos sitiaban en la corte el elegante aposento donde tomaba Guiteau su refrigerio, y recogían con avaricia de sus manos los autógrafos que él escribía con aire señorial e indiferente.

Fué ese un día de vergonzoso auge para el acusado, y de puro y generoso placer para su defensor. El buen Scoville, cerrado ya el examen de testigos de la acusación, abrió con una conmovedora historia, la historia de la familia del preso, la defensa. A medida que hablaba, que dibujaba los contornos de su proyecto, que con mano segura plantaba sus tiendas, que con modo sencillo decía sus frases limpias de esfuerzo oratorio, seguras, llenas de fuerzas de hecho, y sólido juicio, encorvábanse más atentos los jurados, crecía el silencio respetuoso de la muchedumbre, fruncíase el ceño de los abogados defensores. ¿Con que ese era el abogado de provincia, el pariente desconocido, el justador inexperto? Su discurso es seguro, compacto, macizo. Su plan está engranado, almenado, temible. ¡Es tan simple! ¡Es tan fuerte! "¡Ahí tenéis a manos llenas hechos que os demuestran que ese hombre está loco! Decidme, jueces: cuando un hombre de juicio desequilibrado, de mente sacada de quicio, que en todos sus actos lo muestra y que en todo momento obra fuera del modo común y de razón, comete en este estado un crimen ¿no se ocurre preguntarse si lo había cometido en estado de razón en equilibrio? "Yo bien sé que no hay dos casos de demencia iguales. No ha mucho que en Nueva York se paseaba un maníaco político, que se creía hombre magno, y vivía entre ellos, y en este engaño trabajaba, y cayó luego, al verse desatendido, en desesperación profunda, que envuelve sin duda la capacidad para el crimen". —"Me dicen que si el fiscal del distrito dice a quien quiere oírlo que este hombre finge aquí locura, como si fuera posible para un hombre que nunca supo nada de ciencia alienista, fingir locura de modo de engañar a un experto". —"Yo no finjo nunca, exclama Guiteau: obro abiertamente cuerdo o loco!" —"No decía,—continuaba Scoville,— el mismo Garfield: ¿Qué hace ese hombre? Debe estar loco." "No dijo así el mismo Blaine, cuando habló a un noticiero del crimen: "Debe estar loco!" Sí; esa es la primera idea, la idea espontánea que este crimen inspira". En seguida, Scoville cuenta cómo viene de lejos la locura al acusado: cómo desciende de familia que vino a América, empujada de Europa por su ardiente fe hugonote; cómo su padre, que se llamaba Lutero, tuvo hermanos que se llamaron Abraham, Martín, y Calvino: y una hermana, María, que murió loca, y fué madre de un pobre joven, músico notable, que murió al fin en un asilo de dementes; y otra hermana Julia, que dió muestras de extravío durante los últimos días de su vida y dejó dos hijas, una de las cuales nació deforme, muy mermada de un lado de la cabeza, y otra que era una brillante criatura, fué presa de locura religiosa, y está hoy confinada en un asilo. Un tío de Guiteau, Abraham, murió idiota; otro, Francisco, mortificado por haberse batido sin saberlo con pistola sin bala, paró en loco y murió en el asilo de Bomingdale. ¿Y el padre de Guiteau? Scoville cuenta, con su tono sincero, con su apostura llana, con su palabra firme que era un hombre tierno, muy puro y muy amado; pero que las cosas de religión lo ponían fuera de sí. Creía que estaba unido de tal manera con Cristo, que era parte de Jesús, y Jesús parte de él, y que viviría perpétuamente como el Salvador. Lloraba como un niño, y amaba como una mujer. ¿Y la madre de Guiteau? Era leal y afectuosa y pobre de cuerpo y gastada de enfermedades. Cuando llevaba a Guiteau en su seno padeció de enfermedad terrible, y hubo que cercenar de raíz su cabellera, "que podemos extender ahí, sobre la mesa del juez, tal como fué cortada hace cuarenta años". Durante esa enfermedad nació este hombre. Su próximo hijo nació deforme. El que siguió a éste murió a poco de nacer. Ella exhausta, murió a poco. ¿Y Guiteau mismo? Tenían las palabras de Scoville algo como marca de verdad y gravedad de testimonio. "Aquellos infortunados seres vivos," dice "tomaban cuerpo real a su evocación sentida y melancólica." ¿Y este misero Guiteau? Trabajaba y era bueno en su infancia descuidada; notóse sí una vez que luego de muchos años de olvidado, renació en su memoria

después de una impresión ruda, un idiotismo de
su infancia. Ya a los diez y ocho años, le preocu-
paban cosas religiosas. Anhelaba saber. Con su
pequeña herencia de $1.000 fué a estudiar. Le fa-
tigó el duro aprendizaje, y llevó su haber consigo
a la comunidad de Oneida, donde se vive singularmente; y en mezcla y disciplina patriarcales, de cuyas bondades, que ahora abomina, era entonces sec-
tario vehementísimo. Y ya se imaginaba él el jefe
futuro de aquel sistema, que a su juicio debía vencer todos los sistemas de la tierra, con lo que se
veía jefe del mundo. ¿No creía Laurence, que intentó asesinar al Presidente Jackson, que tenía ca-
bal título a la corona de Inglaterra y América? Ya
fatigado de la vida en común, rumía a Guiteau que
a la fecha vivía de galletas, y como manjar exquisito y raro, de carne seca, la idea de publicar en
Hoboken un periódico que había de llamarse *El
Teócrata Diario*. Vuelve desengañado a la comunidad, cuyos miembros, con gran disgusto de Guiteau, tenían entonces la costumbre de reunirse en
una gran sala a comentarse y criticarse mutuamente sus acciones. Vive entregado a la lectura de
la Biblia, a estimarse mensajero divino, a buscar su
obra. En Chicago estudió leyes; y como de tres preguntas que le hicieron en el examen, acertó dos, hi-
ciéronlo abogado, en cuyo oficio no supo nunca más
que cobrar acá y allá un retazo de deudas inco-
brables, merced a que en la pesquisa del deudor
ponía a su servicio la maravillosa tenacidad con
que persigue siempre toda idea que concibe". "Yo
tenía muy buenos pleitos", interrumpe Guiteau. "Fué

a Chicago", continúa Scoville, "y como era un caballero, sin ser gentil en modo, gentil en discurso,
benévolo y cortés hacen de un hombre un caballero,
halló acogida en buenos círculos". "No tenía yo
malos hábitos de ninguna clase", dice Guiteau de
nuevo. Entre grandes protestas del acusado, cuenta cómo pronunció una vez en el tribunal de Chicago en un caso de robo tan disparatado discurso,
que el fiscal del distrito quedó convencido de que
era demente. Nunca tuvo Guiteau capacidad mental ni física para grandes trabajos. "Yo tenía sesos
bastantes", prorrumpe Guiteau a esto; "pero la teología llenaba mi mente. Por eso no adelanté en mis
negocios. La teología no da dinero; por eso no me
hice rico. Ahora estoy ya fuera de los negocios".
"Un día", cuenta el defensor, "alzó el hacha que
tenía en las manos sobre la cabeza de su hermana, mi esposa que empezó a quitar del paso una leña que le había rogado en vano que quitase".
—"Falso! falso!" grita el acusado, con el rostro descompuesto.—"El médico de nuestra casa lo declaró loco". Describió luego el leal defensor la ridícula tentativa de Guiteau de pasear el país como lector sobre la segunda venida de Cristo, cuya idea le
vino de oír ciertos sermones. Su mayor éxito fué
en Detroit, donde ganó cuatro pesos. —"Yo tenía las ideas pero no tenía reputación". Regocíjase
el preso de oír contar a su cuñado las artes de bohemio con que se libraba del pago en los ferrocarriles, no sin que una vez, amenazado de prisión, se
viese obligado a saltar de un tren que iba andando
treinta millas por hora. "A poco muero", dice Gui-

teau, que se complace en ir anotando con sus interrupciones, que acoje el público con grandes risas, el discurso de su defensor. Pero se indigna cuando Scoville pinta el singular placer con que el preso se abandona al trato de las damas. Como se hablase de su pobreza, Guiteau dice: "¡Abandoné un negocio de $5.000 por entrar en mi campaña religiosa, y ved como he salido de ella. Pero lo mismo le sucedió al apóstol San Pablo. El al fin tuvo su paga y yo tendré la mía del libro que escribí. Yo iba por las ciudades vendiendo mis lecturas, y pensaban que era yo un agente de libros, nada me hacía tan feliz como eso". "Ved", exclama Scoville, vuelto hacia los Jurados, "si concebís que un hombre cuerdo se emplea en semejante negocio por tres años. Creyó siempre este hombre que le bastaba desear una rica heredera para lograrla en matrimonio, y ya lo habéis visto, a él que no ha usado nunca burlas, decir en su autobiografía que solicita una esposa aristocrática y cristiana". "Y me ha respondido una señora que posee $100.000: eso no está malo!" Esperaba que cuando este peligro que le amenaza se apartase de su cabeza, podría entrar a ser el honrado esposo de una dama honrada. Y lo decía de buena fe, grave y serenamente, y aun cree la acusación que este es un hombre cuerdo! Y alcanzó una respuesta su anuncio, lo cual prueba que hay una mujer en los Estados Unidos que ha perdido probablemente su razón. A esto sigue una escena tormentosa, que termina con un relámpago de noble ira. Confiesa Scoville que no envió las cartas que Guiteau escribía en respuesta a la dama. "¡Oh, yo lo sabía!" Grita Guiteau en exabrupto tremendo. "Yo sabía que mentías, cuando me decíais que se la enviábais." "Estad quieto!" ordena el juez. —"¡Mentís, mentís!" exclama el preso con renovada furia. "Señor" —interrumpe con agrio tono el fiscal del Distrito:—"el esfuerzo del defensor de entrar en un altercado con el preso es represible, y debe ser impedido. Tiempo tiene el acusado de representar su papel cuando haga su discurso". Un murmullo de disgusto acogió esta arrogante y descortés demanda, que venía a vejar a un hombre notoriamente bueno en el instante en que jurados y público admiraban su devoción, su sencillez y su cordura. "Yo no hago aquí papeles—vocifera Guiteau, con arrebatados ademanes;—yo sabía que mentía!" —Y pálido, trémulo el cuerpo, relampagueantes los ojos, la voz profunda y el acento grave, encárase Scoville al fiscal inoportuno, y le dice, como si le echara al rostro un manojo de azotes: "Si esta no es evidencia competente de la condición mental del preso, ¿por qué habéis tenido, señor, expertos del Gobierno aquí y en la prisión día sobre día? En cuanto a su insinuación, el caballero Corkhill tendrá la respuesta que merece a su debido tiempo". Una salva de aplausos nutrida y prolongada —¿cuando no fué generoso el corazón humano?— acoje este rapto de cólera honrada.

Y quedan los jurados conmovidos; y Guiteau murmurando "mentíais! mentíais!"; y el público enamorado del buen defensor; y la soberbia acusación inquieta, en consulta, desquiciada, sorprendida. "To-

do lo que yo deseo en este caso es que la verdad
prevalezca. Si traigo ante vosotros, acusadores, alguna evidencia, tenéis oportunidad de criticarla, en
que os plazca, y si un átomo sólo de evidencia
procurase yo para efectos teatrales, sin una honda
convicción de que es justo y honesto presentar-
la, quiero no solo que la rechacéis, miembros del
Jurado, sino que la volváis diez y seis veces en contra mía en vuestro veredicto". Ahogan estas brio-
sas palabras nuevas salvas de aplausos; a ellos sigue la lectura de extravagantes cartas que demuestran los risibles proyectos, desórdenes mentales y
menguada vida del acusado en los últimos años. Ya
es que afirma que vive de galletas, carne seca, y
limonada. Ya es que afirma que anuncia que la
Biblia es su libro de texto, y el Espíritu Santo
su maestro de escuela. Ya es que resuelve publicar un periódico que denuncie a los enemigos de Satán, donde admitirá, anuncios y modos de ganancia, "porque es bueno combatir al diablo con sus
mismas armas". Ya es aquel pobrísimo discurso,
zurcido con frases en boga y reflejos de periódicos,
"Garfield contra Hancock", que él creyó obra capital, y título para pedir muy altos puestos. Guiteau herido en su vanidad implacable y mórbida, fulmina injurias contra los que así desdeñan su obra.
"¡Remediad, señor Juez—clama Scoville,—estos exabruptos!" "Dadme el medio, vosotros abogados". La
acusación, colérica y áspera, y pletórica de malos
deseos desde que nota el ascendiente legítimo y
vasto que el humilde defensor ha conseguido sobre los jurados y la mente pública, dice, con befa

censurable: "Buen remedio fuera que cesara el defensor en su discurso, que es una mezcla extraña de cosas sin concierto, una olla podrida". Juez y público oyen con desagrado al acusador burlón, y juez y público piensan que asisten a una escena memorable y consoladora en que la bondad desinteresada lucha triunfantemente contra el deber pagado, la vanidad profesional y el desdeñoso encono. Y después de haber mostrado paciente y ordenadamente los grados diversos de exaltación y miseria de la mente del preso; de haber acumulado toda aquella suma de evidencia, psicológica y palpable; de haber presentado en junto los desquiciamientos, las singularidades, las bellaquerías, el desórden espiritual de su defendido; de haber alzado en torno de su cuerpo en riesgo, como paredes fortísimas, sus propios hechos, de no haber traído a cuento cosa que no pueda ser en el testimonio, o haya sido en su discurso, probada, de dejar en sus oyentes la idea de que de ser cierto, la demencia del criminal es segura, y su irresponsabilidad nace de ella, —Scoville dice tales cosas, hay aquí tan repetidas y reales, que parecen sus frases a los que las oyen como salidas de los labios de ellos mismos. "Si es loco este hombre ¿a quién condenar por el terrible crimen? A la política moderna; a la avaricia de empleos; a la mala costumbre de prometerlos; a la viciosa práctica de darlos a los que prestan servicios de orden privado de partido. Aquí debéis determinar, ¡oh miembros del Jurado!, si este ser igual a vosotros, con todos sus infortunios, con todas sus extravagancias, debe al fin perecer en el cadalso. Esta cuestión será sometida a vosotros con la evidencia de este caso, y la defensa confía en que haréis lo que es recto conforme a vuestra conciencia, y a lo que hayan de aprobar vuestros conciudadanos y vuestro Dios".

Los ugieres tienen que sofocar los aplausos que acojen el término del discurso. ¿Y qué ha conseguido ese hombre, ayer ignorado, que se sienta al lado de su esposa, que le mira con ojos húmedos de agradecimiento y de amor, y del preso, que tiembla estremecido bajo su pálida máscara? ¡Ha conseguido que la mitad de la nación crea hoy que ese hombre, a quien la nación entera creía ayer sin discrepancia, odiosísimo malvado, es un antiguo infortunado loco! Días ha, parecía cosa de burlas que se discutiera la posibilidad de acerto semejante: hoy la opinión se divide, la acusación bambolea; los jueces callan dominados, y la nación entera duda. ¡Generoso Scoville!

Comienzan los testimonios de la defensa, entre las asperezas de la acusación, que teme de sí, y quiere quitar probabilidades de prueba a la defensa, —y los paroxismos de furia de Guiteau, que se yergue convulso contra los testigos que más le favorecen, y le vienen teniendo por loco de remate desde hace años,— porque él no quiere ser excusado por más locura que la que viene de aparecer como órgano de la Deidad.—Niégase la acusación a presentar a Scoville, que los reclama, los recortes de periódicos que Guiteau había cuidadosamente conservado, y que excitaron su mente al grado de la

capacidad del crimen,—y el juez compele a los acusadores a mostrar los recortes.

—¿Y cómo sabemos que no son convictos de pe-
nitenciaria los testigos que nos traéis?

—Ellos y yo, dice el defensor con calma, os iremos probando que no lo son.

No conocemos a tal gente; dice Guiteau con tono grave.

Un sacerdote que le oyó pronunciar su lectura sobre la segunda venida de Cristo, dice que la pareció
persona sacada de sí, y no tanto desarreglada como
mal arreglada. El esposo de una tía de Guiteau afirma
la locura de su hija. Un médico, a quien hace seis
años consultó Scoville acerca del estado de la mente
de Guiteau, declara que lo sometió a minuciosa vigilancia, y opinó que estaba demente, asistiéndole
para apoyar su juicio la locura hereditaria en la
familia, la exaltación de su naturaleza, sus vehementes explosiones de sentimiento, que no provi-
niendo de causas externas visibles, debían venir de
individual causa interna; su egoismo excesivo; su
frecuente incoherencia de pensamientos; su hablar
constante de Cristo y cristiandad, sin parecer por
eso penetrado de ninguna de las grandes verdades
morales del cristianismo; la flaqueza de casi todos
los juicios y el desequilibrio visible de sus capa-
cidades mentales. El médico conoció al padre de
Guiteau, que creía en su perpetua vida. Dice el
médico que como Guiteau oyó que trataba de su familia, siguiendo el juicio experto, de hacerle entrar
en un asilo, dejó súbitamente la comarca, no sin haber llamado una noche al seno del Señor con pala-

bras y gestos extraños a una reunión de gentes en
que el médico estaba, y donde no se hablaba a la
sazón de cosas religiosas. Grande evidencia ofreció otro testigo de Boston, que alquiló a Guiteau la
sala para una de sus lecturas, que anunció de este
modo: "No dejéis de oir al Honorable Carlos Guiteau, el pequeño gigante del Oeste. El demostrará
que dos tercios de la raza están caminando a su per-
dición". "Pues estimé muy liberalmente," dice
Guiteau desde su asiento entre las risas del auditorio. "Aún recuerdo, continúa el testigo, como leyó
aquella noche. Leyó sin concierto, saltando páginas, y al cabo de media hora, evidentemente colérico y disgustado de sí mismo, enrolló su lectura y
abandonó, con pasmo del concurso, la plataforma.
Celebramos conferencia los allí reunidos, y opinamos
que aquel hombre estaba loco. Como al día siguiente me negase a alquilarle la sala, me dijo que él no
era loco, sino inspirado; que Dios era su padre y
consejero directo, y que él pertenecía a la firma de
Jesucristo y Compañía. Y me dijo que si yo seguía
sus consejos iría al cielo, y si no, al infierno. El
salón en que leyó Guiteau fué fundado por algunos infieles notables, congregados allí para libera-
lizar la religión". "¿Le hubiérais devuelto un golpe
si os lo hubiera dado?" pregunta al testigo la defensa. "No se lo hubiera devuelto. Y conste que
tengo aquí involuntariamente, movido del llamamien-
to de Scoville a todos los que en el país supiesen
algo de la locura de Guiteau". Declara luego una
señora de Nueva York, en cuya casa estuvo posando, o bordando, como aquí dicen, el acusado. De

fijo, le quedó debiendo. Guiteau se exaspera de
verse así sacado a la vergüenza. "Pero eran buenas
señoras, dice, y muy cristianas. Es un buen lugar
para vivir. Recomiendo esa casa como buena posada". La señora afirma que Guiteau era peculiar-
mente osado en su modo de mirarla, y brusco y
excéntrico en sus modales en la mesa. Otro caballero bostoniano recuerda que le oyó en la noche
de su lectura, que le pareció, como todo lo que
aquella noche hizo el lector, cosa de rematado loco.
Un hombre de campo testifica entre los denuestos y
apelaciones del preso, que la esposa de Scoville le
acusó en su presencia de haber querido matarla con
el hacha, y que él siempre lo creyó loco, al verle
confundir las más conocidas frutas en los trabajos
que le mandaba a hacer, y hacía de buena voluntad,
como el de enjabonar árboles de hickory cuando yo
le decía que enjabonase los manzanos. "Acusadores, prorrumpe Guiteau: os conjuro a que destitu-
yáis de crédito esas historias absurdas del hacha
y de mis torpezas. Yo trabajaba en la hacienda de
mi hermana para pagarle mi posada. Lo de enjabonar árboles de madera por árboles de fruta era
ignorancia. Yo estaba entonces estudiando teología". "¡Si lo hubierais visto! decía otro testigo, el
abogado Reed, que era fiscal de un caso en que
Guiteau fué defensor: Qué hablar de Dios y cosas
teológicas en un pequeño proceso de robo. ¡Qué incoherencia! ¡Qué ademanes y gritos! Yo opiné aquel
día, y todo me ha fortificado en mi opinión, que estaba loco. Luego se empeñó en adquirir un periódico poderoso de Chicago, y en que yo leyese su

lectura sobre la segunda venida de Cristo". Le ofrecí pocos días antes del crimen ayudarle para que lograse un empleo humilde y sin responsabilidad y se revolvió contra mí lleno de ira. ¿Y en su prisión? Aún me parece hallarlo, gesticulando, como ahora, puesto en pie, ante Scoville y los que le hablábamos, alzar la mano al cielo, y culpar a Dios del asesinato del Presidente Garfield.

¿No le habéis oido decir en este mismo Tribunal hoy mismo, en ese discurso que el Juez le ha permitido leer, que nada teme de nadie, porque Dios es su asociado, pero los que a él atenten deben saber que es muerte su pena, y no menos?" La acusación intenta en vano conmover al generoso e inteligente testigo. "He de avastar toda mentira que digan de mí el defensor, y los declarantes" dice Guiteau con cólera, y gesticula, y contrae el rostro de tan ridícula manera, que el Juez le ordena inmediata compostura.

Y este día acaba; y le atan las manos con brillantes esposas; y salen del salón, con los anteojos de teatro y la cestilla de provisiones, las damas ricas; y los jurados pensativos abandonan lentamente sus asientos, y con su paso elástico, rápido, inquieto, pasa como quien se desliza, como quien odia, como quien espía, y mira torvamente, y salta al sombrío vagón la humana hiena!

M. DE Z.

La Opinión Nacional. Caracas, 12 de diciembre de 1881.

13

CARTA DE NUEVA YORK

Sumario

El proceso de Guiteau.—Ser Hoffmaniano.—Sus hermanos declaran por él.—El cuenta su historia.—I.

CARTA DE NUEVA YORK

Nueva York, 10 de diciembre de 1881.

Señor Director:

No amengua, no cesa el interés que inspira el proceso del matador de Garfield. Tal parece que una fiera se exhibe, y que la nación entera acude a verla. Es un ente frío, demoníaco, lívido. Deja la impresión de un cerdo salvaje: tiene su mirada, odiadora y luciente, su crin hirsurta, su modo de arremeter, de espantarse, de emprender fuga. Oh! no hay fantasía que lo afee. Es un ser hoffmaniano-fantástico. Que en la escala moral de fiera a hombre, hay sus grados, como en la escala geológica. La victoria está en humillar la fiera. En ese reo, porque por reo le tiene el tribunal humano, la fiera royó al hombre, y se sentó en el hueco de su espíritu. Y poco a poco, de brillar en sus ojos, de hablar por sus labios, de obrar por manos, fué dando a la criatura externa su apariencia. No mueve a lástima: no mueve a perdón: no mueve a excusa: no halla aposento en los corazones de los hombres, sino en su odio. La razón exige que su vida sea salvada, por la inutilidad del acto horrendo; por la ineficacia de matar al monstruo para detener la potencia de la naturaleza de criar monstruos, porque al fin movido por la soledad prolongada y el espanto puede, al riego de las lágrimas, resucitar en el fondo de su cuerpo ese hombre roído, y porque pudiera, en estos días de ira, la justicia tener aspecto de venganza. Y no se debe matar a una fiera en la hora en que se está siendo también fiera; que esto es ser igual a él, y no su juez. El hombre debe tener siempre en alto las bridas de sí mismo: no abandonarlas, ni dejarlas llevar de la tormenta. De lo interior suelen soplar vientos tremendos, que parece que vienen de sima honda. Hay que estar seguro de sí, para poder echar en cara a los demás que anduvieron extraviados. Pues ¿qué pena mayor para ese hombre que ver evaporados sus cálculos, y descubierta su miseria, y sus deseos irrealizables, y su última tentativa frustrada, y su ruin mente revelada a sí propio, y huídos irrevocablemente todos aquellos provechos que esperaba de su acto? ¡En verdad que no hubo jamás mayor villano! Eso arroja la causa, eso revela el proceso. No tiene ese hombre ni la dignidad de su crimen. Juguetea con él: lo hace caso de argucia y de risa. No se sientan a su lado, ni reflejan tristezas en sus ojos, la imagen de la muerte que causó, ni la imagen de sí propio, en huesos y sin carnes, que ya toca en su hombro y le amenaza. Parece una criatura de los mundos a donde los jueces de su crimen van tal vez a lanzarlo. Ama a la vida con abominable apego. Es aún motivo de confusión para la mente; pero lo es siempre de desagrado para los ojos. Parece un mar de hielos, que al menor empuje del viento se desata.

El buen Scoville ha traído su cortejo de testigos favorables: la hermana del preso, ha contado en su beneficio su historia de caídas, extravagancias y miserias; su hermano que lo creía antes culpable, ha venido a probar, en su honrado y desembarazado testimonio, que no lo tiene ya por dueño de sí, sino por enagenado. La defensa ha sacado a luz su hueste de expertos, que lo proclaman demente. Pero él mismo, que con tono jocundo y amable sonrisa se sentó en la silla de los atestiguantes a ser testigo de sí propio, se levantó convulso, extenuado, como si llevara aun sobre el cráneo la mano férrea de su hábil fiscal.

Y la acusación ha traído sus declarantes, que combaten y contrastan las afirmaciones de la defensa; y ya tiene preparados, y puestos a la lucha sus expertos.

Y el mismo hermano de Guiteau, airado porque en busca de excusa para el matador quería tacharse de loca a una buena y amable hermana que ahora entra a la vida, ha venido, como con aliento pujante, a desvanecer la creencia de locura permanente en la familia, en cuya certidumbre basa el buen Scoville la defensa del matador, y basaron sus declaraciones los expertos.

¡Espectáculo singular el del Tribunal! Allí están, como desde el comienzo, los jurados a quienes toda relación con cosas extrañas al proceso es prohibida: están mudos como los oráculos, para romper después en voz de oráculo. Allí está el Juez que gana fama para sí y para su pueblo, con la inusitada benevolencia con que trata al preso, porque el Tribunal lo vea, y el mundo todo, y no se diga luego que se le mató sin defensa, o se le privó de alguna probabilidad de salvarse, o se le condenó sin justicia.

Allí está el defensor, con su rostro fatigado y benévolo, y sus ojos ansiosos. Triste y conmovida, está
allí la hermana. Y los acusadores en sus puestos.
Y protegiendo la espalda del preso, un muro de
policías. Y el salón de magníficas damas, de ancianos sofocados que piden auxilio, y modo de salir del concurso: el salón, curioso, reídor, profana-
dor, que se regocija, como de ver las convulsiones
de un animal ébrio, con los espasmos, los exabruptos, los remedos, los cínicos chistes, los ademanes
brutales del acusado. Ríen los concurrentes a carcajadas: el preso comparte las risas que provoca:
los callan los ugieres: los riñe en vano el Juez. No
pasea por la sala regocijada la sombra lúgubre del
venerado muerto.

Uno de los acusadores, el Juez Porter, es grave
y solemne, y puso su mano implacable en las entrañas del preso, y lo sintió convulso bajo su mano, y
arrancó de él su único grito honrado, su único gemido de remordimiento, su única señal de acatamiento a la naturaleza humana. Otro de los acusadores alardea de crítico, y de diestro, y de temible,
y de travieso: y estruja a los testigos, y los punza,
y los sacude, y los exaspera, y provoca a Guiteau
befa, y le lanza pullas, y emprende querella de co-
madres con el defensor, y se paga de que sus chistes sean reídos a coro: es Davidge, el interrogador
de los expertos. Su consejo es preciado, y pre-
cioso; su risa es heladora; su perspicacia, grande;
su conducta en el Tribunal, pueril y censurable. Declara la viuda de un primo de Guiteau, muerto en
un asilo de dementes, que Guiteau se prendó de su

hija, y la quería educar a su modo, para hacer luego su esposa de ella:

"¡Oh—exclama Davidge:—esa es una forma muy común de locura".

Repite luego las palabras de un testigo, y dice del preso, valiéndose de ellas:

"¿Parlanchín y fanfarrón y un poco débil del piso alto? Pues como ese andan muchos locos por el mundo!"

Estima uno de los expertos que entre cada cinco hombres que parecen cuerdos, hay uno loco, y dice Davidge:

"¡Pues eso quiere decir que hay dos locos y medio en el Jurado!"

"Cuidado, Juez, que eso os toca de cerca" dice Guiteau.

"Tal vez algunos de los abogados pudieran ocupar el lugar de los jurados." prorrumpe colérico Scoville.

Tales escenas colman de gozo a los concurrentes, y son diarias. Ya es Guiteau que, como niño malcriado, vuelve la espalda al acusador que le interroga, calla y se da a leer un periódico: ya es que, en frenesí de ira, lo cubra de injurias, hienda a puñetazos la mesa que tiene frente a sí, amenace con el brazo alto y la mirada fulminante a los acusadores, y a codazos y con palabras irreverentes, parte de su lado a los guardianes que lo calman: ya, como en sala de escuela, recita con tono dramático un trozo de discurso, y lo anuncia y lo comenta en tono vulgar después de recitado: ya lee un periódico sacado del manojo de ellos que lleva cada ma-

ñana al tribunal entre sus manos aherrojadas, y da
una página del diario que lee a sus guardianes, que
tras él hacen muralla: ya afectando modales caba-
llerescos, habla con lengua y modo senatoriales al
letrado acusador, y todo es mieles, gozo, y gala de
elegante: ya como si supiese que aquella de que se
ase es la última tabla de su vida, pálido, amenazante, iracundo, angustiado, terrible, prendido con
ambas manos a su mesa de debate, disputa, grita,
empuja la mesa, como si quisiera salirse de sí y de
su cárcel, y defiende como a dentelladas la frágil
tela en que ha bordado su defensa. Que obró por
orden de Dios: que no obró por ira de verse desatendido, ni le movieron esperanzas del fruto de su
crimen: que la división del partido republicano no
fué pretexto que encubriese la razón real de su acto, sino la razón real de él: que del seno de su madre y de los pensamientos de amor de su padre, ya
venía loco: que los hombres deben juzgar como locura ésta que para él fué agencia voluntaria e irresponsable de mandato divino.

Y la acusación mantiene que obró por ruines esperanzas de provecho; que meditó realizar para su
beneficio el acto con que al mismo tiempo complacía
sus instintos de venganza; que preparó el crimen para que pareciese obra de exaltado político, a quien
los que triunfaban por su acto quedarían obligados,
y no obra de fanático religioso, porque entonces no
hubiera pensado, como pensó, en los que debían a
su juicio darle paga; que vió, con su funesta perspicacia, una razón de excusa y una capacidad de
provecho en las disensiones republicanas, pero que

éstas no fueron la causa de su crimen, que él comenzó a concebir cuando comenzó a verse desairado.

Oid a su hermana, que cuenta la extraña historia del hombre preso, en voz muy rápida, como si quisiese desasirse de lo que dice, y muy baja, como si saliera la voz de un alma exhausta. El preso la desmiente, la interrumpe, la ofende. ¡Qué raro caso! El abogado la interroga: es su esposa: el hombre por quien comparece es su hermano. Es a la par procesada y testigo. Con acento enérgico contiene al acusador que quiere perturbarla. Su voz es suplicante; su desventura impone silencio; su narración es clara.

"Mi pobre madre estaba siempre enferma: moribunda estaba cuando nació él, y murió a poco. El era un niño extraño: a los seis años no hablaba: más tarde, era muy tierno: a los diez y siete años, ya lo hallé poseído, cuando fui a verlo en su temporada de colegio, de su extraña manía de redención y de reforma: estaba lleno de lecturas extravagantes: quería irse, y se fué, con los socialistas cristianos de Oneida, me pareció que lo habían aterrado, o dado un golpe en la cabeza, o hurtado su mente. Luego vinieron todos esos infortunios: sus ambiciones locas, su matrimonio, sus miserias, sus tentativas ridículas y osadas, sus constantes caídas. Volvió a mi casa donde había estado de niño. Allí no hacía ya cosa que no fuese de enagenado, ni obedecía orden a derechas, ni veía bien a mis hijos, ni dejaba la Biblia de las manos, ni ocultaba sus odios ni sus iras. Un día al fin, alzó sobre mí el

hacha con que estaba partiendo leña; yo me abracé
a mi hija: "¡Que lo echen fuera!" "¡que lo echen
fuera!" y lo que me espantaba no era el hacha sino
sus ojos. Nunca he podido olvidar aquellos ojos!
Desapareció y volvió a la casa. Supo que le teníamos por demente, y que, a no ser porque le fal-
taba el acuerdo de su padre y hermanos, lo hubié-
ramos confiado a un asilo, y huyó luego. ¿Quién no
sabe el resto de su historia dolorosa?"

Y oid ahora a su hermano.

Su hermano es un hombre especial, exaltado, ve-
raz, fiero. Cuenta como, después de áspera riña
con el preso, y temeroso de él, fué a verlo a su celda. Al principio, le hablaba desde lejos, como quien
evita un asalto que teme. Luego se acercó a él, ya
asegurado. "¡Quiero que honren nuestro nombre!
—decía en altas voces el preso:—quiero que me lla-
men— *Guiteau el patriota*, quiero que entiendan que
no han de decir Guiteau asesino".

El hermano se acercó más a él, y le dijo en voz
baja:

—"Creo que eres honrado en lo que estás diciendo".

—"Obré por orden de Dios: no me importa morir o sufrir por él".

—"¿Pero tú eres honrado?"

—"Soy honrado".

—"¿Y quieres morir por ese principio como Cristo
murió?"

—"Sí quiero".

—"Pero tú sabes que ese jurado que te va a juzgar no aceptará tu concepto de la inspiración".

—"Lo sé."

—"¿Y sufrirás la pena que te imponga si no la acepta?"

—"Sí, la sufriré".

—"Dicen que tienes miedo de morir".

—"¡No tengo miedo: no me importa un ápice mi vida!"

Y todo esto en la celda sombría, con aquel aire húmedo, con voces rápidas.

"¿Y prefieres ser colgado por la ley o matado en un motín?"

—"¡Ea! gritó el prisionero corriendo a un rincón de la celda, y ocultándose tras una mesa: ni en motín ni colgado!"

"Y al punto rompió a reir, de lo bellaco de su acción, y todos reimos. Desde aquel día creo que dice la verdad en cuanto dice: desde aquél lo creo demente. Hasta entonces lo había creído responsable, porque estimaba que en su vida anterior había preferido voluntariamente la senda del mal a la del bien. En Boston vino a moverse querella porque le habían dicho que yo informaba en daño de él, y lo acusaba de mal pagador, y en Boston le dije esto que digo. Y me respondió que quería vivir como Cristo, cuando hablábamos de que no pagaba a tiempo sus cuentas de posada. Cristo iba a una casa y si las gentes lo recibía él bendecía a las gentes. El trabajaba para Dios, y Dios debía cuidar de pagar a sus posaderos. Hablé en bien de la comunidad de Oneida, y él, que ya la odiaba, montó en iras. Así colérico, quise que saliese de mi ofi-

cina. Al empujarlo a la puerta me llamó bribón y
ladrón: le dí con el dorso de la mano un golpe en
el cuello, y él me devolvió tal golpe en la cara que
entré en respeto de él. Yo lo creía poseído de un
demonio. La teoría religiosa es que hay dos fuerzas en el Universo: una bajo Satán o el diablo, y
otra bajo Dios o Jesucristo: mi padre sostenía que
había gentes poseídas del diablo o Satán, y otros de
Cristo o Dios: creía que los dos poderes estaban
en guerra, y que desde la caída del hombre. tenía
Satán para cautivar a cuantos hombres pudiese, y
no fuesen buenos creyentes en el Salvador, ni se
hubiesen salvado del poder del pecado por una unión
completa con Jesús. Creía que todo mal, toda enfermedad, toda deformidad eran defecto del pecado, o del poder del diablo, que es el mal espíritu,
la mala naturaleza. Y mi hermano y yo creíamos
como mi padre. Y yo creo que mi hermano por su
maldad, por su voluntad, por su soberbia, permitió
que Satán alcanzase tal dominio sobre él que estaba bajo el poder de Satán. Y por eso creía yo que
mi hermano era responsable ante Dios de haber
elegido por dueño a Satán, mas no responsable ante
la ley por los hechos que Satán le inspirase, puesto
que ya estaba en un sentido privado de su mente.
Mas eso no ha de decirse de mi padre, que siguió
a Dios, y no era loco. Por esto dije al tomar póli-
za de seguro sobre mi vida que no había habido
casos de demencia en ella".

—"No hubiera quedado duda de su extravío"—
decía luego la viuda de un primo de Guiteau, que
murió loco en un asilo—"a quién le hubiese visto

vigilar, perseguir cortejar, importunar a mi hija,
que era entonces muy niña, y entró en gran miedo
de él".

Pero era al preso a quien había de oirse.

"¡Oidle!" había dicho Scoville, como si fuera cosa
tan clara la demencia del preso que quedara probada con oirle. Coquetea con los jueces; simula resistencia; no ha de obligársele a hablar cuando no
se siente dispuesto: reconocerá unas cartas, más no
hablará.

Vedle como, temeroso de que puesto de faz al
público, se atente a su vida, mira a diestra y siniestra con recelo, cómo se levanta, dueño ya de
su miedo, cómo habla al público, graciosamente
apoyado en la tribuna de los declarantes, con ademán ceremonioso y complacido, y con fina sonrisa,
como orador seguro de su fuerza, que vá a hablar
a público amable. Mas el temor le vence, y pide
silla, que así no hay tanto blanco a manos matado-
ras; y es bueno que Dios cure de su vida, pero no
estima impropio que las maderas de la tribuna le
protejan. Monta en su nariz correcta las gafas ai-
rosas, y lée, con aire de autor satisfecho las cartas
que va identificando. Tiene variedades de escritor,
y de escribiente. Parecía muy lleno de fruición.
"¡Oh qué letra!" "Rica letra!" "Pues esta es mejor". Y esta carta parece un grabado en acero".
"Magnífica letra!" Parecía un niño engolosinado
en un nuevo juguete. Luego leen las cartas que
identifica, y él las aumenta, las repele, las acota,
las goza. En una dice: "Mi eterno matrimonio con
Jesús y su pueblo en este mundo, es en mí preemi-

nente a toda otra atracción". Y dice en otra: "Todo lo he olvidado por Cristo: reputación, honor de
hombre, riquezas, fama y renombre mundano. Ya
pasó para mí, quiera Dios que por siempre, aquella
persecución de bienes de la tierra. Esta comunidad
de Oneida es el germen del reinado de Dios, y esperamos por el tranquilo y vigoroso adelanto de la
asociación, que el mundo entero será pronto su reinado". Pero ya empieza a declarar como testigo
y es preciso verle comenzar sereno, a poco sacudirse, estallar luego, golpear la mesa, empujar la vara de madera que le aparta del recinto del Jurado,
romper de súbito en alardes de ira, en palabras gro-
tescas, en voces altas y violentas: es preciso verle
regar, como si no viese lo que riega, todas aquellas
frases o memorias de hechos que concuerdan con
la teoría de su defensa, y esquivar todas aquellas
que pudieran fortalecer la acusación: es preciso oir
su verba caudalosa, desenvuelta, saltante, chas-
queante.

Se hurta, como zorra, de los peligros de la narración. Se aferra como can con hambre, a los sucesos en que puede basar sus esperanzas. Y como
si los disputa a un can rival, los sacude, los tritura,
los pone en alto. Hace reir y se le aplaude. Y luego que hiere con el puño cerrado la verja de madera, y se entrega a arrebato escandaloso, y agita
al Juez, que le impone silencio, a su defensor que
apacigua, al público que se conmueve, a sus guardianes que intentan reprimirlo, mira —como si mirase por debajo de su misma mirada—al público y
a sus jueces. Así decía contando su vida:

"Siempre me sentí sin madre. La ví moribunda,
y no la volví a ver. Ya a los doce años, en casa de
Scoville vivía yo e iba a la escuela. Mi padre se
casó de nuevo entonces sin mi consentimiento, lo
que era un modo muy extraño de hacer las cosas.
Oh! mi padre! Yo quería educarme, y él quería
salvar mi alma. Yo quería estudiar historia, leyes,
lenguas, y él quería que yo entrase como único modo de prepararme para la gloria divina, en la comunidad de Oneida! El, él me hizo ir a ese antro
hediondo! Y me decía que, aunque fuese yo el
hombre más grande de la tierra, de nada había de
valerme, si no salvaba mi alma! El me mandaba
el *Bereano*, que es la Biblia de la comunidad, y sus
periódicos. De aquello me envenené: en leer aquello perdí mis ojos, mi voluntad, mi afán de ciencia.
Al fin fuí a la comunidad; allí vi la teoría de la inspiración, de que se decía depositario Noyes, el Cristo de aquella comunión. Noyes decía que su comunidad era el principio del reinado de Dios sobre
la tierra, y que él era socio de Dios, y que sólo por
él serían los hombres salvados, porque él era hombre más grande y divino que el Señor Jesucristo.
Y he de decir que de niño recibí un gran golpe en
la cabeza: media pulgada de mi dedo meñique me
cabe aún en la herida. De todo eso era fanático
mi padre, y creía que el diablo se entraba en los
cuerpos, y que para curar las enfermedades no había más que espantar al diablo, de modo que yo
mismo, cuando me sentía con la cabeza dolorida en
Oneida, no me hacía remedios, sino que decía al
diablo: "¡Fuera de mí, diablo viejo!" Pero mi padre

era muy sincero, y muy intenso, muy vehemente,
muy arrebatado en sus creencias! y me salí de Oneida; y me fuí a Nueva York a fundar aquel periódico que no pude fundar, y que era idea soberana:
El Teócrata. Luego leí leyes tres o cuatro meses en
la oficina de un abogado, y me fuí a ver al Fiscal
del Distrito, que me hizo tres o cuatro preguntas de
las que erré una, y me dió un certificado que decía: "Por este documento certificamos que Charles
J. Guiteau ha sido examinado por nosotros y que
le consideramos apto para la práctica de la abogacía en la Suprema Corte del Estado de Illinois. Y
así me hice abogado. Y por mi apariencia me daban muy buenos pleitos. Y yo iba a casas ricas de
comercio, y pedía pleitos, y no dejaba de ir hasta que
no me lo daban, y así gané miles de pesos en Chicago y en Nueva York. Pero el *Herald* me llamó estafador, y me arruinó eso. Luego anduve por hoteles, y un día me sumieron en un calabozo de las
Tumbas. ¡Horrendo calabozo! De allí me sacó Scoville, y corrí a bañar mi cuerpo en agua caliente.
Oh! yo hubiera hecho buenos dineros a no ser por
el *Herald!*"

Contó entonces el acusado aquella extraordinaria
empresa suya que consistió en querer comprar en
$75.000, para lo que pedía 200.000 a uno de los
que tenía él por sus amigos, un famoso periódico en
Chicago: el *Inter-Oceano.* Y fué de ver como
no dejó cosa de interés para la empresa que no hiciese. Ni veía a pequeños, sino a grandes. Quería
reunir en la hoja colosal el ingenio que para adqui-

rir anuncios ha desplegado un periódico de Chicago, de gran renombre, *La Tribuna*, al espíritu de empresa del fundador del *Herald* y al republicanismo brillante de aquel celebradísimo periodista, Horacio Greeley. Se buscó magnos redactores. Ajustó espléndido edificio. No dejó cosa por hacer. Trató de establecer gran servicio de telegramas; vió y ajustó, prensas, y escribió al *Herald*, que no le contestó por cierto, en demanda del derecho de publicar a par de él los minuciosos telegramas que a gran costo recibe el diario neoyorquino de todas las partes de la tierra. Y ¿qué propuso al periódico famoso en cambio de tan grande beneficio? Como el *Herald* le había llamado estafador, él había entablado proceso al *Herald* por $100.000 de perjuicios —proceso muerto!,—querella de desesperado. ¡Y propuso! al *Herald* en cambio de sus telegramas, dar por no establecido el proceso curioso! Y él había dado de mano a la demanda de perjuicios, porque él tenía para sí, y aún tiene, "por más que yo no le importe, y haría renuncia del puesto" que había de llegar a ser Presidente de los Estados Unidos: y no cree él que un Presidente deba tener en contra suya al *Herald!*

A este punto de su vida llegaron a Chicago unos predicadores grotescos y frenéticos, que atraían concurrencia grandísima a sus juntas, y hacían de removedores de la fe, como ahora hacen en Londres, donde no allegan menos gentes a sus *"Fés de Hosanna"* y *"Convites al Paraíso"*. Guiteau, por descontado, se hizo ugier de Moody y Shaddey.

"Y entonces fué cuando me dí a estudiar, por un sermón que oí a un pastor, la segunda venida de Cristo. Oh! estudios grandes! No salía yo de la biblioteca pública de Chicago. Y escribí mi lectura, en cuyo asunto había meditado años, y que no vino a menos que a probar que la segunda venida de Cristo ocurrió cuando la destrucción de Jerusalem, allá en las nubes, directamente encima de la ciudad, y que la destrucción de Jerusalem no fué mas que la señal visible de la venida de Cristo. Porque esa es la verdad, y no, como creen las iglesias que Cristo ha de venir en tiempos futuros. Y allá me fuí como San Pablo, cayendo y levantándome, hoy echado de una casa y mañana de un ferrocarril, a publicar mi hallazgo religioso, y a leer mi discurso. Pues a Pablo le pasó lo que a mí: ni él ni yo teníamos con que pagar posada: ni lográbamos éxito, porque habíamos descubierto nuevas ideas en teología. ¿Y no trabajaba yo para el Señor? Pues el Señor, como lo tiene dicho de quien para él trabaje, cuidaría de mí. Yo andaba pensando siempre en San Pablo, y huyendo de los conductores. Aún río y gozo acordándome de aquellos buenos tiempos. Y el Señor me protegía siempre. Un día hice de modo que, obligado a salir de un carro, cambié de sitio y seguí viaje a Washington, y se me sentó al lado un hombre a preguntarme si quería yo una buena posada en la ciudad. Y precisamente estaba yo orando al Señor para que me diese una buena casa donde posar".

El buen Scoville, ganoso de probar cómo en mente tan frágil como la del preso, se clavaron,

como en cera, las extravagancias de los fanáticos,
de modo de poseerlo y quitarle dominio de sí, y
darle capacidad para el futuro crimen, le hizo decir entonces cómo se cree en la comunidad de Oneida que el hombre que va a ella es hombre de Dios.
e inspirado por Dios; y como se tiene al Jefe por
comunicante directo con la altura, y profeta del Señor entre los hombres, a quien los de su comunidad
obedecen, y en cuyas manos ponen hacienda, pensamiento, voluntad y toda pertenencia de alma y
cuerpo.

"Y seguía yo leyendo sin fortuna, como en Boston, donde ese gran hereje Inggersoll iba a pronunciar su discurso sobre el infierno, cuya existencia
niega, y tuvo casa llena, rebosante; y yo, que quería probar que hay infierno, no tuve más que a una
docena de personas. Pagaban 50 centavos para oir
que no había tormentos infernales y no querían pagar para oir que los había. Abrí oficina de abogado y me fué mal. Emprendí de nuevo campaña
de lector y me fué mal. Publiqué mi "Verdad o el
compañero de la Biblia", y no halló eco. Y vino la
campaña electoral, y decidí hacer de mí hombre
político.   Pergeñé mi discurso, ése que se llama
"Garfield contra Hancock", y que tuve que reha-
cer de modo que conviniese a Garfield, porque yo
lo escribí en la creencia de que sería Grant electo
candidato republicano. ¡Ese discurso—dijo Guiteau
con tono grave, tono de quien habla a siglos venideros sobre obra de coloso— fué escrito en la Biblioteca del Estado de Boston!"

De este modo, con su palabra insolente, desnuda,
desvergonzada, movible, inquieta, contó sus vanas
visitas a personajes, "a esos amigos", como él dice,
a Arthur, a Logan, que es olímpica persona, y a
otros de no menor valía. Contó sus merodeos por
las oficinas de la campaña; que envió a los cuatro
vientos su discurso; que dijo un trozo de él en una
junta de hombres de color; que "esos amigos lo
trataban muy bien, y que estaban contentos de ver-
me, y todas esas cosas"; que, no bien fué electo Garfield, le escribió en demanda de la embajada de
Austria, porque iba tal vez a hacer matrimonio con
dama rica; y le venía bien la embajada; que vió
a Blaine en Washington en busca del empleo de
Cónsul en París, en que al fin fué rechazado; que
veía bullir a su partido, y agrietarse, y leía la contienda en los periódicos; que escribió a Garfield
cartas pacificadoras, que por cierto llevaban al pie
del Consejo preguntas sobre el empleo de Cónsul
que ahora deseaba, que no tuvo respuesta, y que,
en la noche en que con la renuncia de los Senadores ofendidos por Garfield culminó la división en el
partido, él tuvo de Dios la inspiración del acto.

Asumía tonos lóbregos, tristes, dramáticos, como
de quien oye y vé maravillas, y es causa de ellas.
"Me fuí a dormir aquella noche, todo opreso de
ideas graves sobre aquellas disensiones: y la impresión, como un relámpago, vino a mi mente de
que si Garfield no estuviese en el camino, toda la
dificultad estaría resuelta. Con la mañana me volvió la impresión. Ya no me dejaba la idea de la
remoción del Presidente; la idea trabajaba, me tor-

turó, me oprimió durante dos semanas. Yo estaba
lleno de horror, y la echaba lejos de mí, la sacudía,
la sofocaba, pero ella iba creciendo, iba creciendo,
de modo que al fin de dos semanas mi mente estaba segura de la necesidad de remover al Presidente. En cuanto a la divinidad de la inspiración
—os digo que fué divina— exclamaba con grandes
voces: entonces creí y creo ahora que fué divina.
¡Yo oraba, oraba, oraba: porque quería que el Señor se me mostrase de algún modo, y me dijese que
si no era su voluntad que yo removiese al Presidente. Y el Señor no se me mostró, porque aquella
era inspiración de él para el bien del gran pueblo
americano."

—"¿Cómo para el bien del pueblo americano" le
pregunta Scoville, que arrancaba de él esas aclara-
ciones y respuestas.

—"Para unir las facciones del partido republicano, que estaban entonces en riña amarga y deplorable: para evitar que, a causa de la destrucción
del partido republicano, rompiese la nación en nueva guerra. ¡Sí, Dios me inspiró cuando entré en
Oneida; cuando quise fundar *El Teócrata*, cuando
salí a predicar como San Pablo, cuando concebí la
remoción del Presidente! Dios me cuida. ¡Ved cómo me ha librado de asesinos! Dios me proteje,
Dios y el Gobierno: esos soldados, esos jurados,
esos expertos, este Tribunal, están aquí para servir a Dios y protejerme!" Como salta la lava encendida saltan estas palabras de sus labios. "Yo
no quería mal al Presidente. Estuve en gran agita-

ción espiritual, ahogado, conturbado: no tuve alivio hasta que todo fué hecho: entonces me sentí feliz, y di gracias a Dios".

M. DE Z.

La Opinión Nacional. Caracas, 26 de diciembre de 1988.

NOTICIAS DE ESTADOS UNIDOS

INDICE

1882

aplauden doce mil almas a un orador político. Pero el caserón de antes con las paredes, allá por la cornisa, rodeadas de claraboyas, es ahora un monumento de ladrillo claro, con el pórtico del mejor granito, y lo interior de una imponente gradería, con tres órdenes de palcos a las dos cabeceras, y en el techo, empinadas, como palma entre higueras, entre las muchas torres mínimas — la torre colosal a 341 pies de la tierra y la estatua de Diana. Y como cúspide. De allí, al romper la noche, caen

Facsímile de una hoja de Martí con notas para una correspondencia sobre sucesos en los Estados Unidos de Norte América.

(Archivo de Gonzalo de Quesada y Miranda).

1

CARTA DE NUEVA YORK

Sumario

*El proceso de Guiteau.—Lucha de gato montés.—
Duelo solemne. — Reacción hostil. — Espectáculos
inauditos.—Enorme depravación moral.—II.*

Nueva York, 10 de diciembre de 1881.

Señor Director:

Empezó al punto el duelo formidable. El defensor, cual pastor, bondadoso a oveja ciega, había ido sacando de riscos y poniendo en lugar de salvación a su defendido. El acusador, el afamado Juez Porter, se levantó, cortés y sereno, inquebrantable y terrible, a trocar en lebrel humillado aquel cerdo del bosque: a buscar, y a hacer palpitar entraña de hombre en la rebelde roca. Y halló la entraña, y lo dejó a sus pies lebrel sumiso. Parecía la acusación ola de mar, arrolladora, incontrastable, creciente. Y la defensa del testigo parecía faena de gato montés, que acá se ampara de un tronco erizado; allá se echa sobre el cuello de su enemigo, aquí se escurre y alberga en una cueva, allí la deja, corre desesperado, encuentra muro, vuélvese a su adversario, escápasele herido, no halla refugio, y expira con los dientes clavados en la mano de su perseguidor. Fué un espectáculo extraño, siniestro, doloroso. Fué una lucha a mordidas. Los vulgares reían de él: los observadores se entristecían de aquella hora solemne. Se veía la sima profunda: el espanto del réprobo: la figura tremenda del juzgador. Se oía el grito desgarrador de aquella vida impía.

El reo veía en su fiscal, vestido de negro y pues-

to en pie, la imagen del cadalso. Y el fiscal veía
en el reo al engañador procaz de un mundo atento,
y al retador de la verdad, que ha de abrirse camino, y ser señora. Comenzó el reo burlando, y acabó fulminando. Cortesía, befa, injuria, todo lo echó
a la faz del acusador. Entró en el debate sonriendo, y obrando con gentileza, y hablando con seguridad, cual si de antemano tuviese ganada la victoria. A poco, alzaba el puño amenazante. A poco, se negaba espantado a responder. A las preguntas directas, satisfacía con presteza, y con frases de pauta. A las preguntas indirectas, como animal prudente que teme una celada, se hacía atrás.
Huía, con visibles signos de terror, del análisis de
su delito. Y el acusador se le entraba por las cel-
dillas del cerebro, por los ríos del corazón, por las
fibras de la mano. Le buscaba en el cráneo la cuna
del crimen. Le buscaba en el pecho el hueco de un
corazón que parecía ido de él. Hay naturalezas de-
lirantes, frenéticas, enfermizas: la del reo infortunado. Hay hombres que parecen tallados en roca fulgurante, a cuyo resplandor se ve lo cierto, y
en cuya superficie resbalan las saetas: el juez Porter, que no aturdía al preso con la gravedad de
sus preguntas: que no se encarnizaba con el desventurado, sino ponía en claro su flaqueza, y lo
dejaba luego. Iba movido de anhelo de verdad, no
de ira. Hemos de oirlos, que parece la entrada del
debate como puñado de balas disparadas sobre tablas secas: es aturdidor, seguro, rudo. Sonríe el
preso, y el acusador le habla como a hidalgo:

—¿Os creis hombre de capacidad considerable?

—Permitid que calle mi opinión de mí, Juez.

—¿Habéis sido siempre hombre perseverante y decidido?

—Hay gentes que lo creen.

—¿Y decidisteis matar al general Garfield?

—Declino responderos. Os digo que es esa una manera ruda de preguntar. Fuí el agente de Dios: no hubo en mí volición personal.

—Y decidme ¿ofreció el general Logan recomendaros para el empleo que queríais al general Garfield?

—Lo ofreció.

—Luego ¿mintió aquí cuando juró que no os lo había ofrecido?

—Yo no diré que mintió. Me lo ofreció un día, y se excusó con no tener a mano pluma con que firmar la recomendación. Al día siguiente, ya no quería recomendarme. Así hacen todos esos políticos.

—Vos exclamasteis, después de disparar vuestra pistola: "Ya es Presidente Arthur!"

—No sé si lo exclamé. Lo que quiero es que entendais que Dios lo hizo, y no yo.

—Y quien compró la pistola: Dios, o vos?

—Dios facilitó el dinero para comprarla, yo fuí su agente.

—Supongo que fué alguien más quien facilitó el dinero?

—Eso no hace al caso, digo. Fué un amigo que me dió $15. Con $10 compré la pistola.

—¿Y recibisteis inspiración del cielo para tomar del amigo los $15?

—Del cielo recibí inspiración para remover al Presidente: los medios fueron míos. Os digo que me cansan esos detalles.

—Pero no tuvisteis éxito inmediato en la obra de Dios?

—Los médicos lo tuvieron.

—De manera que Dios no pudo, y vos no pudisteis, y pudieron los médicos?

—Dios confirmó por ellos su obra.

—¿Y cuando os inspirásteis?

—Un miércoles, de 8 a 9 de la noche.

—Os dió Dios la comisión por escrito?

—No.

—Os la dió de palabra?

—No, me la dió por presión sobre mí.

—¿Pero de un modo oíble?

—No.

—No vino a vos, como visión de la noche?

—Oh! yo no me inspiro de ese modo!

—Os ocurrió que debía ser removido para resolver la dificultad política?

—Sí.

—Y que érais vos quien debía matarlo?

—No me ocurrió eso al principio.

—Y no pensanteis que pudiera ser removido sin ser asesinado?

—No, juez; y os repito que no me place esa palabra asesinato!

—Ya sé yo que no os place, y que es dura, pero esa es la palabra.

—No recuerdo esos hechos menudos. Si hubiera disparado sobre el Presidente de los Estados Uni-

dos por mi propia cuenta, ningún castigo hubiera
sido bastante severo o bastante rápido para mí. Pero obré como agente de la Divinidad: sépanlo tribunal, jurado y acusadores. Digo que la remoción
del Presidente fué un acto de necesidad nacido de
la situación y realizado para el bien del pueblo americano. En esa idea fijaos, no en esa vuestra fría
de asesinato: nunca fué mi primera concepción de
asesinato en este asunto.

—Y os sentís muy obligado al pueblo americano?

—Entiendo que el pueblo americano puede alguna vez considerarse muy obligado a mí.

—Os pregunto si os sentís vos obligado a él?

—No sé por qué no haya de estarlo.

—¿Y al partido republicano?

—No, que yo sepa.

Y Porter adelanta, así, enfrentando los documentos del reo, ciñéndolo a fechas, echándole en
rostro las contradicciones de motivo y de fecha que
en los documentos aparece. La acusación se va cerrando, como dogal de hierro: adelanta con paso
seguro. Es guerra de capitán preparada contra neó-
fito sorprendido. Ved cual se cierra ahora.

—Digisteis en una carta al Presidente, luego de
ser rechazado por Blaine en vuestra solicitud de
empleo, que Blaine era un malvado, y que de no
removerlo, vendrían daños al Presidente y a su partido?

—Daños políticos, no físicos. Todo hombre inteligente entenderá ahí daños políticos.

—Fué aquel miércoles de mayo cuando conce-
bisteis la idea de remoción?

—Fué aquel un mero relámpago, que no tomó forma hasta después de dos semanas.

—Luego no hubo inspiración en mayo.

—No. Fué mero relámpago, embrión de inspiración, simple impresión la que vino a mi mente de que aquello habría tal vez de ser hecho. Ya en primero de junio tenía hecho mi ánimo. Antes me prosterné, oré, dudé.

— Dudabais?

—Porque mis sentimientos personales estaban contra el acto.

Y allí quedó la primera escaramuza de la batalla. Al día siguiente, Guiteau entró en el tribunal hosco, desatentado, arrebatado. Vejaba a su acusador, remedaba sus tonos, decía sus respuestas con las mismas palabras y el mismo acento de la pregunta. Temía el debate: traía al cuello el dogal: no quería debate.—Ya era este exabrupto: "No teneis que mirarme tan fieramente, que no me dais miedo!" Ya era éste otro: "No necesitais apuntarme con vuestro dedo huesoso, que no os temo!"

A veces, con raro indecoro, el auditorio rompía en risas. Pretendía el acusador obligar al reo a respuesta, y el reo se sacudía de él, y le hacía mofa. Era siniestro aquel debate ridículo. ¡Tened, tened ahora!

Responded, responded esto! ¡Esperad! Masticad eso! Antes del nuevo examen, Guiteau apela a aquellos de sus amigos que quisieran enviarle dinero para los gastos de su defensa: "Pueden enviar, 5, 10, 50, 1000 pesos si quieren".

—Con que estabais en duda, acusado?

—No de la inspiración de Dios, sino de la posibilidad de obedecerla.

—Diferís de la opinión de Dios, y discutís lo que os ordena?

—Estudiaba la posibilidad de cumplir su orden.

—Y usó Dios la palabra *remoción?*

—Así vino a mi mente. Uno mata a otro en querella, y es asesinato. Esto fué homicidio.

Y así lo ceñía, lo escudriñaba, lo volcaba en tierra, vencido por su lógica, y el acusado aún desde el polvo, se guarnecía el cuerpo con su escudo abollado y maltrecho, y clamaba alzando sus manos crispadas y amarillas: "Divinidad! Divinidad!" Dicen que le brillaban los ojos, acusando preñadas nubes de ira, con fúnebres relámpagos: que sus labios contraidos dejaban ver sus dientes relucientes, que sacudía, en dirección de su acusador, el puño apretado, y parecía a punto de estallar, y henchido de odio.

—Pues todos los que han querido mataros ¿no son asesinos?

—Sí! porque no estaban inspirados por la Divinidad.

—Y obró mal el sargento que quiso mataros en vuestra celda?

—No sé si obró mal. No quiero responderos. Conozco hombres más grandes que vos, juez Porter. Ya os he visto sacudir vuestro dedo en Nueva York a otros presos, no os tengo miedo!

—Obró mal?

—No quiero responderos.

—Conocéis los diez mandamientos?

—Sí.

—Y tenéis más evidencia de que Dios dijo: Tú
matarás, que la que tenéis de que dijo: Tú no matarás?

—No quiero discutir más esta materia. Ya sa-
beis lo que hice y por qué lo hice. Esto es cosa
muy sagrada para tratarla de ese modo tan ligero.
No la trato.

—Un amigo vuestro ha jurado que cuando te-
niais 18 años, dísteis un golpe a vuestro padre.

—No lo recuerdo.

—Vuestra hermana jura que alzasteis contra ella
un hacha.

—No lo recuerdo.

—Otro dice que la amenazasteis con quitarle la
vida.

—Jamás la amenacé.

—Quisiéramos saber cómo os proponeis allegar
los fondos que esperais.

—Tomándolos prestados. Ved, juez, como yo pido, que eso puede serviros. Ni miento ni hablo.
Voy derecho a mi hombre, y le pido lo que necesito.
Si lo tiene, tal vez, en el impulso del momento, me
lo da. Si no, no: eso es todo.

Inagotable parecía el arsenal del juez Porter: no
fué la menos temible, ni menos certera, esta arma
suya:

—Cuando fuisteis a probar vuestra pistola ¿te-
niais orden divina para hacerlo?

—No sabía usar armas y quería familiarizarme
con ella.

Y a esto vino esta pregunta, repleta de amenazas, que el reo aturdido intentó parar en vano.

—No sabíais como disparar la pistola, pero era
esta la obra de la Divinidad?

—Os digo que no alcanzo— prorrumpió Guiteau
con salvaje manera—a qué me importunáis con esas
pequeñeces. Podiais dejar de hacerlo. Ya habeis
hablado demasiado del acto externo de la Divinidad: ved al motivo!

Demuestra el juez cómo en un documento relativo a la muerte del Presidente, habla de razón política, y no de orden divina:—que cuando esperaba
de Blaine empleo, le ofreció su apoyo para su candidatura a la presidencia en 1884: que cuando fué
a poco despedido por Blaine, lo denunció a Garfield como un mal genio: que breves días antes del
de la concepción, encendido ya en interna cólera el
partido republicano, dijo a Garfield, que "a modo
de relámpago" le había venido "la inspiración" de
que debía ser reelecto en 1884, y le ofrecía su auxilio: demuestra, en suma, que a medida que amen-
guaban, y se perdian las esperanzas del preso de
alcanzar empleo, se acercaba la hora de la remoción de aquél que no queria emplearlo.

Y a esto, con firmisimo tono, seguro de la pasa-
jera impresión que su razonamiento causaría, por
más que la razón objeto, que pareciendo ser el deseo de provecho mezclado al de venganza, aun que
mayor el de provecho el móvil de su crimen, de
matar a Blaine no hubiera alcanzado por no dar
paso esta muerte a un nuevo Presidente, el provecho que pareció haberse prometido: a esto, dijo re-
sueltamente el acusado.

—Nada tuvo que hacer la derrota de mi solicitud

en mi acto. No soy un caza-empleos ofendido. Si hubiera obrado por malicia, hubiera matado a Blaine, y no a Garfield. La Divinidad me dirigía: mil hombres de entre los republicanos, dado al odio y exaltación de aquellos días, hubieran matado a Garfield, si hubieran tenido el nervio, el vigor mental y la oportunidad de darle muerte.

—Habéis dicho en una carta que la muerte del Presidente era una necesidad política, ¿os lo dijo así Dios?

—No requería eso que Dios me lo dijera.

—Os dijo Dios aquello que dijisteis, que con su muerte sería salvada la República?

—Mi propio juicio me lo dijo: y era así la verdad.

—Vos estabais bajo la protección de la ley, cuando el sargento pretendió mataros? Estimais eso un crimen?

—Eso es un crimen.

—Digisteis en una carta a *La Casa Blanca*: "la vida es un sueño pasajero: ¿qué importa perderla?"

—Así lo dije.

—Os importa mucho, mucho, a vos perder la vuestra?

—Con esta frialdad os digo que no tengo yo temor grande a la muerte. Lo que importa es estar listo para morir.

—Digisteis en vuestra carta a *La Casa Blanca* "presumo que el presidente era un cristiano y será más feliz en el Paraíso que aquí?"

—Lo dije, y estoy seguro de que el Presidente

es mucho más feliz ahora que ningún hombre en la tierra.

—No teneis duda de que cuando le matásteis, fué directamente al Paraiso?

—Creo que fué un buen cristiano.

—Pues decidme!— (y aquí la voz del acusador vibraba poderosa, y parecian sus frases látigos de fuego): ¿creeis que el Ser Supremo que tiene las llaves de la vida y de la muerte, quería enviarle al Paraiso por haber roto la unidad del partido republicano, y por haber sido ingrato al general Grant y al senador Conckling?

—Su cristianismo—responde mal humorado el preso—no tiene que hacer nada con su carácter político. Su historia política era pobre, pero su carácter cristiano era bueno: en lo que sé a lo menos, que muchas cosas duras se dijeron sobre él a propósito del crédito mobiliario.

¡Aquel hombre reabria impasible la fosa que había abierto, y echaba en ella un poco de lodo, y la volvía a cerrar!

—Y quien haló del gatillo, Dios o vos?

—Yo cumplia allí la voluntad Divina. Dios me usó como agente al halar el gatillo. Lo hubiera hecho, aunque supiera que allí quedaba muerto. La presión era tan enorme que yo no podía resistirla. Anotad eso.

—Y a no ser por vos ¿hubiera habido en la nación una nueva guerra?

—No pretendo que la guerra hubiese sido inmediata.

Y en este punto alzó Guiteau la voz, echó con

oratorio ademán el cuerpo, y prorrumpió de este modo en tono dramático, cual de perorador de asamblea:

—"Pero debo decir aquí en voz alta que el encono en el partido republicano ahondaba de hora en hora, y que por dos o tres años a lo menos hubiera ardido la nación en llamas de guerra. En presencia de la muerte todos los corazones callaron, cesó el disturbio. Durante semanas y semanas, el corazón y el pensamiento de la nación estuvieron fijos en el hombre enfermo de la Casa Blanca. Al fin, —continuó Guíteau, silbando apenas, de misterioso y lúgubre modo sus palabras —anduvo el camino de toda la carne, y la nación estuvo en duelo. Este es señores, —añadió volublemente, dando a su voz sus tonos naturales, y como muy pagado de su peroración— un trozo del discurso que yo quería pronunciar aquí dos semanas hace. Me parece que es pertinente al caso, y estoy contento de haber tenido esta ocasión de pronunciarlo".

Aquí venció su espanto, y al punto su espanto asoma.

—Creeis errado haber matado al general Garfield sin proceso?

—No quiero decir lo que creo.

—Os dijo Dios que debíais asesinarlo?

—Removerlo!

—Cuando os lo dijo?

—Excuso responderos.

—Os acriminaría el decirlo?

—No sé si me acriminaría.

—Pretendíais que con su muerte creciese la demanda de vuestro libro?

Le compelen a responder, y dice que lo pretendía.

—Cuando escribisteis: "El nombramiento del Presidente fué un acto de Dios: su elección fué un acto de Dios: su remoción fué un acto de Dios." ¿Teníais en la mente los boletines de Napoleón?

Muy complacido parece Guiteau con la pregunta, a qué responde:

—Esa es mi manera de expresarme: breve, precisa, sentenciosa: si quereis ver muestra de ese estilo, ved mi libro.

—Pienso que tenéis—dice Porter con reticencia singular y mirada ahondadora—considerable poder mental. Y piense lo que guste vuestro cuñado, estimo vuestra capacidad.

—Y yo os doy las gracias, Juez, por vuestra buena opinión.

—¡Pienso que esa es también la opinión de los Jurados!

Ruidos como de clavo en féretro debió haber en aquel instante en el espíritu de Guiteau.

Leen más cartas suyas, y como todo lo que es suyo, le place. Acúsanle de haber copiado su libro del *Bereano*, aquella Biblia de la comunidad de Oneida, y se defiende ásperamente. No cree en ilusiones diabólicas. No quiere decir si se cree cuerdo o loco, sino que loco lo creen muchos, y él no es experto, y ha de dejar al jurado que estime cierta o falsa su locura. Le hacen narrar, y sin va-

cilaciones cuenta, cómo espió, cómo siguió, cómo
acechó a su víctima.

—¿Habíais tratado antes de matar a Garfield?

Y como esto es dicho de modo amenazador y
solemne, afectando este modo, dice el osado preso:

—Nunca traté antes de matar a Garfield.

—Y aquella noche que le perseguíais ¿no hallás-
teis el gatillo?

—Oh! no habléis tanto del gatillo!

—Pensáis así?

Y dice Guiteau remedándolo, entre el coro de
carcajadas del auditorio regocijado: No, señor; no
pienso así. Hacía mucho calor, y no me sentí dispuesto en aquel momento.

De nuevo quiere el acusador que le diga, con mira grave, sin duda, porqué no disparó sobre Garfield el día que le vió con su esposa. Resístese.
Compélenlo. Llama al acusador estúpido.

"¡Respondedme!" "No quiero responderos".

—Contad ahora los incidentes de la mañana del
suceso.

Y él los cuenta, y se presiente que el drama
allí se anuda: el acusador está atento; el reo parlero; la sala silenciosa; los jurados, conmovidos;
Scoville pálido. Narra, cómo vinieron en carruaje.
que no era del gobierno, Blaine y Garfield, lo que
muestra la influencia del Ministro en el Presidente;
cómo en la estación se bajaron, y el Presidente veía,
el Ministro hablaba, y pasaron ante él, y él disparó
dos veces.

Porter con vivacidad creciente, estrecha sus preguntas. Las lanza sobre Guiteau como pedradas.

Guiteau responde como si se fuera haciendo atrás.
Porter inquiere como si fuera avanzando a medida
que el reo huye.

—Le disparasteis en la espalda?

—No tiré a ningún lugar determinado. Mi intención fué herirle en la espalda.

—Y pensásteis lo removeríais si le poníais dos
balas en la espalda?

—Así pensé.

—Intentásteis poner allí las balas?

—Lo intenté.

—Pero decidme! decidme, acusado! ¿Desde aquella hora hasta ésta no habéis sentido jamás pesar
ni remordimiento?

—Me apena haber hecho sufrir a alguien; pero
no tengo duda de la divinidad y necesidad del acto.

—Jamás habéis sentido remordimiento?

—Libre está de ellos mi ánimo.

—Dice un testigo que os vió un día echar por
una ventana a un pobre perro: ¿no sentísteis más
remordimiento en dejar viuda a su esposa, y huérfanos a sus hijos, que el que sentísteis por haber
roto la pierna de aquel perro?

—Bien... bien... por supuesto que sentí remordimiento, en cuanto a mis sentimientos personales.

Y aquí su voz se deslizaba como una queja, baja
y pesarosa. —Sentí tanto remordimiento como hubiera sentido cualquier otro hombre, y lamenté la
necesidad del acto; pero (y aquí, con reacción súbita, como ahogando aquella paloma blanca que
acababa de aletear en el fondo de su recia alma, alzó la voz el reo).

—Basta! Basta! exclamó con voz vibrante el abogado acusador. El examen del testigo está cerrado.

—Pero —prorrumpió con su usual violencia el reo— mi deber para con el Señor y para con el pueblo americano se sobrepusieron a mis sentimientos personales.

Y —añadió, luego, como pidiendo gracia a los hombres:

—Si el Señor no me lo hubiera inspirado, no hubiera sido hecho!

Yérguese al punto Scoville, como para cerrar la honda herida abierta: para que no vibre en los oidos de los jurados aquel grito humano, arrancado al alma aletargada del preso: para que el eco de sus acentos de locura, de su frialdad monstruosa, de su fe en lo divino de su acto, sofoquen en la atención despierta de los jueces las ideas de castigo de aquel lamento trémulo y aquella voz sumisa han debido levantar. Lo interroga: le incita, da ocasión de que confirme en sus respuestas frías y crueles la creencia de que ser semejante o es criatura demente, o no es humana. Mas el lamento trémulo, la voz sumisa, sus negaciones, sus temores, su aceptación del debate el primer día, su renovación súbita de mayor demencia cuando el temible diálogo se volvió en su contra, debilitan, si no echan por tierra, los esfuerzos generosos del buen Scoville. Y entró Guiteau en la sala al día siguiente con paso lento, con ojos apagados, con aire vago y triste. Revive cuando le declaran demente los expertos. Los conforta, los aplaude. Los guía. Revive cuan-

do en su favor declara algún testigo. Renueva aquellas escenas de debate con su propio defensor, tan
frecuentes ha pocos días. Reclama la dirección de
su defensa. Abatido, ha surgido. Mas ya en estos
instantes desplegan sus testigos la acusación.

Gran número de personas ha atestiguado en beneficio de la teoría de la defensa. El general Logan,
que es alto político, dice que le fué a pedir un día
recomendación para un elevado puesto, e iba Guiteau sin medios, y ruinmente vestido, y calzado de
zapatos de goma. Y lo halló al día siguiente sentado en la mesa de comer de su casa de posada, y
lo tuvo por loco. El abogado Reed, que le dió entrada a la práctica de la abogacía, cuenta de él
cosas menudas, y todas singulares, y dice que recuerda que le dijo que era su libro tan inspirado
por Dios como el Nuevo o el Viejo Testamento.
Un trabajador de la comunidad de Oneida declara
que le pareció siempre hombre fuera de ánimo, y
que se tenía Guiteau en la comunidad por un caudillo de los hombres, y persona grandísima; y pasaba a veces largo tiempo en soledad y como sin habla, y otras hablaba misteriosamente, y gesticulaba
y clamaba de un modo desusado. Otro miembro
de la comunidad afirma que era tal la pasión de sí
mismo que animaba a Guiteau, que le hacía dife-
rente en absoluto de los demás hombres, a los cuales se creia superior en muchos codos, y como nacido a regirlos. Storrs, afamadísimo abogado, y persona de peso, abocada ahora a altos puestos, lo juzgó "fuera de caja" mas no incapaz de distinguir lo
justo de lo injusto. Declara un médico reputado

que lo tuvo siempre por lunático. Un secretario de
la campaña electoral, mueve en Guiteau gran cólera, porque afirma que su discurso le pareció cosa menguada, y enagenado el discursante. Asegura North, un viejo amigo de la casa, que el padre
de Guiteau, que fué persona honesta y sincerísima,
y muy amada, y digna de serlo, no tenía paces con
los médicos a quienes echaba de la cabecera de los
enfermos, y decía luego a éstos: "¡Levántate, anda!".
y de tal modo le dominaba aquella fe que quedaba
su faz descolorida como sin sangre. Y otras veces,
se arrodillaba junto a la cama del paciente, y oraba
en alta voz al Dios del cielo, porque hiciese huir al
espíritu satánico de aquella criatura. Viene a declarar un caballero de pueblo, que no halla ocasión
mejor de parecer grande hombre, y usa muy largamente entre las risas del concurso, de su fecunda
prosa. Lleva en la alba camisa lujosa pedrería.
Saca del bolsillo como hombre muy ocupado, cartas que trascienden a antiguas. Habla con deleite
como si no tuviera presente ocasión de hablar de
ellas, de sus cosas de familia. Muestra por Guiteau
desdén tal que, de puro dramático, baja a cómico.
El conoció al anciano, y le hacía mofas por aquellas rarezas. Es verdad lo de los médicos. Y decía
que todo hombre ha de tener abierta su bolsa a los
demás hombres, más que éstos no han de tomar de
la bolsa ajena sino lo que le sea absolutamente
necesario. Otro extraño testigo trae como voz de
otro mundo a la asamblea. Es pálida su tez; de cavernas lucientes brotan sus miradas; le cae en rizos
el cabello negro por los hombros. Habla lánguida-

mente, desesperadamente. Se diría que pasea por
la tierra en busca de modo de salir de ella. El da
fe, no de que Guiteau sea loco, sino del singular
celo, de la tenacidad sobrehumana, de la abstracción
religiosa del preso en época en que ambos se vieron
a menudo en una asociación cristiana, de modo que
le pareció Guiteau persona de fe profundísima, y
absorta en alguna nueva idea de religión.

De estas evidencias hace masa Scoville; de aquella madre enferma, con la cabellera cortada, y la
naturaleza exhausta; de aquel padre fanático, que
espanta al diablo, lanza al hijo a una secta extravagante, y cree en su unión corporal con el Creador; de aquellos parientes muertos en asilos; de
aquellos proyectos singulares, de aquellas ambiciones sin tasa ni fundamento; de la profunda discusión política, que vino a sacudir aquella mente enferma; del molde violento que dieron al espíritu de
Guiteau las pláticas de la comunidad en que vivía
junta el defensor un haz de bases y sobre ellas
inquiere de los expertos en locura el juicio que por
aquella herencia fatal, vida extraviada, violenta presión exterior, crimen inexplicable, y actual conducta, hayan formado del rebelde preso.

Y él rompe a hablar de esta manera:

"Deseo hacer un corto discurso. El punto sobre
el cual quiero que los expertos determinen es éste:
cuando un hombre mantiene que está compelido a
hacer un acto ilegal por un poder que está más allá
de él, y al que no puede dominar, mientras que su
agencia moral está dominada: ¿hay cordura en ese
hombre o demencia?"

Y dice el experto Kierman, que rechaza decorosamente las burlas y alardes amenos del inquieto Davidge: "Creo que está loco. Creo que hereda la locura. Creo en la demencia moral, y en que la mente está fuera de quicio, cuando la naturaleza moral está alterada. Creo que hay casos varios, pero ciertos, en que aunque no se alcance a descubrir lesión mental alguna, puede la demencia moral hacer irresponsable a un criminal. Creo que —a semejanza de un demente de Chicago que, juzgado por lo que él tuvo por revelación divina de que su esposa le era infiel, no la mató, sino le entabló divorcio— hay casos en que los hombres obran regularmente, como si no lo fueran.

—Y si con todo eso que creeis—interroga la acusación, —aunque bien sé que dais dictámenes sobre hipótesis, os dice un hombre que se tiene por inspirado para cometer un crimen, y no hace luego cosa, ni en la comisión ni después de ella, que no sea de un criminal vulgar ¿creeréis en su inspiración?

—Mirad, caballero acusador, que lo que puede ser vulgar para vos puede no serlo para el caballero experto.

—Vulgar. ¿Quién osa aquí decir vulgar? interrumpe Guiteau bruscamente.—En este caso todo es de alto tono. Y me han dicho que mi mujer anda haciendo discursos que no me favorecen. Bien hará en callar, sino quiere oir de mí cosas mayores. Y no dice verdad, porque nosotros siempre posamos en casa de primera clase. Yo andaba siempre bien vestido, con buenas referencias, en buenos hoteles.

posando con altos amigos, posando siempre en primera clase.

—Creo, continuaba el experto, que si hay desi-
gualdad entre los dos lados de la cabeza, puede
haber locura.

—Pues ese es mi caso! Yo tengo un lado de la
cabeza más grande que el otro.

—Creo que si viene de herencia la mancha, tarde
o temprano se muestra.

—Mi caso! mi caso!

Y uno, dos, tres, cuatro expertos declaran lo mismo. Certificada la evidencia de cuanto se supone
que es evidente, Guiteau está "incuestionablemente
loco".

La prueba de la defensa se cierra. Se abre la de
la acusación. Se abre tan anchamente, que entran
por ella en tropel testigos numerosos. ¡Como que
cada uno arranca un retazo del antifaz de aquel
hombre, que se lo sujeta al rostro con desesperación, y se cubre la faz con los retazos que aún le
dejan! Ya no se oyen risas sino comienzo de rugi-
do. Crece el testimonio de cordura: crece la ola:
crece la ira. El clama que el caso político no está
bien probado; y como a manos del juez Porter vino
a tierra aquella floja tablazón en que había puesto
en alto la imagen de la Divinidad, hace ahora de
modo que pueda ser defendido por haber sido él la
tormenta política, que cuando pasó él, sacudió cerca de su juicio, y le llevó la mente. A él no le
basta que el Presidente Arthur, preguntado por Scoville, envíe al Tribunal sus respuestas, sobre que le
conoció y recibió visitas de él, y peticiones de

empleo en la campaña electoral. El quiere ver en
la sala del Jurado "a esos amigos;" y probar que
estaba unido a ellos; mostrar que le veían bien, y
él no andaba mal, ni vestía mal, y vivía en el hotel
de la Quinta Avenida, que es en Nueva York magno hotel. Y anunció que luego que Scoville diga su
discurso "quiero decir yo el mío, que Scoville es
buen hombre y está trabajando bien, pero él no
sabe de esto!"

La procesión de testigos comienza implacable.
El general Kerman, que llenó de tropas a Washington, imaginando que tan gran maldad como el asesinato del Presidente, no podía venir sino de un
conflicto nacional, dijo en tono severo al levantarse
de su asiento de testigo: "Fué el acto de un hombre:
de... un hombre sólo!" North y Hammerling, caballeros de pueblo, habían contado extravagancias
del padre de Guiteau, que habían visto viviendo a
par de él en un mismo pueblo; pero vienen otros
testigos de aquel pueblo, y destruyen ese benévolo testimonio. "Su mente era lúcida, su carácter
era puro, su rectitud era grande en los negocios"
—dice un abogado de aquella población—, "pero
es verdad que creía que no había de morir". Un
comerciante de aquel pueblo mismo, no supo jamás de locura en los miembros que conocía en
la familia del acusado. El médico de la casa, en
aquella época en que dicen que el anciano expulsaba a los médicos, afirma que en varios años le
trató de cerca, y le halló siempre de hermosa inteligencia y mente lógica: nunca oyó hablar de las
manías supuestas.

—No había de ir mi padre—murmura el preso—
a contar sus manías por las calles como un idiota.
Quiere el defensor probar que Flora, hija del segundo matrimonio del padre preso, está afligida de
demencia: y el hermano de Guiteau, a quien su hermana se vuelve con los ojos encendidos y palabras
coléricas, protesta airado contra aquella tentativa de
dañar el carácter de Flora con falsos pretextos: y
el Fiscal del Distrito anuncia que ha recibido una
carta de aquella niña, una niña de 16 años, en que
se duele con gran tristeza de ser así acusada de locura. Labriegos, hacendados, mercaderes, letrados
del pueblo, del anciano,—todos concuerdan en que
él no dió jamás, ni dieron los suyos señales de ex-
travio.

—Parad ahí, testigos! No creia mi padre en Oneida. No fué durante 25 años el hazme-reir del pueblo? No le veía todo el mundo como a un trastor-
nado?... Dejadme en paz Scoville! No me inte-
rrumpais cuando yo hablo!

—No, repite el testigo, vuestro padre no creía en
Oneida, ni estaba loco.

—Me alegro mucho de que el general Arthur haya vapuleado en su mensaje a los mormones. Deseo que haga una especialidad en su administración
de destruir el Mormonismo. Nos va a dar Arthur
el gobierno mejor que hemos tenido.

Continuan los testigos declarando. Un Senador del Estado a que pertenece el pueblo cuyos vecinos tacharon al anciano de enagenado, dice que
fué el padre del preso hombre tan cuidadoso de
la educación pública, que su nombre está en la lá-

pida de honor de una de las escuelas de la villa; y el senador, que fué maestro de escuela, recuerda que a los 6 años Guiteau no articulaba. "¿Si era loco?" pregunta un rico del lugar: "¡era el tercer hombre en inteligencia del condado!"

Un vecino de Chicago publica en aquella ciudad que recuerda que el acusado, que le pedía entonces tenazmente negocios, le anunció hace dos años, que iba a Washington, y que allí haría cosa tal que le diese fama en todo el orbe. "¡Nada quiero saber de ese loco de Chicago! Jamás he hablado con hombre semejante"—dice Guiteau al jurado. Mueve querella a todos los que declaran en su daño: se afana en probar que no le conocen bien. La hija de una tía de Guiteau, a quien la defensa dió como demente, afirma que no lo fué jamás su padre, y que su hermana, la pobre Abby, enfermó no de locura de sus padres, sino de la influencia magnética que ejercía en ella, extremadamente sensible, el francés de Bonneville, profesor de magnetismo y clarividencia. Hombres y mujeres de Boston y Chicago que le trataron de cerca, le declararan cuerdo. Narra un sacerdote de Nueva York una breve historia de bribón bien vestido, que sorprende acompañado de su esposa a una asociación sagrada, y obra en ella galante y cuerdamente, hasta que empieza a mostrar su real naturaleza, y a tomar dinero de unos, y a estafar otros y a caer en prisión hasta que los asociados, en fin, lo encausan y expulsan por cargos, que él no niega, de grandes inmoralidades. Se revuelve en vano Guiteau contra el sacerdote. En vano quiere interrumpir la narración bochornosa, la defensa: —"¿a qué traéis ese testigo?" —"A probar que lo que llamáis demencia no es más que una profunda depravación moral!" —Y la sala entera rompe en aplausos ardientes y estruendosos.

Y hoy mismo, hoy mismo que os escribo, ya la ola le llega a la garganta. Ha roto todo freno. Un testimonio le hiende la cerviz, y se anonada al golpe, para alzarse después con mayor furia: aquí lo tenéis! Ha tomado dos almuerzos. Entra temblando. "¡Poneos bien cerca, bien cerca!" dice en voz baja a sus guardianes. Lo escarnecen, lo injurian mortalmente. Pasa, como bajo lluvia de pedradas. Ya os dije que parecía un gato montés acorralado. Salta a cada testigo que llega. Anuncia sobre lo que va a testificar. "Os debo $20 grita a uno" "Os debo $70", dice a otro. A casi todos debe. Así se oye que el padre de Guiteau murió de hidropesía, complicada con inacción del hígado, que acabó en infección de la sangre, lo que produjo en el enfermo el usual delirio de estos casos. Así se presentan los que le han alquilado escritorios, y le tuvieron por vivaz y por activo. Ahí dice uno que le dijo que iba a hacerse teólogo porque no lo estaba haciendo rico ser abogado: saltó sin transición del escritorio de letrado a la plataforma de lector religioso. Era egoísta y presumido; pero parecía hombre hábil. Allí entra uno a quien Guiteau estafó $300. ¡Escena escandalosa! Le llama perjuro! bribón! desvergonzado! El hombre es implacable: Guiteau fué su abogado, y tomó para sí el dinero que le dió para que le buscase fiador, al salir de la cár-

cel vió a Guiteau rodeado de una turba de presos
a quienes había defendido de igual modo —que le
llamaban ladrón y estafador—, se ve bien que era
un abogadillo lleno de artes, y una mala persona.
"¡Vaya si gastais dinero en vano!" increpa al acusador. "¿Qué importa que estuviera yo sano hace
diez años si estaba loco el dia 2 de julio?" Y así
acaba la sesión, entre testimonios anonadores. El
reo habla a borbotones. La defensa está confusa.
La concurrencia no tiene ya aquel noble carácter.
La acusación está segura de sí. El carro que lleva
al asesino a su prisión va seguido de los policías
a caballo que lo custodian, de perros que ladran,
de hombres que vocean, de chicuelos que le inju-
rían. La muchedumbre en masa, al verlo, se desata en denuestos, en palabras de espanto, en gestos
de odio. El va huraño, desconcertado, como herido; si se pusiera un papel frente a sus ojos, quedaría el papel atravesado, como de daga.

    ¿Qué más queréis que os diga? ¡Cansa andar al
lado de ese hombre. Instruye pero fatiga. Me falta espacio para escribiros que el Presidente Arthur ha enviado al Congreso un excelente mensaje,
que es la suma de la vida actual de la nación, y
una revelación de su vida próxima. No quiero escribiros que un italiano ha matado hoy a su esposa
y a su madre, y ha querido luego matarse a sí. Es
ya cosa vulgar que Ida Ullman pida a su amante
que la abandona $25.000 en pago del rompimiento
del contrato. Es naturalisimo que el Presidente Arthur quiera, como quiere, tener un periódico que
defienda principalmente sus propias miras. Os di-

go esto para que alejéis con estas mezcladas nuevas, ese aire de ala de buho que queda como pegado a las sienes, luego de haber tenido durante tan
largo tiempo fijos los ojos en ese hombre hoffmaniano, misérrimo, diabólico!

M. DE Z.

La Opinión Nacional. Caracas, 27 de diciembre
de 1887.

CARTA DE NUEVA YORK

Sumario

Sr. Director de *La Opinión Nacional*:

Ciérranse el Congreso, las casas de gobierno, los colegios; parecen las calles calzadas de romería; las tiendas rebosan; los hogares se conmueven; los hombres graves se animan; las madres se afanan; hay rostros muy tristes, y rostros muy alegres; se venden por la calle coronas y arbolillos; gozosos, como pájaros libres, dejan su pluma el escritor, su lápiz de apuntes el mercader, su arado el campesino: la alegría tiene algo de fiebre—y la tristeza! Los desterrados vuelven con desesperación los ojos a la patria; los pequeñuelos los ponen con avaricia en los mercados llenos de juguetes: todo es flor, gala y gozo; todo es pascuas.

Nueva York es en estos días ciudad ocupadísima: es fiesta de ricos y de pobres, y de mayores y pequeños. Son días de finezas entre los amantes, de efusión entre los amigos, de regocijo, susto y esperanza en los niños. La madrecita pobre ha esperado a las pascuas para hacer a su hija el traje nuevo de invierno, con que saldrá el domingo pascual, como cabritillo en día de sol, a triscar por las calles populosas. ¡Rubíes hay de alto precio en las acaudaladas joyerías, más no vale ninguno lo que valen esas gotas de sangre que acoralan los

dedos afanados de la madrecita buena! Los jefes
de familia vuelven a sus casas sonriendo con malicia
como que llevan ocultos en los amplios bolsillos del
abrigo, los presentes para la esposa y los hijuelos.
La abuela generosa vuelve toda azorada de las tiendas, porque no sabe cómo podrán entrar a la casa
sin ser vistos de los vigilantes niños, los regalos
misteriosos que vienen estrechos al que los carga.
Los lucientes carros en que los grandes bazares envían a la vivienda de los compradores los objetos
comprados, cruzan con estrépito y prisa las calles
animadas, entre racimos de pequeñuelos concupis-
centes que ven absortos y malhumorados aquellas
riquezas que no son para ellos, o se agolpan a la
verja de hierro, en torno de la madre que en vano
los acalla, para ver bajar del carro bienvenido la
caja de las maravillas. Ay, qué tristes los que ven
pasar el carro. ¡Oh, qué aurora en los ojos de los
que lo reciben! Conciértanse las vecinas para ir a
las tiendas y elegir regalos; pone el empleado del
mercader aparte la soldada de la semana, para comprar con ella presente lujoso a su prometida o amiga; dispone en su mesa el dueño de la casa los asientos de sus amigos más queridos; cuelgan los padres
en las horas de la noche, por no ser vistos de los
hijos candorosos, de bujías de colores y bolsillos de
dulces y brillantes juguetes, el árbol de Christmas;
recuentan de antemano las doncellas vanidosas
cuántos galanes vendrán a saludarlas en las alegres
pascuas y cuántos saludarán a su vecina. Doblan
los periódicos sus páginas, y las acompañan de lá-
minas hermosas, llenas de nevadas campiñas, de

revoltosos venados, de barbudos viejos, de chimeneas abiertas, de calcetines próvidos,—los símbolos de Christmas. Aderezan los pastores el órgano sonoro de sus templos. Y dispónense a baile suntuoso los magnates de la Metrópoli, y los alegres, que son otros magnates. La alegría es collar de joyas, manto de rica púrpura, manojo de cascabeles. Y la tristeza—pálida viuda! Así son en Nueva York las pascuas de diciembre.

No son, como aquellas de España, fiestas de pavo y lechoncillo, ni días de siega de lechugas y aderezo de atunes y besugos. Oyense allá por todas partes, en los contornos de la ancha Plaza Mayor, chirimías y dulzainas; y una madre gentil ha puesto alas de cera a su hijo alegre, y la otra, cachucha de soldado, y éste compra tambor y aquél zampoña, y la señora Petra está celosa porque no tiene en su ventorrillo un tal galano nacimiento, hecho de cartón pardo y polvo de oro, como el que luce cerca de ella la corpulenta señora María. Vénse debajo de las espaciosas capas, descomunales prominencias, y son pavos; y asoman por la cesta repleta, como diablillos retozones, los rábanos frondosos. El duque y el teniente cenan a la vez y la costurera y la chulilla, y con igual afán se acicalan en la taberna de Botino los conejos famosos; como se salpican de rojo pimentón en la tienda de pasteles y chorizos que está junto al teatro del Príncipe, cual la vieja España bajo el ala de la nueva, los embutidos estremeños y las farinetas salmantinas; como el suntuoso Fornos saca de su bodega los añejos vinos, y deja en las botellas señales del polvo nobiliario, a

que luego la viertan manos blancas sobre las tru-
fas de Perigord, gustosas y aromadas, y el hígado
de ganso de Strasburgo. La fiesta es la escena que
remata en misa.

No son las Christmas del yankee como las Pascuas del hidalgo. Ni es la cena sino mero accidente
de este regocijado jubileo. Las Christmas son las
fiestas del dar y del recibir; de hacer donativo al
pariente pobre; de ostentar sobra de dinero; de buscarlo para ostentarlo; de visitar a los conocimientos;
de enviar con ramos de flores, artísticas tarjetas, de
dibujos pascuales, de engastar en el pie del ramillete fragante, serpenteantes cables de oro, que se usan
en este invierno como anillos. Las Christmas son
las fiestas de niñas casaderas, que acaparan en ellas
presentes de relacionados y conocidos, se dan con
júbilo al placer desenfrenado de la compra, prenden flores al traje de máscara que lucirán en el
baile de la noche, y aguardan, en la cohorte de amigos que ha de venir a desearle pascua alegre, a
aquél de entre ellos con quien es más alegre la pascua, y la amistad más deleitosa. Las Christmas son
las fiestas de los padres que ven, como nidal de
tórtolas gozosas, agruparse en torno a la mesa de
los regalos, la niña esbelta, el varón apresurado,
la crianza balbuciente, y olvidan las desventuras de
la tierra en aquel gozo ingenuo y celeste compañía. Las Christmas son la fiesta amada de los pequeñuelos, cuyos deseos de todo el año van siendo
encomendados a este día solemnísimo, en que se
entrará el buen viejo Santa Claus por la chimenea
de la casa, se calentará del frío del viaje junto a

las brasas rojas que se consumen en la estufa, y dejará en el calcetín maravilloso que cada niño pone a la cabecera de su cama, su caja de presentes. Y luego, subirá chimenea arriba, se calará su turbante recio, se mesará la barba blanca, se echará sobre el rostro la capucha para ampararse de la nieve, tomará la rienda de los ligeros venados que arrastran su trineo, y echará a andar por los aires, a los alegres sones de las colleras de campanillas, hasta la chimenea del niño vecino. A Santa Claus, que es el buen Santo Nicolás, ruegan los niños todo el mes de diciembre; y le prometen conducirse bien, como a la Lela Marien, que es la dulcísima Virgen, ofrecen en casos graves las gallardas moras; y le escriben cartas, y le incluyen la lista de los presentes que desean; y piden a sus padres que le envíen un telegrama, para que la respuesta venga pronto. Y Santa Claus es muy bueno, y siempre responde! Oh! calcetín prodigiosísimo! Los niños quieren esta noche tener pies tamaños, como los de los gigantes de Perrault. Nada despierta como el deseo, y al alba ya están despiertos. ¡Qué resonar de clarines! ¡Qué redoblar de tambores! De aquel calcetín salen, como de un cuerno de la abundancia, vestidos completos, arreos marciales, botines de seda, muchedumbre de confites, gorras de piel de foca, estuches de carpintería, bastones, relojes, juguetes, hermosísimos libros! ¡Qué reir! ¡Qué vocear! ¡Qué darse celos! ¡Qué ser felices! ¡Oh, tiempos de dulce engaño, en que los padres próvidos cuidan, a costa de ahogar los suyos, de la satisfacción de nuestros deseos! ¡Qué bueno es llorar a

mares, si podemos traer con nuestro llanto una sonrisa a los labios del hijo pequeñuelo! No hay cómo vivir para los otros.—lo que dá suave orgullo y
fortaleza.

Tiffany es poderosísimo joyero. Museo es su casa, no tienda: exhibe en un piso maravillas de ce-
rámica, y en otro, castos mármoles y ricos bronces,
y en otro tal cúmulo de costosa prendería. que no
parecen aquellos mostradores propiedad de mercader privado, sino tesoro de monarca persa Ira
y piedad levanta el puñado de gentes ávidas que
rodea siempre el mostrador de los diamantes. Parecen esclavas, prosternadas ante un señor. Una esclava es más dolorosa de ver que un esclavo. ¡Cuánto deseo! ¡Cuánta sonrisa forzada! ¡Cuánta tristeza! ¡Oh, si miraran de esa manera en el alma de
sus hijos: qué hermosos diamantes hallarían!

Y ahí van los compradores ricos en estos días
de fiesta. Cuál celebra el "diamante de Tiffany".
de tintas canarias, que fué traido de Kimberly. en
el Africa Meridional. y vale $50.000; cuál anhela
una pluma, cuajada de piedras, que vale diez mil
pesos. porque no tiene menos de seis mil brillantes;
cuál compra una mariposa, o una abeja, y paga por
ella mil quinientos dólares. Tiffany es como jefe
de ejército. y su casa como campamento. cuyas tiendas son de tapices de Smirna y de Flandes. al pie
de cuyos pliegues ricos yacen aceros de Damasco y
de Toledo, y copas de oro y plata. Tiene una cohorte de obreros y otra de vendedores, y otra de
inventores. De las supersticiones, de las leyendas,
de los mitos. hacen joyas los imaginadores que tie-

ne a sueldo Tiffany. Cada año saca a sus mostradores prendas nuevas, como las que andan en boga
en Europa, o como los inventores se las aconsejan.
Hoy es un cerdo de oro, que se lleva como alfiler de
corbata, y como pendiente de dama, y como sortija;
mañana es un anillo, sujeto al cual flota un candado
cubierto de turquesas, cuya llave menuda da la amada al amado, como en símbolo de fe: ahora son anillos abiertos, en forma de sierpe, ya de cordón trenzado, que luce un brillante en el centro, y rubíes.
turquesas o esmeraldas en los remates.

Regálanse en estos días las joyas más costosas.
Los caballeros envían a las damas, ya puesto como
piedra en una sortija, un carcax de oro lleno de
brillantes pequeñísimos; ya piedras extravagantes.
que llaman de ojo de gato, con diamantes lucientes
de un lado y del otro: o ponen en un anillo tres
piedras de colores blanco, rojo y azul, y con ellas
quieren decir pureza, amor y lealtad. Las damas
envían a su vez a los caballeros, tabaqueras lujosas,
de bronce y esmalte, que les cuestan dos centenares de pesos; o alfileres de corbata que ostentan,
cuando no la esquina de una calle en oro, perlas de
forma rara, que imitan ave o cuadrúpedo, montados
en oro, plata o hierro. Gran precio pagan ahora
las niñas apalabradas de matrimonio por monedas
del viejo Egipto, Roma o Rusia, que hacen aderezar
elegantemente, y envían luego a que sirvan de pren-
dedor a las corbatas de sus dueños. De bastones,
de enfriadores de vino, de estuches de viaje, de
tinteros ricos, hacen presentes las damas a los galanes. Y llenan los estantes de las tiendas, elefan-

tes esencias: frutas de ónice de México que alcanzan aquí excelente precio, falderos dorados que con su hociquillo agujereado anuncian que son humildes saleros: escudos brilladores que encubren juegos elegantes de aseo de manos, viaje o costura. Y casas de libros, que se parecen a la biblioteca de Alejandría. Y cuentos de niños, hacinados en montañas. Y colosales sombreros de damas; breves chinelas; rudos zapatos, cisnes de alas abiertas, rosas gigantes que se abren, apenas se las toca, en jugosos dátiles de Esmirna, o turrones fragantes, frutas azucaradas o castañas suaves. De todo se hace regalo en estos días: de lo de lujo y de lo de uso.

Si unas manos benévolas emplearon sus ocios en tejer con estambre unos mitones, que en esta tierra se usan para amparar del frío a las muñecas, no desdeñará el lujoso caballero ostentar, cual joya de valía, como que lo es más que otra alguna, el donativo familiar. Si una hija hace aposento de seda, todo lleno de rizos y de lazos, para los enseres de aseo de su padre, éste lo pondrá orgulloso en lugar preferente de su alcoba, como antiguo guerrero su panoplia. Si una amorosa niña borda con sus delgadas manos, en cinta de seda el nombre de su amigo, éste colocará reverentemente, para que sepan que es querido, la linda cinta como señal del libro más preciado entre los que adornan su chimenea de hombre soltero. Se encontrarán el domingo de Pascua los conocidos, ya en el salón de las casas, que para recibir estas visitas se alhaja con especial esmero, ya en el baile risueño, donde danzan los aturdidos convidados en torno al resplandeciente árbol de Christmas. O se saludarán en los días previos en esas calles rebosantes que con parecer hipódromos griegos, por lo luengas y amplias, vienen cortas y estrechas a la muchedumbre bulliciosa que se apiña a las puertas de los almacenes babilónicos, o lucha por poner los ojos en los palacios de niños, o patios de reyes, o escenas de caridad con que las grandes tiendas adornan sus aparadores.

¡Qué multitudes! ¡Son bosques humanos! ¡Qué tiendas! No fué más animado, ni tuvo más compradores, un mercado de Tyro. Afluyen en las calles, como ríos, procesiones de paseantes: el buhonero pregona sus baratijas: amparado de la lluvia. que no detiene a los compradores, por fuertes botas. gabán fuerte y gorra de hule, el guardia de policía alza en su brazo robusto su bastoncillo corto, a cuya señal detiene los fornidos corceles el cochero de casa poderosa, y enfrena sus caballos pesados el carretero que lleva su carro rojo lleno de altos cajones; y el férreo irlandés que conduce con su montuosa mano el vagón del tranvia, pára de súbito los brutos espumantes y nerviosos, en tanto que el guardia dirige el paso de aquel núcleo de transeuntes de una acera a otra, tras el cual, a otra señal del corto bastoncillo, emprenden su bulliciosa marcha, vagón. carro y carruaje. Todo el día es comprar y vender. Museos son las aceras, las manos fuentes de oro, las gentes, locos ávidos. Y de noche, entre los rizos rubios de los niños, revuelan sobre la cándida almohada, sueñecillos azules.

¿Qué suceso ha de alcanzar importancia en estos

días de tantas lágrimas calladas de las madrecitas
para cuyos hijos no entrará el buen Santa Claus
por la ruinosa chimenea, y de tantos delicados gozos para el padre que llevará a su prole una casa en
miniatura, por cuyas puertas y balcones han de
verse, en salones liliputienses, libros, juguetes y
ricas prendas de vestidos? ¿En qué acontecimiento
ha de ponerse mente atenta, en estos días en que
domina a los hombres ansia de hogar y goces puros.
y descansan las plumas y las malas pasiones, y
como palomar en día de estío, abren las alas las
pasiones buenas? El proceso mismo de Guiteau, del
que apartaremos hoy los ojos por no poner en nube
sonrosada cendales de lutos, se ha arrastrado como
en desmayo y fatiga, ya por ausencia de testigos.
ya por locuacidad de algunos de ellos, ya por la
muerte de la esposa de uno de los jurados. En
bronce hacen el busto del criminal, cuyo molde se
dejó tomar con insana complacencia, luego que le
convencieron de que bien valía el sacrificio de sus
barbas, de que estaba muy pagado, el júbilo de ser
admirado en efigie en los tiempos venideros. Y la
que fué su esposa, del brazo del que es hoy su
nuevo esposo, entró con su pequeña hija de la mano
en la fría celda del preso, y entre sollozos y palabras lúgubres, desearon bien y dijeron adiós al
asesino.

Asoman, entre el andar de las gentes, el trenzar
de las coronas, y los ramos verdes del árbol de
Pascuas, concepciones monstruosas, como una compañía peruana, que mantiene que los hombres del
Norte de América tienen derecho a todo el oro y

las riquezas todas de la América del Sur, y a que
en el Perú se haga lo que ha comenzado a hacerse
en México, lo cual ha de empezar porque, en pago
de un crédito de aventurero, abra el Perú todas sus
minas a los reclamantes avarientos, sus lechos de
oro, sus vetas de plata, sus criaderos de guano; y,
en prenda del contrato, sus puertos y ferrocarriles.

Y los hebreos celebran su Chanucka; y los hijos
de los peregrinos el desembarco de los mensajeros
de la libertad, que un día once de diciembre llegaron a las playas de la misteriosa América hace doscientos sesenta y un años. De su religión, los hebreos como los polacos, hacen patria. ¡Otros la
hacen de un amor, y muerto él, van por la tierra
como desterrados! ¡Otros la hacen de un sueño!
Aquella lengua raizal, como fué hecha y hablada en
tiempos raíces, de que han venido luego estos pueblos de ahora, como frondosísimo ramaje, es conservada con pasión, cual joya de familia, en la casa
de los judíos. Para ellos, la indiferencia religiosa,
no es delito de incredulidad, sino de traición. Dejar
solo el templo en los días de fiesta, es desertar de
las banderas de la patria: y ¡de la patria puede tal
vez desertarse, mas nunca en su desventura! Cierran talleres y tiendas en los días consagrados por
su iglesia, y celebran con danzas y festines las hazañas de Judas Macabeo, que se llamó el Macab,
porque dió golpes de maza en el testuz de los tiranos, y entró triunfante, a la cabeza de sus huestes
redentoras, en el templo que había profanado el vil
Antíoco. Todo lo cual aconteció hace más de dos
mil años. Como injurias mortales y recientes, abo-

minan aún los judíos las groseras profanaciones del
sanguinario rey de Siria, que regó con agua en que
había hervido un cerdo, el templo venerado de Sa-
lomón, y dió muerte a tantos judíos que fué la he-
catombe terrible, más alta que el templo. Aún ca-
lientan el rostro pálido y enjuto de los hebreos de
ahora, las llamas en que echó a arder Antíoco
Epiphanes las Santas Escrituras. Aún sienten aquel
ardor que llevó a sus antepasados a cobijarse bajo
la bandera de Mattathias, rebelarse fieramente contra el general del Rey, y echarse, como mar en cólera, por llanos y montañas!

Los hijos de los peregrinos tuvieron también su
fiesta: mas ¡ay! que ya no son humildes, ni pisan
las nieves del Cabo Cod con borceguíes de trabajadores, sino que se ajustan al pie rudo la bota marcial; y ven de un lado al Canadá, y del otro a México. Así decía, a la faz del Presidente de los
Estados Unidos, que se sentaba a la cabeza del
banquete y es miembro de la asociación celebradora.
un caballero Senador que dijo, por otra parte, con
justicia, que le movía a cólera y desprecio, el hombre menguado que por pereza o ignorancia se negaba a tomar parte activa en los asuntos de su
pueblo. Decía así el senador Hawley: "Y cuando
hayamos tomado a Canadá y a México, y reinemos
sin rivales sobre el continente, ¿qué especie de civilización vendremos a tener en lo futuro?" ¡Una,
terrible a fe: la de Cartago!

Sobrado de actividad se mostró en la Secretaria
de Estado el esforzado Blaine. De una parte, púsose de pie en las montañas del Istmo, y abrió los

brazos para impedir el paso a pueblo alguno de
Europa. De otra, intimó a Inglaterra que dejase a
la Unión Americana, señora exclusiva de la América, a lo que se opone el tratado de Clayton-
Bulwer. De otra, apoyó con premura, en forma de
negociación de paz, la reclamación que, como com-
pradora de los derechos de un francés andariego.
hace, por suma loca, una Compañía de explotadores al Perú. Y el Presidente Arthur, no bien sale
de la Secretaría por propia voluntad y miras de partido, el innovador y denodado Secretario, le reem-
plaza, atendiendo a la petición urgente de paz y
cordura de la prensa, con un caballero mesurado y
grave, de hábitos conservadores y juiciosos de rostro lampiño, como de astuto abogado; de fama excelente, a quien viene la habilidad política de padre
y abuelo, que fueron gente de nota: el caballero
Frelinhuysen. Y como no tenía orador la Cámara
de Representantes, eligieron éstos, más por derrotar
al candidato Hiscock, que es intrépido y temible,
que porque acompañasen al electo merecimientos
singulares, a un diputado que antes de cruzar palabras, cruzó balas, y manejó a un tiempo los libros
y el azadón: el general Keifer. Viste como hacen-
dado; habla correctamente, y discute con destreza y
fluidez; y muestra en su rostro expresivo y abierto,
la decisión y el ímpetu que requiere su puesto co-
diciado. ¿Pero cómo hablar de ellos ahora, si huyen hoy como todos del bullicio público, y dejan
sus asientos cómodos, y van, caminito de Pascuas,
a colgar el uno su cartera, y el otro su nuevo título,

en el árbol de Christmas que les espera en sus hogares?

¡Ved! Aquí pasa un árbol de Christmas: es de bálsamo, porque son tenidos por vulgares, y se dejan para gente modesta, los de pino y los de cedro. ¡Ved, cuánta corona de flores y hojas secas que vienen de Alemania! ¡Cuánta estrella, hecha de mirtos y siemprevivas! ¡Cuánta guirnalda, hecha de laurel y acebo! ¡Cuánto adorno valioso, que se colgará luego en las paredes del comedor engalanado, y en puertas y ventanas! ¡Ved, el muérdago, la rama sagrada de los galos, ante la cual juraban las sacerdotisas y los druidas eterno odio a César, y cuyas palmas verdes, a los acentos bélicos de la magnífica Velleda, postraban en el bosque misterioso, en la pálida luz de noches tibias, frente a los mudos y divinos dólmenes! ¡Ved estas violetas, que son de Nápoles y Parma! ¡Ved esos cestos de rosas, grandes rosas de Francia; de claveles encarnados; de inmortales amarillas, que vienen de Italia; de jacintos romanos; de camelias japónicos! Y tomadlas y ponedlas junto a la cuna de vuestro último hijo, que es mi don de Pascuas!

JOSE MARTI.

La Opinión Nacional. Caracas, 6 de enero de 1882.

3

CARTA DE NUEVA YORK

Sumario

Año Nuevo.—Jubileo de Cortesía.—Knicker Boc kers y Yankees.—Casas de ricos y casas de pobres —Vestidos suntuosos.—El Año Nuevo del Presi dente, el del orador y el del asesino.

Nueva York, enero 7 de 1882.

Sr. Director de *La Opinión Nacional*:

El año nuevo ha nacido coronado de nieve, ha
sacudido su manto real, y ha llenado la tierra de
copos blanquísimos. ¡Ay, dicen que la nieve es
necesaria en estas tierras invernosas, para amparar
del frío las semillas y las raíces de las plantas; mas
el ánima azorada suele verla con aquel espanto con
que ve la gacela al cazador, y como ella de él, huye
el alma de la nieve al bosque: al bosque de sí misma! A bien que harto lloró Boabdil, y no sienta
bien el llanto en rostro de hombres. Es día de ir
y venir el día primero de año; día de jubileo, en
que no se cambien deudas, sino las de cortesía; día
de anhelo y estreno en las damas, y de peregrinación
en los galantes caballeros. Vacíanse de carruajes
los vastos establos; calles de Semana Santa en pueblo católico semejan las calles: parece todo el mundo montado a caballo; hay frente a cada puerta un
coche; el galán que entra tropieza con el galán que
sale; adivínase el plácido rostro de los hombres que
vienen de ver damas. No hay cosa que disponga
el ánimo, y que remoce y regocije, como hablar con
mujer. ¡Así deben volar los céfiros felices, carga-
los del perfume de las flores!
No es aquí uso, como en Francia, acompañar de

presentes los saludos,—que esto se hace en las alegres Christmas; ni es dia, como en España, de regalar a carteros y porteras; sino que,—al modo de
los viejos holandeses que alzaron en torno a esta
bahía, siguiendo la caprichosa senda marcada por
el ganado vagabundo, las primeras casas,—es costumbre que cada caballero visite en este dia a las
damas que conoce, las que se juntan luego al dia
siguiente, y comparan con ojos brillantes de ansia
y celos, como Tenorio y Mejía sus conquistas, el
número de galanes que les desearon año bueno. Y
asi como en los solemnes banquetes de la antigua
Filadelfia, celebrados al calor de los amables leños,
y a la luz de macilentas bujías, era pecado grave que
el señor de la casa no bebiese separadamente, cual
lo ordenaba la cultura puritana, a la salud de cada
uno de sus huéspedes,—asi se mira en estos tiempos como culpable negligencia, y ofensivo desdén
que deje un caballero de llamar a la puerta hos-
pitalaria de las damas que aguardan ansiosas a cada
visitante, cual justador de la palma apetecida, o
cual romano centurión la corona de laurel.

Con gozo igual, reciben las damas las visitas y
las hacen los caballeros. Ya en los dias anteriores
publican los periódicos respuestas a las preguntas
curiosísimas que jóvenes inexpertos, o visitadores
embarazados, les dirigen. Cuál quiere saber si ha
de llevar guantes a la visita de año nuevo, y si sentará bien la casaca en visita de día, a lo que le co-
rresponden que lleve guantes y no lleve casaca; y
cuál pregunta qué brazo ha de dar a la dama que le
toque en suerte acompañar a la mesa y si ha de do-

blar o no la servilleta después de haber festineado.
a lo que le dice el diario que dé a la dama el brazo
izquierdo, para que pueda prepararle con el derecho el asiento que a su derecha ha de ocupar, y le
aconseja que no doble la servilleta, sino que la deje caer con descuido elegante al lado del plato del
festín. Pide una dama a un diario idea de un vestido propio para recibir a sus amigos el día de año
nuevo, y otra ruega a otro diario que le indique si
le estará mejor llevar joyas en su tocado, o poner
una humilde margarita de plata en el cabello, a lo
que opina el diarista con buen juicio, que le estará
mejor la margarita humilde.

Entran en estos días previos, en las casas pobres.
que alardean de adineradas, paquetes vergonzan-
tes, que son de copas, o de los modestos manjares
que aderezan para obsequiar a los que, con el alba
del año, hayan de favorecerlas; y los hombres de
color y las elegantes suizas que aqui hacen los oficios de la casa en las suntuosas viviendas de los
acaudalados, repasan y aprontan para la fiesta, los
ricos vasos de plata, y las artísticas bandejas en
que han de servirse a los atentos huéspedes, los
aromosos vinos que guardaban las bodegas de los
dueños. Y ponen en lugar fresco los vinos rojos.
porque asi son mejores, y quitan de él los vinos
graves, porque éstos han de servirse un tanto calientes. Si tropiezan con Chateau Iquem del 70, lo
dejan a un lado porque es de días comunes, y buscan el del 69, que es vino de fiesta. Ha de ser de
Duff y Gordon el buen Jerez, o de Domecq, porque en el Jerez se paga la bondad y la fama. El de

Málaga ha de ser del que usan los sacerdotes españoles para sus misas, porque si catador neoyorkino sabe que no es el Málaga sacramental, no bebe Málaga. El Madera es vino muy gustado en esta tierra. Cuenta la leyenda que John Hancock, que era antes de la guerra de Washington, un gran mercader de la próspera Boston, acostumbraba en los días de gran festejo, llenar la fuente pública de vino de Madera, del que bebía libremente el pueblo agradecido: mas no ha de ser este vinillo isleño más viejo que el de la cosecha de 1813 ni más joven que el del 46. Y ron, si se ha de servir, ha de ser de la Antigua, y de 21 años.

Porque de los fundadores de Nueva York viene a sus actuales habitantes el hábito cortés y pintoresco de revolotear de casa en casa, que parecen ramilletes de flores, como mariposas mensajeras de buenos deseos el día de año nuevo; pero no han heredado los neoyorkinos la sencillez de los fundadores. Juntábanse antes, en estos días, los contertulios y relacionados, que se abstenían de bebidas en la presencia de las damas, y no cataban a sus solas más que vinillo de maíz, cebada y trigo, que hacían muy bien los cosecheros del viejo Kentucky y la histórica Marilandia: pedíase gravemente a la severa matrona que rodeada de sus ruborosas hijas recibía la visita, su venia para acudir el año próximo a desearle un feliz año. Y en la familia se hablaba de los elegantes bailes de Filadelfia, que ponía entonces la moda; de los magistrados y pastores de Boston, que era ya entonces centro de cultura; y de los regocijos del otoño, en que era uso

que los vecinos se reuniesen en el cortijo del vecino, y se ayudasen por turno a deshojar la cosecha
de maíz, lo que era ocasión de risa y gozo, porque
el que hallaba una mazorca picada tenía el derecho
de golpear el rostro de los varones de la junta, y
el que hallaba una mazorca roja, el de besar en la
mejilla a cada una de las niñas solteras que hubiese
en el cortijo: y si era la niña la que hallaba la mazorca ¡qué susto! ¡qué deseos! ¡qué suplicar con
los ojos el de los galanes! Porque la niña besaba
entonces al que le pareciera, en la comunidad, más
digno de un beso.

Hoy se hacen las visitas a manera de ráfaga brillante. Detiénese en la puerta el carruaje bullicioso: salta de él en traje de día el visitador: tropieza
en el umbral con el artesano corpulento o el empleado agradecido que vinieron a dar fé de su cariño al dueño de la casa: y entra a la sala deslumbrante, en donde ricas damas responden con volubilidad e ingenio al saludo de usanza. Y allá, en
el fondo, resplandece la mesa de Año Nuevo, que
es mesa que cuesta a veces a sus dueños, dos millares de pesos. Viste el visitador como de viaje:
pero las damas se han acicalado grandemente. Van
como sobrevestidas estas damas, y no se nota en
ellas aquella artística analogía entre la esbeltez que
da al cuerpo un espíritu elegante, y las ropas que
ciñen el cuerpo, sino una como superabundancia
corporal, que da a las damas aires de esposas de
mercader, que pasean a los ojos de los compradores las maravillas de los almacenes de su esposo.
Era de verse más la seda del alma que la del traje:

y aquí es ésta tanta, que no se ve aquélla. Unas
llevan sobre traje de seda carmesí, flores de plata: otra ostenta delantal riquísimo, que venden los
parisienses a ciento setenta y cinco pesos vara, y
está todo bordado a la mano, al modo japonés, de
raras aves y grandes rosas sobre fondo crema; y
otra lleva bordado en el delantal un gran relámpago de oro, en forma de rama seca, cuyas escasas
hojas están hechas de rubíes, cuentas, ámbar y za-
firos.   No usan ya por bien del arte y de los ojos,
aquellos altísimos tocados con que se robaban las
damas de los Knickerbockers,—que viene a ser aquí
como noble de abolengo, descendiente de fundadores y fué realmente el nombre de éstos,—aquella ingenua e infantil belleza de las cabezas femeniles,
que ahora se adornan con sus propias galas, y una
que otra florecilla púdica: mas reviven las neoyorkinas los viejos brocados, y opulentas flores de relieve ornamentan de nuevo los vestidos, en los que
se tiene a gala imitar los colores de la madera húmeda del bosque, y los oscuros matices del bronce
y oro.
Tal suma de gastos, que con trajes semejantes
y la lujosa mesa, vienen a ser de verdadera monta,
van siendo causa de que muchas familias que gozan fama de acaudaladas, y que no quieren perderla, tomen pretexto de la muerte de algún pariente
lejano, o la de su deseo, para colgar a su puerta
una elegante cesta, atada con una cinta negra, en
la que dejan los visitantes sus tarjetas; o cuelguen
simplemente la cestilla, adornada de cintas azules,
o saquen al umbral un jarrón rico, puestos allí tam-

bién a recibir tarjetas, en tanto que comentan en lo
interior de la casa lo enojoso de obedecer a costumbres que se van haciendo ya vulgares, o dis-
frutan de este día de fiesta en el abrigado hogar
de alguna aldea vecina. Qué rodar de carruajes!
No cesa en todo el día! Qué recibir visitantes! Sorprenden en esta faena a las damas las campanas
de la media noche. Qué entristecerse el de las niñas casaderas, si no vienen a verlas caballeros numerosos! ¡Qué regocijo el de la casa de los pobres, cuando la campanilla desusada anuncia un visitante! Así es en Nueva York el año nuevo. Y
en Brooklyn, dos mil personas, en interminable procesión, saludaron a un anciano de faz roja y blanca y larga cabellera, al orador Beecher. Y en Washington, no recibió a más gentes el Presidente en la
Casa del Estado, que el orador recibió en la suya
en Brooklyn. Y en su celda, rebosante de júbilo,
y de insana soberbia, de pie, como un monarca, junto a la ruin mesilla de los presos, respondía Guiteau con sonrisas afables y frases graciosas, a trescientas personas que fueron a desearle venturoso
año nuevo. O curiosidad, o monstruosidad! Esas
visitas no son obra de piedad, sino sanción de un
crimen. Y no eran los visitantes personas conspí-
cuas, mas no eran tampoco personas vulgares. Parecía la celda un trono sombrío. Las madres envia-
ban a sus hijos a que diesen la mano al asesino.
Las señoras cambiaban con él apretones de manos.
Mas de una hubo que le llevó flores. A trescientas
subieron también las felicitaciones de año nuevo
que recibió por el correo, con hermosas tarjetas ale-

góricas, y motes bíblicos. De todas partes de la nación le llegaban cartas de saludo y demandas de su autógrafo; en el tribunal ya le ponen en el cepo, como para atajar las censuras que la excesiva libertad del proceso provoca en la prensa extranjera, y él vocea, se desmanda e injuria, como cuando se sentaba entre su hermana y su abogado. Pero en su celda, ved que le llevan flores, cuando ya se han secado las que descansan en la tumba de aquel varón magnánimo que arrebató a la vida! Debe ser ley en los tribunales el ahorro de la vida humana. Debe ser culto en las familias el horror al crimen.

La Opinión Nacional. Caracas, 20 de enero de 1882.

4

CARTA DE NUEVA YORK

Sumario

El proceso de Guiteau.—El estetismo.—Pálido Pos tlethwaite.—El poeta Oscar Wilde.—Los inmigran tes.—Un grande anciano muerto.

CARTA DE NUEVA YORK

Sinopsis

Nueva York, 7 de Enero de 1882.

Señor Director de *La Opinión Nacional.*

Ya toca a su remate el proceso del asesino; ya han negado a sus defensores permiso para poner peritos nuevos al formidable cortejo de peritos que le han venido declarando cuerdo en estos dias; ya se prepara el defensor a resumir los hechos, y a aprovechar los testimonios en que cimenta su defensa; ya tienen concertada los acusadores la terrible respuesta que ha de seguirle; ya se aguardan cosas dolentisimas, y escenas de monstruo; ya se acerca el dia en que han de publicar su veredicto los jurados.

Con los primeros dias del año, llegó a Nueva York, a bordo de uno de esos vapores babilónicos, que parecen casas reales sobre el mar, un hombre joven y fornido, de elegante apostura, de enérgico rostro, de abundante cabello castaño, que se escapa de su gorra de piel sobre el Ulster recio que ampara del frío su robusto cuerpo. Tiene los ojos azules, como dando idea del cielo que ama, y lleva corbata azul, y sin ver que no está bien en las corbatas el color que está bien en los ojos. Son nuestros tiempos de corbata negra. Este jóven lampiño, cuyo maxilar inferior, en señal de fuerza de voluntad, sobresale vigorosamente, es Oscar Wilde, el poeta joven de Inglaterra. el burlado y loado apóstol del Estetismo.

¿Quién no ha visto ese cuaderno de caricaturas que se publica cada semana en Londres, y en cuya carátula ríe maliciosamente. cercado de trasgos, bichos y duendes, un viejillo vestido de polichinela? Ese es el *Punch*, y Du Maurier es el dibujante poderoso que le dá ahora vida. Cuánto acaece, allí es mofado. Toda figura que en toda parte de la tierra se señala, allí es desfigurada y vestida de circo. Va el *Punch* detrás de los hombres, con un manojo de látigos que rematan en cascabeles. Publica sus caricaturas por series, como los cuadros de Hogarth, y familiariza a su público con sus victimas. Londres ríe hace meses por el poeta Postlethwaite, que es el nombre, ya famoso de un lado y otro del Atlántico, que el *Punch* ha dado a Oscar Wilde. Postlethwaite es una lánguida persona que abomina la vida, como cosa democrática, y pide a la luz su gama de colores, a las ondas su escala de sonidos. a la tierra apariencia y hazañas celestiales. Todo disgusta al descontentadizo Portlethwaite. Cuanto hacen los hombres, le parece cosa ruín. De puro desdeñar los hábitos humanos, va tan delgado, que parece céfiro. Postlethwaite quiere que sea toda la tierra un acorde de armoniosa lira. Estos parlamentos de los hombres de ahora le mueven a desdén, y quiere para la vida empleo espiritual, y para los vestidos colores tenues y análogos, de modo que el fieltro del sombrero no desdiga del cuero de las botas, y sea todo melancólico azul o pálido verde. Postlethwaite es ya persona célebre y toda

Inglaterra y todos los Estados Unidos aplauden hoy una ópera bufa de un poeta inglés en que se cuentan los melodiosos y alados amores del tenue bardo mustio.

Con tanta hazaña movió Du Maurier su lápiz tajante, que cuando publicó al cabo Oscar Wilde, jefe del movimiento artístico así satirizado su volumen de versos, no veían los lectores en sus arrogantes y límpidas estrofas más que aquella ridícula figura, que pasea con aire absorto por la tierra su mano alzada al cielo, como coloqueando con las brisas, y su nariz husmeante, en que cabalgan colosales gafas. Ahí está, en luz y sombra el movimiento estético. Mantiene este hombre joven que los ingleses tallan sus dioses en carbón de piedra y huye a Italia, en busca de dioses tallados en mármol; y va a Roma, por ver si halla consuelo en los alcázares católicos su espíritu sofocado por el humo de las fábricas; más vuelve al fin desconsolado a las islas nobles que le dieron cuna, y lo fueron en otro tiempo de la grandeza y la caballería, e invita a su alma a que salga de aquella vil casa de tráfico, donde se venden a martillo la sabiduría y la referencia, y donde, entre los que exageran el poder de Dios y los que se lo arrebatan, no tiene espacio el espíritu para soñar en su mejora y en las nobles artes. Quiere el movimiento estético, a juzgar por lo que de él va revelado y lo que muestra el libro de versos de Oscar Wilde, que el hombre se dé más al cultivo de lo que tiene de divino, y menos al cultivo de lo que le sobra de humano. Quiere que el trabajo sea alimento, y no modo enfermizo y agitado de ganar fortuna. Quiere que vaya la vida encaminada, más a hacer oro para la mente, que para las arcas. Quiere, por la pesquisa tenaz de la belleza en todo lo que existe, hallar la verdad suma, que está en toda obra en que la naturaleza se revela. Quiere que por el aborrecimiento de la fealdad se llegue al aborrecimiento del crímen. Quiere que el arte sea un culto, para que lo sea la virtud. Quiere que los ojos de la mente y los del rostro vean siempre en torno suyo, seres armónicos y bellos. Quiere renovar en Inglaterra la enseñanza griega. Y cae al fin en arrogancia y fraseo de escuela. Y dice que quiere hallar el secreto de la vida.

Hay en estos Estados Unidos, a la par que un ansia ávida de mejoramiento artístico, un espíritu de mofa que se place en escarnecer, como en venganza de su actual inferioridad, a toda persona o acontecimiento que demande su juicio, y dé en sus manos. y pasa en eso lo que en las ciudades de segundo orden con los dramas aplaudidos en las capitales, que solo por venir sancionados de la gran ciudad son recibidos en la provincia con mohines y desdenes. como para denotar mayor cultura y más exquisito gusto que el de los críticos metropolitanos. En esta dependencia de Europa viven los Estados Unidos en letras y artes; y como rico nuevo a quien nada parece bien para aderezar su mesa, y alhajar su casa, hacen profesión de desdeñosos y descontentadizos, y censuran con aires magistrales aquello mismo que envidian y se dan prisa a copiar.

¿Qué suerte aguarda, pues, al joven poeta que viene a esta tierra a propagar desde la plataforma

del lector su dogma estético, y a poner en escena
una tragedia de argumento ruso que por respetos
internacionales no ha podido ser representada en
Londres? No bien pisó muelles de Nueva York el
bardo inglés, a quien estiman los jueces serenos,
dotado de ingenua fuerza poética, que se verá entera cuando haya pasado para el bardo joven el forzoso período de imitación, imitación de Keats y
Swinburne, en que anda ahora; ya los periodistas
sacaron a luz al lánguido Postlethwaite, y ya echan
a nadar por plazas y calles, más ganosos de cebarse
en lo alto que capaces de acatarlo, a esa criatura
del sangriento *Punch,* a ese poeta famélico de cielo y agostado, a ese trovador que tañe en los aires
enfermos una lira doliente e invisible.

Pero Oscar Wilde volverá a Europa. No volve-
rán, en cambio, sino que harán casa en las entrañas
de los bosques, o arrancarán una fortuna al seno
de las minas, o morirán en la labor esos cuatrocientos cuarenta mil inmigrantes, que Europa, más so-
brada de hijos que de beneficios, ha enviado este
año a las tierras de América. Manadas, no grupos
de pasajeros, parecen cuando llegan. Son el ejér-
cito de la paz. Tienen derecho a la vida.| Su pie
es ancho y necesitan tierra grande. En su pueblo
cae nieve, y no tienen con que comprar pan y vino.
El hombre ama la libertad, aunque no sepa que la
ama y viene empujado de ella y huyendo de donde
no la hay, cuando aquí viene. Esa estatua gigantesca que la República Francesa da en prenda de
amistad a la República Americana no debiera, con
la antorcha colosal en su mano levantada, alumbrar

a los hombres, sino mirar de frente a Europa, con los brazos abiertos. He aquí el secreto de la prosperidad de los Estados Unidos: han abierto los brazos. Luchan los hombres por pan y por derecho, que es otro género de pan; y aquí hallan uno y otro, y ya no luchan. No bien abunda el trigo en los graneros, o el goce de sí propio halaga al hombre, la inmigración afloja, o cesa; más cuando los brazos robustos se fatigan de no hallar empleo,—que nada fatiga tanto como el reposo—, o cuando la avaricia o el miedo de los grandes trastorna a los pueblos, la inmigración como marea creciente, hincha sus olas en Europa y las envía a América. Y hay razas avarientas que son las del Norte, cuya hambre formidable necesita pueblos vírgenes. Y hay razas fieles, que son las del Sur, cuyos hijos no hallan que caliente más sol que el sol patrio, ni anhelan más riqueza que la naranja de oro y la azucena blanca que se cría en el jardín de sus abuelos: y quieren más su choza en su terruño que palacio en tierra ajena. De los pueblos del Norte vienen a los Estados Unidos ejércitos de trabajadores: ni su instinto los invita a no mudar de suelo, ni el propio les ofrece campo ni paz bastante. Ciento noventa mil alemanes han venido este año a América: ¿qué han de hacer en Alemania, donde es el porvenir del hombre pobre ser pedestal de fusil, y coraza del dueño del Imperio? Y prefieren ser soldados de sí mismos, a serlos del Emperador. De Irlanda, como los irlandeses esperan ahora tener patria, han venido en este año menos inmigrantes que en los anteriores. La especie humana ama el

sacrificio glorioso. Todos los reyes pierden sus
ejércitos: jamás la libertad perderá el suyo:—de
las islas inglesas solo han buscado hogar americano
este año, ciento quince mil viajeros. Francia, que
enamora a sus hijos, no ha perdido de éstos más
que cuatro mil, que son en su mayor parte artesanos de pueblos, que no osan rivalizar con los de la
ciudad, ni gustan de quedarse en las aldeas, y vienen, movidos del espíritu inquieto de los Francos, a
luchar con rivales que juzgan menos temibles que
los propios. Italia, cuyas grandes amarguras no le
han dejado tiempo para enseñar a sus campesinos
el buen trabajo rudo, han acrecido con trece mil de
sus perezosos y labriegos, la población americana.
Suiza, que no tiene en sus comarcas breves, faena
que dar a sus vivaces y honrados hijos, no ha mandado menos de once mil a estas playas nuevas. De
Escandinavia, a cuyos donceles de cabellos rojos
no tienen los desconsolados nativos riquezas de la
tierra que ofrecer, porque es su tierra tan pobre como hermosa, llegaron a Nueva York cincuenta mil
hombres fornidos, laboriosos y honrados. Nueve
mil llegaron de la mísera Bohemia, más en fuga del
trabajo que en su busca: y nueve mil de Rusia, de
cuyas ciudades huyen los hebreos azotados y acorralados. Y los áridos pueblos de la entrada del
Báltico han enviado a estas comarca de bosques
opulentos diez y seis mil neerlandeses. Y cómo vienen, hacinados en esos vapores criminales! No los
llaman por nombres sino los cuentan por cabeza,
como a los brutos en los llanos. A un lado y otro
del globo, del lóbrego vientre de los buques, se

alzan jaulas de hierros construídas en camadas superpuestas, subdivididas en lechos nauseabundos, a
los que sube por una escalerilla vertical, entre canta-
res obscenos y voces de ebrios, la mísera mujer cubierta de hijos que viene a América traída del hambre, o del amor al esposo que no ha vuelto. Les dan a
comer manjares fétidos, les dan a beber agua mal
oliente. Como a riqueza a que no tienen derecho,
los sacan en majadas a respirar algunos instantes
sobre la cubierta del buque el aire fresco. No se
concibe como reclusión semejante no los mueve al
crimen! ¿Dónde está la piedad, que no está donde
padecen los desgraciados?

Y ellos llegan contentos como los hebreos que
acompañaban a Moisés. Vienen a la tierra de los
gigantescos racimos de uvas. Vienen a los ríos
que arrastran oro, y a las selvas que no se secan.
Los unos empuñan la hoz, y se van en cuadrillas
por los campos a hacer trabajos de labriegos. Hácense los italianos de unas cuantas naranjas y li-
mones y pastas de azúcar, y alzan en un rincón de
Nueva York una frágil barraca. Los alemanes son
hombres de ciencia y de comercio. No hay reloje-
ros como los suizos. Ni gentes más honestas que
los belgas. No hay trabajo recio y mezquino que
no hagan con buena voluntad los hombres de Irlanda, ni sirvienta que no sea irlandesa. Ni hay modo de ir por las calles sin dar con esos hombres de
rostro áspero y huesoso, naríz corta y empinada,
ojos malignos y breves, maxilares gruesos, labios
belfudos y afeitados, y barbilla ruin que les cerca,
como un halo, el rostro. Son inmigrantes de Ir-

landa. Llenan las minas de California, llenan las
fábricas de Nueva York. Ellos elaboran la cerveza y ellos la beben. De su tenacidad e industria
se aprovechan los yankees, que los mofan, y en verdad no hay fiesta que sea más de reir que un día
de San Patricio, patrón de Irlanda, en que enfilan
en las calles de Nueva York los irlandeses, que andan ese día la ciudad en procesión copiosa, acica-
lados con las mejores prendas de su baúl de lujo.
que son sombreros altos de olvidadas modas, o levitas gruesas que van diciendo en sus indómitas
arrugas el excesivo cuidado con que las ven sus
dueños, que ostentan en ese día los colores patrios,
en una banda verde, que les cruza sobre el chaleco
de grandes ramazones el orgulloso pecho. Y en
prestados corceles hacen de generales, con sombreros plumados, mofletudos cerveceros. Más es también verdad que cuando yacen en la cárcel de Kil-
nainham, en la oprimida Irlanda, los bravos caudillos que intentan arrebatar a los voraces propieta-
rios ingleses las tierras de cuyo señorío culpable-
mente abusan para que las goce en su precio justo, los infelices nativos, —estos Patricios y estos
Jaimes no vuelven los ojos de su viejo pueblo en
desventura, y apartan de sus haberes y salarios
grandes sumas que ayudan a mantener viva en Irlanda la sabia rebelión pacífica que organizaron los
caudillos presos. ¡Suelen los hombres tener manos
rudas y espíritus blandos! Yo estrecho con gozo
toda mano callosa.

¡Ahora acaba de huir la vida de una mano que
ha arrancado muchos secretos a la naturaleza!

Fué también mano inglesa, y sostuvo una de las plumas más investigadoras y elocuentes de su tiempo. Fijó la faz humana en el cristal y vió, como si fuese de cristal, en el cuerpo humano. El profesor Draper, ha muerto. Nació en Inglaterra y vivió en los Estados Unidos. Sus obras están traducidas al francés, al italiano, al alemán, al polaco y al ruso: ¡una apenas está traducida al castellano!: "Los Conflictos entre la Ciencia y la Religión". Escribía como el inglés Burke, como Herbert Spencer, como Stuart Mill. Bajo su frase se sentía el hecho en que la fundaba. No preconcebía sistemas, ni laboraba ofuscado por ellos. Su oficio era buscar verdades, y revelarlas. Este siglo prepara la filosofía que ha de establecer el siglo que viene. Este es el siglo del detalle: el que viene será el siglo de síntesis. Draper fué uno de los grandes preparadores. No alcanzan los obreros empeñados en una parte de la obra toda la grandeza y maravilla del conjunto, por lo que no son los que fabrican un edificio los que han de juzgarlo, sino los que huelgan después por sus salones espaciosos, y los ven acabados y lo gozan. ¡Qué estudiante neoyorkino, u hombre de ciencia americana, u extranjero respetuoso, no había visto a Draper! Su frente era saliente y adoselada como la del poeta Bryant, y la del naturalista Darwin. Daba envidia su frente, a la que los pensamientos habían empujado, a manera de solio, sobre el rostro. Invitaba a llamar a ella con respeto y a evocar las riquezas que encerraba. Fluía de sus labios espesos la palabra grave. Brillaba en sus ojos, cobijados por cejas tupidas, la jovialidad de un alma buena. Los selvosos cabellos castaños que ampararon un día su vasto cráneo, habían sido consumidos por el ardor del pensamiento. Setenta y dos años tenía, y aún exploraba. Tales son sus obras, que no debiera haber hombre moderno que no se regalase con su lectura y las tuviese siempre a mano.

Pueblan hoy los fotógrafos la tierra, y todos ellos deben su arte y bienestar al profesor Draper, que enamorado de las copias de estatuas, edificios que hacía en Francia Daguerre, y que su amigo Morse le trajo de París, se dió a ahondar en el descubrimiento, hasta que fijó en la lámina fotográfica el rostro de su ayudante, que fué el primer hombre cuya faz reprodujese la fotografía. En manos de Draper, fué a poco anticuado el antiguo procedimiento: él, como Daguerre, sometía la lámina de plata al vapor de iodina, dejaba que la luz imprimiese en la lámina la imagen, y desenvolvía gradualmente la imagen al vapor del mercurio. El, con el bromino mejoró el hallazgo y lo reformó a tal punto que, alegres como Alquímedes, abrieron en dos habitaciones un tanto lóbregas la primera fotografía, Morse, que estaba entonces inventando el telegrama, y Draper que no había escrito aún su revolucionario y creador "Tratado de Fisiología;" ni su serena y profunda "Historia de la Guerra Civil Americana;" que escribió para los tiempos por venir, seguro de la posibilidad y pasión de éste; ni su libro sobre "El Desarrollo Intelectual en Europa," que es obra tal que parece al que la lee, que se le abren en la sombra luminosos horizontes: ni sus "Pensamientos sobre la Política Civil de América", que son guía de estadista, ni su "Filosofía Natural", que quiere que no se niegue lo visible, ni se le imponga lo desconocido; ni sus "Conflictos entre la Ciencia y la Religión", que es una obra formidable y precisa, que movió tormenta y consagró la fama del anciano.

¡Cómo nos avergonzamos ante esos cíclopes, nosotros los que hacemos grandes méritos de tal o cual librillo mendicante! ¡Cómo nos afligimos de vivir, como vivimos todos los americanos montados en nuestro caballo de batalla! Y ¡qué bueno fuera dejar de una vez los arreos de batallar, y luego de volver del campo de labor, escribir en la mesa de pino del hogar cosas graves y ciertas, aprendidas en la experiencia provechosa de horas reposadas! ¡Qué maravillas no sacaríamos de nuestras mentes, dados a pensar en lo maravilloso! ¡Nuestros libros serían rayos de sol! ¡Y ahora nos vamos, llenos todos de heridas, con nuestros libros inescritos a la tumba!

JOSÉ MARTÍ.

La Opinión Nacional. Caracas, 21 de enero de 1882.

5

CARTA DE NUEVA YORK

Sumario

El proceso de Guiteau.—Abogados, público y reo.
Los acusadores y defensores.—El grave Porter.—
El astuto Davidge.—El defensor nuevo.—Defensa
legal y defensa ardiente.—Se va cerrando el libro
de la vida. — Librerías nuevas. — Boston. — Daniel
Webster.

Nueva York, 21 de enero de 1882.

Señor Director de *La Opinión Nacional*:

Ya es la hora suprema para ese hombre extraño, de corazón seco y rostro lívido, que se revuelve con zozobra y angustia contra sus implacables perseguidores. —Ya está al cerrarse el proceso de Guiteau. Ya caen las últimas palabras, más como oración fúnebre que como súplica confiada, de los labios desconsolados de la defensa. Ha hablado el abogado Porter, con voces que parecían golpes de maza sobre el cráneo imperfecto y deprimido del intranquilo reo. Ha instruido, con sabio y generoso informe, a los jurados el prudente Juez Cox. Ha sido el discurso del abogado Davidge como diestro can de caza que persigue saltando, mordiendo yerba, jugueteando en el bosque, a la perdiz cansada. Ha defendido a Guiteau el abogado que le hizo abogado, el diestro Reed, con energía, novedad y alteza. Y está luchando el triste Scoville, no como quien defiende de un tribunal común a un reo desconocido, sino como quien arranca a las manos de los acusadores un infeliz ser vivo, por quien llora arrebatada de dolor "la esposa de su alma."—¡Generoso espectáculo, no bien entendido! No es una defensa: es un combate: truena, gime, punza, acusa, ruega, se desalienta, abofetea. Cuatro días hace

que habla, sin fatiga, y sin que se fatiguen de él.
Moisés no ha muerto, porque Moisés es el amor.
Para el amor no hay peña dura, que no se abra
a su contacto en raudal de aguas. Cuando parece
que se extingue el argumento, reempieza a rebosar,
como si surgiese de fuentes inexhaustas. Y lo dice
todo como quien no se ocupa de sí, ni de parecer
bien. Habla como si cuchichease, como si arguyese
en familia, como si debatiese en aposento privado
con sus colegas. Si diera tono oratorio a lo que
dice, alcanzaria fama. Desdeña el adorno de la
frase, que por esto mismo es mas vivaz y brillante.
Denuncia, con voces de Tácito, el interés político
que a su juicio compele a los actuales gobernantes,
venidos al poder por este asesinato, a desear la
sentencia a muerte de este asesino, para que no pueda su absolución ser sospechada de misteriosas cul-
pabilidades suyas. Pone en alto todo hecho favorable, como un escudo. Exprime y tuerce todo
hecho desfavorable, y lo ve de todos los lados, hasta sacar provecho de él, y se ase de él, con esperanza de quebrarlos, como león preso muerde y vuelve
a morder la reja que le estorba. Es una defensa an-
gustiosa, desordenada, doliente, jadeante.

Y el tribunal todo ofrece un singularisimo espectáculo. Aquel es siempre un diálogo, terrible o
cómico. La muerte se sienta en aquella sala, con
gorro de Polichinela, colgado de cascabeles. Los
abogados hablan con saña, se tratan con brutalidad,
se acusan con descortesía. Uno de los persegui-do-
res es solemne: Porter, anciano grave, de sesenta
años. Otro es ameno, y alardea de agudo, Da-

vidge: sus pensamientos son como los rizos blancos que encuadran su rostro sonrosado: pequeños y lucientes. En su caja de cepo, Guiteau gesticula y vocea, como un Pippo de teatro de títeres. Los acusadores lo increpan, o lo mofan, o lo amenazan. El preso, que tiene un pasmoso dominio de sí, y esconde su zozobra mortal, que luce sólo como relámpago fantástico en sus ojos, repele a sus fiscales, los acusa de pensadores de alquiler, les dice faz a faz que es ya tiempo de que mueran. "¡He de colgarle!" clama con dureza repugnante, en medio de magistral discurso, el más solemne de los abogados. "Hemos de verlo!" responde Guiteau desde su cepo, con voz que no parece salir de cuerpo humano; voz que suena y no vibra; voz que daña. Oh! hay veces en que parece aquel desventurado un cuerpo muerto, que se disputan canes: se ve la mordida, se oye el ladrido, se presenta la lucha. El fiscal Corkhill, que corta trozos de carta no desfavorable a Guiteau, y presenta la carta mutilada en la evidencia útil a la acusación, mantiene, coreando su discurso con recios puñetazos en la barra, que no ha de permitirse a Guiteau que hable en el tribunal en su defensa. "¡Yo publicaré mi discurso!" —dice Guiteau a voces,— "que suena como un discurso de Cicerón; e irá tronando por todas las edades!" —"¡No lo dejéis ir al patíbulo"— ruega Scoville entre los aplausos de las mujeres que llenan la sala— "sin el privilegio de decir una palabra en su defensa!" Y la hermana del preso rompe en lágrimas.

Cuatro alegatos van hechos en esta estación del

proceso memorable. El del Juez Porter que aquí miran como a personaje profético, para impedir que en las respuestas que el juez hace a las preguntas de los defensores del reo, para establecer, en vías de informe a los jurados, el aspecto legal del caso y los principios elementales que han de servirles para dictaminar, no diese al juez ocasión a que el jurado la tuviese de exculpar al preso por una u otra escapada que permitiesen las respuestas. El del locuaz Davidge, el anciano astuto y parlero, que estableció definitivamente la acusación de asesinato premeditado y malicioso, contra las súplicas de la defensa, que quiere que se tenga el caso por homicidio sin malicia, que no acarrea pena de muerte, y no por asesinato. El de Reed, que comparó en defensa del reo su proceso, y el acto que lo engendra, a otros procesos y a otros crímenes históricos. Y esa plática afanosa e infatigable, que parece exabrupto prolongado, del cuñado del preso.

Porter habla como quien enseña. Condena y fulmina. No debate sino establece. Es cruel con Scoville; que es leal con la desgracia. Sabe hacer de su voz maza, y eco de tumba. Señala con su dedo descarnado el libro de la ley que tiene abierto sobre su brazo izquierdo. Dice que deja hablar al reo, que clava en él sus ojos odiadores y sus palabras rudas, porque sus dias son cortos. Guiteau discute su muerte en el Tribunal, como deudilla de pesos, o cosa de poca monta, que no le causa inquietud. Sus labios gruesos que mueve constantemente, deben estar ya fatigados de ser valladar del espanto que sube constantemente del alma a

ellos! El juez Porter no quiere que tenga el asesino beneficio alguno de alguna duda del Jurado,
"aunque ya le parece ver junto al cuello rebelde del
reo la cuerda del verdugo. Ni quiere que haya
quien ose suponer que al Presidente Arthur, a quien
llama con parcialidad visible, el más grande hombre
de Estado de estos tiempos, ni el ex-Senador Conckling, a quien agracia con el título de sumo parlamentarista de estos tiempos, como quien no ha
oído a otros parlamentarista —tienen afán alguno
por ahorrarse sospechas, de que muera ese hombre,— "porque" —y al oirle esto rompe la sala en
aplausos estruendosos;— "si esos hombres hubieran estado en el lugar del crimen en aquel terrible
día de julio habrían impedido el acto del asesino
con un brazo de hierro". Y cuando pedía con elaborada plegaria, oratorio estilo, y voz pausada y
honda. la muerte del reo, decía que eran aquellas
voces, no las suyas, si no las que brotaban de la
tumba abierta de la víctima de aquel malvado.
"¡Obró libremente, cobardemente, intencionalmen-
te!"

"¡No acepte el Jurado el juramento de haber
obrado sin malicia, que intenta hacerle ese discípulo
de Scoville!" "¿Discípulo de Scoville?" —interrumpe la voz agria de Guiteau:— "¡Scoville es mi discípulo!"

Davidge habló luego. la muchedumbre oleaba en
las puertas ganosa de entrar. De la sala sacaban
a hombres desmayados. El Juez Porter oía a su co-
lega; grave el rostro, como de apóstol que ha ha-

blado. con la cabeza erguida y la mano posada sobre el pecho.

"Oh! esos jurados cuelgan!" —se oye decir a
uno— "¡Cómo miraba ayer en medio de los ojos
a la hermana de Guiteau el juez Porter!"

Los ugieres imponen silencio. Guiteau parece como que pierde ya. al pie de la escalera del patíbulo.
las cintas de su máscara que se le sale ya del rostro.
Reo, por lo angustiado, parece Scoville. Cerca de
Davidge está Rossi, el trágico italiano, en cuyos
labios se oyó susurrar algún verso de *Hamlet*. Davidge establece con calma, y con orden y cuidado
sumos. todos los aspectos del caso, y como éste
surge naturalmente, de manera culpable y espontánea. del carácter ruín, vida miserable, impaciencia
de bienestar y ambición loca del preso. ¿Qué quiere probar? Que Guiteau era un villano de hábito,
que culminó su existencia despreciable por un nuevo acto vil de que esperaba beneficio. Guiteau
asombra. por la precisión y seguridad de sus interrupciones. No hay exceso de celo que no mofe,
con rapidez que conturba al mismo Davidge, al
mismo Porter. No hay argumento terrible, a cuyo
encuentro no salga, y a que no oponga, con sorprendente destreza, la razón única o el único escudo que pudiera aflojarlo. Hace que escribe; pero
que ¡qué batalla en su mano que tiembla! ¡qué seno
de miedos sus dos ojos! ¡qué tragedia su pecho!
Quién ha de decir que ese hombre es loco? Vedle
estimar con toda cordura. éste y aquel acto político. "!Es verdad que lo estimo!" dice el preso alzando la vista del periódico que afecta leer. "Pues

eso hará que os cuelguen!" responde Davidge con
bárbara rudeza. ¡Debiera ser la compasión dote de
toda alma! "¿Quién ha de decir que ese asesino
está loco? Ved con qué arte estafa y toma dineros
de un preso para defenderlo y se embolsa los dineros, y da a un prestamista un reloj de bronce
como reloj de oro!" "Era de oro bueno, y valía
$50!" —Y los jurados y el público rién— "Y ved
con que esmero y juicio se ha procurado y exigido
toda medida que asegure su salvación, y cómo, movido al fin de alguna consideración humana, no
disparó sobre Garfield, cuando lo vió partir para
Elberon, del brazo de su pálida esposa!" — "Pues
no os lo decia yo?" —exclamaba Guiteau.— "Dijo
que hablaria dos horas, y hablará dos semanas!"—
El abogado describe, con exclamaciones de horror,
y frases súbitas y aisladas de espanto, y gestos que
entre nosotros parecerian singulares, la escena del
asesinato, la furia del pueblo, el dolor de la nación,
el terror del asesino, las tropas que lo ampararon.
Y al recordar que Guiteau ha dicho: "Como yo
queria que se fuera sin obstáculo, disparé sobre él
varias veces;" exclamó el abogado, alzando las
manos al cielo: "Oh! Dios! ¿Habéis oido hablar
jamás de depravación semejante?" El jurado le veía
atentamente. "¿Y porqué temia tanto Guiteau el
amotinamiento del pueblo, sino porque a sus solas
se confiesa que es plenamente culpable del crimen
de que aquí se intenta defender? ¿Qué es un motín sino el exabrupto de nuestras mejores pasiones?
No soy yo un amotinador, pero no conozco motín
popular que no haya sido inspirado por los mejo-

res sentimientos, y por alguna noble y elevada pasión humana".

Cuando Davidge, luego de haber dibujado, con líneas rigurosamente tomadas del curso del proceso, la vida de Guiteau, describía a la sala silenciosa y suspensa, el crimen y la frialdad del criminal, y volvía a él, tendidos los brazos, las palmas de sus manos, como para apartarlo o rechazarlo. "¡Ea, señor Davidge", —dijo Guiteau—. "que os vais volviendo hinchado!" —La voz del orador, que comenzó como apagada y turbia, era ya penetrante y argentina, y fiel vehículo del espanto que henchía su alma. "Ese discurso ha sido un gran acto, y un extraordinario discurso, digno del teatro y de la admiración de todos." —dijo Rossi— "Pues ya veréis como Reed despedaza ese discurso extraordinario!" —Y la sala repetía como un eco las palabras de Davidge: "!Es cuerdo y depravado! ¡Su alma es negra y deforme! ¡Su perversidad es satánica! El testimonio de su hermano mismo muestra que obró mal y pensó mal desde la cuna! En nombre de la nación y de la cristiandad, condenadlo, jurados!"

El defensor Reed no hizo esa cosa que hace Scoville, defensa ardiente y desesperada, sino defensa histórica. El juez Cox, en sus decisiones para el informe de los jurados, llenas de buen sentido, y de esa claridad deseable en todas las cosas de la ley, estableció que había culpa legal, y cabía veredicto, si los jurados estimaban que en el momento del crimen conocía el reo la diferencia entre lo justo y lo injusto respecto de su acto; y que la alucinación

única que podría hacerle declarar irresponsable, debía ser verdadera enagenación mental, que no fuese resultado de su propio razonamiento, sino que
tomase posesión de su mente, sin sujección a su
albedrío ni a su raciocinio, privándole así de la
capacidad de distinguir entre lo justo y lo injusto
respecto de su acto; sin que la duda de los jurados
sobre un hecho aislado del proceso pudiese ser
motivo para sobreseimiento, sino la duda razonable,
nacida del conjunto de la evidencia y el balance de
la acusación y la defensa, sobre el hecho que acusa
el proceso.

Reed comentó estas decisiones, de manera clara y vigorosa, y echó en cara a Davidge, que se
defendió confusamente, que había callado con malicia, al repetir en su alegato las decisiones del jurado, palabra que capacitaban a éste para salvar
de la muerte al acusado. Demostrar arterías de la
acusación, y deslealtades para con el preso y la
defensa, y hacer saber que en procesos semejantes,
en que los criminales han sido defendidos por demencia, han sido salvados de la muerte, y enviados
a asilos de dementes —fueron los objetos principales del discurso de Reed.—"¡Sabed, jurados, que
hubo una pobre mujer que mató en su baño a un
gran revolucionario, una Carlota Corday que mató
a un Marat, y fué muerta a pocos días en castigo!
Y sabed que hay un cuadro en la galería de arte
de Corcoran, en que desde la reja de su prisión,
apelando a la posteridad de la injusticia, clama Carlota Corday, demente! Os dicen que jamás hubo
un caso como éste, de hombre enagenado que aten-

tase por enagenación al jefe de su país, ni acusado
como éste, que asombrase a la Cámara con sus interrupciones y su osadía. Pero os callan que Guillermo Lawrence, que atentó a la vida del Presidente Jackson, se revolvía en su asiento, e interrum-
pía y protestaba como este acusado, y fué enviado
a un asilo de dementes. Oid esto que os leo, que
son escenas del proceso de Lawrence, y pensad si
no son escenas de este proceso de Guiteau. Pues
Lawrence fué enviado a un asilo de dementes. Y
Hadfield, que disparó sobre Jorge III de Inglaterra;
y Osford, que disparó sobre la Reina Victoria, y,
como Guiteau, compró su pistola, y como Guiteau,
la preparó y probó; y como Guiteau decidió con
libertad y deliberación aparentes su acto, —fueron
también enviados a una casa de locos. Nuestro
Dios, oh cristianos jurados, no ordenó que pereciesen
sen en la horca los lunáticos que llevaron a su presencia, sino que dijo lo que os ruego yo que di-
gáis: ¡Curadlos! ¡Curadlos!, dijo Jesús: pero estos
acusadores dicen: "ahorcadlos!" ¿Qué más necesi-
táis saber vosotros, sus jueces, que la miserable existencia que ha arrastrado, una existencia en fuga,
imbécil, ridícula, compadecible, extravagante? Leed
conmigo sus cartas. Reflexionad conmigo sobre sus
actos. Decidme si vosotros, que sois cuerdos, ha-
ríais lo que él ha hecho, y viviríais como él ha vivido. Miráos como tipo de cordura, y comparadlo
a vosotros. Pues si ese hombre fingiese demencia
¿qué maravilla de inteligencia no sería la suya?
¿Y tal inteligencia maravillosa no se habría des-
pertado antes, para servirle en su triste existencia.

sino en la hora de su crimen, ya mediada su vida?
¿Qué motivo halla la persecusión para este crimen?
¡No señala motivo! ¿Cómo alega que no dijo Guiteau, a raíz de su crimen, que había sido inspirado
por Dios, sino por razones políticas, y que la defensa por inspiración vino más tarde, —cuando ha
impedido que traigamos aquí al empleado de policía que le llevó a la prisión, y a quien habló de su
inspiración desde el primer momento? No seais,
jurados, tan duros como quieren que seais esos abogados duros. No seais como quiere ese hombre de
alma fría, que os dijo ayer que la familia de Guiteau debió abandonarlo como a una rama corrom-
pida, como a un malvado. ¡Abandonarlo, Davidge,
cuando cinco años hace, ya llamaban a un médico
para que lo curase de locura, y no tenía amparo
en la tierra, ni tenía ya el de su razón! ¡Abandonarlo, y dejarlo ir al patíbulo! ¡Vergüenza para
vos, Davidge; que esto pensásteis y dijisteis! Eso
es monstruoso e inhumano. Ved a esa noble hermana afligida, que será bendita en esta vida y después de ella, por su amor fraternal y su fidelidad
a ese desventurado. Os dijo ayer Davidge que los
mejores sentimientos animaban siempre a los motines populares. Un motín popular crucificó a Jesús.
Esos son, jurados, los mejores sentimientos para
Davidge! Habeis jurado condenar por la evidencia,
y es tal aquí la evidencia que os obliga a no condenar. Salvaos, y salvad a esta amada tierra, de
eterna infamia. Si condenarais a ese hombre, de
ojos extraños y mirada vagabunda, imagináosle
arrancado de su celda, con ese mismo rostro pálido

de enagenado, todo atado por cuerdas, todo rodeado de los oficiales de la muerte, cubierta la faz con
la capucha negra, privada de la luz, camino del patíbulo. No lo condenéis, jurados, para que años tras
años no tengan que cubrirse de vergüenza en esta
tierra todas las mejillas!" "Pues no pago yo a centavo el cesto por todos esos desperdicios," dijo
Guiteau al terminarse este discurso.

Y al día siguiente, antes de comenzar Scoville el
resumen de la defensa, decía Guiteau: —"Ni al
más famoso hombre de América fío yo el último
discurso de mi defensa. Solo yo sé defenderme.
Yo no estoy loco, ni he estado loco más que desde
que pensé en mi acto hasta el día 2 de julio. Lean
los jurados ese discurso que no me han dejado leer,
ese gran discurso mío que llena ocho páginas del
Herald. Ahí está todo: lo demás es escombro. ¿Qué
importa esa procesión de expertos? Ni los míos que
me declaran demente, ni los de mis acusadores, que
me declaran cuerdo, saben nada de mí. Dios me
inspiró. Dios ha impedido que me maten. Dios lo
impedirá. Las divisiones del partido republicano
hicieron necesaria esta intervención de Dios. Ved
todas las cartas que me han mandado de felicitación y simpatía. Si no fué la remoción de Garfield
el acto de un loco ¿por qué el Gobierno mismo que
me acusa lo telegrafió así al día siguiente del suceso
a todos los Gobiernos de la tierra? Ni al más famoso hombre de América fío yo mi discurso!"

De la defensa de Scoville; todo va dicho. Se ha
abrazado a su reo, y no se lo quiere dejar arrebatar. Se ha impedido que pruebe su constante alu-

cinación. Se han dejado los testigos que pudieran
declarar que habló de mandato de Dios el día del
crimen. Se han pagado a amigos del preso como
al general Reynolds, para sorprender sus confiden-
cias en la celda, y arrancarle documentos, que se
han aprovechado luego en la persecución. El Fiscal ha destruido en un libro de notas taquigráficas
que su estenógrafo llevaba de pláticas con Guiteau
en la prisión, todas aquellas notas que demuestran
el desequilibrio constante de la mente del reo, cuyo
marco es ese cráneo achatado de una parte y alto
de otra, y lleno de accidentes irregulares, que todos los concurrentes señalan con el dedo desde sus asientos. Hay experto que le ofreció ex-
pontáneamente venir a declarar que Guiteau estaba
enagenado, y vino, habló con los acusadores, y
declaró en favor de la acusación.—"¡Ese quería venir de balde a Washington!"—exclamó Guiteau.—
Su vida entera es una quiebra, una prueba constante de extravío, una muestra extraña de insensa-
tez metódica, y cordura en la demencia, como se observa en tantos lunáticos.— Scoville se exalta; se
abandona, se precipita sobre sus adversarios que
no son para él abogados que acusan, sino conspiradores que traman, conspiradores contra la vida
de Guiteau. Falsean la ley: truncan los documentos: esconden los recortes de periódicos cuya lectura inflamó la mente del lunático: saludan a los
jurados, y les hablan privadamente del caso: so-
bornan a los expertos.

Esos redactores de periódicos, esos políticos co-
diciosos, ese general Arthur, que hizo en vida de

Garfield tan enconosa y repugnante guerra al rival a quien encomia y diviniza; ese senador Conckling, que por que no dieron un puesto importante
a un amigo suyo, intentó ostensiblemente la ruina
y el deshonor del hombre cuya muerte hoy llora
compungido; ese general Grant, a quien cada americano tomaba hasta ahora como a miembro de su
casa e hijo de su seno, y que no es para los americanos Lord Grant, ni el duque de Galena, sino
aquel bueno, viejo y valiente general Grant, ese
estadista glorioso que abandonó precipitadamente
sus deberes personales para venir a azuzar, con
pequeñez indigna de un grande hombre, la ruin y
vil guerra que sus secuaces hacían al Presidente;
esos políticos hambrientos de puestos y de empleos.
de mando y de gloria; esos, por el viento de tempestad que movieron y enardeció la mente exalta-
ble del lunático, son los culpables indirectos, —son
los cómplices, son los instigadores, son los autores
de este asesinato. "¡Y lo digo sin miedo, yo que he
llevado en mi corazón durante veinte años al general Grant: lo digo avergonzado y triste, aunque
yo no quería decirlo, porque asisto a esa trama bochornosa que se urde entre estos abogados que están a sus servicios, y esos altos políticos que necesitan de la muerte de ese hombre para que no
caiga sobre ellos por su absolución la sospecha de
haber instigado el acto, que en realidad, aunque in-
directamente instigaron, por lo cual tienen miedo
a la sospecha: lo digo porque veo que esos altos
políticos demandan la vida de este desventurado,
para poder alardear de su independencia del cri-

men, y de su virtud y su justicia!" Y así habla,
lleno de dolor, lleno de congoja, lleno de cólera. A
un argumento sigue un anatema; a un interroga-
torio una disputa; a un trozo de prueba, un párrafo exaltado. Se le escucha con avidez, con respeto, con ternura. ¡Guiteau tendrá ya sobre el rostro
la capucha negra, y Scoville estará aún luchando
por arrancarlo de manos del verdugo!

Y ya se asoma, aguardado con ansia por toda
la nación ese tonante juez Porter. Hay en torno
a su discurso de clausura, ese aplauso tácito y silencio respetuoso que precede a las maravillas.
Aguárdase tal esfuerzo de elocuencia, de terrible y
malaventurada elocuencia, que se moje al fin de
lágrimas el rostro seco y pálido del reo. Aguárdase
un esfuerzo oratorio, que justifique ante los hombres plenamente la muerte de ese hombre, y que
se aflojen al fin estremecidos, los músculos exangües
y los nervios de hierro de ese preso.

Para ese mísero se está cerrando el libro de la
vida; y algunos de los hombres buenos de New
York tratan de que todos los libros se abran a los
pobres. Hay librerías famosas, como la de Lenox,
que es casa monumental, colgada de excelentes pinturas, y sobrecargada de ricos anaqueles, llena de
libros raros y preciados. Hay la librería de Cooper,
sobre cuyos periódicos numerosísimos se inclinan
a la vez dos millares de cabezas. Hay la librería
de Astor, luminosa y solemne, donde se alberga
toda la ciencia y está dibujado todo el arte de la
tierra. Pero esas son librerías de día, para desocupados especialistas y ricos. Se anhela una como

la celebradísima de Boston, tan rica en cosas nuestras, de España y de las Indias, y en cosas de todas partes: —de Boston que no se llama en vano Atenas, bajo cuyos árboles pensó Thoreau, en cuyas fiestas conversaba Meotley, por cuyas avenidas medita Longfellow. Quiérese una librería nocturna, a donde vayan, como a un hogar de alma y cuerpo en que ambos, reciben amparo del frío, cuantos no saben como dar empleo a estas tediosas noches neoyorkinas, oscuras, largas, desocupadas, fúnebres e inútiles. Quiérese casa para los que no la tienen rica librería de estudiantes, de artesanos, de trabajadores. Quiérese un gran depósito de libros, que se dan gratuitamente a las gentes honradas, para que los lleven a sus casas, y los abran junto al fuego en la mesa de familia; y hagan la maravilla de que el espíritu viva en estío entre las nievas del invierno.

¡Bien haya ese proyecto! Cien años hace ahora que nació un hombre ilustre que lo hubiera alimentado, un hombre en honor de cuyo nacimiento resonaban ayer las campanas de las iglesias de su pueblo, y se reunían los pensadores de esta tierra a ver alzarse majestuosa estatua. Puesto que sus palabras fueron tan ardientes que fundían el bronce, debe conmemorársele en bronce. Fué Daniel Webster, —que fué de los que quedan siendo. Aún le recuerdan los que lo veían, desatado como la tempestad, caer desde su magnífica tribuna sobre sus absortos y confusos adversarios. Aún se repiten como código de esta nación, los mágicos y nobles discursos con que explicó sus leyes, enmendó sus ye-

rros y previó los sombríos y grandiosos tiempos
futuros. La nación se sintió en él, y él en ella. Su
frente era vasta y limpia como hecha para escribir
leyes. Sus ojos eran penetrantes y fogosos, como
para imponerlas. De color de oro usaba el chaleco que cubría su pecho robusto; y oro, con su corazón magnánimo llevaba en su pecho. Dicen que
en torno suyo se veía como luz deslumbradora; y
que parecía cuanto nacía de él, que nacía de montaña. ¡Hicieron bien en ponerse ayer de fiesta los
alegres hogares y los leales campanarios de su pueblo!

JOSE MARTI.

La Opinión Nacional. Caracas, 6 de febrero
de 1882.

6

CARTA DE NUEVA YORK

Sumario

Nieves, gozos y tristezas.—Patines y trineos.—Las casas de dormir y las tabernas.—Grandes bailes del año.—Incendio terrible.—Miseras obreras.—Congreso del sufragio para la mujer.—Nuestros pueblos y aquel pueblo.—Nueva York condena la persecución de los judíos.—El anciano Evarts.

Nueva York, febrero 4 de 1882.

Sr. Director de *La Opinión Nacional*:

Los labriegos están gozosos porque los copos
fríos, como mariposas blancas, les traen en sus alas,
a hacer bien a las siembras, todo el amoníaco de
la atmósfera y luego se tienden sobre la tierra, a
que los animales dañinos mueran bajo ellos, y a
que el saludable amoníaco,—que gusta de volar como toda esencia—no se escape del suelo cultivado
que lo ha menester. Despiértase en las mañanas de
nevada el hombre del trópico cuyo cráneo parece
natural aposento de la luz, que lo engalana y lo
arrebola todo, como hombre que viviese hambriento
y sediento; y huraño como lobo encerrado en las
paredes fosforecentes de una vasta sepultura. Imagina que su cabello ha encanecido. Amenaza con
el puño aquel enemigo inmenso y alevoso. Su mano hecha a grabar en el papel los relámpagos que
iluminan su mente, pósase en él hinchada y aterri-
da y aletean, en su cráneo encendido, las águilas
rebeldes. Fuera es el regocijo y la algazara. Caballos generosos empenachados y arrogantes, arrastran con gran ruido de sus colleras de cascabeles,
los rápidos trineos. Hay sol suave en la altura, y
sol de gozo en los rostros de los hijos de estas tierras de nieve. Alzase en el Parque Central la ama-

da bola roja que anuncia a los patinadores que ya
está bueno de patinar el lago helado, y aquí es uno
que ajusta los ricos patines, allá otro que se calza
de modo que no se les vean los suyos modestos.
Puéblase el lago de alegres danzadores. Una parte, sobre el patín afilado que corta, sigiloso como
la calumnia, los hielos dóciles, y se balancea, se revuelve, se mece, se extiende, como si se extendiese
sobre el cuello de un caballo invisible, se refleja,
se acerca, jira presto, traza relámpagos, dibuja edificios, escribe su nombre, se abalanza, se pára de
súbito, toma de la mano a gallarda doncella y alegres como besos que volasen, se deslizan, veloces
como sueños: otro más inexperto, aprende, con sus
rudas caídas, cuan caro cuesta en la tierra intentar volar, y dura el regocijo, el reir de los que dan
consigo sobre el hielo, el batir palmas y silbar—
que aquí se usa por aplauso—a los que caracolean,
revolotean y triunfan, el hacer cerco a los patinadores hábiles, el celebrar a las hermosas damas, el
seguir con los ojos a los airosos caballeros, el tomar notas de los agentes de periódicos, el poner
orden de los guardianes del parque, hasta que va
a dar la nieve en lodo, cual suelen las bellezas, y cae
de lo alto del mástil, anunciando que el patinar ha
terminado, la amada bola roja.

No cesan en la noche la fiesta y el bullicio. Sobre la nieve, envía la hermosa luna de enero, su luz
nevada. Los chicuelos, reunidos en bandadas, se
vocean, se persiguen, se echan luchando entre risas
sobre la nieve. Ya ponen sobre dos pilares imperfectos, dos masas colosales, y abren en la más alta

dos grandes agujeros, y dejan su obra a que presida la función, que ese es el buen gigante Tomy. Ya, donde hay cercado, válense de él para apoyar gruesas paredes de nieve que llenan de almenas, desde las que atisban las operaciones del fuerte vecino, donde el bando enemigo está ocupado en amasar sendas bolas pesadas, que suelen ser peligrosos arreos de batallar. Ya amontonan la nieve, en medio de las anchas avenidas, y luego que la ven bien alta, y la apelmazan a palmadas, le ahuecan el centro, con lo que le dan aire de colosal colmena, y se albergan en ella, orgullosos de su habilidad de constructores.

Otras veces, el viento, más que sopla, arrastra. El agua nevada en la altura, desciende en copos por el aire frío, y el viento los revuelve, los junta a los que alza de la tierra, los arrebata y arremolina. Así el toro que brama, escarbando la tierra como para sacar de ella fuerzas conque acometer a su enemigo, abate con su aliento enfurecido el yerbaje cercano. Las madres que lloran por todos los hombres, desde que tienen hijos, piensan con angustia en los trabajadores valerosos, que en la alta noche cruzan en vapores que suenan al golpe de los témpanos, cual montes que crujiesen, los anchos ríos helados. Ampáranse en las tabernas los transeuntes, cuyos rostros amoratados parecen, mostrándose trabajosamente en aquella venenosa atmósfera, setas enfermizas. Humean sobre los mostradores las bebidas calientes. Aglomeránse, coléricos y blasfemantes, los hombres más ruines o los más desventurados de la ciudad, a las puertas estrechas de mi-

serables casas de dormir, en cuyas alcobas nausea-
bundas, ebrios de licor y de odio, que embriaga como el licor, yacen desnudos por el suelo, en torno
a una vieja estufa enrojecida, centenares de huéspedes. O por medio real compran, los que se espantan de aquella abominable compañía, el ruin derecho de dormitar en una silla de la taberna, junto
al piadoso fuego. O merodean ateridos, para gozar
de los caballos, entre los magníficos carruajes que
aguardan a las puertas de la Academia de Música
fastuosa, donde las luces del baile de los grandes,
parecen como opacas, por no dar calor a las resplandecientes pedrerías de que son mostrador las
elegantes damas.

Ahora es en Nueva York tiempo de bailes, y la
Academia de Música, que es el teatro de la Opera,
y de la rivalidad y el fausto de los ricos neoyorkinos, reune en estas noches de vientos y nevadas a
los venturosos de la ciudad, y a los que se imaginan
que lo son, por no morir de espanto, de mirar en sí,
y a los que quieren ser tenidos por felices. Los
franceses, que en Nueva York se cuentan por millares, y viven prósperamente de varias industrias,
se juntan en estos días del año en bailes celebrados, exuberantes de color y gozo, que hacen pensar en Beranger y en el buen barrio latino, que es
como una gran casa de familia, donde todos los
hombres de la tierra están como en su tierra, y viven juntas todas las grandezas y todas las locuras:
de guirnaldas de luces, de matices vivos, cuelgan
el ancho salón de la Academia, y los palcos parecen
balcón del corso de Roma en día de carnavales, y el

tablado paleta de pintor, donde hubiera vaciado un
niño revoltoso la caja de colores. Danzan guerreros
duros, armados de coraza y guanteletes, con paje-
cillos enamoradores, que parecen tazas sonrosadas,
rebosantes de espumoso vino de Borgoña. Saltan
de grupo en grupo doncellas suecas y retozones ar-
lequines; un francés, que no ha de ser lector de El
Universo, lleva blusa de carnicero del mercado, y
capuchón de monje, sujeto por collares, que dejan
caer al pecho largas cruces; y este baila, con caballeresca gentileza, con una india moza que luce manto y penacho de plumas, y que ha comprado de fijo
novelas de Xavier de Montepin a los libreros de viejos que venden libros en los bordes murados del
río Sena.

Tal es el baile de la Amistad, el más famoso de
los que en Nueva York celebran cada año los franceses. El de la Caridad, que fué un tiempo el gran
baile del año, es aún buena ocasión de galas donde
van a ostentar las de sus trajes y joyeros las familias que gozan fama de acaudaladas, y a lucir
su casaca de noche, que ha de ser de faldones de
punta y no cuadrados, los caballeros que hallan espacio en este mundo ansioso para meditar en la forma de los faldones de las casacas. Y otro día, ya
no son animadas guirnaldas las que ornamentan el
techo majestuoso de la Academia de Música, sino
almetes y escudos, y banderas y lanzas, como en señal de que los que apadrinan el baile que ha sido suntuosísimo, son los ricos soldados del Regimiento vi-
gésimo segundo, cuyos regimentados, que son nobles de Bolsa, la cual es clase de nobleza nueva.

divirtieron a los elegantes bailadores con escenas de milicia, simulacros de batalla y juego de armas.

La vida y la muerte se despiertan a la par cada mañana; al alba, la una afila su hoz y la otra coje su ramillete de jazmines, mordidos algunas veces de gusanos. Un baile, es incendio de alma. Un edificio que hace costado a la alta casa de correos, rugía ese día incendiado. Ha sido un espectáculo terrible, cuya presencia no alcanzó a turbar el regocijo de los enamorados de la danza. En esa noche fría, cruzaban almas, ya libres de sus cuerpos. el espacio húmedo y oscuro, y arrebujábanse ateridas, salpicadas, en su camino de copos silenciosos, de volante nieve. Y los alegres danzadores deslizaban sobre la alfombra suntuosa el ancho pie, calzado de zapato femenil y medias negras. Fué el incendio en la mañana. en casa de numerosos pisos, llena toda de oficinas de periódicos, porque, como evocados por la estatua de Franklyn que preside la plaza cercana, afluyen en aquellos contornos todos los soldados de la Prensa. Por allí está el *Sun*. con Carlos Dana, su jefe hidalgo, romántico y benevolente: por allí el *Tribune*. donde escribió Greeley. que supo sembrar fresas y verdades, y escribe Whitelaw Reyd. que sabe hablar y odiar: por allí está el *Times*. diario severo cuyo jefe joven es honrado y brusco. Allí estuvo el *World*, hoy vendido a un negociante: allí habían aun periódicos notables que enseñan a sembrar, a comprar y vender. a trabajar en artes. a preservar cosechas, a criar ganados.

Las llamas ascendieron. con tal furia. que pare-

cía que hubiesen estado largo tiempo presas. Cien
lenguas rojas se entraron a la par por escaleras y
pasillos. Los pisos altos, llenos de trabajadores, de
pobres mozas, que hacen oficio de cajistas, de niños recaderos, se llenaron de horror y de clamores.
Ya las llamas rebosaban por las puertas y los bomberos acostaban sus escaleras en las paredes, y la
muchedumbre se agolpaba en las afueras. Un hombre como de pie en las llamas, asoma en una ventana. Otro, rodeado de un halo de fuego, asoma en
otra. Ya son todas las aberturas de la casa fauces
rojizas, donde hierve el humo. No alcanzan a los
pisos altos las escalas de los bomberos. Vese a una
pobre negra, que, como perseguida de monstruos
feroces, salta dando hondos gritos de un cuarto encendido, se acurruca en el umbral de una ventana,
se ase por no caer a la calle, de su mano ardiente,
y se yergue de súbito, se recoje las ropas entre ambas piernas, exhala un alarido, y se arroja a la calle, en cuyas piedras chocó su cuerpo despedazado
con estruendo. Un negro heroico, que limpia botas
en una casa de beber, y tiene el alma libre de betu-
nes, ve que en el techo del edificio humeante donde asoman tres hombres, corre un alambre de telégrafo a un poste vecino, que dista de la techumbre como ésta de la calle, y hace una trincha, se
ayuda de ella para subir, halagado por los aplausos, a la cima del poste, donde corta el alambre, que
ya colgado sirve de cuerda de descenso a los tres
hombres, y baja velozmente, a hacer más bien, lleno
el rostro de gozo, y el pecho de sangre. Una mujer joven aparece en la más alta ventana. Trae las

manos manchadas de la gloriosa tinta del trabajo. Muerden las llamas sus cabellos; y ella aparta las llamas con sus manos. Ya se prende el fuego a sus vestidos, y ella arranca los trozos incendiados. Batalla brazo a brazo con el fuego. A seis varas de sus pies está la más próxima escalera, donde la aguarda con los brazos abiertos un bombero y ella se deja caer, arrogante y serena, y así es salvada. Dícese a un hombre que haga lo mismo, y el hombre rehusa hacerlo. Tardan los bomberos en ver a dos míseros que con las manos en alto piden ayuda, y un albañil asalta la escalera, les excita a dejarse rodar por la pared, y con su brazo noble, al que da su fuerza suma la buena voluntad, recibe a los dos hombres. Otros gritan, agitan las llamas que los envuelven con sus ademanes de horror, se asoman a la calle, donde les aguarda el espacio vacío, se hunden en el fuego, como queriendo ablandarlo con sus lágrimas, y al fin saltan moribundos de angustia sobre los lienzos que mantienen extendidos los bomberos piadosos. Se ven dos manos que se prenden al marco de una ventana ya incendiada, y una mujer a poco, de pie en el poyo humeante. La masa roja olea en su torno; ya está como vestida por las llamas, ya desaparece en el turbión negruzco, como arrebatada por la fiera hambrienta. Hoy ya todo es ceniza. Queda el respeto a los valientes, que han sido honrados con medallas; quedan los periódicos que mudan de casa, y están hechos de espíritu, por lo que no mueren en incendio; y quedan los cadáveres sepultados entre himnos religiosos, o enterrados en las húmedas ruinas.

En esos escombros asoman, como guerreros de buena batalla, muertos en la mitad del guerrear, las armazones que sustentaban las cajas de tipos de imprimir, manejados a cambio de ruin salario, por débiles mujeres. En verdad que llena de dolor ver venir de lejanos suburbios, en estas mañanas turbias que parecen madrugadas, a esas obreras valerosas que, al volver en la noche anterior de la ruda faena, reclinaron la inquieta cabeza, sin tiempo de soñar, en su almohada dura y fría. Carros y vapores parecen a esa hora casas de huérfanas. Llevan la color mustia; la nariz roja; los ojos, como de llorar; las manos hinchadas. Van los obreros amparados de trajes gruesos, y ellas, de telas descoloridas, delgadas y ruines. Hacen la labor de un hombre, y ganan un jornal mezquino, mucho más bajo que el de un hombre.

Estas amarguras aflijen a algunos corazones buenos, que no hayan modo de poner remedio a esa miseria, que roe cuerpos y almas. Hay en esta tierra un grupo de mujeres, que batallan con una vivacidad y un ingenio tales en el logro de las reformas a que aspiran, que, a no ser porque no placen mujeres varoniles a nuestra raza poética e hidalga, parecerían estas innovadoras dignas de las reformas porque luchan. Ni es justo querer que en prados de mariposas pasten leones. Ni es cuerdo sujetar a nuestro juicio de pueblos romancescos, y —por encima de nuestras pueriles desazones, puros,—los menesteres y urgencias de ciudades colosales en cuyos senos sombríos se agitan criaturas abandonadas y hambrientas, comidas de avaricia, nacidas en soledad y apartamiento, y dadas sin freno al loco amor de sí. No ve el norteño en la mujer aquella frágil copa de nácar, cargada de vida, que vemos nosotros; ni aquella criatura purificadora a quien recibimos en nuestros brazos cuidadosos como a nuestras hijas, ni aquel lirio elegante que perfuma los balcones y las almas. Ve una compañera de batalla, a quien demanda brazos rudos para batallar Ni son los hogares en esta tierra, aquel puerto sereno en que la hija es gala y no estorbo, y su matrimonio cosa temida y no deseada, sino como casa de hospedaje, donde no se cree el hostelero obligado a mantener a los huéspedes que trajo él a su casa. Ni nacen las mujeres en estos pueblos como en aquellos nuestros, miradas de cerca, por los ojos vigilantes de sus familiares, que las guardan con ternura y con esmero; sino que vienen al mundo en lo que hace a los pobres, como retoños malsanos de un árbol enfermizo, que brota entre una mesa coja y un jarro de cerveza, y oye desde el nacer palabras agrias, y ve cosas sombrías. y se espanta de ellas, y va sola.

Tantos males pueden hacer surgir como legitimos, y verdaderos por relación, pensamientos que a nosotros nos han de parecer —por ser nosotros de tierras distintas—vulgares y extravagantes. Va cerrándose el Congreso de damas, convocado para abogar enérgicamente por la concesión del derecho de votar, a las mujeres. Ha sido el Congreso en elegante sala, y las damas de él muy elegantes damas. Vestían todas de negro, y la que más, que era

la presidenta, llevaba al cuello un breve adorno azul.
Y el auditorio era selecto, lleno de hombres respe-
tuosos y de damas de buen ver. Es cosa sorprendente, cómo la gracia, la razón y la elegancia han
ido aparejadas en esa tentativa. Deja el Congreso
de mujeres, la impresión de un relámpago,—que
brilla, alegra, seduce e ilumina. Yo he oído a un
lacayo negro hablar, pintando el modo de morir de
un hombre, con tal fuego y maestría, que le hubieran tenido por señor los maestros de la palabra.
Yo he oído con asombro y con deleite, la verba exuberante y armoniosa de los pastores hondureños,
que hablan castellano de otros siglos, con donaire y
fluencia tales que pondrían respeto a oradores empinados. Y ese modo de hablar de estas damas ha
sido como el corretear de un Cupidillo malicioso,
bien cargado el carcax de zaetas, y bien hecha la
mano a dispararlas, entre enemigos suspensos y
conturbados, que no supiesen como ampararse, alzando el brazo y esquivando el rostro, de los golpes certeros. ¡Qué lisura, en el modo de exponer!
¡Qué brío, en la manera de sentir! ¡Qué destreza
en sus artes de combate! ¡Qué donaire, en los re-
vuelos de su crítica!

"¡No nos dejáis más modo de vivir que ser sier-
vas, o ser hipócritas! Si ricas, absorbéis nuestras
herencias! Si pobres, nos dais un salario miserable! Si solteras, nos anheláis como a juguetes que-
bradizos. Si casadas, nos burláis brutalmente! Nos
huis, luego que nos pervertís, porque estamos per-
vertidas! Puesto que nos dejáis solas, dadnos los

medios de vivir solas. Dadnos el sufragio, para
que nos demos estos medios".

Y como decía tales cosas una respetable anciana,
con tal riqueza de dicción y propiedad de ademanes, que no había espacio a burlas, amigos y adversarios oían atentos y batían las palmas. "¡Vienen a convertirse las mujeres ignorantes, merced al
desamparo en que viven, en frutas de noche, y huéspedes de la policía, y no tenéis en las casas de policía, mujeres honradas que asistan a esas infelices,
sino hombres que las burlan y mancillan! Poned
mujeres en las estaciones a donde van presas mujeres! Dejadnos votar, y nosotras las pondremos!"

Y a este punto, como si fuese ley que en esta tierra fueran siempre unidos lo poderoso y lo pueril,
dice una dama linda que está en la sala el Jorge
Wáshington de la causa de las mujeres sufragistas,
y se debe oir hablar a Wáshington; cuya dama, que
es famosa, y habla esa lengua que gusta a los americanos, porque hace reir, y tiene en abundancia la
brutalidad y la presteza del boxeo, subió seguidamente a la plataforma, donde ostentaba un grave
caballero su gabán lujoso y sus gruesos zapatos de
andar; más no dijo discurso, sino que el libro que
tenía en la mano era una historia del sufragio de
las mujeres, y que alcanzaría gracia, y se haría
miembro de dos asociaciones sufragistas, quien en
prueba de fe comprase el libro. Con lo que bajó de
la tribuna Susana Anthony.

La pasión generosa, la réplica aguda, la ironía
mordente, la razón sobria, la exaltación sectarista,
distinguieron a esta reunión de damas estimables;

por las que se supo que no ha mucho, cincuentinueve legisladores votaron en Albany, que es la cabeza del Estado, por la concesión del sufragio a las mujeres, contra cincuenta y cinco, que no gustan de concederlo; y se supo también por un ex-gobernador de Wyoming, que en Wyoming votan y gozan empleos, y se disputan candidaturas las mujeres, y hubo vez, en la que todo quedó en paz, en que un marido era candidato republicano para un empleo y su consorte candidato demócrata.

Y aún resuenan a par de esas voces, extrañas por fortuna a nuestros pueblos, donde compartir la vida es comenzar de veras a gozarla,—los acentos robustos y magnánimos de los prohombres neoyorkinos, congregados a denunciar, como delito humano, que han de execrar las gentes, y de penar el cielo, la causa bárbara y enconosa de que los míseros hebreos son hoy víctimas en Rusia. Y un anciano de faz rugosa, cuerpo escueto, y palabra apostolar, el anciano Evarts, decía que cuando el pecho se hincha, desborda por los labios, y que como la faz en la linfa del arroyo, copia al punto la faz que se asoma a la linfa, el corazón de todos los hombres y mujeres de la tierra, responde al grito de angustia de los hombres y las mujeres de Moisés.

La Opinión Nacional. Caracas, 18 de febrero de 1882.

CARTA DE NUEVA YORK

Nueva York, febrero 17 de 1882.

Señor Director de *La Opinión Nacional*:

Vuela la pluma, como ala, cuando ha de narrar cosas grandiosas; y va pesadamente, como ahora, cuando ha de dar cuenta de cosas brutales, vacías de hermosura y de nobleza. La pluma debiera ser inmaculada como las vírgenes. Se retuerce como esclava, se alza del papel como prófuga y desmaya en las manos que la sustentan, como si fuera culpa contar la culpa. Aquí los hombres se embisten como toros, apuestan a la fuerza de su testúz, se muerden y se desgarran en la pelea, y van cubiertos de sangre, despobladas las encías, magulladas las frentes, descarnados los nudos de las manos, bamboleando y cayendo, a recibir entre la turba que vocea y echa al aire los sombreros, y se abalanza a su torno, y les aclama, el saco de moneda que acaban de ganar en el combate. En tanto el competidor, rotas las vértebras, yace exánime en brazos de sus guardas, y manos de mujer tejen ramos de flores que van a perfumar la alcoba concurrida de los ruines rufianes.

Y es fiesta nacional, y mueve a ferrocarriles y a telégrafos, y detiene durante horas los negocios, y saca en grupos a las plazas a trabajadores y a banqueros; y se cambian al choque de los vasos sendas

sumas, y narran los periódicos, que en líneas breves
condenan lo que cuentan en líneas copiosísimas, el
ir, el venir, el hablar, el reposar, el ensayar, el que-
rellar, el combatir, el caer de los seres rivales. Se
cuentan, como las pulsaciones de un mártir, las pulsaciones de estos viles. Se describen sus formas.
Se habla menudamente del blancor y lustre de su
piel. Se miden sus músculos de golpear. Se cuentan sus hábitos, sus comidas, sus frases, su peso.
Se pintan sus colores de batalla. Se dibujan sus
zapatos de pelea.

Así es una pelea de premio. Así acaban de luchar el gigante de Troya y el mozo de Boston. Así
ha rodado por tierra, ante dos mil espectadores, el
gigante, inerte y ensangrentado. Así ha estado de
gorja Nueva Orleans, y suspensos los pueblos de
la Unión, y conmovido visiblemente Boston, Nueva York y Filadelfia. Aún veo, prendidos como
colmena alborotada a las ruedas y ventanas del carro donde les venden los periódicos, a esas criatu-
rillas de ciudad, que son como frutas nuevas po-
dridas en el árbol. Los compradores, en montón
aguardan en torno al carro, que ya anda, arrebatado por el grueso caballo a que va uncido en tanto
que ruedan por tierra, revueltos con paquetes de
periódicos, míseras niñas cubiertas de harapos, o
pequeñuelas bien vestidas, que ya desnudan el alma, o irlandesillos avarientos, que alzan del lodo
blasfemando el sombrero agujereado que perdieron
en la lucha. Y vienen carros nuevos, y luchas nuevas. Y los que alcanzan periódicos, no saben cómo darlos a tiempo a los compradores ansiosos que

los asedian. Y la muchedumbre, temblando en la
lluvia, busca en los lienzos de noticias que clavan
en sus paredes los diarios famosos, las nuevas del
combate. Y lee el hijo, en el diario que trae a casa
el padre, a qué ojo fué aquel golpe, y cuán bueno
fué aquel otro que dió con el puño en la nariz del
adversario, y con éste en tierra, y cómo se puede
matar empujando gentilmente hacia atrás el rostro
del enemigo, y dándole con la otra mano junto al
cerebro, por el cuello. Y publican los periódicos
los retratos de los peleadores, y sus banderas de
combate, y diseños de los golpes. Y se cuenta en
la mesa de comer de la familia, que este amigo perdió unos cien duros y aquél ganó un millar, y otro
otros mil, porque apostaron a que ganaría el gigante, y sucedió que ganó el mozo. Eso era Nueva
York la tarde de la lucha.

¿Y en el campo de la lucha? Fué allá, en tierras
del Sur, junto al mar, bajo cedros y robles. No
son estas querellas de bribones, que la ira encona,
el azar cansa, y el capricho legisla: son troncos de
antemano concertados, en que se dividen —como en
las justas antiguas—el campo y la luz, y se deter-
mina como para los caballos de carrera, el peso y
el modo de justar y se acuerda en tratado formal y
manera minuciosa, que los peleadores pelearán de
pie, y sin piedras ni hierros en la mano, ni más
que tres espigas de punta redonda y media pulgada de largo en la suela del zapato, y se establece
como mejora de decoro, que aquella vez no muer-
dan, ni se rasquen la carne con las uñas, ni se dé
golpe al que ya tiene una mano y una rodilla en

tierra, y a aquél a quien se sujeta por el cuello contra las cuerdas o estacas del circo, que ha de ser prado llano, y no mayor de 24 pies en cuadro, y ha de ostentar al sol, enarboladas en las estacas del centro, los colores de pelea de ambos rufianes, los cuales fueron esta vez arpa, sol, luna y escudo, y águila de anchas alas sobre esfera tachonada de estrechas para el gigante de Troya, y águila que sustenta en las nubes un escudo americano, cercada de banderines de Irlanda y Norte América, para el mozo fuerte de Boston. Porque de Irlanda vino a esta tierra, con la poblada numerosa, la bárbara costumbre.

Los tiempos no son más que esto: el tránsito del hombre-fiera al hombre-hombre. ¿No hay horas de bestia en el ser humano, en que los dientes tienen necesidad de morder, y la garganta siente sed fatídica, y los ojos llamean, y los puños crispados buscan cuerpos donde caer? Enfrenar esta bestia, y sentar sobre ella un angel, es la victoria humana. Pero como el Caín de Cormon, en tanto que los aztecas industriosos y los peruanos cultos hacían camino en la cresta de los montes, echaban por canales ciclópeos las aguas de los ríos, y labraban para los dedos de sus mujeres sutilísimas joyas, los hombres de aquellas tierras del Norte, que opusieron a los dardos de los soldados de César el pecho velludo, y las espaldas cubiertas de pieles, alzaban tienda nómade en la tierra riscosa, y comían en su propia piel, ahumada apenas, la res ensangrentada que habían ahogado con sus brazos férreos. Los brazos de los hombres parecían laderas de montaña, sus

piernas troncos de árboles, sus manos mazas, sus
cabezas bosques. Vivir no fué al principio más
que disputar los bosques a las fieras. Mas hoy la
vida no es montaña áspera, sino estatua tallada en
la montaña.

Así se espantan los ojos, como si de súbito se
viera pasar por las calles de una ciudad moderna
a Caín, de ver como las artes de la pintura y de la
imprenta lamen sumisas los pies rugosos de estas
bestias humanas, y copian y celebran al bruto magnífico, y le espían anhelantes en el instante en que,
desnudo el torso montuoso, y encrespado el brazo
troncal, ensaya en una bola de cuero, que envía bamboleando al techo de que cuelga por vajilla de cuero, los golpes que ha de dar luego, entre hurras y
vítores, en el cráneo crugiente, en los labios hinchados, en el cuerpo tambaleante de su adversario
estremecido. Se educan para la pelea, se fortalecen,
se consumen en la carne supérflua que pesa y no resiste, se recojen en población de campo, en casa
apartada, con sus educadores, que les enseñan golpes excelentes, y les prohiben excesos corporales,
y los muestran a los que apuestan de oficio, y quieren ver, antes de apostar a su hombre, porque "ellos
van de negocio" y deben apostar "al mejor hombre".
Y de negocio también van los peleadores, que jamás
se vieron a veces, y van a verse por primera vez
en la arenal del círco. Pero un chalán ha puesto a
los brazos de uno, dos millares de pesos, y un diarista ha puesto a los brazos de otro, dos millares,
y ajustan la pelea, la sangrienta pelea, porque no
viene mal ganar, rompiendo huesos y sacudiendo en

los cráneos los cerebros, los dineros y la fama de
"campeón del peso grande de la América", porque
hay menguados que pesan ciento treinta libras, y
se baten por la fama de ser los más ricos golpeado-
res entre los de poco peso; más hay mancebos que
pesan doscientas libras, y éstos lidian por merecer
el derecho de campeón entre los de peso grande.

Y no bien se publica que se ha ajustado la batalla, hácense cargo del peleador los que le "educan",
que se llaman "sus segundos", e impiden que por
el beber o el mozear comprometa "el hombre de pelea" la ganancia del que ha puesto dinero "a su espalda". Y es la nación circo de gallos. Van los
dos hombres enseñándose por los pueblos, y pe-
leando con guantes, desnudos de cinto arriba, en
teatros, plazas y tablados de cantinas, donde ondean sus colores, y narran sus hazañas, y palpan sus
músculos y balancean las condiciones de ganancia o
pérdida, antes de cruzar con el jugador vecino la
apuesta de dinero. Créanse bandos en las poblaciones, que suelen parar en que ambos contendientes saltan, revólveres al aire y cuchillos en alto, al
circo o al tablado: y Troya, que ama a su gigante,
que es dueño de un teatro, y padre de familia, y
pródigo de fama, como buen rufián, arde en celos
de Boston, que está orgullosa de su bestia, porque
no se ha puesto hombre en frente del mozo bostonés que no haya caído ensangrentado en tierra. No
se pregunte quien lo impide, que cuando acontece
en plazas públicas, un mes tras otro mes, no lo impide nadie. Hay leyes, mas como en México, donde prohiben las lidias de toros, buenas para hacer

toros de los hombres, en el recinto de Tenoxkillan.
y dejan las que haya en el pueblecillo cercano de
Tlalnepantla, donde un tiempo oró en su torre alta
el gran Netzahualcoyotl, poeta, rey y capitán excelso, y hoy desjarretan brutos, vestidos de toreros de
comedia, hombres nacidos, por la grandeza de la
tierra que los cría, a más glorioso empleo.

Cuando se acerca el día fijado para el combate,
como cada Estado tiene ley diversa, y abundan entre los hombres distinguidos, que hacen las leyes,
los abominadores de esta pelea de hombres, suelen
los pugilistas andar de salto en salto, en fuga de las
cárceles. Mas hayan siempre Estados que los ampare, y allí, es fiesta pública. Vienen los trenes,
de comarcas lejanas, cargados de apostadores, que
ponen punto a sus negocios, y dejan sin padre sus
casas, por venir a centenares de millas, a apiñarse
en la muchedumbre vociferadora que con el rostro
encendido y las manos en alto, y el sombrero a la
nuca, rodeará en la mañana anhelante, el circo de la
lidia. Son banqueros, son jueces, son graves personas, miembros de las iglesias de su pueblo, son
jóvenes ricos, de dinero que debiera trocarse en
yugo para sus frentes: no son sólo bribones ni cha-
lanes. Hay en toda ciudad un centro de estos juegos, y en algunas ciudades muchos centros. Cada
agrupación envía sus diputados; cada postor que
puso precio, envía su hombre a ver; cada amador
del ejercicio va a gozarse en sus lances. No tienen cierre las puertas de los hoteles y cantinas. Los
hijos pródigos del azar asombran con su fausto, y
los boxeadores de oficio con sus fuertes músculos.

a las damas y damiselas de la villa, que no apartan
de ellos los ojos, como de seres aborrecibles, sino
que les miran con curiosidad y con regalo, como a
hombres magnos y seres de privilegio.

En Nueva Orleans, en cuyas cercanías fué este
combate, se abrieron las bolsas viejas, muy atadas
desde los tiempos de la guerra terrible, para poner
los ahorros mohosos a la bravura de los jayanes.
Las calles parecían corredores de casas; y el suceso,
suceso de familia. Todo era chocar de vasos, hablar en voces altas, discutir en tiendas y plazas los
méritos de los mozos, en cohorte ir a saciar los ojos
avarientos en la espalda robusta, el hombro redondo, y la cadera desenvuelta de los atletas. Y volvían los unos, mohinos porque su jayán tenía de-
masiada carne sobre las costillas, y los otros albo-
rozados porque su hombre era todo huesos y
músculos. Iban los médicos en grupos, a ver aquel
ejemplar rico de bruto humano. Y las damas iban
a poner su mano delgada en la mano huesosa de
los héroes.

Toda la ciudad parecía de viaje en la noche que
acabó en la madrugada de la marcha. En sillas,
y en sofás y de codos en los balcones, dormían, temerosos de que partiese el tren si ellos, los que habían comprado, a cambio de diez pesos, el derecho
de ver la anhelada lucha. Vaciaban en los mostradores de los hoteles, porque no se las robasen en
el camino, las joyas, a que son los rufianes muy
aficionados. Y allá va al fin, cruzando los llanos
pantanosos de la Luisiana, el tren veloz con los peleadores, con sus segundos, con la esponja y men-

jurges de curar, con los dineros de la lidia, con sus
vagones repletos, techados de gente, rebosada de
los carros. Allí el beber; allí el vocear; allí el pro-
poner apuestas y aceptarlas. Allí el decir que un
buen peleador ha de tener arrojo, agilidad y resistencia. Allí el hacer memoria de cómo en otros
tiempos se libraban al vigor del puño las contiendas
electorales de los neoyorquinos; cómo un Mc Coy
mató en el circo a un Chris Lilly; cómo cuando
Hyer venció a Sullivan, en "pelea de huracán se en-
cendieron luminarias en Park Row", que es la calle vieja y famosa, que da hoy al costado del correo, y se leyó por largo tiempo en un gran lienzo
transparente: "Tom Hyer, campeón de América".
Era allí el recordar entre sorbos de pócimas ardientes, que Morrisey dejó a Heenan por muerto; que
cuando Jones peleó con Mc Coole recibió de él tal
golpe en la frente, que rodó al suelo, víctima de
náuseas y como con el cerebro desquiciado; y que
Mace era un gran golpeador, que braceaba como
aspa de molino, y quebró de un buen golpe el cuello de Allen. Y el sol entraba a raudales por las
ventanillas de los carros!

Ya en el lugar de la pelea, que fué la ciudad de
Mississippi, estaban llenos de gente los alrededores del sitio elejido para el circo, y a horcajadas
los hombres en los árboles, y repletos de curiosos
los balcones, y almenados de espectadores los techos de las casas. Vació el tren su carga. Se
alzó el circo en el suelo, y otro circo concéntrico,
entre los que podían vagar los privilegiados; cantando alegres, se sentaron por la arena en batallón

gozoso los cronistas, que cuando se pobló el aire
de hurras, y fueron todas las manos astas de sombreros, era que venían el hurano Sullivan con su
calzón corto y su camiseta de franela verde, y el
hermoso Ryan, el gigante de Troya, en arreos
blancos. En el circo, había damas. Y a la par
que los jayanes se dieron las manos y ponían a
hervir la sangre que iba a correr abundosa a los
golpes, encuclillados en el suelo, contaban los segundos los dineros que se habían apostado a los
dos hombres. ¿A qué mirarlos? A poco, ruedan por
tierra; llévanlos a su rincón, y báñanles los miembros con menjurges, embístense de nuevo, sacúden-
se sobre el cráneo golpes de maza; suenan los cráneos como yunque herido; mancha la sangre las
ropas de Ryan, que cae de rodillas, en tanto que el
mozo de Boston, saltando alegre y sonriendo, se
vuelve a su "esquina". Atruena el vocerío; álzase
Ryan tambaleando; le embiste Sullivan riendo; ásen-
se de los cuellos y estrújanse los rostros; van tro-
pezando a caer sobre las cuerdas; nueve veces se
atacan; nueve veces se hieren; ya se arrastra el gigante, ya no les sustentan en pie sus zapatos espiga-
dos, ya cae exánime de un golpe en el cuello, y al
verlo sin sentido, echa al aire la esponja, en señal
de derrota, su segundo. Se han cruzado $300.000,
apostados en todas las ciudades de la nación a la
pelea de estos dos mozos; se han alquilado hilos de
telégrafo para dar cuenta menuda a todos los vientos de los detalles de la lidia; han recorrido las calles de las grandes ciudades, muchedumbres ansiosas
que recibieron con clamores de aplausos, o ruidos

de ira, la nueva del triunfo; se ha celebrado con músicas y fiestas al bostonés victorioso; y se exhiben de
nuevo en circos y cantinas, agasajados y regalados,
el mozo y el gigante. Aún está roja y castigada de
los pies, en la ciudad del Mississippi, la arena de
la mar! Es este pueblo como grande árbol: tal vez
es ley que en la raíz de los árboles grandes aniden
los gusanos.

●

¿Qué me trae este niño mensajero, con su uniforme y cachucha de paño azul, que llama a mi puerta? ¡Ah! Es la costumbre de estos días, en que se
envían, en lindas tarjetas, sus saludos anónimos los
enamorados y los amigos leales, que sufren de ver
almas solas. En esta tarjeta bordada de fleco azul,
me mandan un niño alado, sentado en un camello;
y en esa otra, que tiene al pie dos hermosos versos,
como es uso, aunque no todos los versos son hermosos, hay un águila, que mira a lo alto, posada en
una roca... Y este niñuelo que viene ¿qué me
trae ahora? Me trae un Valentín de burlas en que
está un hombre triste, vestido de navegar, de pie en
la orilla de un océano en que no apunta un barco!
Porque los Valentines, que son de una inglesa, llenan en estos días los mostradores de las tiendas,
las bolsas de los fabricantes, los sacos de cuero de
los carteros. No hay casa que no los envíe, y que

no los reciba. Antes fué sólo hábito de enamorados, y en este día de San Valentín, en que es fama que los pájaros amanecen piando y aleteando en torno a la rama en que se posa aquella que eligen por compañera de su nido, no se acostaban las doncellas de Inglaterra sin haber prendido cuatro hojas en las esquinas de su almohada, y una en el centro, porque tenían las hojas la virtud de hacer aparecer en sueños, a las doncellas, aquel de sus cortejadores a quien debían de elejir para su esposo, el cual poder era más cierto si luego de haber puesto a hervir un huevo a punto de endurecerlo, y sacándole la yema, llenaban de sal su espacio, y comían el resto, sin comer ni beber después, ni sacar la cáscara al huevo, porque esto le hubiera quitado la virtud. Y era también uso que el que había sido elegido Valentín, hiciese a su dama un regalo valioso, como el del duque de York, muy gentil duque, que regaló a la señorita Stuart, que fué luego duquesa de Richmond afamada, una joya que no le costó menos de ochocientas libras esterlinas: en tanto que las pastoras, "en este día en que los pájaros eran bondadosos", como reza el verso viejo, salían de mañanita a buscar leche, y tomaban de novio al primer pastor que encontraban sus ojos, lo cual, por de contado, haría muy mañaneros el día de San Valentín a los pastores.

De este lado del mar, no fueron estos usos, sino enviar, explicados con versos, dibujos alegóricos a los defectos o peculiaridades de la persona a quien se encaminaban los dibujos, de lo cual, que fué al principio práctica de relacionados en amores, como

que era anónima la práctica, tomó pie la malicia y
cada jorobado, o bizco, o narigudo, o avaro, o fanfarrón, o vicioso, recibía de manos desconocidas una
gran lámina coloreada, en que en menguados versos se hacía burla, vaga unas veces, y cruel y certera otras, del defecto del valentinado. Y no hay,
aun hoy mismo, más que entrar en una tienda, y
pedir un Valentín de sastre, para que el tendero
busque en sus mostradores el manojo de los sastres,
y saque de él un vejezuelo en pocas ropas, que
enmienda y repara una casaca añosa, de modo que
parezca de lienzo y corte nuevos. Ya queda para
barrios bajos este uso de la malicia, que fué a tanto que no hay presunción humana ni hábito ridículo
de estas tierras, que no tenga en estos Valentines
de antaño su poema y su azote, tal como uno enviado a dama casera, que hace en la casa las faenas
del servicio y luego va, enjoyada y envuelta en sedas a lucir galas en su Jueves de salir, en el cual
Valentín está la dama con cubo gigantesco por sombrero, delantal de pinche por frente de vestido,
tenedores por pendientes, por abanico espumadera,
y una cuchara de afiler de pecho, a todo lo que saludan, vestidas de galantes caballeros, un par de
flacas tenazas. Pero los Valentines que aun quedan en boga, son dibujos caseros, hechos de mano
amiga, para poner en curiosidad a un amigo bueno,
o encantadoras figurillas, tiernas o cómicas, de variedad tan numerosa y rica, que no son más copiosas en arenas que los Valentines en tiendas, las playas de la mar. Son de fino cartón, franjado o cercado de encaje o de flecos; son almohadillas azu-

les y rosadas, en que sonríe, con su gorro francés
un niño candoroso; son ángeles, amantes, ramos de
flores silvestres, lirios, margaritas, un negrillo que
se hunde como quien tropieza en los aleros del gorro colosal que ata a su barba una negrilla, o gira-
soles, que están ahora en boga, por ser la flor de
los estetas, o tulipanes, que es flor que se ha pagado
aquí a tal precio que se compraban por acciones. Y
al pie de todos ellos, versos rientes, versos de día
de pájaros, versos azules, de esos que se escriben
antes de entrar en lo recio de la vida, y no rojos,
como se escriben luego, y no negros, como se suelen escribir, hasta que luego los años buenos ti-
ñen del color blanco de la luz los cabellos y el alma.

Las gentes andan contentas, ocupadas, activas.
El Senado, tras debate brillante, aprueba una ley
que deja sin capacidad de elegir ni de ser electo a
los polígamos mormones. La Academia de música
resuena con el clamor de alegres enmascarados que,
ora son niños que llevan de reyes en carroza tirada por cabras, a Esmeralda y a Febo, ora son actores que imitan en la escena aquel carro de Thes-
pis en que nació la comedia, y echen a danzar, apa-
rejados por la sala a Frou-Frou y al duque de Buck-
inham, y a Camille y Luis onceno. Nueva Orleans
celebra sus carnavales con procesión suntuosa en
que reviven las maravillas magnas de los poemas
indostánicos.

Portland corta de sus jardines las rosas mejores,
para ornar con ellas la casa en que ha de celebrarse
el aniversario próximo del poeta Longfelow. Ya
en la casa se limpia el asta de las banderas de fes-

tejo, para honrar con ellas a aquel hombre resplandeciente y sereno, menos infortunado que Bolívar, porque fué menos grande: a Jorge Wáshington. Oiremos esos himnos, y les pondremos alas de buena voluntad, y cruzarán la mar.

La Opinión Nacional. Caracas, 4 de marzo de 1882.

8

CARTA DE NUEVA YORK

Sumario

*Los bárbaros caminadores.—Carreras de hombres.
—Atletas griegos y atletas modernos.—Rowell y
Atlanta.—El aniversario de Wáshington.—Los banquetes, las banderas, los discípulos de Pedro Cooper.—Blaine pronuncia ante el Congreso el elogio
de Garfield.—El hombre externo y el hombre invisible.—Poeta en acciones.*

Nueva York, marzo 4 de 1882.

Sr. Director de *La Opinión Nacional*:

Con más dificultad se abre paso el espíritu por
entre las brumas húmedas de este mes de marzo,
que lo espantan y contristan y lo invitan, no a salir de sí, sino a reentrar en sí, —que aquella conque, en este instante mismo, apretados los codos a
ambos costados, cerrados los puños, jadeante la
faz, y llagados los pies, tajan el aire en una carrera los "caminadores", que en torneos por dineros,
comparten con sus hazañas repugnantes, su faz
marmórea, y sus ojos salidos de las órbitas, la admiración de un público enfermizo que ha aprendido
a mirar sin dolor las lastimaduras de los pies, y las
del alma. Un héroe es un bellaco, y un caminador,
es un héroe. Las almas asustadas y púdicas; los que
no caben en sí y anhelan verterse en los otros; los
que prefieren el derecho de vivir en paz en la vida
próxima, al goce de una paz que se compra demasiado caro en esta vida; los que gustan más de
ver ricas las arcas del alma, con cuyo oro se compra el bien eterno, que las arcas de dineros, cuyo
cuño suele ser marca de infamia para el alma que la
señalará en sus trances próximos, —como la cédula
amarilla al presidiario francés,— son a los ojos de
buena suma de neoyorkinos como flores enfermas

o mentes sin seso, o maravilla extra-terrena, u hombres de poca monta, que ven más por los otros que
por sí: en tanto que de manos enguantadas y breves, acabado remate de airosos brazos femeniles,
cae a los pies de un negrillo caminador, vestido de
camisa de seda azul y pantalón de seda roja, una
herradura de rosas opulentas conque la dama de
Nueva York desea al negrillo buena suerte en el
rudo torneo. Hurras responden a la dádiva, hurras estruendosas de aquellos diez millares de hombres que llenan el circo, henchido de humo espeso,
humo de vicios, y de ese aroma de frutas estruja-
das, de naranja sin jugo, de manzanas mondadas,
grato a las almas corrompidas. Caminan de día, caminan de noche, caminan sin tregua. La gente entra
en el hipódromo de Madison a oleadas, no para
ver el trance de adelanto de los hombres a un estado mental o moral sumo, sino para ver y vitorear
el trance de retroceso del hombre al bruto.

Mas no lucen estos caminadores como aquellos
corceles del desierto, sobre cuyo dorso musculoso
ondea el albornoz franjado de oro del altanero be-
duino, y que parecen, más que siervos, señores de
sus magníficos jinetes; sino que con sus zapatillas
de caminar, y su camisa ceñida y calzón corto de
colores alegres, hundido el rostro entre los hombros, pegado a las sienes enjutas el cabello lacio y
sudoroso, respirando difícilmente por entre los labios pálidos y colgantes, andan al paso, galopan,
trotan, se detienen sofocados, se disputan el puesto
primero, se codean, se ofenden, hasta que vencidos por la fatiga, se refugian un instante en sus

tiendas respectivas, a que sus cuidadores les ba-
ñen y cepillen los miembros hinchados y toman de
manos de ellos sin detenerse en su carrera, una tajada de pan, una costilla de carnero, o un trozo de
carne a medio cocer, en las que hincan los dientes
voraces a par que galopan. Y así durante el día,
así en la alta noche, así en el alba. En anchos carteles van anotándose las millas que andan. En
pequeñas mesas, tienen abiertos los libros de apostar los que han pagado dos centenares de pesos
por recibir apuestas, que se hacen a los pies de los
hombres, como a sus puños, como a la lijereza de
sus caballos. Y estos hombres se pesan, y se nu-
tren, y se demacran de antemano. Cuál no toma más que leche que alimenta y no carga el cuerpo de excrecencias que estorban para la marcha;
cuál solo come avena, que da fuerza a los músculos;
cuál vive de carne sangrienta, tal como la reba-
na el cuchillo del matador del lomo de la res.
Y cada cual tiene sus hombres de cuidar que les
preparan durante el torneo bebistrajos fortale-
cedores, y mejurges, y friegas, y los reciben en sus
brazos cuando ebrio de sueño y adementados se
apartan un momento de la pista, y los ponen en pie,
los reaniman con golpes eléctricos o golpes de puño, y los echan a andar aun dormidos por la arena,
cubierta de aserrín, que miran con sus ojos abiertos y azorados, revuelven con sus pies tambalean-
tes, en tanto que tiritan en sus asientos, despiertos
por el miedo de perder y el ansia de ganar, los apostadores; y filtran por las hendijas y cristales el aire
húmedo y las luces fantásticas de la madrugada.

Y esto lo hacen, porque se ha prometido que aquel de los caminadores que haya andado más espacio al cabo de ciento cuarenta y dos horas, ganará para sí tantos millares de pesos cuantos sean los que se han presentado a tornear, cada uno de los cuales deposita un millar a la entrada, y ganará también si anda los seis días del torneo, quinientas veinticinco millas, o más, todos los dineros del públido que acude ávido a toda hora del día y de la noche a ver como el fornido inglés Rowell, de piernas cortas, que anda en veintidós horas y media ciento cincuenta millas, vence sin esfuerzo a Scott gigantesco, que viste camisa de lana blanca y calzón rojo, y a Hazael que tiene de zorra, y lleva piernas encarnadas y azules, y al escocés Noremac, que tiene de lobo, y a Fitzgerald famoso, que anduvo quinientas ochenta y dos millas en seis días, y a Sullivan, que luce traje verde, y a Hart, el negro esbelto, de andar rítmico y cuerpo donairoso, que corre por entre sus rivales con los brazos llenos de cestos de flores que le dan las damas, como aquellos flamencos antillanos que pasean lijeramente el cuerpo rosado por la arena abrasada de la margen marina.

Ni es esta aquella garbosa lucha griega en que a los acordes de la flauta y de la cítara, lucían en las hermosas fiestas panateneas sus músculos robustos y su destreza en la carrera, los hombres jóvenes del ático, para que el viento llevase luego sus hazañas, cantadas por los poetas, coronados de laurel y olivo, a decir de los tiranos que aun eran bastante fuertes los brazos de los griegos para empuñar el acero vengador de Harmodio y Aristogiton. Ni es aquel aire balsámico de las serenas tardes atenienses, en que envueltos los hombres arrogantes en el majestuoso hymatión de ruda lona y anchos pliegues, y las mujeres en sus suntuosas diploidia, oían de pie que ceñían con sandalias, y con la cabeza, que ornaban con diadema, los versos desesperados y terribles de Edipo el Tirano.

Ni son los premios de estos caminadores, como de los que se disputaban el premio de correr en aquellas fiestas, coronas de laurel verde y fragante, o ramillas de mirto florecido. Sino que estos jayanes andan pesadamente, y dan vuelta al circo con una esponja en la mano y una toalla en la otra, y comen dando vueltas como perro famélico que huye con la presa entre los dientes, y se enlazan los pies,—y se hinchan el rostro, a punto tal que parece que estalla,—y se arrastran por la pista revuelta como jacos de posta, sudorosos y latigueados,—y ruedan por tierra, hinchadas las rodillas y tobillos, o caen inertes como resortes rotos o masas apagadas,—por unos cuantos dineros, a cuyo sonido, al rebotar sobre los mostradores de la entrada, alijeran y animan su marcha!

Oh! El espíritu humano como la tierra, como la atmósfera, tiene capas. Las unas son de arena menudísima que el sol calienta, y movida de vientos extraños, asciende, en revueltas y brillantes columnas al sol: y son las otras de roca áspera, en que parece quebrarse impotente, como en masa intallable, el cincel divino. Ni se casarán al fin de esta lidia el astuto Himénnides y la hermosa Atalanta

que vencía a todos sus rivales en la carrera, y les
daba muerte con su acerada jabalina, mas no venció a Himénnides, que dejó caer tras sí en la justa
las manzanas de oro que tentaron la avaricia de la
hermosa, y dieron tiempo al doncel enamorado para
llegar, antes que la hija adusta de Schenéo al término de la carrera cuyo premio era el amor de aquella vencedora de centauros: lo que enseña que han
de tenerse los ojos siempre cerrados a las manzanas de oro; sino que acabará esta fiesta del hipódromo Madison en disputas y querellas de rufianes,
malcontentos con haber de perder, o haber de compartir las monedas de la apuesta. De vapores de
mirto iban oreadas las sienes de los esbeltos corredores de otros tiempos: y orean las sienes de
estos, en salones sombríos y húmedos, que parecen
cuevas, los vapores del lúpulo.

No está lejos del circo donde, hombro a hombro, trotan ya en parejas, ya en grupos, ya a la cabeza, ya a la zaga, los caminadores,—la estatua de
bronce de aquel robusto soldado a quien como a
monumento humano, y ejemplo y prez de su raza,
mueven hoy los ojos los americanos, cuyo valor avi-
goró con su prudencia, y los hombres todos de la
tierra, que vieron convertirse en sus manos generosas la espada del triunfo en rama de oliva:—la
estatua de Wáshington, que lucía al sol brillante
del día ventidos de febrero en que ha ciento cincuenta años nació, raquíticas guirnaldas y menguadas coronas, allí llevadas por la mano marcial de
soldados piadosos, cuando debieran, —por cuanto
ayudan a ser grande el respeto a los grandes—,

venir en este día al altar de granito y de bronce
con sus hijos los padres, y con coronas de rosas
frescas las doncellas, y con banderas al aire y des-
tocados los niños que se instruyen en las escuelas,
y con la falda llena de siempre-vivas y las manos
llenas de besos las niñas de la ciudad.

Comienza a ser desventurado el pueblo que empieza a ser desagradecido. El grano de oro ha de
ser cosechado en los campos y en las almas. Corre peligro de perder fuerza para actos heroicos nuevos aquel que pierde, o no guarda bastante, la memoria de los actos heroicos antiguos. Y aquí se
cierran en el día de Wáshington, tribunales, escuelas, casas de banca y oficinas; los mozos de tiendas pasean alegres por el ancho Broadway a sus
amadas bulliciones; bullen repletos en tarde y noche los teatros; limpia el pilluelo las botas colosales
que le dió el munífico vecino, y orla su camisa azul
de un cuello amarillento, y encarama en su hirsuta
cabellera, revuelta como nido de pájaros traviesos,
un sombrerillo agujereado; asoman, en las calles
suntuosas, rubias cabezas de damas, y manos cua-
jadas de diamantes ocúpanse con afán, ya en cambiar saludo con el galán rubio, ya en ayudarse de
él para colgar a sus ventanas señoreales la alegre
bandera de la tierra.

En una parte son banquetes, y en la otra discursos, y en los edificios públicos gala y pabellones;
mas es este deber de hábito, o de gobierno, o tributo de leales corazones y almas privilegiadas, no
la procesión maravillosa en que para hacerse de
esas fuerzas de espíritu que la vida moderna ofus-

ca y retacea, debiera la ciudad agradecida venir cada año a honrar a aquel héroe amable y sereno a quien no cegó ese reflejo funesto de la luz del sol en los laureles de la corona de la gloria, ni devoraron esos apetitos de lengua de llama que engendra el triunfo. Es aquí ese aniversario día de suerte y paseo, mas no de reverencia; y como a voces anticuadas suenan las nobles voces que en círculos estrechos se alzan aún, con vehemencia filial, a loar aquel que no odió ni ambicionó, ni engañó ni quiso ser más que caballero de la virtud, conquistador de la libertad, y soldado cristiano. De gran vaso de antigua labor, de donde un día bebieron Henry Clay, aquel jefe de hombres, y Daniel Webster, en quien su nación se hizo hombre, sacaba en la casa del club Washington, humeante ponche un capitán canoso; cuidaba de él, el elocuente Daniel Sikies, que perdió una pierna en las batallas, y con su palabra fogosa gana otra; y al orador Walker, que saludaba en el caudillo de la independencia a un hombre tal que ni tuvo par antes de él ni ha de tenerlo luego; y al caballero Fairchild, que ha traído de España un mensaje de amor de la Reina Cristina a esa viuda de Garfield nobilísima, que esconde en la aldea oscura, su dolor sereno y sus virtudes pudorosas. El dolor se ofende de que miren a él y lo publiquen.

En torno a la mesa de la Sociedad de Cincinati, oían prohombres las palabras sobrias con que el general Grant, que rebosa ansias y acontecimientos, honraba en la fiesta del día, al ejército de los Estados Unidos. Y como en la faena de acaparar for-

tuna, olvidan los americanos nuevos a aquellos veteranos de 1812 que movieron y mantuvieron guerra
a los ingleses, que estorbaban el comercio de Norte América, herían 'en la mar a los tripulantes de
sus barcas, y asaltaban en el Océano solitario, so
pretexto de derecho de registro, sus buques indefensos,—traenlos a su mesa en este día de Wáshington los veteranos de aquella otra guerra ruda de
1848 contra México, que fué a la voz de Taylor y
Scott, hasta enrojecer con sangre de niños bravos
que almenaron el último castillo de la patria, la lava
abrupta, que como entraña de monte roto, se alza
fría y abandonada en el solemne valle mexicano.
Truécase el fuego en piedras, como en peñasco truecan los años, en el pecho, los hervores volcánicos
y generosos de la mocedad. Y el buen Pedro Cooper, con su cabellera blanca y con su báculo, preside la fiesta de los mancebos aplicados de su Instituto, a quienes ruega que en este aniversario del
padre de la patria, se junten a hablar de él y a
contarse sus méritos, y cómo era ya en su niñez,
juez, más que compañero de sus amigos, tan pulcro
y recto que no parecía su espíritu abismo, sino llano; y cómo puso a su bravura el freno de la prudencia, quitó a la justicia las espuelas de la venganza; y cómo con artes de indio, que da la tierra,
caía de súbito sobre los ingleses aterrados y revueltos, y con decoro de puritano, haciendo a un
lado la corona de monarca, colgaba de su casa de
labriego la espada del triunfo; y cómo lloraba a
grandes lágrimas cuando presentaba a Lafayette
magnánimo, que le venía a ayudar de Francia, a

sus soldados gloriosos y macilentos; y cómo, vencido en Brooklyn, salvó con su serenidad a su ejército, y vencedor en Brilecton, se aprovechó con ce-
leridad de la victoria; y cómo, en suma, el que a la
cabeza de batalladores medio desnudos, acampaba
en cabañas alzadas con troncos de árboles en medio
de la nieve, presidió luego en fértil paz y en próspera fortuna a su pueblo agradecido, que dobló
la rodilla sollozando y puso la frente en tierra cuando supo que el hombre virtuoso había muerto en su
casa tranquila de Mount Vernon. ¡Buen Pedro
Cooper! Así, cuando la maldad reina entre los
hombres, la virtud tiene siempre hogares encendidos.

Ochenta y dos años hace ahora que, en la iglesia de los Luteranos Alemanes de California, ungió
Henry Lee a Wáshington, con las palabras históricas que diez días antes había rogado al Congreso
su amigo Marshall que aceptase como el título que
discernía al muerto, la nación: "El primero en la
paz, el primero en la guerra y el primero en el corazón de sus conciudadanos". Y muchos años después del panegírico famoso de Henry Lee, el historiador Bancroft pronunciaba ante el Congreso americano, el elogio de Lincoln, aquel que no bien puso
su pie ancho de leñador en la casa de las leyes,
acusó con voces nobles de justicia, la guerra que el
presidente Polk, hombre del Sur, movía interesada-
mente contra México.

Y ayer, ante auditorio grave y enlutado, leía con
voz lenta en un ancho manuscrito, un hombre an-

ciano, el elogio de Garfield. Negros bordes remataban las páginas anchas; de tocas y vestiduras de dolor estaban aderezadas las damas; y la casa de Representantes, y el Senado, y el Presidente de la nación, y sus ministros, silenciosos y tristes, oían la voz del elocuente Blaine, que no se encrespaba, ni azotaba, ni aceraba, como suele en los agrios debates que levanta y doma, sino que salía de sus labios lentamente, como si fuese labor dura para quien bracea sin miedo en los mares de la vida, bogar en calma sigilosa por las sosegadas aguas de la muerte. Y sobre ellos, como brilló en vida, lucía en ancho lienzo el muerto glorioso, con aquella su esbelta apostura de batallador del Parlamento, en una mano el mazo de papeles, que él movía como dardos, y la otra mano blandamente inclinada en el respaldo de una silla, como quien habla sin esfuerzo, porque el habla le surge de manantial hondo y sereno, y no de estufa recién caliente, en que corren el peligro de morir a poco los carbones no bien encendidos;—y con aquella su faz benévola, radiante y acariciadora, iluminada más que por luz de sol, por luz interna.

¡Oh! la palabra, como viento que enciende, saca las llamas del espíritu al rostro.—Y Blaine se asió a su tribuna, y sus labios vacilaron, sus labios de orador vehemente y diestro, e hizo ademán de poner de lado su manuscrito voluminoso, como si aquel discurso que lleva siempre hecho el orador, el público que le oye, el cual lo ciega, y al cual lo torna, le pugliese más que aquella tarea de gabinete, hija de razón que traía escrito. Mas la palabra tiene alas, y vuela caprichosa, y se entra en mundos ignorados e imprevistos, y aquel que habla en nombre del pueblo, ha de poner rienda doble y freno fuerte a su palabra alada.

Así fué el elogio de Garfield, más señalado por su obediencia a la rienda que por sus rebeldías.— Vése, en aquel elogio, a la par que tacto discretísimo en no usar la ceremonia solemne en bien del elogiante, que pudo, a no ser discreto, ampararse del caso para hacer defensa de los actos que, como ministro de Garfield, se le censura, una como vaguedad extraña, y falta de líneas fijas, que den marco saliente a aquella hermosa figura, cuyas virtudes viriles, muerte serena y talento honrado, cautivan y enamoran a los que tienen los ojos fatigados de ver crímenes de la inteligencia y mascaradas del corazón. Como la llaga con hierro ardiente, ha de ser quemado en su cueva el talento que no sirva a la virtud. Surge del elogio, sobria y galanamente hablado, y hermosísimamente rematado, el hombre externo y visible, el niño que supo leer a los tres años, el estudiante que leía sus libros de aprender sobre su banco de trabajador, el maestro blando, el soldado hazañero, el diputado laborioso e incontrastable, el viajador que rebusca en los archivos de Inglaterra, datos que muestren que no hubo abuelo suyo que no hubiese cargado mosquetes y blandido espadas en defensa de la libertad; el brigadier romántico que dió con su bravura en Chickamagua color de victoria a la derrota; el discutidor leal e invencible que arrolló siempre en campo abierto, y del lado de la justicia, a sus contrarios. Vése a un hombre valioso, que adelanta brillante y velozmente, en alas de fortuna acariciadora, tolerante e ingenuo, sin odios y sin séquitos, amigo de los libros, poco hecho a las ansias famélicas de los humanos. Y se entrevé al hombre grandioso cuando sofocado en la casa de Gobierno, repleta de aire espeso de hombre, va a entregar frente al mar vasto, su espíritu vasto. Pero los que han vivido echan de menos en esa figura externa la falta de la vida verdadera. El hombre no es lo que se ve, sino lo que no se ve. Lleva la grandeza en sus entrañas, como la ostra negruzca y rugosa lleva en sus entrañas la pálida perla. El árbol de la vida no da frutos si no se le riega con sangre. Ese andar afanoso; ese sacudir con los hombros peso de montañas; ese vencer, sin más armas que las de amor y las de razón, a los hombres que mueven otras armas; ese aparecer y deslumbrar; ese sentarse, como Sísifo triunfador sobre la piedra que ha empujado con sus brazos a la cumbre del monte, a recibir luz de sol y ofrenda de hombres; y ese partir a tan alto destino con un libro de escuela y un cepillo de carpintero bajo el brazo, dan a quien sabe ver, y goza en admirar, la medida de una titánica figura, titánica hasta en el modo de ocultar que lo era.

De Boabdiles, ya no es hora! Es necesario arrodillarse cada día, como el bravo Balboa, a descubrir un nuevo mar. Es fuerza que cada hombre trabaje, con los maderos vírgenes del bosque, su silla de triunfo. Fuerza es que cada hombre, con sus manos tenaces se labre a sí propio. Y el que se labre de tal manera, que saque de sí el jefe de cincuenta millones de hombres, ¡oh, es un gran labrador! Vivir en estos tiempos y ser puro, ser elocuente, bravo y bello, y no haber sido mordido, torturado y triturado por pasiones; llevar la mente a la madurez que ha menester, y guardar el corazón en verdor sano; triunfar del hambre, de la vanidad propia, de la malquerencia que engendra la valía, y triunfar sin oscurecer la conciencia ni mercadear con el decoro; bracear, en suma, con el mar amargo, y dar miel de los labios generosos, y beber de aire y agua corrompidos, y quedar sano: ¡he ahí maravillas! ¡Cuánta agonía callada! ¡Cuánta batalla milagrosa! ¡Cuánta proeza de héroe! Resistir a la tierra es ya, hoy que se vive de tierra, sobradísima hazaña, y mayor, vencerla.

No fué el elogio de Blaine, aunque caluroso, diestro, sentido y elegante.—aquella alabanza justa, mirada en lo interior y lección suma que nace de la vida de aquella criatura casta, cuyas mejillas encendió siempre noble pudor viril; de aquel varón eminentísimo, que volvía el rostro descompuesto de la cohorte de mendicantes bien vestidos que le asaltó en sus turbulentos meses de gobierno; de aquel orador singular, cuya palabra limpia y maciza, revuelta airosamente, cual manto de griego, iba cargada de puras y hondas enseñanzas; de aquel espíritu sano que creyó en tiempos de incredulidad, y amó el honor en tiempos en que los hombres se aman a sí propio, de aquel poeta, en suma, que no rimó versos, sino acciones.

JOSE MARTI.

La Opinión Nacional. Caracas, 22 de marzo de 1881.

La Opinión Nacional - Caracas 27 de ...
1881

9

CARTA DE NUEVA YORK

SUMARIO

El Mississippi desbordado.—Guerra social.—Nume-
rosísimas nuevas.—Un monumento roto.—"No han
de alzarse monumentos a traidores!"—La historia
del Mayor André y del traidor Arnold.—Colonos
aduladores. —Corre sangre en Omaha. — Graves
huelgas.—San Francisco contra los chinos.—Los
Estados Unidos cierran sus puertas a los chinos.—
Wáshington, Chicago, Boston. — El caballo de
Sheridan.

CARTA DE NUEVA YORK

Sumario

El Misterio del Ponilodo.—Carta geral.—Nueva
costumbre ateniza.—Un monumento notable.—Cómo han
de bailar conmigotros a madera.—La fianfa
del Mayor André y del realista Arnold.—Celebre
atrevidos.—Carta surge en Omaha.—La Ciudad
indígena.—San Francisco como los chinos.—Los
Escobas. ¡Unido! dieran, así profetas de los Cloaca.—
Washington, Chicago, Boston, etc.—El atleta en
Slovakia.

Sr. Director de *La Opinión Nacional*:

El Mississippi desbordado, aquel río hermoso que vieron, antes que ojos algunos de Europa, ojos de españoles, arrasa e inunda aldeas, haciendas, centenas de hombres, millares de ganados. Llena de agua los valles. Trueca en mar la comarca. Y así se precipitan en los diarios las nuevas, los aniversarios, las lidias del Congreso, las noticias de muerte, los cuentos de crímenes, las narraciones de fiestas, la historia de las rebeliones imponentes que se encrespan y estallan en las ciudades vírgenes de las lejanas selvas y que parecen ensayos tímidos de la revuelta colosal y desastrosa con que, en futuros tiempos, habrá de estremecer a esta tierra la pelea de los hombres de la labor contra los hombres del caudal. De Europa viene a este país la savia y el veneno. El trabajador que viene aquí ya odia. Si prospera, como su rencor era alimentado por su infortunio, acalla su rencor. Mas si medra penosamente, y mientras no medra, vierte en los que le cercan el odio que le llena. De vivir exclusivamente para el laboreo de una fortuna, viene que sea desnudo y formidable el apetito de poseer, envilecedor en los hombres cultos, y tremendo en los hombres ignorantes. Vése aquí cómo los ricos se van agrupando y espaldando, y buscando gobierno para sí, que les ponga a cubierto de las demandas de los pobres. Y vése cómo los doloridos de otras tierras, enardecidos por la dificultad que a su progreso opone el visible concierto de los ricos, azuzan las iras y avivan la mente de los pobres desasosegados. En esta tierra se han de decidir, aunque parezca prematura profecía, las leyes nuevas que han de gobernar al hombre que hace la labor y al que con ella mercadea. En este colosal teatro llegará a su fin el colosal problema. Aquí, donde los trabajadores son fuertes, lucharán y vencerán los trabajadores. Los problemas se retardan, mas no se desvanecen. Negarnos a resolver un problema de cuya resolución nos pueden venir males, no es más que dejar cosecha de males, a nuestros hijos. Debemos vivir en nuestros tiempos, batallar en ellos, decir lo cierto bravamente, desamar el bienestar impuro, y vivir virilmente, para gozar con fruición y reposo el beneficio de la muerte. En otras tierras se libran peleas de raza y batallas políticas. Y en ésta se librará la batalla social tremenda.

Mas de prever vengamos a ver. No tienen los ojos espacio para todo lo que salta a ellos. Ya es el guía de la raza negra que muere. Ya son mineros y ferrocarrileros que se alzan en demanda de monto de sueldos. Ya son californianos avarientos, que tienen celos de los chinos sobrios, y exijen en el calor de los motines, que se ponga coto a la venida de los chinos. Ya es una moza que ganaba poco con los vestidos de su sexo, y para hacer oficios de hombre, que acarrean mejor salario, que ella hizo cumplidamente, como criado de comedores y mancebo de tienda, se embarcó vestida de hombre.

por lo que fué presa, y movió curiosidad, y anda
ahora libre. Ya es que esta ciudad provinciana hace
gala de tener en menos que en las ciudades de Europa tienen a la Patti, como si no fuera el honrar
a quien lo merece, honrarse a sí, y el negar honra
a aquel a quien se la debe, quitarse honra a sí propio. Ya son guerreros que cenan, para hacer memoria de sus heridas, sus marchas y sus guerras.
Ya niñas de diez y ocho años que preguntan a los
diarios si no será la edad suya, edad buena de ca-
sarse, contra el consejo materno, a lo que uno de
los diarios dice que ese de diez y ocho años ha de
ser afecto pueril, y celaje de primavera, y que es
bueno aguardar a más, por ver si el celaje hermoso
resiste al sol de estío y a las nieves del invierno,
por lo cual el consejo de la madre, aunque parezca áspero a la hija, es buen consejo. Ya, todos en-
cintados de verde, calzados con botas corpulentas,
y coronados de extraños sombreros, pasean, tras de
su general que va a caballo, los hijos de Irlanda
la ciudad, en este día de su patrón amado San Patricio. Ya son abanicos que se exhiben; monumentos cuya demolición se trama; diarios que, en este
mes de anuncios, se venden como diarios y son
montes; banquete con que celebra el Presidente en
Wáshington, en mesa llena de rosas y jazmines, a
los buenos y graves jueces de la Suprema Corte.
O es ya séquito fantástico de gentes de circo en-
cabezado por mozas robustas, vestidas de reinas de
Escocia, y por titiriteros en trajes de condes y de
duques, en que a la lumbre eléctrica, que baña de
luz blanda las calles, resplandecen crinajes de ára-

bes corceles, melenas de leones, labios fangosos de
chacales, colmillos de elefantes, jorobas de drome-
darios, ojos de hiena. Y qué dolorosa historia recuerda ese monumento que se quiere demoler! Es
el de un joven militar, cuyo cuerpo yace hoy, honrado entre los cuerpos de los grandes, en la Abadía
de Westminster. Salió de las filas inglesas por mandato de su jefe, allá en los tiempos en que guerrea-
ba contra Inglaterra Wáshington, y se entró en
una fortaleza americana, y huyó por entre filas de
soldados de América, luego que ajustó el precio de
la traición que había de dar a Inglaterra la anhelada fortaleza. Y el Mayor André, que era bravo
y gallardo, fué sentenciado por Wáshington a morir como traidor en la horca. Y se vendó los ojos,
y se ajustó el nudo de la cuerda al cuello y golpeó
con el pie firme el carro que iba a servirle de cadalso, el cual fué súbitamente arrebatado de debajo
de los pies del triste joven, que quedó allí, colgado
por traidor. Es suceso famoso, que merece cuento.
Arnold era general americano, y hombre de tantos
vicios como bravura, y audacia como ligereza. Vino a poco en dineros cual vienen siempre los viciosos; logró de Wáshington el mando de la fortaleza de West-Point, que era llave del Hudson y casa de águilas, y ofreció en venta la fortaleza al caudillo enemigo, que envió al Mayor André, por diestro y bravo, a que averiguase los dineros que quería Arnold por su ignominia, los cuales fueron ave-
riguados, y merecidos de antemano por unos planos
de la fortaleza que Arnold dió a André, y éste escondió en sus botas, y causaron su muerte; que no

es bien por cierto lamentar y honrar, porque va para vil quien comercia con vilezas, de las que supo al punto por qué cayó el Mayor en manos de soldados del ejército de América que, más honrados que su general, rehusaron los monedales que les ofrecía André, porque le dejasen libre, y le llevaron a poder de Wáshington, quien le sometió a consejo, el cual le juzgó por su propia confesión, y no creyó bien acordarle el hermoso consuelo de morir faz a faz con los fusiles, como mueren los buenos soldados. Murió vilmente el que había venido a envilecer. Es ley dura, pero es ley justa, y es ahora moda de americanos de alma enferma solicitar gracias y halagos de la metrópoli inglesa, porque hay frentes serviles, hechas para yugo, cuyos dueños emplean la riqueza que heredaron de sus padres trabajadores en esconder que vienen de ellos, por que no tengan a mal los nobles de mano fina de Londres soberbia, sentar a su mesa a hijos de menestrales y labriegos. A veces tiene vientre de oro quien tiene testuz de can; es crimen avergonzarse de los que hicieron a su patria colosal y libre, porque hacerla libre era ya ponerla en camino, breve y dilatado de ser colosal, y besan la orla de las casacas señoriales de los que mantuvieron a su patria en hierros, a su riqueza en diques, a su decoro en cepo, a su razón en ignorancia ignominiosa. De esas frentes yugales vino el pensamiento de erigir a André, a la margen del Hudson, un monumento que fué a poco erigido. Mas un joven poeta,—hecho en la guerra del Sur, a arrancar banderas de los cañones enemigos y a quebrar prisiones,

y a poner sobre ellas el pabellón cuya asta fuerte
rompió de un golpe la argolla cruenta en el pie de
los esclavos,—se echó al hombro una azada, aguardó a la margen del río la noche amiga, e inhábil
para dar en tierra, como quería, con el monumento
bochornoso, tajó sus bordes y rompió sus letras, porque no se dijese que la traición tenía un altar donde la libertad tiene su más solemne templo. Y le
persiguen, porque fué ese trozo de granito, tallado
y colocado a expensas de Cyrus Field, magnate
rico, que pone empeño en hacer mal al poeta que
llama vil a su obra. Mas, en junta de doscientos
hombres que se congregaron en un lindo pueblo a
la orilla del río, un anciano de cabellos muy blancos
denunció, con los labios muy trémulos, puestas en
alto las dos manos rugosas, al que en el suelo que
guarda los cadáveres sagrados de los que murieron
por la independencia de su patria, alza insolente piedra a honrar al que, tomando vino y comiendo pan
en la mesa de un soldado infame, concertó la manera de mantener la patria gloriosa en ruina y servidumbre. Y se ve ahora el modo de ir en séquito a
dar en tierra con el monumento malaventurado.

●

Otro hombre acaba de morir, al borde de cuya
tumba se congregaron dos millones de hombres agitados. Era un herrero, que vivía hace tiempo sin

empleo. Nótase ahora, en los grandes lugares de labor, como oleaje de cólera. Los que se rebelan son hombres fuertes, de espaldas anchas; que dejan sin encender la fragua, y sin batir el hierro sobre el yunque; y mujeres débiles, de manos flacas y hábiles, que se niegan a que se les merme el ruin salario que les pagan por hilar el lino. A un tiempo estallan huelgas entre los molineros de Chicago, los mineros de Cumberland, los terrapleneros de Omaha, los herreros de Pittsburg, las hilanderas de Lawrence. En Pittsburg, corre la sangre de dos guardianes. En Omaha, muere con una bayoneta en el costado, el herrero sin empleo. Los empresarios de los terraplenes en Omaha consintieron en pagar un peso y cincuenta centavos de jornal a cada trabajador, que trabajaba antes por un peso y cuarto cada día. Los terrapleneros se alzaron, y pidieron aumento de veinte y cinco centavos al jornal diario. La empresa trajo hombres de otra comarca. Omaha desde entonces arde en cólera. La ven los obreros airados, como a fortaleza de sus derechos. Con sesenta guardianes custodió la empresa el lugar de sus trabajos, y a la zaga de grandes banderas y al son de música y a tambores, arrollaron tres mil obreros omahenses a los guardianes aterrados, y espantaron e hirieron a los trabajadores forasteros. Convocó el gobernador a la milicia, y el Presidente le envió tropas. La muchedumbre, como ola, fluía y refluía en torno de los soldados armados, los vejaba, los punzaba, los denostaba. Los soldados, al fin, calada la bayoneta, cargaron sobre la turba, que retrocede y vocifera

y quiere arrebatar a los soldados los fusiles, en cuya lid cae un obrero al suelo, con el acero clavado
junto al corazón. La línea se repliega. La muchedumbre ruge. Su caudillo, que lamenta el motín y
mantiene el derecho del trabajador a ganar salario
que le habilite para vivir sin sustentos y miserias
con el producto de su labor, reune a los miembros
de las sociedades de trabajadores para ver de salvar del hambre, y de las cobardías que vienen de
ella, a los terrapleneros sin empleos; ruega a los
Senadores que alcancen del Presidente la retirada
de las tropas, y a la cabeza de dos mil obreros,
acompaña a ser puesto en la tierra, el cadáver del
herrero herido, en honra del cual ya se talla en
granito un monumento. Parecía el entierro tregua
de campaña. Dicen mucho, dos mil hombres silenciosos. Y de pie en las filas, estaban los soldados, preparado el cartucho, atenta la mano, calada la bayoneta. Y así quedan; así se ven ahora
faz a faz, trabajadores y soldados.

Allá a lo lejos la gran ciudad de San Francisco
ha sido teatro de más extraña lucha. De viejo viene siendo entre los chinos endebles y sumisos que
hacen varias y buenas labores a ruin precio, y los
inmigrantes europeos que han menester de trigo y
de licores, y de telas costosas, y de familia, por lo
que no pueden hacer a precio ruin las labores en
que, en lo barato y en lo hábil, le aventaja el chino.
Al fin, fué llevado al Congreso el problema arduo.
Al fin el Congreso ha decidido que cese la inmigración china en San Francisco. Ya no podrán venir, como venían, a modo de rebaño, y a millaradas.

los hombrecillos de ojos almendrados, rostro hue-
sudo y lampiño, y larga trenza. Ya no podrá el
hombre de China, a no ser viajero, o mercader, o
maestro, o enviado diplomático, o estudiante, o trabajador que hubiese estado en Norte América hasta noviembre de 1880, —los cuales han de traer muy
minucioso pasaporte,—pisar en busca de trabajo,
tierra norteamericana. En vano dijo un Senador que
la nación que hacía gala de llamar a todos los hombres a su seno, no podía, sin que causase asombro,
cerrar sus puertas y negar sus campos a toda una
raza respetuosa, útil y pacífica. En vano dijo un
economista que el Congreso de una nación, hecho a
amparar los derechos de los nacionales, no podía
privarles del derecho de comprar barato, y en mercado libre, el trabajo que necesitan para sus industrias. En vano imponentes grupos en la alta y baja
Cámara decían que prohibir la entrada de hombre alguno, y de un pueblo entero de hombres, a
esta tierra, era como rasgar con daga la Constitución generosa de este pueblo, que permite a todos
los hombres el ejercicio libre y libre empleo de sí.
En vano toda la prensa del Este tenía a mal que
en provecho de los inmigrantes de Europa, ambiciosos y voraces, se compeliese a emplear trabajo
caro a los fabricantes del Oeste, y se cerrase la entrada del país a los inmigrantes de Asia. Era el
duelo mortal de una ciudad contra una raza. Por
mantener la esclavitud de los negros hizo una guerra el Sur. Pues por lograr la expulsión de los chinos hubiera hecho una guerra el Oeste. Se veía
la nube sangrienta. Días antes del término del de-

bate, la ciudad de San Francisco se replegó en silencio, como aquellos antiguos caballeros, armados de hierro y oro se recogían a orar en la víspera de la batalla, que llamaban velada de las armas. En la ciudad inmensa, inmenso silencio. Era día de paseo, y parecia día de combate. Daba miedo la calma. En sus casas, las mujeres. En las calles, los hombres huraños, rojos y espaldados. En sus callejuelas y rincones, los trémulos chinos. Pero en la hora de las juntas, fué toda la ciudad un gran clamor. Parecian cruzados, ya puestos en camino, a echarse al hombro los mosquetes, y a afirmar en las cujas las pesadas lanzas. Y en las ciudades, villas, aldeas, aldehuelas vecinas, había juntas iguales. Montes despeñados parecian de lejos los hombres en las calles. Todos tenian los puños apretados, y los ojos coléricos. Alzábanse tribunas en las plazas. ¡Para siempre y de cuajo debian salir los chinos de la ciudad de San Francisco! ¡La ciudad quería defender su civilización y sus hogares! ¡El Congreso debe votar a una la petición de los senadores californianos! ¡Como un hombre, como un pueblo, como leales ciudadanos de la República, el pueblo de San Francisco, reunido todo en junta, ruega al Congreso que le libre de los daños que le vienen de esa absorbente, servil, corruptora, incontrastable invasión china! Y el Congreso encargado de mantener la Unión de todos los Estados, y librar a esta tierra de paz, de la mancha de sangrientas guerras intestinas, acató sumiso los deseos del agitado y amenazador pueblo de San Francisco de California. Y no es, no, la civilización europea amenazada

la que levanta como valla a los chinos la espuma de
sus playas: es la ira de una ciudad de menestrales
que han menester de altos salarios contra un pueblo de trabajadores que les vencen, porque pueden
trabajar a sueldos bajos. Es el rencor del hombre
fuerte al hombre hábil. Es el miedo de una población vencida al hambre.

Omaha está aun de miedo. San Francisco está
ya de regocijo. Boston no sabe si, empatados como están los votos en la Comisión del sufragio de
mujeres en su Legislatura, se concederá al cabo, como se aguarda, o se negará, como otros quieren, a
las mujeres del viejo y glorioso Estado de Massa-
chussets, cuna de glorias y casa de letras, el derecho de votar en todos los asuntos que someta a
la decisión de las urnas, el Estado. Wáshington,
que aplaudió al Senador Hoar, que muestra ya por
su elocuencia y brío que sabrá hacer su nombre famoso, persigue con ansia la investigación, comen-
zada a puerta abierta, de todos los lances, complicidades, compromisos y misterios de la extraordinaria Compañía Peruana, en relaciones con la cual,
se acusa a buena suma de representantes de la
Unión. Y como es voz entre altas gentes que en
esa extraña Compañía andaban interesados muy venerables personajes, están los unos tímidos y los
otros contentos de ver salir así amigos y enemigos
culpables a la plaza.

Y en Chicago, la ciudad grande de los graneros
y molinos, celebraron ciudadanos prominentes, en
torno a mesa suntuosa, el día en que cumplió cincuenta y un años el bravo general Sheridan, que

con Sherman y Grant venció al Sur gigantesco; que
limpió de rebeldes el valle de Shenandoah; que mi-
dió sus armas con las armas del Sur en sesenta y
cuatro batallas, y que una vez que el general Early,
caudillo de los confederados, se entró a tala y a saco
por su ejército cuando andaba él a veinte millas
de distancia de sus soldados, oyó la nueva, clavó
las dos espuelas en los ijares de su caballo alado,
hizo riendas de los vientos, y llegó a punto de hacer
volver grupas a la Victoria, que huía ya de su campo glorioso en rota desolada. Y es famoso, como el
caballo de Alejandro, el caballo de Sheridan.

JOSÉ MARTÍ.

La Opinión Nacional. Caracas, 31 de marzo de
1882.

10

CARTA DE NUEVA YORK

Sumario

Abogados mujeres.—La mujer en los asilos, en los hospitales, en las cárceles, en las escuelas.—La mujer en las universidades.—En Inglaterra y en los Estados Unidos.—Derecho de desembarque que han de pagar los inmigrantes.—Fauce enorme.

————

Nueva York, abril 1 de 1882.

Sr. Director de *La Opinión Nacional*:

La vida humana está harta, como la tierra, de montes y de llanos. ¡Y a las veces de criptas siniestras y de abismos! Y es fuerza a cada paso sacar los ojos de los montes, que son los hombres altos, y ponerlos en llanuras. Está el Congreso de .debates y de fiesta la dama de Massachussetts. Ve el Congreso si debe sacar provecho de tanto hombre de Europa como viene a estas tierras; y ya se dijo en la asamblea de Massachussetts que pueden abogar damas en los tribunales del Estado. Nótase en esta tierra nueva, gran premura por dar a la mujer medios honestos y amplios de su existencia, que le vengan de su propia labor, lo cual le asegurará la dicha, porque enalteciendo su mente con sólidos estudios, vivirá a par del hombre como compañera y no a sus pies como juguete hermoso, y porque, bastándose a sí, no tendrá prisa en colgarse del que pasa, como aguinaldo del muro, sino que conocerá y escogerá, y desdeñará al ruin y engañador, y tomará al laborioso y sincero. Pues en ese mismo estado que acepta ahora las damas como abogados en sus tribunales, hay una señorita Robinson que dirige, con éxito notable, su bufete de letrado, lo cual es honra en Boston, capital de Massachussetts.

donde trabaja la señorita, porque es Boston tierra
de sabihondos y censores y no luce allí quien quiere
sino quien puede. Y uno de los periódicos de leyes que más crédito goza en toda esta tierra, está
también dirigido por una culta dama. En nueve
de los Estados de la Unión, puede ya la mujer abogar como letrado, en casos criminales y civiles. Y
en otro Estado, que es Vermont, las damas que
pagan contribución votan por aquél que más les
place de los candidatos a los empleos de las escuelas, cuyos candidatos pueden ser también mujeres,
—aunque cuentan los murmuradores que gozan poco de este beneficio las damas vermonteses, porque en este año, hubo pueblo en que sólo votaron
cinco damas.

Mas no es sólo en los tribunales y en las urnas,
en donde quieren los pensadores de esta tierra ver
a las mujeres. Es en la administración pública, en
la dirección de cada casa de caridad, en el consejo
de cada taller correccional. Pues, dos gobernadores de Nueva York no nombraron para altos puestos a dos damas? Nombráronlas, y no hay en el
Estado, más inteligentes oficiales, ni mejor servidos
puestos. ¿Quién no ve en las casas, y más en nuestras casas que en éstas, a la esposa siempre tímida
y ahorradora, y al esposo, siempre pródigo y fan-
taseador, como si fuera la tierra Sésamo, y él, Mon-
tecristo, y a cada clamor suyo, de esos terribles que
no hallan respuestas, hubiese de abrir a sus ojos
la tierra obediente, el seno de oro? Somos un tanto hebreos, en punto a fortuna, y esperamos siempre un Mesías que nunca llega. Y no hay más que

un modo de ver llegar al Mesías, y es esculpirlo con sus propias manos. No hay en la tierra más riqueza que la que viene precipitadamente por medios de indecoro o lentamente por medios de trabajo. ¿Quién ha de ser mejor guía para las mujeres extraviadas que una dama buena? Ni ¿quién que ve una madre y la ve cómo ama, y prevé, y endulza, y perdona, duda de ese caudal de maravillas que yace ignorado en cada alma de mujer? Es una mano de mujer, vara de mago, que espanta buhos y sierpes, y ojos de Midas, que trueca todo en oro. Pues ¿cómo no ha de ser justo que en las juntas en que se ha de aconsejar sobre el modo de dirigir maestras, o alumnas, o pobres presos, aconsejen mujeres, que saben de achaques de mujer, o del modo de reformarlos o curarlos? El hombre es rudo e impaciente, y se ama más a sí que a los demás. Y la mujer es tierna, y goza en darse, y es madre desde que nace, y vive de amar a otros. ¡Llámenla, pues, a que sea consejera en todas esas juntas de consejo, y donde haya niños o mujeres a quienes dirigir, o cuidar, o curar, sea mujer la que dirija, con lo que será más suave y rápida la cura!

¿Y en colegios? ¿Se han de cerrar acaso los altos colegios a estas mujeres que han de ser luego compañeras de hombres? Pues si no tienen los pies hechos al mismo camino, ni el gusto hecho a las mismas aficiones, ni los ojos a la misma claridad ¿cómo los acompañarán? Vive todo ser humano de verterse, y es el más suave goce el comercio de las almas. ¿Qué ha de hacer el marido sabebor, sino apartar los ojos espantados y doloridos de aquella que no entiende su lenguaje, ni estima sus ansias, ni puede premiar sus noblezas, ni adivinar sus dolores, ni alcanzar con los ojos donde él mira? Y viene ese divorcio intelectual, que es el mal terrible.

Ni es verdad, a lo que dicen maestros y observadores, que sea cosa probada la flaqueza de la mente femenil para llevar en sí hondas cosas de artes, leyes, y ciencias. Inglaterra les ha abierto sus colegios, y están orgullosos de ellas los colegios de Inglaterra. Altas cosas estudian las mujeres en el colegio de la Universidad en Londres, donde una tercera parte de los discípulos son doncellas atentas y estudiosas, y no hay año en que no saquen ventaja relativa a los donceles estudiantes. Cuatro Universidades viejas y famosas tienen los ingleses, y en esa de Londres y en la de Dowham, invístese ya de la toga doctoral a las educandas; en Cambridge, se las recibe en cátedras y exámenes, los que les sirven como de títulos de honor, aunque no les dan derechos; y en Oxford, que es Universidad reacia y severa, ya las admiten a cátedras, a que ellas van gozosas. Es cosa que alegra los ojos ver llegar a las puertas del colegio a los mancebos retozones, a la par que bajan gravemente de sus carruajes las jóvenes que vienen a la Universidad a aprender artes y ciencias. De la Universidad de Cambridge han salido maestras excelentes. Y en esta tierra misma, Harvard es Universidad celebradísima, y tiene cátedra para mujeres, cuyos adelantos y aplicación encomia; y en la Universidad de Cornell, que goza también fama, no hay memoria de que haya hecho

examen nulo ninguna de las numerosas estudiantes.
Y ahora se quiere, que, como las de Harvard soberbio, y Cornell celebrado, se abran a las mujeres
jóvenes las puertas del muy valioso colegio de Columbia. Cosas pueden ser éstas, para quien viva
en otras riberas, singulares: mas si es verdad que
ese ir y venir por cátedras y calles, pudiera parecer
en nuestros países como echar flores débiles al viento, no ha de verse el modo de enseñar ni a que sea
de hombre el instituto en que se enseñe, sino que
se ha de proveer, en forma que concierte con nuestras costumbres a la urgentísima necesidad de esa
enseñanza. Porque no suelen volar los esposos de
la jaula de oro primaveral en busca de nueva primavera, o de belleza nueva, sino porque es dama sin
mente como vaso seco, y busca el hombre sediento
donde posar los labios ardorosos. Son las almas
como las rosas, y han menester de sol ardiente, y
de que caiga en ellas, con cada alba, rocío nuevo.

Nueva York, que quiere abrir su Universidad a
las mujeres, no gusta de tener abierta su bolsa a
todos los menesteres de los inmigrantes europeos,
que llegan a las veces con hambre, y sin dineros,
ni ropa, ni salud, todo lo cual acarrea gastos que
Nueva York paga, porque a Nueva York llegan
aunque luego se salen del Estado, y fincan en otras
comarcas que se benefician de ellos, sin tener parte
en sus costos. Ya fué uso en otro tiempo que cada
inmigrante pagará un peso al Erario, a modo de
derecho de entrada, porque el Estado de Nueva
York había de reenviar a sus tierras los pordiose-
ros y los criminales, de los que venían muchos, y

esos pesos se empleaban en los costos del reenvío.
Pero se dijo que era inconstitucional la ley, como se
dijo también de otra semejante que la sustituyó, por
lo que ahora trátese de que sea la ley de la nación,
y no de un Estado, y que cada atezado hebreo de
Rusia, o fornido alemán, o irlandés belfudo, o francés bullicioso, o sueco de cabellos rojos que a estas
playas lleguen, pague unos cuantos dineros, que se
pondrán en caja, para pagar con ellos a los que vienen enfermos o a medio vestir, o en incapacidad
de hallar rápido empleo. Y esa va a ser la ley
nueva para Casble Garden, que será nombre famoso
en tiempos venideros, en que parecerá esta tierra
maravilloso monstruo, y esa casa de emigrantes, con
su ancha puerta abierta, será temida por su fauce
enorme.

JOSE MARTI.

La Opinión Nacional. 11 de abril de 1882.

11

CARTA DE NUEVA YORK

Sumario

"Ostera" y las Pascuas.—Antaño y Ogaño.—Los huevos de Pascua.—Costumbres de Nueva York.— El pájaro de Holanda.—Los cazadores de Búfalos. —Los indios de Norte América.—Crows rebeldes y prósperos Cheyennes.—"A ver crecer el maíz".— El Presidente opone su veto al acuerdo de la casa de representantes que cierra los Estados Unidos a chinos.

Nueva York, abril 15 de 1882.

Sr. Director de *La Opinión Nacional*:

¡No parece de abril el triste día! Ni son de abril los árboles desnudos, que dibujan en el cielo sombrío sus esqueletos negros; ni los arbustos secos que parecen, más que gala de los patios, manojos de látigos clavados en la tierra; ni la enmarañada enredadera, colgada como de harapos, de hojas rotas; ni el sol triste que se levanta perezoso entre las nubes densas. Pero ya son de abril los pajarillos aleteadores. Y los nidos están llenos; y los niños juguetean por las calles, aderezados con sus lujos pascuales, porque éstos son días de regalo y de fiesta, en que abren ya sin miedo sus alas las palomas; y su seno al aire fresco de la primavera los niños candorosos.

¿Adónde va la pequeñuela linda, calzada de fino y enguantada, prendido el broche de perlas de su madre al cuello de encaje rico? Va, con paso menudo y jubiloso a dejar en la caja de bronce, pintada de verde, que está fija en el poste del farol de la esquina, la tarjeta de pascuas que recogerá a poco, y llevará a casa de otra linda amiga, el cartero cansado, el buen cartero, con su bolsón cuerudo, y su uniforme y su cachucha azules, los cua-

les trocaría de buena gana por otro hábito en días
como éstos, en que se llenan las cajas de bronce de
las esquinas, y aquellos nichos de la casa de correo, semejantes a los que los fueron de libros de
la vieja biblioteca de Alejandría, de las cartas de
plácemes que cambian estos corteses vecinos de
Nueva York.

Y no hay secta, ni hay herejes, ni hay rebeldes,
para esta fiesta de Pascuas, que parece religiosa
y es pagana, porque con el alborear de la Primavera, la tierra alborea, la esperanza renace, los enfermos se alegran, los niños triscan, los ojos se encienden, se enjubila el alma. Y todos los credos, a
despecho suyo y como anuncio de mejores días de
paz, se juntan en esta creencia suma en la naturaleza. De ella nacieron, y el capricho humano les
dió imágenes y formas que persisten, porque persisten los intereses creados a su amparo, pero el
amor llenará al cabo el pecho de los hombres, y
todas las creencias vendrán a ser en suma, en los
días de las almas tranquilas, esta mejoradora y re-
verente en la divinidad de la naturaleza. Al buen
Jesús celebran los cristianos, y los teutones viejos
celebraban a la Primavera buena: y con nombre
gentil llaman sus pascuas los enemigos de los gen-
tiles, porque era Ostera en los pueblos teutónicos
la diosa Primaveral que venía de Oster, palabra de
júbilo, que quiere decir renacimiento, y de Oster
viene Easter, que es como acá llaman, y en toda tierra inglesa, a las Pascuas cristianas. Es el hombre
gallardo y dadivoso y no sufre de haber sido pródigo, sino de no tener que dar. No hay goce como

hacer gozosos. Busca el ingenio ocasiones discretas de regalo.

Las Pascuas son aquí dias de presentes, y no hay niño que no lleve en sus manos cuidadosas un huevo de colores, ni galán que no compre dones primaverales, ni doncella que no ostente en la repisa de sus chimeneas la linda tarjeta, de seda flecada y muy pintada, o la flor blanca, o el nido de pájaros que le ha ofrendado su cortés amigo. No saludan los neoyorkinos como los cristianos griegos, que gustan de ver salir el sol en nuestros dias, como suelen aún en tierras nuestras nuestras madres, y el uno dice, a modo de saludo al griego con quién tropieza: "El Señor ha resucitado", y el otro griego dice: "En verdad que ha resucitado, y que a Simón se ha aparecido". Ni creen, como en Irlanda,—donde creen muy extrañas cosas, y ponen aún entre los dientes apretados de los muertos la moneda con que han de pagar su pasaje por la Estigya al barquero Carón,—que el sol baila en el cielo en estos días pascuales, y hacen gozo del día, por dar placer al cielo: aunque son los de Irlanda muy católicos, y creen a la par en las virtudes de San Ramón y en el agua negra de la Estigya, en lo que se parecen a los indios de Oxaca, que esconden bajo el manto de la Virgen el ídolo que veneran, y lo pasean reverentemente en sus procesiones; y a los negros caribes de Honduras, muy bellos e inteligentes negros, que han hecho comercio con los sacerdotes del lugar, los cuales les permiten su maffia, que es baile misterioso, y sus fiestas bárbaras de Africa, a trueque de que acaten su señoria, y lle-

ven velas y tributos a la Iglesia; y a los indios de
los Altos en Guatemala, que antes van a ofrecer el
recién nacido, en la cima de un monte, a la naturaleza, como hacen los persas, que a ofrecerlo al
Señor cristiano, como manda Roma, en la pila del
bautismo.

No celebran los neoyorkinos como los irlandeses
estos días, en que ya no entumece los miembros temerosos el frío enemigo, y en que ya salen sin miedo a los patios de sus casas las buenas viejecitas de
rostro sonrosado y de cabeza blanca, ni los festejan
con juego ceremonioso de pelota, en que hacen de
jugadores ante las autoridades del lugar y el pueblo aplaudidor, como fué uso en antiguos pueblos
ingleses, doce alegres ancianos. Ni tienen los hombres el derecho de levantar en alto, en sus brazos,
tres veces a las mujeres que hallan a su paso, por
lo que habian de darle las mujeres, como daban
a los venturosos de Inglaterra, un beso, o una moneda de seis centavos, amén de que el día próximo, era de aquellas mozas fornidas el derecho de
levantar otras tres veces a los mozos. Ni es uso
tampoco que los feligreses de la parroquia vayan
muy de mañana a echar manzanas en el patio del
señor cura, lo que pudiera tenerse a astucia del
eclesiástico, que se proveía así de manzanas, si no
fuera porque él traía luego a la casa parroquial a
sus regaladores, y les daba lonjas de pan y de buen
queso, rociadas con cerveza. Y por cierto que ya
para entonces el matrimonio era tenido como gran
beneficio, y el cura que lo consagra como bene-
factor grande, porque los recien casados habían de

echar en el patio de la parroquia tres tantos de manzanas, y no uno, como los solteros y los viudos. Mas, si esas costumbres de los metropolitanos no han sido guardadas por los colonos, otras sí, como la de los huevos de colores, que ya se regalaban en tiempo de antaño, como es probado por una cuenta de uno de los reyes Eduardos, que repartió a sus cortesanos cuatrocientos huevos.

¿En qué nido no hay alba en este abril piadoso? Nido inmenso es la tierra, y se abre en Pascuas. Huevos de plata y de oro, llenos de ricos confites, son estos días regalos de uso. Ya están forrados de seda suntuosa, y son joyeros, que adornarán luego el tocador de las damas regaladas. Ya van en linda bandeja, cubiertos de paño de seda, por mano de buen artista pintado de aves o flores, el cual es costoso presente. Ya en el gran huevo de porcelana, que se rompe en la mesa de comer entre vítores de niños, envía el amigo a la niña un ramillete; al niño otro huevecillo, bien cargado de fresas azucaradas o de almendras; a la madre un pajarillo lindo, que lleva en el pico una muñeca, la cual es usanza de este año, que ha venido de Holanda, donde de los niños saben, como sabemos nosotros, que vienen en cestos de flores; que los recien nacidos son traídos a la casa en el pico de los pájaros, que los dejan caer para que no se lastimen, en los brazos de sus madres, que es como lo que nosotros creemos, porque los brazos de las madres son cestos floridos. Y remata los regalos del amigo una cáscara de huevo, con cabellera de estambre en la alta punta, y la otra punta hundida en alto cue-

llo de camisa, ceñida de corbata de anchos pliegues,
en la cual cáscara monda está pintado en burla el
que recibe el regalo cariñoso: pues ¿qué mejor presente, que el que se hace a nuestra mujer y a nuestros hijos? Y es curioso ver, tras de los cristales
de la ventana de una dulcería, cómo, acurrucado en
una alta banqueta, pincha sobre sus rodillas un artista de Pascuas dibujillos amorosos, y barquichue-
los, y palomas, y corazones rojos en grandes huevos de avestruces: y cómo una madre próvida lleva a la casa una cesta de paja, en que van tantos
huevos como hijos, y cada huevo coronado, en el
lugar en que fué roto para llenarlo de sabrosos dulces, de un amarillo girasol o de una delicada margarita. Luego enseñan las doncellas halagadas los
presentes que les enviaron sus amigos, porque no
hay acá gozo como el de enseñar, y a ese, que es
gozo de la vanidad, suelen poner aquí a tributo los
inefables del alma.

El presente de un caballero, "que está en el negocio de las acciones", y es mancebo listo, regala-
dor de damas, es una cruz de hojas secas y flores
de la Tierra Santa, la cual es muy agradecida, porque con ella muestran las damas que son muy es-
timadas y merecedoras de que en ganar sonrisa de
gracias emplee un mancebo más de cien bolívares,
que es lo que la cruz cuesta. Ese nido de pájaros,
que es nido verdadero, lleno de huevecillos grises,
sobre los cuales extiende las alas un pájaro diseca-
do, es don pascual de "un hombre de sustancia",
como llaman aquí a los ricos de veras. Los graves
amigos han enviado tarjetas alemanas, sobradas de

muy místicos dibujos, y de textos de la Escritura
en grandes y revueltas letras góticas, o tarjetas de
América, de cuyos lados salen cintas, que atan el
arrogante lirio o el girasol cabelludo, o el tulipán
estimado, las cuales flores están hechas de bulto, y
van a ser luego ornamento bello de rinconeras y repisas.

Y allá, en la madrugada de Gloria, en cuarto estrecho y aire espeso, y a la luz turbia de una lámpara humilde, cose de prisa, acabada la labor del día,
una madre de alma buena y manos fatigadas, para
que al despertar halle su hija, que reposa en la
almohada dura su cabecita pálida, el traje nuevo
de pascuas, hecho que las tocó la mano de la madre, —que no las hay mejores!—

Solía James ir a ampararse, luego de cometer sus
crímenes, en tierras de indios. De indios se habla
ahora, y se teme su guerra; porque les han reconocido, cuando se les han cansado ya los brazos
desnudos de pelear por el dominio de los ríos y
bosques patrios que los hombres blancos violan, su
derecho a ocupar ciertos trozos de tierra, y a ali-
mentarse y vestirse por unos cuantos años, que unas
veces son más y otras menos, con los dineros que
en pago de las comarcas que hurtó de ellos, paga
de buen grado el Gobierno de los blancos. Pero

en estas reservas todo es miseria; y hay agentes encargados de distribuir los haberes indios, que parecen los leones de la fábula de Phedro, que toman para sí la mayor parte; y es tal el hambre en
algunas agencias, que ya los indios, azuzados de
ella, tienen puestas las manos cerca de sus arreos
de batallar. Y hay junto a ellos, ganados ricos,
y los roban. ¿No han de pagar los ocupadores de
su tierra el precio de la tierra a los dueños de quienes la tomaron?

Son los Crows los que amenazan guerra ahora,
y tienen listos sus mil guerreros y sus cuatro mil
caballos de batalla. ¿Qué es de aquellos cinco pesos y medio que para el vestido de cada indio acor-
daron los blancos en formal tratado dar cada año?
¿Y de los mil quinientos pesos para la escuela? ¿Y
de los seis mil quinientos más para médico, y maestro de cultivo, y carpintero, y herrero, y mecánico?
¿Y de los sesenta y cinco millares más que para
carne y harina dá el Gobierno? En bancos e instituciones que andan en manos de agentes, quedan,
como en crisoles, estas buenas sumas. Y es en vano que los Crows ingeniosos, que no tienen menos
de catorce mil caballos, y numerosos búfalos, y muchas cabezas de ganado, aprendan artes de los blancos, y les venzan en la del ahorro. Quieren hurtar-
les aún más tierra, muy cara para ellos, que viven
de ella, y ya los Pies-Negros y los Vientres-Grue-
sos, y los Sioux temidos y los valerosos Arapa-
hoes, acarician el lomo de sus caballos pequeños y
veloces, y sienten de nuevo la embriaguez del bosque, y limpian coléricos sus armas.

No así los vivaces Cheyennes, tratados con blandura. El amor encorva la frente de los tigres. Eran esos Cheyennes, cuatro años hace, peleadores tremendos. Como defendían su tierra, no dormían, y caían sobre los blancos, que se dormían al cabo, porque no defendían más que su vida. Brazo a brazo cazaban las ovejas salvajes, las rebeldes mussiennes; y no eran de lienzo sus vestidos, sino de pieles frescas. Y el general Miles los venció de veras, porque fué bueno con ellos. Qué fiesta el primer carro que vieron! Se echaron sobre el carro en tropel, como niños sobre juguetes. Subiéronse en montón. Qué gozo, ver dar vueltas a la rueda! Qué alegre el hombre salvaje, de aquel triunfo sobre la distancia! Así es el hombre americano: ni la grandeza le sorprende, ni la novedad le asusta. Cuanto es bueno, es suyo. Le es familiar cuanto es grande. No hubo a poco Cheyen que no quisiera su carro, y que no unciera a él su caballo de pelear. Pero gustaban mucho de correr caballos, por cuanto no ve el hombre ingenuo, que vive del aire de la selva y de las migajas de su caza perezosa, que la vida sea más que risa y huelga. Y el buen Miles les vendió los caballos de correr, mas no los de los carros, y les compró vacas y bueyes. Como arrieros comenzaron a ganar salarios. Y luego se hicieron de mejores trajes, y de casas fuertes, y de habilidad de agricultores, para los que le mandó Miles un buen maestro de campo, que les enseñó a arar, y a sembrar, y a levantar cerca.

Oh, qué maravilla, cuando brotó el maíz! Sentábanse, acurrucados en el suelo, a verlo crecer. Y

a la par que a la brisa de la tarde abría el viento
las hojas aún pegadas al tallo del maízal, acariciaba el Cheyen pensativo la cabeza de su hijo, re-
clinada en sus rodillas. Crecían a la par, arbusto
y hombre. Llenos ya del placer de poseer, se ena-
moraban de sus plantas, que les parecían sus hijos,
y como criaturas de sus manos, el cual es amor saludable y fecundo. Y hoy ya piensan en hacerse
de escuela, para lo que guardan en sus arcas muy
buenos dineros; y no hay mercader que no quiera
mercadear con ellos, porque palabra de indio es oro;
y no hay traficante que engañe a un Cheyen, porque ya el cazador de Mussienes lleva libros de
cuentas, y si gasta dos pesos en zapatos, dibuja un
zapato, y saca de él una línea, y a la cabeza de
ella hace dos círculos, que son los dos pesos; y si
compra en un mismo día una libra de azúcar, que
le place saborear, y una hoz de segar, en peso y
medio, dibujará la hoz, y el papel de la libra, y jun-
tará en lo alto en una línea las dos que saca de
ellos, y pondrá en el remate un círculo grande, que
es el peso, y uno pequeño, que es el medio: y si
algo queda a deber en ese viaje, pondrá al fin de su
apunte tantos círculos cuantos pesos sean los de la
deuda. Y así viven, ya dueños de sí, y dueños de
su tierra, en que han hecho muy lindas haciendas.
En verdad que no es de tierra de Europa de donde han de venir nuestros cultivadores! Somos como notario olvidadizo que lleva en sí, y anda buscando fuera, las gafas conque ve.
Y para terminar: el Presidente Arthur sensatí-
simo, niega su firma al acuerdo loco, por el que los

representantes cierran esta nación, cuya gloria y poder viene de ser casa de todos los hombres, a los hombres chinos, por no perder en las elecciones próximas los votos de los celosos irlandeses, cuyo trabajo burdo y caro no les da modo de competir con el trabajo chino, barato y perfecto. Viril y cuerdamente envía Arthur su veto. Dicenle que no perderá con ello su partido, a lo que ha respondido con nobleza que ganará con ello la nación. Un millonario ha muerto.

JOSE MARTI.

La Opinión Nacional. Caracas, 1882.

12

CARTA DE NUEVA YORK

Sumario

Política.—Catástrofe.—Guiteau.—Un libro.—Muertos en el Polo.—El Secretario de Estado.—El Ministro poeta.—Conckling.—Bancroft y su extraordinario libro.—Cómo se hizo la Constitución de los Estados Unidos.—Escena memorable.—Sesión tumultuosa.—Los Estados Unidos cierran sus puertas a los chinos.—Guiteau, en la celda de la muerte.— Grandioso festival: música de Berlioz, de Haendel. de Wagner.

Nueva York, mayo 23 de 1882.

Sr. Director de *La Opinión Nacional*:

¿Cómo poner en junto escenas tan varias? Allá en las resplandecientes soledades del Ártico, doblan al fin sobre su almohada de nieve la cabeza unos expedicionarios valerosos; aquí, en colosal casa, resuenan ante millares de oyentes absortos, los acordes sacerdotales y místicos de la música excelsa, la más solemne de las artes humanas. En los árboles, todo es verdor. En los rostros, todo es alegría. En Irlanda, todo es susto. En San Francisco, vencieron los enemigos de los chinos. En los mostradores de las librerías, luce la obra monumental de un anciano de ochenta y dos años. En torno a mesa rica, júntanse para celebrar glorias patrias los mejicanos de Nueva York. Masas enardecidas se reúnen a protestar contra los asesinos de los ministros ingleses en Irlanda, y contra los asesinos de los patriotas de Irlanda por los soldados ingleses. Ha habido festival grandioso. Guiteau entra ya en su celda de muerte. Susúrrase que va a haber mudanza importante en puestos diplomáticos.

Míseros, los viajeros del Polo! Salieron de estas costas, en la *Jannette*, ágil y fuerte, entre palmas y vítores; y luego de dos años, perdido el barco osado, perdida la esperanza, mueren catorce hombres

tristes, hincados los dientes en huesos de reno ya
roídos, y los ojos en aquella luz polar cegadora y
mortífera, los pies despedazados, las mentes pertur-
badas, los labios cárdenos y secos. Cuando creyeron que no hallarían al cabo asilo en el desierto,
se miraron en tremendo silencio y oraron por primera vez, se apretaron los unos contra los otros, con
ese arrebato de amor y confusión de todo lo humano que se siente en presencia de la muerte; y pe-
recieron. Y estaban a cien millas de hogares calientes, los infortunados! Llevaban malos mapas, y
se creían más lejos de los hogares. Roto su barco,
emprendieron briosamente la marcha por la nieve.
Primero hallaron renos que cazar, y luego ya no
hallaron renos. Mientras esperaron, sonrieron y anduvieron: cuando perdieron la esperanza, como máquina que estalla, cayeron exánimes. ¡Qué hombres
tan bravos, tantos hombres que viven, ya sin esperanza! Van, sin que nadie lo vea ni lo sepa, como arrastrando un muerto. El capitán de esos peregrinos del Polo era el noble De Long, que de niño
fué estudiosísimo, y enamoraba por su afán de saber. Llevaba siempre en los ojos una pregunta, y
andaba siempre buscando en los libros una respuesta. Tal vez lo sabe ahora todo, debajo de la
nieve! Han de seguir viviendo los que mueren: pues
¿qué es el hombre, sino vaso quebrable del que se
desbordan, fragantes y humeantes, esencias muy ricas? Cada hombre es la cárcel de un águila: se
siente el golpe de sus alas, los quejidos que le arranca su cautividad, el dolor que en el seno y en el
cráneo nos causan sus garras. La naturaleza no

ha podido formular una pregunta a la que no haya
de dar al fin respuesta. En una obra tan lógica que,
en su criatura más ruin se hallan los gérmenes de
la criatura más alta, y en la más alta los gérmenes
de la más ruin,—no puede haber esa porción ilógi-
ca. Los desterrados saben que la tristeza que inunda el alma en la tierra, es el dolor mismo del destierro. Hay almas que no saben nada de esto,—
porque hay almas-nubes, y almas-montes, y almas-
llanuras, y almas-antros. De Long era de la raza
de los escaladores del misterio. El quería ver aquel
mar libre del Polo, que de vuelta de su viaje por los
hielos, aseguró el Almirante Belcher que había visto. El quería besar con labios filiales, la tumba de
Franklin. El quería hallar en las nieves árticas, la
bandera que llevó el viajero Hall, a clavarla en los
témpanos boreales, y flota hoy en ignorados climas, y como llamando a los hombres, sobre el cadáver del viajero helado. Qué grandes, esos hombres
que se lanzan a los mares a arrancar presas a lo
desconocido! Qué duelo el del héroe y la sombra!
La sombra envolvió al héroe. Este pueblo ha tenido
con su muerte, y la de sus marinos bravos, una
pena de familia. Del *Herald*, este diario acaudalado, era la expedición infortunada: el *Herald*, que
envió viajeros a Africa, envió esos viajeros al Polo.
Este periódico asombroso comprende que necesita
para vivir, estar causando permanente asombro. Lo
leen cincuenta millones de hombres: y sus actos y
empresas, como que tienen ese premio, tienen ese
tipo: cincuenta millones. Anuncia el *Herald* que
hará de padre para los huérfanos, y de compañe-

ro para las viudas. De ponerse a llorar es de almas
enfermizas. Cada hombre es un trabajador, y muere bien, si muere en el trabajo.

Rusia se place en agasajar a América. En tanto
que el ingeniero Melville, fatigaba renos y regis-
traba aldeas polares en busca de los viajeros mal-
hadados, no había hora sin telegrama de cortesía y
afecto entre el secretario de Estado ruso y el secretario Frelinghuysen. Ahora se dice que Frelinghuysen dejará de ser secretario de Estado. No le
hallan defecto; pero no le hallan significación política bastante. Los pueblos se pagan del genio, y
no gustan de que los dirija quien no lo posea. El
genio enamora, aún a aquellos a quienes irrita. El
genio brilla, destruye, construye, rechaza, combate,
provoca. Y los pueblos se cansan de padecer la
nostalgia del genio. Aunque sean hombres peligrosos, quieren hombres brillantes. Ponen riendas fuertes al corcel que ha de guiarlos, pero les gusta ser
guiados por corcel brioso. Frelinghuysen es hombre sereno, más no intrépido. Es fuerte, porque es
digno; pero no place porque no resplandece. Mas
puede ser que estos rumores sean de deseos de sus
rivales, y no de verdadera intención del Presidente.
Los Estados Unidos tienen en Inglaterra de ministro a un yankee de abolengo, de mente clara y alma franca, de exquisita cultura, de ricas dotes de
escolar; de finos gustos, que le habilitan para ser
a la vez representante fiel de una República y ornamento de ella en una monarquía. En la Corte de
St. James, es persona de casa el poeta Lowell. Todo en él es amplio y expansivo. Llama al encum-

brado Lord Grandville "querido Grandville". Los
Estados Unidos tienen orgullo de este hombre de
letras, que ha escrito el mejor libro en dialecto yankee, el mejor canto heroico de los milagros y glorias de la guerra de Independencia, y la revista más
concienzuda que ha visto la luz en este pueblo. Pero como Lowell es cuerdo y generoso y amó a Inglaterra como a pueblo hermano, y pisa con placer
la tierra de donde salieron sus padres, cargados de
dolor y de virtud, a fundar esta tierra nueva, alegan ahora los irlandeses naturalizados en los Estados Unidos —los cuales no han dejado, a pesar
de la carta de nueva naturaleza, de ser en pasiones y odios soldados de Irlanda— que ese ministro
Lowell, amado de Inglaterra, no defiende con bastante brío, en la querella mortal que Inglaterra e Irlanda tienen empeñada, a los irlandeses naturalizados en Norte América, que ya ricos, y al amparo de su carta de ciudadanía, vuelven con lealtad
que no ha de censurarse, aunque sea lealtad ilegal,
a prestar auxilio a los patriotas de Erin, la ensangrentada y revuelta Erin, y a azuzar allí la rebelión. El gobierno inglés mantiene que, al venir a
luchar contra él, los irlandeses americanos no tienen
ya derecho al amparo de América, puesto que violan las leyes de ésta, y las del país a donde van, y
arman guerra a una nación con las cuales su nación está en paz. Y Lowell a lo que parece, piensa
en esto, aunque es en todo lo justo, enérgico defensor de su nación, como piensa el gobierno inglés. Mas como vale tanto tiene el buen poeta gran
suma de envidiadores y celosos. La aparición de

una personalidad alta es la señal para el desate de
los gozques. Todo es ladridos en el cortijo, cuando entra en él, impetuosamente, un caballo brioso.
Los perros ladran poco a los caballos ruines. Los
perros de buena raza ni aun ladran a esa clase de
caballos. Como los irlandeses de América están
airados contra Lowell, los envidiadores de Lowell
se aprovechan de la ira de los irlandeses. Y como
estos son tantos, e influyen de tal modo con sus votos en la política del país, varios diarios de fama los
apoyan, y van los rumores hasta suponer que, por
no enajenar al partido republicano las simpatías del
elemento de Irlanda, consentirá el Presidente Arthur
en privar de su ministerio a Lowell. Y como el arrogante Conckling no tiene aún puesto acordado a
sus méritos en torno al Presidente Arthur, que le
estima en más, por su poder mental y su hidalguía,
que a todo hombre de ingenio y nota en esta tierra,
y no le halla parangón en lo pasado, sino en la mente robustísima, y en aquel parecer continental, del
glorioso Daniel Webster, rumórase que Frelinghuysen irá a Londres, para que Lowell vuelva a América, y que Conckling se sentará al cabo, con plácemes seguros del país, que ama a los arrogantes,
en el sillón de Frelinghuysen. Será como poner
manto romano donde hay una levita puritana.

Esa obra monumental que luce en los mostradores
de las librerías, es de un hombre del tiempo de Daniel Webster, de un investigador paciente, de un
expositor claro, de un amador de la verdad, de un
deductor de leyes, de un historiador bueno, de Bancroft. Todavía trabaja en la obra que empezó en

1834. Y está alegre el anciano, como quien ha cumplido con su deber. Está robusto, como aquel que ha podido vivir en el comercio de las cosas grandes. Míseros los que las presienten, y son capaces de ellas, y no pueden darse a ellas! Esos mueren roídos por su ansia. El genio alimentado fortalece. El genio sin empleo devora. El alimento del genio es una obra digna de él.

¿Queréis sentiros como de mayor estatura y más fuerte? Leed el libro de Bancroft. Antes no se sabía más de los Estados Unidos, que lo que decían crónicas sueltas, la pobre historia de un Marshall, los cuentos de la colonia de Grahame, y lo que contó a Europa, en hermosas y muy breves páginas, Carlos Botta famoso. Pero volvió de Heidelberg un norteamericano joven que había sido allí amigo de Heeren. Heidelberg parece casa de la historia, todo lleno de ruinas y romances, con sus estudiantes magnánimos, pendencieros y laboriosos; con sus bosques que invitan a meditar; con sus murallas rotas, que llevan la mente a la obra del tiempo; con su río solemne, que hace pensar en la corriente de la vida. Era Bancroft el norteamericano que venía, y el primer libro de este hombre, que ha hecho luego el más grandioso libro hecho en su patria, fué un librillo de versos. Los versos son las flores de la vida. La flor anuncia el fruto. El fruto fué copioso. No es la historia de los Estados Unidos de Bancroft una cumbre de hechos, engastados a modo de rosario, o puestos en junto confusamente a manera de maraña. Allí cada escena está con sus matices; cada hogar, con su encanto; cada suceso, con su consecuencia; cada héroe, con su hermosura real y sus pasiones. Para Bancroft no hay acontecimiento aislado. La revolución que había de hacer libre a esta tierra empieza para él en la plegaria del primer puritano que hincó en tierra la rodilla. El ve desde cima, por lo que abarca bien todo lo que pasa en el llano. Agrupa los sucesos, indica su relación secreta, da a los hombres su doble aspecto racional y poético. escribe con colores. No ve en un hecho, el hecho desnudo; sino que cuenta los azares del espíritu que lo engendró. Se entra en las almas, y las saca a luz. Pinta las épocas con sus afectos, con sus costumbres, con sus pasiones, con sus vestiduras: pinta las casas, los caminos, la selva majestuosa, las ciudades. Puebla su libro de vivos. Ve al hombre, como el buen historiador ha de verlo, en todos sus aspectos. El anciano, que se sintió fatigado, anunció que con el tomo en que cuenta la historia del país hasta el término de la guerra que lo dejó libre, acababa su obra. Pero la mente se le quejaba de estar ociosa. El trabajo nutre. La pereza encoleriza y enloquece. El anciano, como por habito, comenzó a hacinar de nuevo documentos, a leer cartas amarillentas, a desempolvar anaqueles, a adivinar de nuevo el espíritu de los hombres en sus obras. Es un placer exquisito, el de buscar la causa de los sucesos. Surgen los hombres ante los ojos, como creaciones del que busca. Y él vive entre ellos, les pregunta, les lleva a la luz para verlos mejor, se enciende en paternal amor por ellos. Están poblados de seres vivos, esos grandes cuartos de estudiadores que parecen vacíos.

Y ahora ha salido a luz el libro nuevo del cultísimo anciano, en que cuenta como se elaboró la Constitución que hoy rige a este pueblo, y porque vino a ser como es, y porque no pudo ser mejor, y como llegó a ser necesaria, por que el país nuevo iba a menos con los pujos de independencia y soberanía de los trece primitivos Estados. Es libro que ha de leer todo hombre americano, porque viendo por qué causas meramente locales y transitorias se han producido en la forma en que aquí existen determinadas instituciones, se aprende que no deben ser éstas a ciegas imitadas, a menos que no se reproduzcan en el país en que se establezcan condiciones iguales o semejantes a las que en este país las produjeron. Y conociendo los orígenes de esas instituciones deslumbrantes, podremos acercarnos a ellas, o apartarnos de ellas, o alterarlas en la acomodación a nuestros países, o no acomodarlas, conforme al grado de semejanza que entre los elementos de nuestras tierras en la época en que elaboramos su Constitución, y los elementos que decidieron a esta tierra a hacerla como se hizo.

Por eso dura esta Constitución: porque, inspirada en las doctrinas esenciales de la naturaleza humana, se ajustó a las condiciones especiales de existencia del país a que había de acomodarse, y surgió de ellas. Y si os preguntan por un buen texto de Derecho Constitucional, señalad la obra nueva de Bancroft.

Una Constitución es una ley viva y práctica que no puede construirse con elementos ideológicos. En ese libro combaten diversas necesidades. ideas y hechos. En ese libro se ve cómo los más puros legisladores hubieron de sacrificar una buena parte de su idea pura, para no perderla toda. Se estudió en sus entrañas la razón de las federaciones. Se ve combatir a Henry Lee, que quería que fuese una nación cada Estadillo, contra Madison y Wáshington, que creían que sólo por la unión estrecha de los Estados y la creación de un poder unificador y general, para los asuntos de carácter general y uno, podía llegar a ser, como lo ha sido, próspera y maravillosa la federación. Se recuerda cómo Jefferson, para impedir que los Estados esclavistas formaran entre sí nación aparte de los Estados sin esclavos, se vió obligado a reconocer como institución de derecho americano la abominable esclavitud. Se ve lidiar a Mason, que quería que el Presidente tuviese el poder durante siete años, contra Sherman y Wilson y Bedford, que sólo querían que lo tuviese tres. Se entra en la causa íntima y secreta de todas las instituciones americanas. Se queda en capacidad de juzgar, por lo puro o impuro del origen, lo respetable o irrespetable de ellas, y lo que pudiera tomarse, y lo que no debe tomarse. Se ve meditar a Hamilton, grandioso. Se ve resplandecer a Wáshington, prudente. Ese libro debiera ser la almohada de nuestros pensadores.

También estuvo Bancroft, como Lowell ahora, de ministro en la Corte de Inglaterra. También allí, como el caballeresco Motley, ese otro historiador deleitoso, que nació en este pueblo, y narró con arte sumo e ímpetu la historia de Holanda, vivió entre desvanes de anticuario, bibliotecas y archivos. Mas

no fueron a llamar allí a su puerta, como hoy a la
de Lowell, irlandeses descontentos con voz de ira.
No había muerto, como ahora, a manos fanáticas, el
mensajero de paz que enviaba Inglaterra arrepen-
tida a Irlanda rebelde. No se sumieron, con clamores nacidos a cruzar el mar, y a detener el brazo vengador que Inglaterra, poseída de indignación,
levanta colérica, —estos millares de americanos e
irlandeses, que se han venido ahora en sesión tumultuosa, para llamar una vez más aborrecible al
crimen; para decir a los hombres que los irlandeses
que aman la libertad pueden ofrecer a los amigos
de ella sus pechos desnudos, mas no herir el pecho
de sus enemigos en la sombra; para exitar a Inglaterra a que no se aproveche del crimen de dos malvados para evitar del goce de sus derechos burla-
dos a un pueblo que protesta con noble horror del
crimen. En Irlanda hay políticos cuerdos, que quieren lo posible, como Parnell, y celosos de Parnell,
que quieren lo que éste no quiere, por parar en caudillos, so pretexto de querer más que el caudillo
verdadero, y fenianos reñidos con la paz como O'-
Donovan Rossa. Parnell cree que, puesto que Irlanda no puede hacerse independiente, ha de aprovechar los medios honestos que la lucha pacífica le
ofrezca para ir mejorando su condición, y hacién-
dose de mayores medios; Rossa cree que debe for-
zarse a Irlanda a pelear por su independencia, puesto que no puede por medios pacíficos lograr mejora
alguna, y estima bueno el crimen si él aterra y ami-
lana a sus adversarios. Al lado de Rossa, va una

treintena de hombres resueltos. Al lado de Parnell va Irlanda escarmentada.

Nueva York refleja todas esas luchas. En la noche de la sesión tumultuosa, parecía el barrio de la sesión, barrio de Irlanda. Presidía el Mayor de la ciudad, que es caballero cumplido, versado en cosas de nuestra América latina, e hijo de Irlanda: el Mayor Grace. "No entréis —decían los fanáticos en las puertas, a esta reunión de esclavos blancos!" "No lloréis a esos que han muerto", se leía en unos ruines versos que repartían manos febriles: "llorad porque no han muerto más". A poca distancia del Mayor Grace, que hablaba rodeado de irlandeses notables, desde la plataforma, le oía con la faz de quien está hecho a lucha, O'Donovan Rossa. Tal vez merecen excusa los fanáticos. En las naturalezas superiores, la indignación lleva siempre al sacrificio: en las naturalezas inferiores, la indignación suele llevar al crimen.

"No es bien" —dijo uno que habló,—"que se haya dado muerte a Mr. Cavendish,—no a Lord Cavendish,—porque lord es señor, y yo no llamo señor a ningún hombre".

Y apenas rompió a hablar el Mayor Grace de la de la muerte del Lord y de su secretario, púsose de pie un hombre, y dijo a grito herido:

—"Tres hurrahs por su muerte!"

Los guardianes de policía miraron al Mayor, como para lanzarse sobre él.

El Mayor detuvo a los guardianes con su mirada. "A nadie se ha de castigar aquí porque diga lo que piensa: invitamos a todos aquellos que di-

sientan de nosotros a hablar desde esta plataforma:
nosotros estamos aquí para denunciar asesinos".

Y se leyeron entre vítores, como es aquí uso, los
acuerdos de la reunión. Vedlos en breve: "El asesinato del Secretario y Subsecretario de Irlanda, de
los cuales el Secretario iba a inaugurar en el gobierno irlandés una política de satisfacción al país
y de conciliación, es un crimen que merece el más
enérgico anatema de los amigos de la tierra irlandesa. Procurar con semejantes medios el alivio de
Irlanda, es retardarlo. Inglaterra hace mal en intentar de nuevo, como intenta después del asesinato, una política de fuerza, porque el pueblo irlandés
no es responsable de los actos de criminales desconocidos. Debe Lord Gladstone, si intenta realmente poner paz en Irlanda, impedir los ultrajes de
la policía inglesa al pueblo irlandés, que excitan a
éste al crimen, destituir a los magistrados parciales,
y permitir que los irlandeses den abrigo en sus casas, a los labriegos que han sido expulsados de sus
campos por negarse a pagar por el alquiler de ellos
la suma excesiva que venían pagando. Somos hijos fervientes de Irlanda. Si Gladstone no abandona las medidas violentas e injustas que propone
de nuevo, después del asesinato, es justo que Irlanda acuda a todo medio legítimo para domar al
cabo la tiranía inglesa, y establecer el gobierno de
sí propia".

Tales cosas decía al jefe del gobierno de Inglaterra, el Mayor de la ciudad de Nueva York. Y
aquellos millares de hombres las dijeron con él.

"Oídme, oídme!" —dijo un hombre fornido y pu-

jante saltando sobre la plataforma:— "Cuando
Gladstone, que ganó gloria por denunciar ante el
mundo europeo el despotismo del rey de Nápoles,
y luego ha sido más déspota que él, halló que los
irlandeses no estaban hechos de barro, sino de ni-
troglicerina, prometió medidas más suaves, más las
dejó en promesas. Los asesinatos de irlandeses ino-
fensivos por las tropas inglesas son tan criminales
como ese asesinato indisculpable de Cavendish y
de Burke. Y Cavendish podía ser un buen hombre, pero no se sabía en Irlanda como era; pero
Burke era el consejero de nuestros déspotas, era
un irlandés apóstata, era el Mefistófeles de Irlanda".

Y se levantó la madre de Parnell, que habla en
frases cortas y nerviosas, como quien lanza dardos, o como quien se sacude cadenas de los hombros. Dice que no le importa ser asesinada si eso
ayuda a la causa de Irlanda, lo cual premian los
irlandeses que la oyen con hurrahs que asordan; y
que no han sido irlandeses los que han asesinado
a los ingleses, sino ingleses necesitados, para continuar oprimiendo a Irlanda, de ahondar el abismo
que comenzaba a salvarse entre ella e Inglaterra.
"Oigo que esos hombres fueron a su faena como
asesinos alquilados, y usaron de un cuchillo. El irlandés gusta de usar revólver, y de hacer un poco
de ruido en el mundo". Un constructor de cañe-
rías, trémulo y arrebatado, asalta la tribuna. "Hargan! Hargan!" dicen los irlandeses que lo quieren.
Hargan dice: "Quiero que se una a vuestros acuerdos éste: nosotros los desterrados irlandeses en

Nueva York, reunidos en gran junta, expresamos
nuestra más profunda pena de que Inglaterra con-
tinúe su antigua práctica de asesinar a bayoneta-
zos, a balazos y a hambre a nuestros pueblos; y
cuando condenamos el asesinato de dos oficiales de
Inglaterra, es más oportuno, y es más digno de nos-
tros, que condenemos rudamente a los carniceros
que hayan espantado con sus crímenes los valles de
Wyoming y de Wexford". Vocerío prolongado sucedió a las vehementes palabras del desterrado. Los
unos, de pie, en las sillas, agitaban sus pañuelos y
sus sombreros. Los otros, roncos de vitorear, sa-
cudían los bancos y golpeaban puertas y paredes.
"Hurrah, hurrah!" y dió fin la reunión tumultuosa,
acordando por unánime clamor la enmienda de Hargan.

Más grave ha sido la enmienda que en el debate
sobre inmigración de chinos a California ha acep-
tado por fin el Presidente. En diez años no podrán
venir más chinos a 'los Estados Unidos: ni chinos
artesanos, ni chinos sin arte. El dueño de todo buque
en que viniesen, será multado y preso. Todos los chinos que estaban en los Estados Unidos el 17 de noviembre de 1880, día en que se firmó el tratado entre
los Estados Unidos y China, y los que vengan durante los tres próximos meses, podrán, provistos de
certificado al salir, que les sirva de pasaporte al reentrar, ir a China y volver. Los chinos que no sean
trabajadores, sino viajeros, o estudiantes, o empleados, podrán pasar por los Estados Unidos, mas han
de traer certificado de su gobierno en que se diga el
objeto de su viaje. Ni por tierra ni por agua podrá

entrar trabajador chino en los Estados Unidos, y
con multa y prisión será castigado el que les ayude
a entrar. Ningún Estado de la Unión podrá dar
carta de ciudadanía a ningún chino. A decreto
semejante, impuso hace poço su veto el Presidente
Arthur, que ahora aprueba el decreto en nueva forma. En el que rechazó, se extendía a veinte años
el período de exclusión de los chinos de los Estados Unidos; en el que al fin aprueba, se reduce a
diez años.

Para los chinos se cierran las puertas del trabajo. Para Guiteau se abren las de la muerte. Pocos días hace, ya en una sala oscura, en que vaga-
ban dos o tres docenas de personas, subió a la plataforma, preparada para leer desde ella, una mujer
que con ademanes nerviosos traía de la mano una
niña. La mujer se adelantó hacia el menguado público: sus ojos relampagueaban y su voz era trémula. "Habéis venido para conocer a la hermana
de Guiteau", dijo "pues ya la conocéis", y volvió
la espalda al público, y salió de la sala sin recitar
la conferencia anunciada. Era en verdad la hermana de Guiteau. Un día después, un hombre atribulado se presentaba a un tribunal de Nueva York,
querellándose de que habían desertado de él su mujer y una hija: era Scoville, de quien su esposa, la
hermana de Guiteau, se había separado bruscamente. A poco los diarios de Chicago anuncian
que los esposos se han vuelto a ver, y que Scoville,
que dejó a su compañero Reed la ya irrita defensa
del preso, de quien hubo 300 de los mil pesos que
vendiendo sus fotografías y autógrafos, ha ganado,

volvió ya, llevando del brazo a la esposa justificada
a su hogar intranquilo. Y el abogado Reed ruega
en vano a los jueces de Wáshington que anulen el
proceso de Guiteau, por parecerle que es el hábito
legal en estos Estados procesar al asesino en el
Estado en que su víctima muere, y no en el que
la mata, a lo que resolvieron los jueces que allí donde intentó dar muerte a la víctima, allí está el asesino bien procesado, tras de cuya decisión vino la
de que el reo sea sacado de la celda común en que
vivía, y puesto en aquella otra tenebrosa en que,
bajo cerrada vigilancia, se encierra a los que la ley
condena a dejar de vivir.

Esto pasaba en Wáshington, y en Nueva York
resonaban ante ocho mil oyentes los acordes de trescientos instrumentos, el eco majestuoso de ochocientas voces. Fué gran fiesta de música que duró
una semana. Allí se oyeron de Haendel imponente,
el *Israel en Egipto*; de Berlioz, que tuvo en música
fuego shakespearino, las notas desgarradoras en que
la mísera y hermosísima Casandra anuncia a los
troyanos que en aquel caballo de Troya a que abren
las puertas de la ciudad, y de cuyo enorme vientre
surgen como lejanos ecos guerreros, vienen ocultos
los griegos invasores. Y se ve en aquella música
de Berlioz alzarse al cielo, de su ancha túnica blanca, los brazos retorcidos de Casandra; y cómo tiembla Eneas al contar a los troyanos como Laoccoon
ha muerto, y como se enroscan las serpientes en torno al cuerpo gentil de Laoccoon. Se oyó la misa de
Beèthoven místico, que no cede en belleza a la *Pasión de San Mateo* de Bach arrebatado. Y cuando

la orquesta majestuosa rompió a tocar, con devoción filial, la música épica de Wagner, parecia que de cestos de fuegos surgían aves blancas, y que ninfas ardientes, de cabellera suelta y brazos torneados, envueltas en girones de nubes, cruzaban el aire oscuro y húmedo, montadas en el dorso de caballos de oro.

JOSE MARTI.

La Opinión Nacional. Caracas, 1882.

Carta de los Estados Unidos

Sumario

*Muerte de Guiteau.—Lances singulares.—Los Periódicos: el Público: el Reverendo: los Hermanos.
—El Reo.—La Oración y el Canto del Patíbulo.—
Capitalistas y obreros.—Grandes Huelgas.—Ultimos debates del Congreso.—Descomposición del Partido Republicano.—Campamentos Religiosos.—Escuela de Filósofos Cristianos. — Congreso de Educadores.*

---

(1) Las correspondencias en este tomo con los números 1, 4 y 5 proceden del archivo de Félix Lizaso, a quien le fueron facilitados por el Sr. Vicente Dávila, Director del Archivo Nacional de Caracas, Venezuela. Las demás correspondencias proceden del archivo de Néstor Carbonell.

Carta de los Estados Unidos

Sumario

Muerte de Barnum.—Juicio anglo-americano.—La Epi-
demia y Pánico al Porvenir.—La Hacienda.—
El Rey.—El Océano y el Canal del Porvenir.—
Capitales y empréstitos.—Crónica Religiosa.—Diener-
schaft ad Dominus.—Deuda amortizada.—La Bani-
ca.—Republicanos Conservadores. Reformas.—El
arreglo del Sufragio.—Urgencias.—Concurso de
Coquetas.

(1) Las comparaciones entre la [...] cien con los números
de [...] y [...] provecho del célebre del Perú. Llegan a que la [...]
fueron fecilitados por el Señor Tomás Don Claudio, del [...]
Archivo Nacional de Caracas, a quien [...] Las damas europeas
españolas prestan defensiva de Doctor Carbón.

Nueva York, Julio 15 de 1882.

Sr. Director de *La Nación*:

Nació este mes a la sombra de un cadalso. Ante ávidos espectadores, cayó colgando al aire el cuerpo del asesino de Garfield. Parecía Guiteau, mas que criatura animada en que se hospedasen humanos afectos y defectos, una caja de resortes. No era de especie humana, sino felina: pobre de carnes, rico de nervios, lustroso de ojos, hecho para destruir. A otros devora el amor de los demás; a este lo devoró el amor de sí mismo. Pensar en él, daña; verlo dañaba. El orden general de la Creación está repetido, como en todos los órdenes parciales, en el orden humano. Guiteau era un insecto humano. Su vida fué la de una fiera cobarde, flaca y hambrienta. Su muerte fué la de un niño infeliz que juega a héroe, en medio de un circo.

Otros crímenes son producto de la labor de una época en la mente de un hombre; el crímen de éste fué solitario y espontáneo, no hijo de la locura de la mente, sino de la del apetito. Cansado de desear en vano, se vengó en un solo hombre de todos aquellos que se habían negado a satisfacer sus deseos. Y para que su venganza fuese más cumplida, eligió el hombre más alto. Hay montañas que invaden con sus cimas serenas los aires azules, y hay

abismos que se entran como lenguas de colosales
serpientes, por los senos de la tierra. Hay hombres
en quienes el bien reposa —que son los apóstoles;
y otros en quienes el mal rebosa— que son los asesinos—como hay buitres y hay palomas.

Apena recordar los días últimos de la vida de
ese mísero. Apena ver cómo los narraron los diarios de esta tierra: cómo —luego de muerto— que-
maban por las plazas sus efigies; cómo halaban de
los pies y llenaban de lodo los vestidos de una imagen suya, ahorcada en un farol de Nueva York, los
niños de la calle; cómo se recibió con festejos públicos, con cañonazos, como en Trenton, con libre
beber en las cervecerías, como en Washington, con
silbar de máquinas de vapor, y vuelo de campanas,
como en Pittsburg, la noticia de su muerte.

Cuando se abrió bajo sus pies la trampa por que
se deslizó con gran caída, camino de la vida venidera, su cuerpo mezquino, rompió en impíos aplausos la muchedumbre de presos de la cárcel, que
prolongó luego con vítores y hurras, la que danza-
ba y reía, como en verbena o día de gorja, a las
puertas de la prisión del malaventurado. Aunque
no sea mas que porque recuerda la posibilidad de
que exista un hombre vil, no debiera ser motivo de
júbilo para los hombres la muerte de un ser humano.

Y el *Herald*, de Nueva York, habló del mísero, y
de los lances de sus postrimerías, y de los de su
muerte, con mofa abominable. De Guiteau antes
de morir decía que estaba "fresco como un pepi-
no," "tranquilo como una mañana de verano," "ágil
como una pulga", pintaba al hermano del reo, que

iba y venía como por casa propia, por la cárcel
donde había de recibir horas después su hermano
ignominiosa muerte, y andaba jovialmente, por entre los grupos de curiosos favorecidos que repleta-
ban el patio de la cárcel, y con sus mismas manos
examinó las cuerdas, las tablas, el gorro de los
ahorcados, los resortes, la trampa: palpó con fría
curiosidad todos los escondrijos del fúnebre aparato.

Concíbese en caso semejante, que un hombre quede en pie, ante el cadalso de su hermano, converti-
do en piedra. Este más parecía inspector de fiesta que hermano de ahorcado. Desde el amanecer,
estaba henchida de gente la ancha rotonda. Exa-
minaban el patíbulo, como se examinan las barras
peligrosas de donde va a dar el salto mortal el favorito gimnasta. No había esa solemnidad imponente que precede a la muerte misteriosa. Todo era
ir y venir, y fumar sin tasa, y preguntar con insana avaricia, como cuando se está en vísperas de
un espectáculo animado. El reo mismo, vestido con
singular limpieza, ensayaba, sentado en su lecho de
la cárcel, con el jocundo reverendo que le asistía,
el canto de una rastrera trenodia que se proponía
entonar desde el patíbulo. Era de verle el día anterior, platicando con serenidad y agudeza en la
puerta de su celda con el cronista de un periódico,
y pidiéndole excusas corteses por apartarse de él
un momento para ir a cerrar una ventana de la celda por donde le entraba aire frío. El cronista le ar-
gumentaba implacablemente sobre su crimen: ¡qué
importa poco revolver con punta de puñal la con-

ciencia de un desventurado, si se dá con ello pasto al apetito de un público avariento de extrañas noticias! Y Guiteau se desembarazaba de sus argumentos con nerviosa presteza. Era su modo de hablar, violento, saltante, airado, arrojadizo. Oyéndole y viéndole, se pensaba en zorras y lobos. Respondía apresurado con sus palabras inquietas, coléricas, abruptas, que parecían disparos de cohetes. Todo el día estuvo de pie ante la reja de su celda, recibiendo visitas. Veíanse en él los esfuerzos de un domador de fieras; adivinábase que con mano de hierro ponía dique a torrentes de lágrimas, y reprimía los saltos tremendos de un tigre invisible. "¡Estopa. y disparate! ¡estupidez y estopa!" exclamaba interrumpiendo con rudeza a su hermano, que le venía a decir adios, con la sobrina del reo de la mano, y le prometió su reunión en el cielo, y el bien merecido por la inocencia de su alma. Y al punto estrechaba blandamente la mano de la niña, y le hablaba con súbita ternura, como si a los pies de una maga se rindiese el tigre.

En tanto, el reverendo sacaba de la celda el ramo de flores que había traido al reo su hermana piadosa, en que había una flor blanca envenenada. Desatada ya la lengua, con esa volubilidad convulsiva y estrema de los sentenciados a morir, y con esa mirada selvática y extraña, como de quien pone el pie en un mundo terrible y desconocido, rogaba a su alcaide que consintiese en ausentarse de la prisión a la hora señalada para su muerte, con lo que esta no podría hacerse, por faltar el alcaide, ni luego por haber pasado ya la hora.

Ni se ocultaban a sus ojos los diarios que enumeraban los detalles del próximo suceso. Se anunció el programa de la ejecución como el de una exhibición curiosa. Jamás sufrimientos de hombre honrado. ni celestiales dolores de mártir, fueron contados con mayor menudez que las palabras y actos de este reo, los hilos de la cuerda que lo ahorcó. los matices del vestido que le cubrió el cuerpo, las fibras de las tablas del cadalso. Decíase de qué pino era hecho y de qué árbol fué cortado el pino. y de qué país vino la cuerda fúnebre, y de qué menjurges la untaban para suavizarla, y cómo lo iba a ahorcar "el ahorcador más afamado de esta tierra".

Lleno estaba en la cárcel un cuarto de guardar. de cuerdas numerosas, y gorros negros, ribeteados de rojo, y muñecos colgando por el cuello de extremos de lazos, y modelo de patíbulo-enviados, para servir al caso lúgubre. de todas partes de la Unión por gentes brutales.

El reo aquella mañana en que murió, se acicaló esmeradamente, como quien va de bodas. No se notaba en él ya violencia, ni temor, ni disimulo. Parecía, por la exuberante gentileza con que recibió a su clérigo, novio feliz que oye del sacerdote los deberes del estado en que entra, —y por el teatral aspecto de cuanto le rodeaba, y su leer de papeles. y su cuidar del parecer de su persona, y su ensayar en alta voz discurso y cantos,—artista de fama que va a probar sus fuerzas ante público nuevo.

Como quien va de viaje, registró cuidadosamente sus cartas, y rompió unas, y dió otras al clérigo. Vestía el clérigo ligero vestidillo, y cuando entró en

la celda del preso para no abandonarle ya hasta el
punto de morir, llevaba cubierta la cabeza con un
sombrerín de paja, y los diarios del día bajo el
brazo.

Y Guiteau le enviaba a una y otra parte, cual
director de función que no quiere que haya cosa que
no esté en su puesto; a ver, si tal persona estaba
entre los curiosos, a ver si todo había sido dispuesto
de modo que no marrase la escena final, a ver si los
menesteres del patíbulo estaban ya bien probados
y aderezados.

En la puerta oíase tumulto, y era que la hermana solicitaba permiso para ver ahorcar al reo, y venía con el carruaje lleno de anclas, coronas y cruces de flores, con que cubrir su cuerpo muerto. Ya
van de procesión, de la celda al cadalso, por entre
hileras de curiosos, de generales, de diputados, de
cronistas de periódicos, de médicos. Hacen de incienso bocanadas de humo. El alcaide, con su bastón de oro, encabeza el séquito. Junto al reverendo.
que lleva libros y papeles, va atado el asesino, firme el paso, pálido el rostro, recogido el continente.
¡Oh! no haya miedo: no contaremos cosas demasiado horribles. Ya sube a la plataforma Guiteau
sereno; ya en lidia odiosa se codean, precipitan y
empujan los espectadores, por lograr buen puesto y
amplia vista en torno al cadalso. Y el que mejor
puesto logra, y más serena tiene la faz, y mejor ve,
es el hermano.

Más ¿qué es eso? ¿Es un hombre que muere?
¿Es el vulgar servicio religioso de una iglesia pobre?
¿Es la exhibición de curiosidades en algún esce-

nario de circo de pueblo? Porque el programa tiene
varios lances, y al entrar en cada uno nuevo Guiteau lo anuncia al público, como los tarjetones de
los cafés cantantes de París avisan a la concurrencia la canción que viene, y como los saltimbanques
encasacados de los museos introducen con esbozos
biográficos, cada una de las bestias humanas, enanos, contrahechos, gigantes fingidos albinos improvisados e idiotas enseñados, que exhiben.

Dice el clérigo una plegaria monótona. Guiteau
anuncia que va a leer y lee con aquel tono de falsa
unción e inspirada salmodia de los predicadores comunes, unos versículos del décimo capítulo de Mateo. Desenvuelve un papel el reverendo. "Ahora,
dice Guiteau, voy a leer mi última plegaria". Y
lee, en el papel que mantiene a buena altura ante
sus ojos el reverendo servicial, una oración al Salvador. ¡Parece una columna de humo negro, en que
revolotean jóvenes buitres! ¡Parece una lluvia de
culebrillas disparada al cielo! Parecían látigos las
frases. Y las decía de modo que parecían puñales.
No las pronunciaba: las clavaba. ¡Qué lenguaje!
¡Qué mezcla de dialecto bíblico y odio satánico! Hablaba con Jesús en la lengua de Luzbel. Usaba gi-
ros religiosos para pronunciar anatemas enconados:
"El espíritu diabólico de esta nación, de su gobierno y de sus periódicos, hacia mí, te justificarán Señor, para maldecirlos". "Arthur (el Presidente)
es un cobarde y un ingrato!" "Todos mis asesinos
desde el Ejecutivo hasta el verdugo, irán al infierno". "Caiga mi sangre sobre este gobierno y estos
periódicos". "¡Adios, hombres de la tierra!"

Ya a éste punto, el cadalso estaba como levantado sobre los hombros de las gentes. Los rostros no estaban tristes, ni espantados, ni airados —sino ávidos—. "Ahora" —dice de nuevo la voz de Guiteau— una voz extraña, hiriente y sin eco— "voy a leer unos versos que indican mis sentimientos al dejar este mundo. Puede ser que hagan buen efecto puestos en música. La idea es la de un niño que balbucea a su padre y a su madre. Los he escrito esta mañana —añadía como si hablase a la posteridad atenta— como a eso de las diez". Y comenzó entonces un espectáculo tristísimo. Aquella trenodia era una mísera aglomeración de frases pueriles, sin medida ni concierto. Aquel desventurado que había querido morir cantando como los mártires del Cristianismo, moría arrastrándose como si la culpa al fin, despierta en su recio pecho, le estuviese clavando los dientes ponzoñosos en la garganta. Idiótico y salvaje parecía a la vez el cántico. Coros de sollozos que a borbotones entorpecían la rajada voz del triste, rompían al término de cada estrofa, a modo de estribillos o de épodos.

El reverendo le animaba con golpes en el hombro, como jinete a corcel que desfallece. El triste comenzaba a cantar la estrofa nueva, como si anduviese ya sobre sí mismo; y le pesasen sus propias palabras como cadenas. Por entre los sollozos mal apagados rompía el canto tardo y lastimero como un quejido, como un alarido, como el clamor de quien pide merced, alzada ya en el aire el hacha matadora, abrazado a las rodillas de un verdugo

implacable. Lloraba, lloraba a mares. Y se rehacía,
y reanudaba el cántico.

El hermano, miraba sereno. En torno al cadalso,
de los tabacos encendidos subían columnas de humo. En las ventanas de las celdas vecinas, los
cronistas de los diarios escribían apresuradamente
sobre los pretiles. Por sobre los cristales de una
abertura del techo, revoloteaba, acaso como una
promesa, un gorrioncillo. Con una nota estridente,
prolongada, súbita, acabó al fin el reo su cántico.
Y con él, su cobardía. El llamaba a su canto el bal-
buceo de un niño en crianza. Sí, en verdad, en
crianza a los pechos de una terrible nodriza.

Luego vinieron cosas no narrables. El, sereno
y seguro: ellos, dados presurosamente a las brutalidades de la horca. Cae de las manos de Guiteau
un papelillo; alza el alcaide el bastón de oro; "¡Listo! ¡Gloria! ¡Vamos!" —dice con voz sonora el
reo—; se abre a sus pies la trampa, y a poco, la
rotunda estaba desierta, contento de su mano firme
el ahorcador, y al lado de un féretro descubierto,
el hermano, moviendo el aire con un abanico sobre
un rostro lívido.

En juguetes andaba imitado el cadalso de Guiteau; en los fuegos artificiales de los primeros días
de Julio, quemábase, ante veintena de millares de
espectadores, la cabeza de Guiteau en tamaño monstruoso, y en el pueblo de Norwich, el día 6 de Julio, reuniéronse los niños de la población con una
horca y un ahorcado de juguete, para ahorcar a
Guiteau.

•

Estamos en plena lucha de capitalistas y obreros. Para los primeros son el crédito en los bancos,
las esperas de los acreedores, los plazos de los vendedores, las cuentas de fin de año. Para el obrero
es la cuenta diaria, la necesidad urgente e inapla-
zable, la mujer y el hijo que comen por la tarde lo
que el pobre trabajó para ellos por la mañana. Y
el capitalista holgado constriñe al pobre obrero a
trabajar a precio ruin.

Los que viven suntuosamente, merced a colosales
especulaciones, azuzan al Congreso, a fin de mantener siempre repletas las arcas del Tesoro, a no
mermar las contribuciones exorbitantes que afligen
los frutos y tráficos en toda la nación. De este
exceso de contribuciones, a poco que las cosechas
mermen, o que algún producto escasée, viene exceso de precios. Para el capitalista, unos cuantos céntimos en libra en las cosas de comer, son apenas una
cifra en la balanza anual. Para el obrero, esos
centavos acarrean, en su existencia de centavos, la
privación inmediata de artículos elementales e im-
prescindibles. El obrero pide salario que le dé modo de vestir y comer. El capitalista se lo niega.

Otras veces, movido del conocimiento del excesivo provecho que reporta el capitalista de un trabajo que mantiene al obrero en pobreza excesiva,
rebélase este último, en demanda de un salario que
le permita ahorrar la suma necesaria para aplicar

por si sus aptitudes o mantenerse en los días de su vejez.

Pero ya estas rebeliones no son hechos aislados. Las asociaciones obreras, infructuosas en Europa y desfiguradas a manos de sus mismos creadores, por haberse propuesto a la vez que remedios sociales justos, remedios políticos violentos e injustos, son fructuosas en Norte-América, porque sólo se han propuesto remediar por modos pacíficos y legales los males visibles y remediables de los obreros.

Ya no hay ciudad que no tenga tantas asociaciones como gremios. Ya los trabajadores se han reunido en una colosal asociación, que llaman de caballeros del trabajo. Ya, por treintenas de miles, como ahora mismo en Pittsburg, se cruzan de brazos, animosos y firmes, ante los fabricantes de hierro que tenazmente les niegan el aumento de sueldo que demandan. Ya, como hoy en New York, los trenes cesan, los barcos duermen, los frutos se enmontañan en las estaciones de embarque de los ferro-carriles, y el comercio de toda la nación sufre extraordinaria merma, —porque los cargadores piden a las empresas ferrocarrileras un salario que les permita comer carne.

Piden 20 centavos por cada hora de faena, y que les aseguren trabajos por dos pesos diarios, porque hombre que va y viene a leguas del lugar de su labor, y come fuera de casa y tiene en casa mujer e hijos, y para trabajar ha de vivir en ciudad costosa, no puede hacer con menos de dos pesos, vida de ciudad.

Las empresas de ferro-carril, teniendo en poco a

sus cargadores, negáronse a la demanda, y hace un mes que están faz a faz los dos bandos hostiles.

Toda la ciudad está del lado de los cargadores desatendidos. ¡Con que entereza están llevando su mes de penurias! ¡Que gozo dá verlos, como ennoblecidos de súbito por el ejercicio de su dignidad. acudiendo, comedidos y limpios, ya a grandes paradas, en que recorren las calles sigilosa y ordenadamente, ya a reuniones que celebran en medio de las plazas, en los muelles abandonados, en humildes salones! Acá hacen tribuna de un carro que les presta un irlandés fornido; allá, de un montón de cajas; más allá, de una elevación del terreno. Está siendo una intentísima batalla.

Vése ahora como no es de desdeñar el trabajo más ruín. Esos rodadores de baúles, esos empujadores de sacos, han conmovido y dificultado el comercio de toda la nación. Las empresas ferrocarrileras, teniendo en cuenta la penuria excesiva de las clases pobres, buscaron y hallaron al punto millares de cargadores nuevos. Más eran italianos, no hechos a esta labor ruda; eran alemanes, sobrado varoniles para siervos; eran judíos fugitivos de Rusia, a quienes sus súbitos tremendos males privan de ánimo y fuerzas.

Creyóse al principio que, reemplazados los cargadores, o reentrarían en sus puestos por el ruín salario viejo, o quedaría la labor a cargo de los nuevos.

Pero ya era que los novicios no acertaban con la ágil manera de cargar de los rebeldes; ya que centenares de carros aguardaban en vano repletos

a las puertas de los colosales almacenes; ya que los
mozos ásperos de los barrios perseguían sin descanso a los obreros nuevos que trabajaban, y aun trabajan, como sitiados, en los almacenes, y amparados por gruesos destacamentos de policía. Y ya
es, que merced a su cordura y paciencia, abandonan
en masa los trabajadores nuevos a sus empleadores,
y se unen bravamente a la protesta de los cargadores rebeldes. Todos, hoy, italianos, alemanes y
judíos rusos, abrazados fraternalmente por las calles, y acudiendo a reuniones entusiastas en que se
hablan a la par todas las lenguas, demandan a las
compañías de ferro-carril, que ha poco aumentaron
sin pretexto los precios de carga, el nuevo sueldo y
la nueva garantía.

Gran suceso es éste en esta lucha. Antes, si los
trabajadores del país se declaraban en huelga, acu-
díase a los italianos, puestos a trabajar por pobre
precio.

Ahora, rebelados ya los italianos, que entienden
que realzando las condiciones del trabajo para otros,
las realzan para sí, —los empleadores habrán de
ceder a las demandas justas de los empleados. Que
no es de creer que por demanda injusta se expon-
ga un obrero, que tiene su arca en sus brazos, a
dejar en hambre y miseria su casa desolada.

Y así quedan: soberbios los del ferro-carril; con-
fiados y ayudados con buenas sumas de dinero por
los obreros de toda la nación, y gentes ricas de
buena voluntad, los cargadores. De manera pasmosa se entrelazan e intiman los cuerpos de obreros.

Se agrupan rápidamente, como elementos dispuestos ya al combate. No sólo tiene cada cuerpo fondos propios, sino que se está creando extraordinario fondo general para que sirva de arca permanente a cada cuerpo en huelga. Esto hasta ahora es justicia. Quiera la buena fortuna que luego de satisfecha, no se trueque en celo e ira. Porque en este pueblo de trabajadores, será tremenda una liga ofensiva de los trabajadores. Ya están en ella. El combate será tal que conmueva y remueva el Universo. Estas que hierven, son las leyes nuevas. Esta es en todas partes época de reenquiciamiento y de remolde. El siglo pasado aventó, con ira siniestra y pujante, los elementos de la vida vieja. Estorbado en su paso por las ruinas, que a cada instante, con vida galvánica amenazan y se animan, este siglo, que es de detalle y preparación, acumula los elementos durables de la vida nueva.

•

En el Congreso también están de lucha: también están de lucha en el Partido Republicano. Piden los demócratas la rebaja en la tarifa de derechos de importación. mantenidos en alza para favorecer, —que es lo mismo que perpetuar el monopolio de que gozan—, a las industrias nacionales. Piden la rebaja inmediata de los derechos de los artículos de consumo en el interior de la Nación. Las contribuciones se imponen para sufragar con ellas los gastos del Tesoro. El Presidente declaró en su mensaje que las contribuciones habían excedido el año pasado en cien millones de pesos a los gastos. Los demócratas quieren que esos cien millones de pesos innecesarios, sean rebajadas las contribuciones. Pero acontece que el Partido Republicano, amenazado de extraños y de propios, no quiere enajenarse, con la reducción de los derechos de importación de frutos extranjeros, el apoyo considerable de los capitalistas a quienes el sistema prohibitivo favorece, ni vé mal que para acudir so capa de un gasto o de otro, achacados a necesidades de la Nación, a las expensas que requiera la conservación del partido en el poder, exista en las arcas, que prohombres del partido administran, un crecido sobrante.

Alegan además los republicanos que ya entró esta Nación en edad de mayoría, y la América del Sur, en época de definitivo establecimiento: que para las necesidades de su expansión ha menester de gran suma, que pueda levantar súbitamente gran ejército, y de temible armada. Alegan que pudiera venirse, o por querer autoridad suprema en el Canal de Panamá, o por impedir el crecimiento del poder inglés en América, a una guerra con Inglaterra, que es gran poder naval. Y se ha dado el caso extraño de que el Congreso vote suma crecidísima para las reparaciones de la armada, a petición y por tenaz empeño de aquel Secretario de Marina que en tiempos de Grant empleó, en gastos confusos, o innecesarios, o totalmente inexplicados, cientos y más millones. Tal hombre, Robeson, que fué pocos años ha, por la expresada conducta, befa de la nación y vergüenza de su partido, es hoy, con lo que se dá medida de la descomposición de la política del bando republicano, uno de los jefes, si no el único jefe, del bando republicano en el Congreso.

Y otra cantidad, también enorme, han votado contra unánime opinión de los demócratas, que mantienen que esos dineros van a malas manos, para atender a las obras de puertos y ríos. Vése bien que comido de males interiores, el partido republicano, intenta deslumbrar al país con un programa adulador de política nacional.

*

¿Por qué ha de ser tan ligera de suyo una correspondencia, que no dá ya espacio a entrañar en estos curiosísimos problemas internos del sufragio público, médula, eje, vida de las naciones republicanas? ¿Por qué no ha de llevar esta primera, humilde, precipitada carta, tantas nuevas curiosas de sucesos varios, de los que oran, arrodillados en millares, a la sombra de árboles altos como los de los druidas, en campamentos religiosos que pueblan los bosques de palabras de amor, de esperanzas, de fe, de himnos sagrados? ¿Por qué haber de callar como sacan a luz con fervor científico, las bondades de la Cristiandad en un "Congreso Cristiano de Verano" los filósofos amigos de Jesús que ven en descrédito y ruina el dogma amoroso, en manos de los malos sacerdotes, y de reformadores hábiles y activos? ¿Por qué, sobre todo, no sentarnos al lado de los educadores en consejo, que están viendo, con agradecible y laborioso empeño, la manera de educar al niño de modo que abandonado luego

entre los hombres, pueda aplicar sus fuerzas ense-
ñadas a un mundo conocido, en vez de ser ciego
presuntuoso, cargado de letras griegas y latinas inútiles, en medio de un universo activo, apasionado,
real, necesitado, que lo ofusca, asorda y arrolla?

La prensa no puede ser, en estos tiempos de creación, mero vehículo de noticias, ni mera sierva de
intereses, ni mero desahogo de la exuberante y ho-
josa imaginación. La prensa es Vinci y Angelo,
creadora del nuevo templo magno e invisible, del
que es el hombre puro y trabajador el bravo sacerdote. Aquí hierven, en junto con los modernos problemas humanos, los problemas concretos de América, y ambiciones que alarman y grandezas reales
que deslumbran. ¿Qué mucho que, movida del ansia de cumplir estos grandes deberes, la pluma, a
riesgo de parecer cansada, se abandone a conside-
rarlos?

JOSE MARTI.

La Nación, Buenos Aires, 15 de septiembre de
1882.

NOTICIAS DE ESTADOS UNIDOS

NOTICIAS DE ESTADOS UNIDOS

INDICE

1883

Facsímile de una hoja de Martí con algunos apuntes para una correspondencia sobre sucesos en los Estados Unidos de Norte América.

(Archivo de Gonzalo de Quesada y Miranda).

1

CARTAS DE MARTI

Galas del Año Nuevo.—Gente de Pro y Gente Lla-
na.—Ancianos de otro tiempo.—Luto en la Casa
Blanca. — El Ministro Allen. — Gobernadores aus-
teros y pomposos.—Boston; sus hijos ilustres, su Go-
bernador nuevo y sus ceremonias.—Benjamin But-
tler.—Hermoso episodio de la Historia del Sufra-
gio.—Preliminares necesarios para entender suce-
sos venideros.—Significación del advenimiento de
los Demócratas.—Deslinde de los Campos Políti-
cos.—La batalla pasada y la venidera.—Suma de
Historia Política.—Mesa del Universo.—Trineos
blancos.

New York, 19 de Enero de 1883.

Sr. Director de *La Nación*:

Aún humean las fiestas del año nuevo. Aun cuentan regocijados los mancebos las galas que vieron y las damas y damiselas que saludaron, y las ensaladas suculentas y nobles vinos que cataron en las casas que recibían visitas de entrada de año, que son ya menos que eran antes, porque muerde a la naturaleza humana el amor del Aristos, y cuando no tiene, por ventura, pedestales de sangre donde alzarse a publicar cuarteles de nobleza, álzase sobre pedestales de oro a pregonar, a modo de nobleza nueva, el desdén de las prácticas comunes. Antes, no había en día de año nuevo puerta cerrada, sino que parecían de Lúculo las mesas; y bien servidas entre jarrones ricos y flores, más ricas siempre que los jarrones, de manjares y lujos de beber que diesen fuerzas a los parleros visitantes para visitas nuevas; y eran sonajas las casas, tiendas de alegría los coches, las mujeres, vasos de fiesta, romería las calles. El más lindo traje era para este día del año; el galán rico lucía a rápido paso su yegua de buena sangre y su delgado caronajillo; el dependiente humilde, muy aderezado y muy lucido, llamaba con sus mejores prendas de vestir a la casa del principal opulento, que con el calor del Jérez, y con el

mejor que dan las fiestas de la casa, y la ventura,
desarrugaba aquel día la frente de los ceños que
suele poner en ella el señorío. Vénganse los neo-
ricos en los que no son ricos aún, de la época en
que ellos no lo eran. Y gustan villanamente de humillar como ellos fueros humillados, y de hacer beber a grandes copas el acíbar que bebieron ellos.

Este día de año nuevo ha sido siempre de inusitada gala y gozo, en que se vaciaban de tarjetas las
tiendas que las venden, y de fuerzas los carteros
abrumados que las llevan, y de carruajes los establos, y de rosas los jardines, y el pecho de tristezas. ¿Quién tan mísero, que no tenga a quien ver,
o de quien ser visto? Pero esta vez la costumbre
vino a menos, porque las altas casas, en vez de abrir
sus puertas de granito bien pulido, o peña rota a
sendos tajos, como las piedras de los palacios de
Florencia, o vil imitación de piedra, porque no hay
imitación que no sea vil, colgaron del llamador de
bronce una cesta con cintas de luto, para dar noticia a los corteses visitantes de que estaban cerrados por duelo de pariente los salones, o con cintas
de colores más alegres, en ligera señal de que los
empinados dueños no gustaban de pagar tributo a
usanzas populares.

Más como esta es ciudad de ciudades y mar de
gentes y golfo donde se encuentran, rompen y hierven juntas todas las corrientes de la vida moderna,
parecían ese día las calles de potentados ceñudos y
de nobleza fresca, como dama escurrida y remilgada
en salón de mocerío jovial y rebosante, y todo fueron, a los ojos de quien no vió mejores años, casca-

beles en los trineos, enjardinamiento de las salas,
susto mortal en las bodegas, despedidas bulliciosas
en las escaleras, peregrinación de los visitadores de
pie a cabeza de la ciudad alborotada; y recuento en
la alta noche, como de batallas ganadas, del número
de casas a que se pagó cordial visita.

Parece en esta ciudad grande, donde viven las
gentes tan solas, como que se aprovechan las almas
con ansia de toda ocasión de averiguar que no viven olvidadas. Y ¡cómo embellece la alegría! Y
¡cómo rejuvenece! Aun los que no han catado licor,
parecen el día de año nuevo ebrio de buen vino:
—¡de alegría! Corren, como movidos de celestes
vientos. Si se apagaran las luces de la tierra, con
las de sus ojos animados habría fiesta de luz. Andan enternecidos: —como purificados, aniñados. El
gozo de querer les aviva la sangre. Duermen los
libros de comercio, que son menos digno empleo del
hombre que el cultivo de los campos. Duermen las
plumas, que son lanzas mejores que las lanzas. Los
jóvenes se alocan, y los ancianos resplandecen.

Aunque ya van de muerte aquellos castos caballeros neo-sajones, humildes, como hijos de viajeros de la *Flor de Mayo*, que fué el barco feliz que
trajo con los puritanos, y la virtud de ellos, el grano
de este pueblo, ya van de muerte aquellos ancianos
de ojos húmedos y limpios, como de gente de alma
buena; de labios finos y cerrados, como de hombre
discreto; luminosos, como almas puras, sanos de espíritu y de cuerpo, como manzanas de Noviembre.
Aquellos ojos de holandeses, y viejos hidalgos de
Bretaña, aquellos sobrios y domésticos patriarcas,

aquellos sacerdotes de la libertad, pueriles, astutos y grandiosos, aquellos Tíos Samueles de sombrero de pelo blanco, barba en halo, ojo profundo, nariz aguileña y rostro lampiño, aquellos ricos de traje de paño recio y burdo, zapato ferrado y guante de lana, aquellos caminadores y reidores, van de muerte.

Hoy, nadie tiene su pulso en calma. Se anda por sobre las casas en ferrocarril y por sobre la vida.

El ansia de la fortuna bebe en flor, como abeja venenosa, las mieles de la vida. Ni al corazón mismo se le abren las puertas hasta que no se tienen vencidas ya las de la fortuna. En los nuevos ancianos hay como el descontento de haber vivido; en los nuevos jóvenes, como el miedo de no vivir bastante.

❦

Uno de esos ancianos de otro tiempo murió en Washington, y en plena fiesta de Capitolio, el día de año nuevo. Es el Presidente Arthur, caballero de salón, y abría con pompa, en recepción solemne, a la par que el año, la estación de fiestas de la ciudad oficial, y el Capitolio remozado para ellas. Veinte damas granadas le ayudaban a estrechar manos de Embajadores, gentes de alto oficio, y miembros del Senado y del Congreso. De nuestra América, ofrecían allí los respetos el caballero Domínguez, de continente grave, por la República Argentina, con los miembros de su casa oficial y casa propia; por México, con la esbelta dama de Nueva

Orleans, que es su esposa, D. Matías Romero, trabajador infatigable, castor de la política, cuidadoso de todo, menos de su gentil apariencia, hormiga que acumula en trabajos de día y noche pesos de elefante, hombre diogeniano. Por el Perú, cabizbajo, Ellmore. Y por Venezuela, que parece hoy dama violada, el culto Simón Camacho, tierno como su hermano Juan Vicente, que escribió "La última luz", y la da perenne a su nombre con ella; Simón Camacho, el brillante e intencionado Nazareno que llenaba años hace de sales los diarios de Lima, y hoy hace de sutil Embajador en esta tierra, abundante de ingenio, de corazón y de palabra.

Pero de súbito, como si se enlutaran los cielos, corrió la nueva de que expiraba en una de las salas de la casa el Ministro Allen, de las islas Sandwich, que había nacido con el siglo, y crecido con él.

Las músicas callaron, sobrecogió la tristeza al hidalgo Presidente; con el estado de las almas, que con sus afectos lo visten o lo desnudan todo, y acaloran o entibian la naturaleza, trocóse en casa funeraria la que era un punto antes teatro de triunfo. De mal de corazón, que se enferma ahora más que antes, murió el que a pesar de ser Ministro de las islas Sandwich en los Estados Unidos, no era hijo de aquella tierra plutónica y fastuosa, donde la lava está hacinada en montes, y en bosques los rosales, y en valles opulentos los más sabrosos frutos.

Fué caballero de la paz el Ministro Allen, y estos son los mejores caballeros. De romance tiene su vida; él afincó en Honolulú, y quien afinca, y llega a ser amado, a pesar de llegar a ser poderoso, en tierra extraña, es hombre de fuerza íntima y múltiple, y de bondad vencedora, y de tenacidad que sorprende. Porque tiene algo de demente todo el que vive en tierra extranjera. Los vinos del alma ofuscan el juicio. Este vapor que sube del alma de los desterrados es vapor terrible. Allen fué joven, y fué de cónsul de los Estados Unidos a Honolulú, y le enamoraron las calles pacíficas bordadas de cañas elegantes, y robustos alóes, y cactus colosales. Las primicias encantan. Las de la tierra enamoran, como si fueran primicias de alma de doncella. El hombre es tan grande, que se siente siempre un tanto esposo de la tierra. El pueblo nuevo agradó al hombre ingenuo; el archipiélago riquísimo deslumbró al joven mercader. De cónsul ante el Rey, se hizo consejero del Rey; y fué por veinte años, espíritu del nuevo Hawaii, cerebro y brazo de su monarca, atador de voluntades de su tierra nativa y su tierra nueva, y mirado, entre cóleras pasajeras y odios de naturales celosos y ambiciosos émulos como Balum-Votán de barba blanca, que venía del Este, y daba leyes, y amor —que es mejor ley: y tiernos consejos, al pueblo nervioso, guerreador y vivo de los viejos mayas.

De Gambetta dicen, que por piedad de hijo, y como romántico alarde de natural de tierra de los trovadores, solía, a despecho de su fe nueva, enviar cirios a una iglesia en el día aniversario del de la muerte de su madre, y al que le hacía pensar en qué dirían de ello, respondía hermosamente que dirían que amaba a su madre. Del Presidente Arthur cuentan que teme a lo desconocido, e involuntariamente pone fe en presagios, por lo que tuvo peculiar tristeza, mayor en él que ocupa la silla que aún no ha vaciado bien la sombra de Garfield— con la muerte súbita, acaecida en su primera fiesta de año, del canoso Allen, que ayudó a crear a un pueblo.

Pero en este pueblo, que es ejército en marcha, no hay tiempo de contar los muertos. Ni el muerto les parece árbol arrancado de su jardín sino ido a hermosear de antemano el jardín en que han de vivir luego. Y aún en el recordarlos, la vida es demasiado exigente, para que la memoria sea bastante fiel!

Con la entrada del año ¡qué acopio de sucesos!

¡Si parece panorama mágico, banquete de gigantes, ruído de entrañas de monte, creación de mundo!

—Y esto último es: creación de mundo.

Ya es un gobernador electo que seguido de sus caballeros de servicio, entra del lado del Gobernador saliente y su cohorte, bajo la cúpula del Capitolio de Albany, ciudad que hace cabeza de este Estado suntuoso de New York, y es madriguera de gente emprendedora, y de famélicos de oficios, que andan en busca de canongías públicas, con las que aquí, como en buen número de tierras, suele darse paga deshonesta a tal o cual servicio subterráneo, feo como entraña, que ayudó, acaso, en hora de combate, a la victoria de un partido; y al entrar bajo la cúpula, los dos Gobernadores se separan, cada uno con su séquito, y el uno de esta ala, y el otro

de la otra, van de nuevo a juntarse al fondo del
salón, donde un sacerdote que cree saludablemente
que no hay rito mejor de religión que el libre uso
de la razón humana, eleva al cielo, cercado de hombres graves que tienen cerrados los ojos y las cabezas bajas, oración propia por el buen consejo del
que entra, y la buena fortuna del que sale; y luego
los dos Gobernadores, en apropiados discursos, se
saludan, tras lo cual abandonan de brazo la sala ancha y van a recibir plácemes de gente amiga, que
es gente menguadiza en la hora de amargura, pero
muy populosa y crecedora en horas de victoria.
—¡No hay orugas más ruines que estos amigos de
la hora venturosa!

En Boston, que es clásica ciudad, no se sientan
en su silla nueva con tanta llaneza, los Gobernadores. Boston presume de hermano mayor de las demás ciudades de la Unión del Norte, y aun alardea
de desdeñosa maestra. New York, le prace brutal;
Philadelphia, terca y gruesa; Chicago, un granero
público. Ella sola se mira, y no sin razón buena, como cuna de la nación, y sagrario de las divinidades
nacionales, y relicario de las costumbres de los patriarcas de la República, y Tribunal de arte impeca-
ble, y universidad luminosísima. Periodista que tiene
un cuño bostoniano, ya pasa como periodista de
buen cuño. Ser de Boston aquí es como ser en Inglaterra de Oxford o de Cambridge. Y cerca de
Boston está Concord, la apacible morada de los

poetas y de los filósofos. En Boston lució Nictley,
tan bello como Byron, autor de un libro que enca-
dena y nutre, y no ha de faltar en anaquel muy a la
mano, de librería de hombre de ahora: la *Historia
de la revuelta de los Países Bajos.*

Es más que historia, es procesión de vivos: Felipe
II, lamido el pie de llamas, garduñosas las manos,
lívido, como de reflejo de lumbre sulfurosa el rostro; Granville, el Cardenal acomodaticio, que se sacó
del pecho, como prenda de andar que estorba para
el camino, la conciencia; Don Juan de Austria, lindo
loco; Alba, hiena, y Guillermo de Orange, incontrastable, que es de aquellos que aparecían en la
hora del cómputo, con un pueblo sobre los hombros,
y tuvo en vida la grandeza serena, pujante y tenaz
de los creadores.

De Boston fueron Emerson, que le dió luz y
Longfellow, a quien dió, con prebenda segura, paz
de vida, que fué como sentarle en el hogar la Musa:
—¡oh! en esta pesquisa del pan diario, qué ha de hacer la Musa, que tiene los pies blandos, sino sentarse a llorar, cansada y sola, en una vuelta obscura
del camino! Ahoga el ruído de los carros las voces
de la lira. Se espera la lira nueva, que hará cuerdas
de los ejes de los carros. La tierra está ahora en
hervor: la lira se verá luego, cuando este mar repose.

Y Boston, que es la patria de los místicos, es la
patria también de los agnósticos, y de un agnóstico
político, rico en mente y dineros, y en desdén de
convenciones, y de trabas de partidos. De Boston
es Benjamín Butler, que un día capitaneó republicanos y otro demócratas; y es revoltoso decidor, que

da golpes de maza con la lengua, cuando no de florete bien templado, y de quien hablan hoy los diarios como de Gobernador vivo y efectivo, que intenta que sea cosa memorable su gobierno, y le abra paso, por cierto hoy un tanto entorpecido y obscuro, a la Presidencia de la República.

Ya lo vocean como candidato. Pero en esta tierra, sobrado heterogénea, radiada, examinadora y tumultuosa, para que alcance a cautivarla de una vez un hombre sólo, llégase más acaso a la Presidencia por cualidades de discreción y medianía que hacen posible el consorcio en la persona discreta y mediana de entidades superiores rivales e intereses diversos, que por cualidades brillantes y agresivas, que excitan celos agudos en los grandes de la fama y de la mente, y hacen menos posible si no imposible en todo, el amigable compromiso de facciones y elementos celosos y varios.

Aunque Butler sabe ver, y verá ahora que el país está descontento de los audaces, pródigos y soberbios Republicanos; y que los Demócratas, que pudieran sucederles, no se dan prisa a acreditarse de desinteresados, modestos, compactos y probos; y que la República, fatigada acaso de tanto logrero, buscador de oficio, cómplice de contratistas, e instrumento de politicastros, que son plaga que roe a uno y otro partido, tiende la vista colérica en busca de nueva aurora. Y Butler, que está a lo que nace, se pone a que le den de lleno los rayos de la nueva luz. Pero es aún, por lo versátil, acometedor, novador y bullente, personaje, más que nacional, pintoresco.

Lo que le trae ahora en palmas es su elección reciente, por número oceánico de votos, al Gobierno de su pulcro Estado.

Burlan mucho a la apergaminada Massachussetts, de que es Boston cabeza, por haber puesto su gobierno en manos de tan gallardo y resuelto alborotador. Pero Massachussetts no ha tenido muchas veces Gobernador tan favorecido de su pueblo.

Parece que es Butler uno de los nobles de la naturaleza, que hace, sin duda, sin respeto a los artificios de sus hijos, sus nobles y sus plebeyos. Son estos nobles aquellas criaturas mordidas del amor de lo perfecto a quienes de amar lo perfecto en arte, les viene delicada aristocracia, y de amar lo perfecto en justicia, les viene generoso amor de pueblo.

Las superioridades se respetan; y la misma superioridad de la preocupación vé como a hermana, en las horas de crisis la superioridad de arte o justicia. Todo hombre nace rey; la labor está en hallar en sí los útiles con que se hace el trono. Así Butler, que sabe de coro la biblia y los poetas, y usa ramilletes en el ojal y en su lenguaje, y gasta frac, e ideas de frac, place vivísimamente, por cierto ferviente amor suyo innato a los humildes, en que rebosan todas las naturalezas verdaderamente grandes, a la masa empujadora, radical y votante.

Era de ver Boston el día en que Benjamín Butler puso la mano en la pértiga de roble, de grueso puño de oro, que en Massachussetts vetusto es símbolo de Gobierno. Allí placen las ceremonias, la procesión elaborada, la junta de las corporaciones del Estado, la música solemne, el juramento escrupuloso

de lealtad a Massachussetts y a la Unión. Año tras
año venía Butler llamando en vano a las puertas de
la casa de Gobierno. Más no vence —y esto acaso
ha de entristecer a los reformadores de alma mansa
y apostólica —sino quien se ama: El desdén de sí,
lleva con excepciones raras, al martirio obscuro.
Acaso en la baraja de la vida no son triunfos sino
los oros que llevan mezcla de virtud y de ambición.

Ahora "la ola popular", llamada a furia por las
últimas prodigalidades y desdenes de los republicanos, que no ven que el pueblo es ola y la ola agua,
y quien pone el pie en ella se va a hondo, trae al
vocero de reformas a la casa de Gobierno, en el
instante en que no parece que haya reforma grave
que no esté ya en sazón y a punto de dar mieles.

¡Qué hermoso encrespamiento el de este pueblo,
dos o tres meses hace! Parece como gigante dormido, que seguro de su fuerza en la hora dura, no se
da prisa a levantarse; mas se levanta, mueve la maza
enorme, aplasta al enemigo o al obstáculo y de nuevo duerme. Y en su sueño, oye.

Estos meses han sido aquí teatro de un interesan-
tísimo episodio de la historia del sufragio. No cabe
en carta. Arranca de lejos y va lejos.

No hay cosa más escurridiza y vidriosa que la Libertad. Dama de gran valer, se enoja de que un
solo momento la descuiden. Quiere plática que la
entretenga, celo que la estimule, culto que la hala-
gue. Todo es análogo en la tierra: en vano se pe-

dirán flores hermosas al floral que cede a la maraña; en vano amor a la mujer de cuyo amor ansiosamente no se cuida; en vano fruto al árbol que se deja a regocijo de gusanos; en vano grandeza y permanencia a la libertad cuyo cultivo se abandona. En el amor del hombre y la mujer, la ternura infatigable y galante es la dote de esencia, que asegura al afecto luenga y sólida vida: en el amor del hombre y la libertad, la fidelidad es la condición del goce permanente de la amada. Pues ¿quién deja a sus criados de servicio el cuidado de requebrar de amores a su dama? Ni ¿qué dama otorga mansamente su ternura a quien desdeña, por pereza o por arrogancia, o por seguridad del amor del que no cuida, la tarea dulce de venir empeñosamente a demandarla? De abandonarse demasiado a la señorial seguridad que da el derecho, viene a los casados la mayor suma de sus males; y de esto mismo vienen sus mayores males a los pueblos.

La libertad ha de ser una práctica constante para que no degenere en una fórmula banal. El mismo campo que cría la era, cría las ortigas. Todo poder amplia y prolongadamente ejercido, degenera en casta. Con la casta, vienen los intereses, las altas posiciones, los miedos de perderlas, las intrigas para sostenerlas. Las castas se entrebuscan, y se hombrean unas a otras.

Tanto gobernó a los E. Unidos, en años pasados, el partido demócrata, que no quedó al cabo la Constitución en sus manos sino como un montón de papel arrugado. Los prohombres gloriosos, mantenidos por su buena fama en altos puestos, se habían hecho políticos de oficio. Ayudaban los políticos a los ricos, y los ricos a los políticos. Los poderosos del mercado vaciaban sus mejores bolsas para cosechar votos, ganarse empleados, y favorecer ardides en la hora de las elecciones, a trueque de que los electos favoreciesen luego con sus votos los planes en que cifraban mayores esperanzas de fortuna los ricos mercaderes.

Habían estado los demócratas demasiado tiempo en el poder para que oyesen ya de cerca al pueblo. Y despertó el gigante, y dió con los demócratas en tierra; y en alto con el partido de los republicanos. Estos domaron la guerra civil, hicieron libres a los esclavos, amortizaron una deuda monstruosa, levantaron por sobre su cabeza, humeante aún, pero sonriente y sana, a la República. Republicanos eran los grandes previsores, y los grandes guerreros, republicanos. Ellos, los abogados del pueblo uno y grandioso, los fabricadores de milagros, los amadores vehementes de la humanidad libre. Aún se oye el concierto de alabanza que se alzó de los grillos de los esclavos negros al caer rotos de súbito sobre la tierra.

Pero la certidumbre de la posesión empezó a deslucir la modestia del triunfo. Los militares desocupados no se resignaban de buena voluntad a dejar de ser personajes nacionales: ni ¿quién se resignaría de buena voluntad, que haya tenido puestos sobre sí los ojos de nación tan grande? Nada embriaga tanto al hombre como sentirse centro de hombres. Le entran pujanzas divinas, y ya no cabe en la piel de un mercader, ni en el blusón azul de un

cosechero. La guerra había sido sobrado larga para
que los que, como hombres de consejo o de guerrear,
no hubieran ya hecho, con descuido de las propias,
una profesión del manejo de las cosas públicas. Y
como adquirieron fama por aconsejar bien y guerrear bien en la hora de peligro, pareció loable mantenerlos, en la hora del triunfo en el puesto que
honraran cuando era peligroso. Y el gigante confiado, durmió un largo sueño.

En tanto, con el crédito de la República, se vaciaban, para venir a ella, de trabajadores los países
que persiguen y los imperios que oprimen. Todo
hombre necesitado es un capitalista. El trabajo no
es más que el arte de acuñar las ideas en oro o plata.
Toda moneda ha sido primero idea. Por los campos seguros se entraron los inmigrantes impacientes. Vino la sobra del cultivo; volcadas por las
manos del hombre, dieron todo su oro las entrañas
de la tierra; rebosaban, como carreta henchida, los
mercados; los mares eran voceros del gran suceso
humano. A la riqueza gigantesca respondieron empresas gigantescas. Halagados del aura popular, y
bien pagados, en moneda presente sus servicios de
antaño, y desocupados, trocáronse como en una
aristocracia los héroes del consejo y de la guerra.
Ya no sabían vivir fuera del Senado, fuera del Congreso, de los gobiernos, del ejército, del Capitolio.
Habían perdido las artes privadas. Se habían per-
feccionado en el ejercicio de las artes públicas. Perder sus puestos hubiera sido perder sus fortunas.

Las masas se disgustaron de tal o cual abusador,
y el abusador, que era hombre de pro entre los po-

líticos, pasaba en hombros de sus co-legisladores y
de los que necesitaban aprovecharse de él en futura
legislación, por sobre las masas disgustadas. Los
capitales, como todo sobre la tierra, tendían a uni-
ficarse. El Gobierno, cohonestado por la tremenda
guerra civil nacida de exceso en el principio de
federación, se iba unificando como los capitales, lo
que pareció a poco, en los capitales magnos que se
apoyaban en los políticos magnos para ahuyentar la
industria menor,—insolencia, y en Gobierno, tiranía.

Quedaban sin hacer cosas urgentes, de que necesitaban la masa humilde y común. Se hacían a
gran costo cosas enormes y no indispensables, que
favorecían los proyectos de los potentados de la
Banca. Era una liga incontestable de los magnates
de la pecunia, que ayudaban al partido sospechado
en la hora de los comicios, y los magnates de la
política, que pagaban en leyes sustanciosas el apoyo
de los de la pecunia. Y era otra liga incontrastable
de los dispensadores de empleos y la gente empleada.
El partido otogaba el empleo, pero el empleado quedaba siervo del partido. El carro de la elección ro-
daba sobre ejes de oro. Cada empleado pagaba de
su propio salario, que era de dinero de la Nación,
una cuota cuantiosa, para auxiliar al triunfo del
partido que le dió el empleo. De esta ingeniosísima
manera, el partido republicano se había asegurado
un triunfo permanente a costa de los dineros de la
Nación. A los que murmuraban de estos males, se
les enseñaba la camisa roja, se les hablaba del peligro de una nueva guerra, ya con los Estados del
Sur aún no contentos, ya con un Estado de Euro-

pa, que quisiera venir a poner mano en América,
ya con otros Estados; se les decía que una nación
inmensa necesita un gobierno fuerte; que un poder
continental, en suma, tiene que acumular capitales,
y atraerse fondos de repuesto, y ganarse la voluntad de las gentes de grandes fondos, para vaciarse
en la hora precisa sobre el continente.

Así explicaban en plena paz, el mantenimiento de
las contribuciones de guerra; así el exceso innece-
sario en la colecta de las contribuciones anuales;
que en centenar y medio de millones se salió del
presupuesto de los gastos. Seguros de su máquina
gubernamental, y confundiendo en hora mala el clamor honesto de un pueblo fatigado con grito de gente hambrienta, los políticos hundieron hasta los hombros en las arcas, y prodigaron sin cordura el rico
tesoro, y el amplísimo exceso, en planes de obscu-
ros orígenes, necesidad no visible y honradez dudosa.

Por confianza primero en sus prohombres, por ausencia de interés personal e inmediato en el triunfo de los políticos en lucha; por la innecesidad de
trocar por el gobierno del partido que trajo la guerra, dilapidó los dineros públicos y corrompió los
empleos, el gobierno de aquel otro partido que dió
fin a la guerra, por lo que merecía luego los empleos de la paz, y aumentaba, puesto que bajo su
régimen crecían los beneficios nacionales; —y por
cierto desgano afeminado—, que suele venir de la
riqueza, y codeo con gente y pueblo de preocupación aristocrática, de ir a votar a par del pueblo
ingénuo, del extranjero recién naturalizado y bien

pagado por el voto, o del empleado que, al defender su partido, defendía su hogaza de pan, fueron, en número alarmante, alejándose de las urnas electorales aquellos que se miraban, o sobrado en alto para ejercer tan popular oficio, o sobrado perezosos para ayudar a un triunfo que consideraban seguro, o sobrado impotentes para contrarrestar a un partido que había hallado modo de perpetuarse en el goce del poder merced a los dineros nacionales.

Y disgustaba además hondamente aquella red de la elección, tan bien tejida que no había espacio en ella para el pueblo votante, a quien daban los políticos de oficio de cada partido, juntos en convención preliminar, la lista de los candidatos del partido: —y era forzoso votar íntegra y servilmente aquella lista, que no se había tenido modo de ayudar a hacer, ni de objetar, ni de mejorar o ser tachado de apóstata, el cual dilema, fué también parte grandísima a disgustar del ejercicio del voto a buen género de gente honrada, harto leal para ir contra su propio bando, y harto honesta para votar por candidatos que su buen juicio repelía.

A este mal muy sentido, se unieron este año, como en concreción y cumbre, todos los que minan a un partido que ha estado largo tiempo en posesión de oficio. Ya era escándalo el repartir de los empleos. Con cada ministro se vaciaba y llenaba de nuevo el Ministerio; con cada Director la casa de Correos; cada vencedor traía su séquito y expulsaba al de su antecesor, que a su vez había expulsado el suyo: era como un renuevo de Mario y de Sila. El ignorante que tenía más patrones vencía en la puja por puesto al competente que tenía patrones pobres. Se repartían los más altos empleos como despojos de victoria. Aún dentro del mismo partido, la fracción vencedora expelía brutalmente a la facción vencida. Se otorgaban los puestos, no en atención a los merecimientos personales, ni a la probada educación oficial, ni a antecedentes nacionales honrosos, sino en paga de servicios de partido. Al peticionario no se le tenía en cuenta sino al servicio cuya paga pedía.

Lo cerrado y autocrático de las convenciones; lo abandonado y empequeñecido del voto público; la mala práctica de dar a gentes vulgares o no idóneas, en recompensa de servicios al partido del Gobierno, puestos que había hecho la Nación, seno de todos los partidos, para gentes idóneas; el interés desordenado de los políticos profesionales en conservar sobre injurias, denuncias y censuras, los puestos en que solían alcanzar más beneficio que honra; la complicidad terrible del empleado que como siervo de gleba nueva, se hacía siervo del partido que lo empleaba, de miedo de quedar sin pan y carne, y el empleador, que al recibir del empleado dinero para la ayuda de las elecciones, quedaba, por cierta moral lógica que crean las mismas mayores inmoralidades, obligado a conservar en su puesto al que desde su puesto le ayudaba, y a mantener en sigilo sus errores, como mantenía el empleado en sigilo sus cuotas; el desenfrenado empleo, en turbias empresas, o cosas para provecho de una u otra persona, del centenar y medio de millones que al pago de la deuda, o a la rebaja de las contri-

buciones internas o a la promoción gradual del libre
tráfico pudo dedicarse; y la liga íntima, en este y
aquel Estado, y esta y aquella Casa de Legislación,
de los legisladores pródigos y los contratistas que
partían con ellos los frutos de su prodigalidad le-
gislativa, —juntáronse de súbito, como las olas del
mar fiero, que se reuniesen en combate heróico para vencer a las montañas de la costa; y llegada la
hora de elección que fué en este Noviembre, ba-
rrieron, a modo de viento purificador, las urnas pe-
caminosas de votos republicanos, y con majestuoso
y sereno alarde de la magnífica fuerza de la paz,
dieron los votos enteros de la Nación a hombres
nuevos del partido democrático.

El pueblo fatigado volvió las espaldas a los héroes y a los consejeros corrompidos.

*

¡Oh! fué cosa magna, que regocija de ser hombre. Es verdad que, dentro del partido mismo republicano, venían de viejo clamando por reformas,
pulcros políticos de notable influencia y miembros
prominentes del partido, que en la situación corriente de los bandos políticos, viene a ser aquí el partido conservador de otros países.

Los unos, los contratadores, los cobradores de
cuotas de empleados, los avarientos más notados,
hacían gala de ultra-aguilismo, y de extender por
sobre gran parte de la tierra las alas del águila;
los otros, que son en cierto modo como los caballeros de levita, y no de frac ni de uniforme, de esta

política, abogaban noble y cuerdamente por el menester de poner atención en las cosas domésticas, ya que tiene esta nación dominio tan grande; hacían clamor de la justicia de dar los empleos a los probos y de cobrar de menos el exceso cuantiosísimo de contribución innecesaria, y de limitar las contribuciones anuales a los gastos legítimos de la República, y de ir mermando de derechos de entrada a los productos extranjeros, y de robustecer más que de extender las alas del águila.

Estos eran los republicanos de "media raza", como les apodan; los buenos burgueses, que no desdeñan bastante a la prensa vocinglera, a las capas humildes, a la masa deslumbrable, arrastrable y pagadora. Los otros, los imperialistas, los "mejores", —y sus apodos son esos—, los augures del gorro frigio, que, como los que llevaron en otro tiempo corona de laurel y túnica blanca, se ríen a la callada de la fe que en público profesan; los que creen que el sufragio popular, y el pueblo que sufraga, no son corcel de raza buena, que echa abajo de un bote del dorso al jinete imprudente que le oprime, sino gran mula mansa y bellaca que no está bien sino cuando muy cargada y gorda y que deja que el arriero cabalgue a más sobre la carga.

Los de "media raza" tenían el oído puesto al pueblo, que es viento arrollador, del que importa saber donde va y viene. Y los "mejores" eran, y aún son, los caballeros de la espalda vuelta: por donde les tomó el pueblo colérico, que alzó esta vez el látigo, y les dejó la espalda verde y negra.

Mantenían "mejores" que la constitución es ya

capa roída, y cosas de otro tiempo, y que un pueblo empujador ha menester de carril por donde
echarse, y no de alguacil que le ate los brazos: los
de "media raza" que vislumbraron aún en las voces solemnes de Webster el espíritu heróico de los
sagrados apóstoles de Philadelphia, y quieren la
libertad sencilla, respetadora, magnánima y pura,
repetían en diarios y discursos aquellas cosas honradas, límpidas, que se oyeron, como acentos de
titanes que hubieran venido a sentarse entre los hombres, en la época suma en que Washington aplacó,
Madison preparó, Hamilton hacendó, Franklyn acon-
sejó, y espoleó Jefferson.

¡Que nombres! Parece, cuando salen de los labios,
que se ven surgir de la sombra espléndidas estatuas!
Es verdad que era apretada y de pecho a pecho, la
batalla de los republicanos de "media raza" y los
"mejores", que los unos defendían con tanta firmeza la política pacífica, como con terco brío pro-
fesaban los otros la agresiva; que si los amigos de
Grant favorecían la centralización en poderes culminantes y absorbentes de los poderes de los Estados, —los intereses de los monopolizadores gigantescos, que son ala fortísima de ejército en la gran
parcialidad aristocrática que se va ya dibujando;
por desdicha grande acaso, en este país —el derecho del partido triunfante de premiar con destinos
nacionales méritos de partido, y con aprobaciones
benévolas de proyectos innecesarios o fraudulentos
a los grandes cómplices de la hora de elecciones—
los amigos de Garfield, quien más que a manos de
Guiteau, murió a manos de los "mejores" que de-

jaron caer, con haberlas echado a volar, palabras
de fuego en el oído de aquel ente diabólico. —defendían con patriarcal llaneza y tesón de Curiacios,
la tendencia honradamente conservadora de la Constitución inalterable, la repulsión prudente y fraternal de los desbordes de las muchedumbres desea-
doras e ineducadas, la abolición del método impuro
de costear las elecciones del partido con las cuotas
que, por trata innoble pagaban los empleados de la
Nación a sus empleadores; la revisión gradual en
sentido libre—cambista de la tarifa de los derechos
de importación, a cuyo sentido el de los monopolizadores es opuesto,—y el repartimiento de los empleos públicos entre gentes capaces de bandos diversos, solo por pecados públicos, removibles de los
empleos— de modo de asegurar el buen servicio
de la Nación, que no anda ahora bien servida, en
vez de dar como se dá ahora, prebenda holgada y
canongial, beneficio a los politicastros y gentecilla
de su ahijo.

   ¿A qué decir que el partido democrático sacudió
a todo brazo cien fustas de fuego sobre los bandos
rivales, y los alzaba desnudos en diaria y empina-
dísima picota, y les hincaba el diente en la más honda entraña? Pero ¿qué es hoy el partido democrático? En la política práctica es acaso el partido
triunfador; en la política de principios, que no son
a veces, y muy comúnmente, más que armaduras que
se toman o se dejan, según sean de afecto bueno,
o de uso inútil en la batalla popular, el partido democrático es, en todo momento, todo lo contrario de
lo que sea el partido republicano. Por donde los

republicanos yerran, por ahí se están entrando los
demócratas: del catálogo de vicios de los republicanos, que son —excepto la tendencia ultra— unifi-
cadora de estos, los mismos que dieron en tierra,
veinte años ha, con el partido democrático, hacen
los demócratas ahora acta de acusación formidable.

Los republicanos reparten sin decoro, y en pago
de servicios privados, los empleos: los demócratas
mantienen que los empleos han de repartirse con decoro, y sin poner atención a los servicios privados;
pródigos son los republicanos, los demócratas grandes pedidores de todo género de economías.

Magnates republicanos defienden ante Tribunales y Congreso a magnates de Bolsas y ferrocarriles; los diarios de los demócratas acusan de monstruosas estas ligas de los que hacen las leyes a la
orden de quienes van a aprovecharse de ellas, y
sacar a la vergüenza los hijos de estas redes invi-
sibles, y cuentan, con ojos de Argos, que ponen
súbita claridad de luz eléctrica donde se fijan, los
tesoros que han amontonado, con un sueldecillo que
va entero a pagar las pieles que cubren los caballos
de sus coches, los Diputados y Senadores amigos
de los ricos; y les hacen inventario público de lo que
tienen y les suman lo que legalmente han ganado en
la vida de políticos a lo que poseían cuando entraron en ella, y les calculan intereses, y sustraen los
costos usuales de existencia, y deducen lo que debían tener de lo que tienen y llaman rudamente a
la diferencia robo. Pero ¡ay! que donde los demócratas gobiernan, como en New York, muy buenos oficios suelen ser de notorios rufianes, gente

mal vista y desdeñada; los que llenan los bancos
de Alcalde del Municipio, la gran suma de empleos, de los capitanes de barrio, que en más tabernas mandan y más votantes juntan; y toda la
vida pública, compra y venta y tráfico. Y más
amarillo el mármol de las casas del Estado que los
puños de oro cuajados de brillantes que, a manera
de cetro de los tiempos, empuñan los magnates republicanos.

Pero a la faz de los grandes pecados nacionales
de los republicanos, parecían cosa venial estos pecados locales de los demócratas. Y como de las filas
de estos se erguían también, como sacerdotes puros,
ancianos de cabeza blanca, y buen tipo antiguo que
quieren echar, blandiendo los libros de Jefferson,
Madison y Jackson, como espadas a los mercaderes
de votos de las Casas del Estado; como diestramente ha hecho la democracia programa suyo de todos
los clamores de la muchedumbre de dinero, disgus-
tada de los abusos descocados y arrogantes de los
republicanos, sobre que nunca ha borrado de su
programa las grandes voces de reforma radical de
las muchedumbres pobres, —cuando sonó la hermosa hora del voto, y los robustos guardianes del orden vistieron su mejor levita azul y sus más blancos
guantes, y se cubrieron los muros y vidrieras de las
casas de votar de pabellones estrellados y de carteles de grandísimas letras, donde parece que batallan
encaramados los unos sobre los otros,— los nombres de los combatientes, se puso en pie la magnífica Nación colérica, votó en masa por los que se
yerguen altivos y flageladores en frente de los que

la desdeñan, esquilman y desafían, y se sentó, con-
tenta después de una hermosa batalla en que no se
había vertido sangre.

Y aquí ya, como que he tenido sobrado tiempo
puestos en mi los ojos de mis lectores benevolen-
tísimos, tomo, a modo de quien salta, dejando para
luego contar las ramas del árbol, cuyas raíces dejo
echadas, los sucesos que han venido tras el magnífico espectáculo.

Los prolegómenos son estos, necesarios para entender después lo que los prolegómenos engendran.
Es verdad que en los toneles de cerveza de las tabernas hierve aquí, con el lúpulo, el voto público;
es verdad que tal gañán que gusta de mojarse las
fauces en domingo, trueca por aguardiente de maíz,
o por una prenda de abrigo o un sombrero, su derecho señorial de ciudadano; es verdad que por los
rincones, por los zaguancillos, junto a los troncos
de los árboles secos, huronean con ojos de cazadores y pies ligerísimos, mozos listos que cada partido decora con cintas brillantes, y provee de sacos
llenos de papeletas para que, a la puerta de las casas
de votos, cautiverio del sufragante indeciso, o com-
pren al que tiene aires de venderse, o prometan
puestos de alcalde o cosa no menor a cada vanidoso
hijo de Irlanda, que viene armado de su voto, como general emperador de Roma de su majestuosa
túnica de triunfo.

No hay nada que embellezca como el ejercicio de
sí propio. Ni nada que afée como el desdén o la
pereza; o el miedo de poner nuestras fuerzas en
ejercicio. No hay tirano que afronte a un pueblo

en pie. Los pueblos dormidos, invitan a sentarse
sobre su lomo, y a probar el látigo y la espuela en
sus hijares. Verdad decía yo que era esa campaña de casas de beber, y ese jurar sobre un mostrador de cervecería, como antaño sobre la rama del
muérdago o el dólmen galo, fidelidad a tal luciente
caballero de la patria, que era acaso un mes antes
Embajador en Londres o en Paris, y señor de gran
nota y poderío, y ahora tiembla como aire a son de
flauta ante la cuadrilla de mozos bebedores de quienes aguarda voto, y salta prestamente el mostrador
de la cervecería, se desembaraza de la levita de señor, llena la caja del tabernero de gruesos billetes,
y saca de los toneles la cerveza espumosa en vasos
que entre jácaras y celebraciones pasea ante los votantes lisonjeados.

¡No valen a veces las alturas el trabajo de subir
por sus penosas escaleras! Verdad decía yo que
era ese intrigar de los prohombres del barrio, y ese
comprar el voto de la gente ruín, y ese deslizar con
maña papeletas de un partido en las manos del sufragante poco avisado que intentó votar por otro:
pero tales menudencias ante este levantamiento del
sufragio, son como hoja de árbol podrido en bosque
hondo y solemne. Esta avalancha no cupo en una
copa de cerveza. Este derrumbe de gigante no ha
sido obra de hormigas. Fué el alarde admirable de
un pueblo reflexivo. Fué mar, salido de madre.
Fué hecho glorioso.

Con el año han entrado en sus puestos los nuevos elegidos. El país está en espera. Quiere saber si en la elección presidencial del año próximo
votará de nuevo a los republicanos, que lo ofenden
con sus alardes de dueñez, desconsiderado empleo
de los dineros públicos; gala de tener en poco los
clamores populares —cual castellano noble que no
cura da ladridos de mastín—, y tentativa de go-
bernación imperial;—o si dará su voto a los demócratas, que ofrecen libertar de derechos los artículos de consumo interior, de trabas el comercio con
pueblos extranjeros, de presión y cabildeo federal
el gobierno libérrimo de los Estados, de gastos in-
cesarios a la Nación, y de secuaces de partido las
oficinas públicas.

La Nación ha abierto a los demócratas este año
de prueba. Si muestran ser de ley buena, irán sobre millones de hombros a la Casa Blanca. Pero si
no enseñan pecho juvenil, brazo pujante, ropaje
austero y mano limpia, se sentará el pueblo sobre
ellos; a ver como aprovechan del alarmante aviso
los republicanos.

Y es de dar gozo esta carrera de hombres. Andan ahora ambos partidos con los brazos repletos
de planes de reforma, y a la par descargan sobre
las mesas del Congreso ambas fracciones idénticos
proyectos, y no duermen de puro miedo de que el
rival se despierte más temprano.

Vocero y estandarte de los "mejores" es el Presidente Arthur, y su mensaje de año nuevo fué, sin
embargo, suma de toda la virtuosa sabiduría de

los reformadores de "media raza". Los republicanos hurtan a los demócratas todo su programa; de
modo que haya el año próximo razón de reelegirlos,
por haber escuchado a tiempo el mandato popular,
e innecesidad de elegir a los demócratas por cuanto
los republicanos realizaron en leyes, todas sus demandas de mejoras.

El país, alarmado de la concentración del servicio
público y aterrado de ver que el poder se le esca-
paba de las manos, —porque el que no trabaja ad-
jura,— y el que no cuida su bien, no lo merece,
—se muestra decidido a poner su servicio en manos
nuevas:— y como las manos de los demócratas están tendidas, parece querer dejar caer el servicio
público en manos de los demócratas. Estos, para
lograr vida, han menester de servir fidelísimamente
al pueblo que se vuelve a ellos. Sólo por prome-
ter reformas, están en vísperas de triunfar. Pero
como ya el país teme de prometedores, sólo por
cumplirlas triunfarán. Y de este modo quedan. La
Nación, que entiende que los demócratas necesitan cumplir sus promesas para mantener el poder,
se mueve hacia ellos, interesados en ser virtuosos.

Tal vá ya estando la virtud, que es necesario
ponerla del lado del interés para que venza.

Los demócratas acusan crudísimamente los cabil-
deos y tretas del grupo de aprovechadores de elecciones en cuyo dominio por arte de utilizar los apetitos humanos, ha caído el Gobierno de New York,
—y hacen, por todo el resto de la República, gala
de toda virtud, alarde de respeto a los clamores

nacionales, y bandera de toda economía. Y los republicanos esperan que sea en toda la República la democracia como en New York, donde sin tener en cuenta lo que les vá en ser virtuosos, se reparte el grupo de logreros que laborea las elecciones en la sombra, por mostradores y lugares malos, y con complicidades y trasiegos feos, los magníficos despojos que en forma de empleos y puestos de rendimiento pingüe, consideran paga natural y permanente de su influencia entre la gente comprable y clase baja y odiadora—que por esto solo de odiar es de veras baja, y sin eso no lo fuera,— de esta ciudad monumental y benemérita, donde se amasan panes gigantescos, de que comen en paz todos los hombres; y donde, como en cimientos dignos de él, se asienta, coreado por voces de taller, concierto de labradores y ruidos de alba colosal,—el mundo nuevo!

Y ved, qué trineo tan bello es este que cruza ahora por mi puerta, como presagio de los tiempos buenos. Es nieve y alegría. Bajo los pies, la nieve cruje. En las venas, hínchase la vida. El aire embriaga y remoza. Lo blanco mueve el alma. Son blancos los caballos del trineo, y sus cintas azules; y en él se sientan dos enamorados!

JOSE MARTI.

La Nación. Buenos Aires, 18 de marzo de 1883.

2

CARTAS DE MARTI

*Las inundaciones del Ohio.—Indiferencia Neo-yor-
quina.—Cuadro del desastre.—Cuadro de los socorros.—La batalla de los aranceles.—La corrupción
política.—Abusos del Partido Republicano.—Tentativas y promesas de reforma.—Los magnates del
hierro y los magnates del azúcar.—Situación de los
Demócratas.—Idéntica inmoralidad de todos los
Partidos.—Primeros anuncios de formación de un
nuevo Partido.—Una caricatura.*

Nueva York, Febrero 21 de 1883.

Señor Director de *La Nación*:

De grandes desgracias tengo que enviar hoy nuevas a la tierra de los grandes llanos. Jamás manadas de potros, arremolinados por vientos de tormenta, velocearon con cascos alados y ardientes por las hondas pampas, —como las olas obscuras del río Ohio, encabritadas y en despeño, se han derramado ahora por márgenes y valles, subido sobre cerros, tragado villas, trocado en pretiles bajos torres y campanarios, y sacudido, como los animales monstruosos de otro tiempo los árboles selvudos a que se abrazaban, las míseras ciudades que han hallado al paso. Todo es luto en las márgenes del río.

No se paran en New York grandes mientes en la bárbara desgracia, y curan más de los lances del proyecto de reformas del arancel de aduanas que ahora aviva esperanzas, desata cóleras, y saca a los rostros de los proteccionistas livideces en el Congreso alborotado, —que de la horrenda catástrofe. Pero se ve el aire lleno de rostros aflijidos, ojos arrasados de llanto, y manos clamorosas.

New York, con el ruido de la fragua de oro, no oye aún el clamoreo. Estas grandes ciudades bursátiles tienen la prisa, el fervor, la absorción, la indiferencia de las mesas de juego. No hay más batallas para los jugadores que las que va a ganar el rey de copas, —ni más inundaciones que las que barrerán la mesa de dineros:—toda la tierra gira con el dado. La más espantable desventura del mundo exterior los halla en estupor lúcido, ébrios de un vapor verde. Si un payaso les pide con la copa del gorro unos cuantos dineros, o una dama de caridad alivio para los pobres, tomarán del montón de monedas, manadas de ellas, sin ver a lo que llenan, ni dar calma a su fiebre, ni quitar ojos de la fragua de oro.

Pero ya en el resto de la Nación, y en New York mismo, se juntan grandes fondos. Sobra el dinero juntado. Donde se ha sufrido, no se ha probado miseria. Cada cuerpo frío, tenía al punto ropas. Cada boca abierta, pan sobrado.

Sacó de pronto el río furias de mar: al golpe de sus aguas, los hielos se descuajaban; los árboles —como hojas— se abatían; de quicio eran arrancadas las aldeas; Luisiana fué arrollada; en Cincinnati, cubrió la ola aleros y balcones. El cielo, negro; el río, tragante; la lluvia, como si el cielo entero se vaciase; las fábricas, vagando por el agua: cuantiosísimos pueblos, sumergidos; por los techos, las gentes aterradas; casas henchidas de gente arrebatadas por las olas, y nunca más vista! Se oyen gemidos de almas que se van, y voces espantosas. Casas completas flotan, como arcas. Las aguas desembocan a torrentes por las avenidas, como monstruos hambrientos; arrollan carros, vuelcan locomotoras, derriban —cual de naipes— muros; sacan de asiento casas y almacenes. A 25 pies llega el agua en las calles. Los balcones, son puentes. Por las rejas de una prisión, con ojos de Hugolino, asoman los presos míseros, sitiados en la prisión abandonada que el agua asalta y lame, con belfos inmensos. Sólo una cosecha se ha salvado en la catástrofe: la de la Muerte!

A veces, en las ciudades sumergidas, inundadas las obras de gas, y sombrío el cielo, brillaba, con ese pálido, vívido, misterioso color de la esperanza, un haz de luz eléctrica, encendida para alumbrar el camino a bravos socorredores. Apenas abría el día, las grandes casas públicas llamaban a su seno a todos los desesperados: las escuelas, —¡en donde nunca se enseñó mejor!— se hicieron casas públicas. En todas partes, ondeaban banderas con inscripciones de socorro. Por cada casa arrancada, una comisión de alivio. En los edificios salvos, montes de pan, de quesos, de jamones, de buenas ropas; los que dan, alegres; los que reciben, tumultuarios y trémulos:—algo como arco iris en lluvia, o sol después de tormenta. Más bella que la del sol sobre la tierra es la de una buena acción sobre el rostro del bueno. La luz de las buenas acciones se parece a la luz de las estrellas. De los techos cuajados de gente, echan cestos vacíos a los botes de socorro que pasan y abordan los muros, y llenan de pan, de carne fresca, de ropas, los cestos: ¡qué hurra al cesto que sube! Los niños ríen; y se abren los cielos. A poco, damas engalanadas, como buitres dorados, pasean ya, como en carroza, en los botes recios por los lugares del siniestro, que

no llamó con su mano mortal a sus moradas, y
mozos atrevidos cruzan las calles trocadas en canales, en frágiles balsas, y acá hacen cosa heróica,
allá alzan en la punta de un arpón algo que pasa,
allá brillan al sol, como el valor en el peligro.

Ya las aguas bajan; los fondos de alivio suben;
los cadáveres vuelven con el receso de las aguas a
llamar a las puertas de las casas que habitaban en
vida; la Legislatura del Estado otorga a las ciudades devastadas, créditos lujosos; les llegan por todas
vías trenes cargados de socorros; y manos benévolas llaman, con impacientes voces de cólera a las
puertas de las grandes ciudades bursátiles, que va-
ciarán sin duda, en las manos tendidas, sin quitar
los ojos de la llameante fragua de oro, manadas de
monedas.

El alma humana toma al cabo las condiciones de
los cuerpos con que se roza. Las profesiones se
pintan en el rostro. El marino es grande y blando,
como las olas de la mar. El contacto de los metales, petrifica. ¡Benditos sean todos los que mantienen luces encendidas en los altares del espíritu!
¡Y perseguidos sean, con látigos de fuego, todos
los que apaguen las luces del templo!

●

Donde New York tiene puestos ahora los ojos,
es en Wáshington. Y no porque el diputado Cox,
orador joven, llene de dardos certeros el escudo de
sus enemigos; no porque el austero demócrata Randall, caballero de pró, de quien se suele hablar co-

mo de candidato grato al país para la presidencia,
repita en alta voz a un diputado que le injuria el
¡Be a man! enérgico de Shakespeare; nó porque en
alegres fiestas, en que suelen brillar magnamente,
por luz de hermosura las damas de nuestra América, y por luz de intelecto, nuestros enviados diplomáticos, —se cierre con brillo el invierno agitado
y suntuoso de la corte republicana. En Wáshington se libra ahora la batalla de los aranceles. En
Wáshington acaba de darse al público el proyecto
de tratado comercial con México.

La política es un sacerdocio, cuando empujan a
ella gran peligro patrio, o alma grande. Hay criaturas que se salen de sí, y rebosan de amor, y necesitan darse, y traen a la tierra una espada invisible, siempre alta en la mano, que enciende con su
fulgor los campos de batalla, mientras viven, y
cuando caen en tierra cubiertos de toda su armadura, vuela cual llama azul, al sol. Pero suele ser vi-
llanía la política, cuando decae a oficio. Este espectáculo ofrece ahora este pueblo, decidido a sacar de su silla a los augures, y a sentar en su puesto a sacerdotes.

Una palabra pinta la impresión que las últimas
elecciones causaron a los republicanos, que se tenían por dueños de la tierra: espanto. En las vo-
taciones de Noviembre, el país les azotó las mejillas
con las pruebas de sus pecados. Y como dependiente de mercado sorprendido en falta, que teme
ya por el puesto que no honra, y anda lleno de
susto, procurando halagar al dueño a quien teme—
los republicanos se tocaron la frente con ceniza, y

ofrecieron penitencias. Se les acusaba de emplear
en proyectos innecesarios y fraudulentos el exceso
cuantioso de las contribuciones anuales sobre los
gastos del año. Se les acusaba de mantener de
deliberada voluntad las contribuciones de guerra, los
altos derechos de aduanas y los muy crecidos sobre
ciertas industrias nacionales, para repletar así, en
provecho de cómplices, electores poderosos, y monopolizadores, las arcas del Estado. Se les acusaba de impedir a la gran masa del país la compra a
buen precio de los artículos de vida, la cual vendría
tras la reducción juiciosa de los derechos excesivos
que ahora estos artículos pagan, sin más objeto que
el de librar de la competencia extranjera al número
escaso de industriales que, merced a los altos derechos, imponen en la Nación sus productos inferiores
res a un precio crecido. Y la acusación fué tan imponente, que la penitencia tuvo que buscar forma
sin demora.

Anunciaron, pues, los republicanos que era porción de su programa en la actual campaña del Parla-
lamento rebajar en unos 75,000,000 las contribuciones que ahora paga la Nación. Mas como la
semilla está en la fruta, está en la esencia del partido republicano la conservación de los intereses
que estas medidas hieren. Lleva el gusano en la
médula. El partido está compuesto de los elementos que esas reformas herirían en la entraña. Raro es el representante republicano a quien no ligan,
sobre los compromisos generales de su partido con
el cúmulo de productores patrocinados con las leyes prohibitivas y el arancel proteccionista, compro-

misos parciales con los productores de su Estado,
que son siempre electores poderosos. La reforma
era indispensable: pedirla es mermar, y empobre-
cer acaso, las industrias protegidas; estaba pues,
cada representante republicano, dispuesto a votar
toda rebaja en las industrias extrañas a sus re-
presentados inmediatos.

Los magnates del azúcar cuidaban poco del daño
que la rebaja de derechos de entrada del hierro
extranjero causase a los magnates del hierro, con
tal de que no se rebajasen los derechos que gravan
el azúcar extranjero, y permiten así la buena venta,
en casa del pobre, de azúcar patrio. Pero importaba
poco a los magnates del hierro, con tal de que no se
permitiese la entrada al hierro de afuera, que los
azúcares extraños vinieran a poner en peligro, una
vez libres de derechos de introducción, los azúcares
del país. Y se presentó en el Senado un proyecto
que, con un corte de derechos en el azúcar, cerce-
naba en unos 20,000,000 los impuestos, con lo que,
sin gran riesgo de los magnates del azúcar, se daba,
sin embargo, muestra de acatamiento y penitencia
al pueblo que se mostró señor colérico y descontento en las elecciones de Noviembre.

Pero como el partido republicano tiene por fibras
a todas esas industrias, sin sajarse sus propias fibras no puede sajar hondamente ninguna de esas
industrias. Hecha ya una rebaja, no le cabe hacer
otra. Y si hace una ya no puede hacer otra, porque
el clamor de sus amigos y mantenedores sería mayor que el de sus enemigos clamorosos.

No ceden un ápice los elementos dominantes que

mantienen a flote el partido republicano, en las doctrinas de protección para cuya defensa lo mantienen. Los políticos, bien que cederían: —por dar gozo al pueblo, y asegurarse en la silla; pero liga más a los políticos su trato con los electores que al portero romano ligaba a la puerta su cadena de oro.

Los magnates del hierro anunciaron que derrotarían el proyecto de rebaja en los azúcares si, a despecho del vocerío popular y a la faz de la República acusadora, no se garantizaba con un aumento en el impuesto al hierro extranjero, la protección indeterminada a todas las industrias del hierro en los Estados Unidos. Y como unos republicanos no osan favorecer tal medida, los otros destruyen la rebaja proyectada. Los republicanos derrotaron a los republicanos.

Querían provocar a los demócratas, con lo mezquino de sus reformas, a oposición vehemente a los proyectos presentados, con lo que aparecerían ante la Nación, como incorregibles perturbadores, y los enemigos reales de la mejora intentada por los republicanos; mas los demócratas cuerdos parecían dispuestos a votar el proyecto, que acaso sólo para que fuese derrotado sacaron a plaza los republicanos: y como los intereses encontrados de éstos dan ahora en tierra con el proyecto de reforma, viene a volvérsele la daga contra el pecho, y a quedar de nuevo como los burladores de la República, y más defensores de camarillas de intereses personales que de los grandes intereses públicos; y a dejar a los demócratas en limpia fama de apóstoles y ejecutores de la reforma anhelada de aranceles, con cuyo estandarte librarán, sin duda, en las elecciones venideras, gloriosa batalla.

¿A qué contar cosas menudas? Todo apunta el menester supremo: sacar los negocios públicos de manos de los que trafican en ellos. ¿Los demócratas, acaso, luego que triunfen, harán gala mayor de independencia? La virtud es presumible, cuando está del lado del interés, y solo en el ejercicio de la virtud reside el triunfo.

Hay demócratas proteccionistas, y no de poca monta, ni en escaso número. Cunde por fábricas, muelles y minas, que con dejar entrar los productos extranjeros sin derechos, o a bajos derechos, se quedarán sin labor los trabajadores nacionales. Pero como cabe reducción suma en los actuales gastos del Gobierno, y hay en las entradas exceso sumo, cortarán los demócratas todo el exceso de las contribuciones que ahora pagan ciertas industrias de la Nación, y de otras contribuciones internas, que gravan hoy duramente los artículos de consumo esencial, y librarán de derechos a productos extranjeros que no sean en los Estados Unidos muy fabricados: con lo que el clamor popular quedará oído, servida la preocupación que cunde entre los trabajadores, la vida grandemente abaratada, y el sistema proteccionista en alza por buen tiempo todavía.

Mas así como la oposición va en pareja forzosa con la virtud, suele ir en política, luego que se aseguran los pies en el dominio señorial, aparejada la victoria con el extravío. Y como en esta y en aquella parte suelen los demócratas triunfantes no hacer cosa mejor que los republicanos en triunfo, pudiera acaso, en tiempo no lejano, alzarse hermosa y definitivamente el voto público, y buscar manera de enderezarse y aplicarse por modo limpio y nuevo, que quite de los ojos de sus representantes el peligro de quedarse sin manos con que hacer leyes, por tenerlas arrendadas a los productores poderosos que contribuyen a elegirlos, o de poner la mano en granjerías, tenebrosas defensas, y logros viciosos.

Ya un periódico de caricaturas, que redacta y dibuja gente de otras tierras, y por eso acaso refleja las de esta con tal verdad y brío que excita la atención y ha domado a la Fama, pinta ahora, entre gente muerta, o mal herida, o vestida de parches y retazos, o de armaduras flojas y abolladas, que son los partidos viejos, un doncel candoroso y arrogante de franco porte, suelta blusa, ancho calzón y fuerte bota, que con la mano puesta en el arado, mira severamente, como surgido por golpe mágico y soplo puro de las entrañas de la tierra, el horizonte limpio, el campo por labrar, el mundo nuevo. Y llama a este doncel, el "nuevo partido".

Que el sufragio no está en su quicio, lo dicen todas las pruebas. No hay cosas mejor que él; pero puede ser aún mejor que él mismo.

No puede ser representante honrado el que va al Parlamento lleno de gratitudes, y de mercedes recibidas, y de trata tácita o expresa con el cacique que le nombra. Tales siervos no pueden ser los encargados de defender la libertad!

Bien hacen, pues, ciertos prohombres de la mente

y de la fortuna que se han congregado en New York para tener puestos los ojos en los negocios públicos; para nombrar candidatos respetables y probados, que no salgan jamás del seno de la congregación; para distribuir la obra de vigilancia en comisiones diversas, que se encargarán respectivamente de examinar los diversos ramos de la administración pública; para arrebatar, en suma, los negocios del estado de la cohorte de politicuelos de profesión que suele hacer de ellos, como los virreyes de nuestras tierras, encomiendas y mercedes de favorecidos,—y volverlos a las manos respetuosas de hombres probos y graves, que defiendan los intereses públicos como el caballero de otro tiempo defendía a su dama, y reciban el cargo de dirigirlos como investidura venerable y como depósito sagrado. Los malos no triunfan sino donde los buenos son indiferentes.

José Martí.

La Nación. Buenos Aires. 31 de marzo de 1883.

3

CARTAS DE MARTI

El Tratado de Comercio entre México y Estados Unidos.—Don Matías Romero.—El General Grant. —Parte oculta del Tratado.—Las reclamaciones de Estados Unidos en México. — Los aranceles de Aduana y el proteccionismo.—Evarts y Pedro Cooper.—La Gran Biblioteca para artesanos.—Asamblea proteccionista presidida por Cooper.—William Dodge, su vida y su propaganda por el reposo dominical.—Los "self made men".—Muerte de Morgan.—John Swinton, su raza, su vida y su oratoria.—El Presidente del Banco de New-Jersey.—El Kalhidóscopo de la vida norteamericana. — La República Argentina.—Don Carlos Carranza.

Señor Director de *La Nación*:

Tanto como el penoso simulacro de reforma que cae encima del partido republicano que lo proyectó, como casco de normando del siglo octavo sobre cabeza de hombre de estos tiempos, preocupa ahora a los Estados Unidos el tratado comercial que tiene en ajuste con México. Se conocieron de tiempo ha, en una aldea maltrecha, D. Matías Romero, hombre de hechos y de cifras, y Ulises Grant, que encamina los sucesos de la paz con seguridad y cautela iguales a las que desplega con los ejércitos en guerra.

Como conoce un histólogo un tejido, conoce D. Matías Romero la muchedumbre de hechos menudos que contribuyen a la hacienda de su patria. Escribe sin tasa: rumia pensamientos: huronea archivos: se sienta a platicar con labradores: quiebra toda yerba y rompe toda piedra. Haría un elefante amontonado hormigas. No es de los que miran al cielo y sienten en el corazón agitado la mordida sangrienta de lo sublime: es de los que creen que remata el hombre su tarea en la tierra cuando puede sentarse a contemplar el alto montón de su fortuna. Pone, pues, mientes, más que en alardes de sentimiento y lujos de inteligencia, en cosas de bienestar material: y se enamora de cuanto lo asegura.

Grant calla lo que piensa, que no es jamás cosa

baldía; y acaso echa en la mente cimientos de poderosísimo palacio, cuando parece que persigue por los aires la vaga columna de humo de su tabaco perfumoso.

De años viene, y no de ahora, el tratado que hoy mismo ha salido a la luz: ajustado, con plenos poderes, por Grant y Romero. Los Estados Unidos abren en él las puertas a los productos naturales de la tierra mexicana, a los cueros de la costa, a los toros de Veracruz, al azúcar de Córdoba y Orizaba, a las maderas ricas de Tabasco, a las riquezas múltiples de Oaxaca, al henequén, de cuyo fruto vive la gente yucateca, al tabaco en rama, que en vano aspira a igualar al dulce veneno de Río Hondo, al esparto y otras materias fibrosas, de que los Estados Unidos hacen papel; al ixtle, variedad pródiga del rico agave, con cuyas hebras se harán, a poco estudio, frescos y fortísimos tejidos; a las frutas, que en aquella tierra bastan a endulzar las penas; al café, que cuando es de Colina, parece néctar, y cuando de Michoacán, parece haschisch.

Y México, en cambio, abre sus puertas a cuantos artículos mayores y menores puede necesitar una nación para surgir de súbito aderezada, como del soplo mágico de Mefistófeles surgió galano y gentil el arrugado Fausto. México admitiría, a aprobarse el tratado, maquinaria de todas formas y tamaños, construcciones de ladrillo y de madera, casas completas y cuanto se requiere para hacerlas, vías de ferrocarril y todo lo que en ellas sirve; cuantas maravillas de arte agrícola atesora esta tierra; cuanto aparato de minería puede sacar a los mercados el dormido Eldorado que reposa en las entrañas de los montes de México; tantas cosas, en suma, cuantas bastan para trocar en emporio de industria la enmarañada selva.

Decir más ahora del tratado, fuera prematuro. México exporta poco, y ya tiene mercado para lo que produce y para lo que él, mientras el tratado durase, habría de producir. A los Estados Unidos sobran los productos cuya libre introducción en México se proyecta, y si de traerlos a su suelo sacaría México beneficio, de venderlos fuera del suyo no lo sacarían menos los Estados Unidos.

Contra la introducción libre del azúcar, claman los que en Estados Unidos la elaboran, por creer que el fruto vendría a ruinosa baratura; a lo que responden los amigos del tratado que es tal el monto de azúcar que los Estados Unidos consumen, y tan escasa aún la que produce México, que la entrada libre de ésta, a la par que favorece el cultivo de la caña en México, y asegura en lo porvenir azúcar muy barata a Norte-América, no alteraría ahora el precio del fruto en los Estados Unidos.

Apuntan duendes de bastidores que va derechamente el tratado, —(y esta es idea que prohijan diarios de Wáshington y el *Sun* de New York)— a proteger, con maña astuta, los intereses valiosos de una de las compañías de ferrocarril americanas que ahora tienden rieles por las soledades de México, y consiste la maña en que, como de ser aprobado este proyecto comercial, queda apenas sin entradas de Aduana, salvo en tejidos de Europa y cosas de poca monta, el Gobierno de México, se

vería este a poco forzado por falta de dineros, a
suspender a uno de los caminos de hierro, por él
subvencionado, la suma que el gobierno le acordó,
con lo cual vendría el camino abajo, y podría seguir su obra sin estorbos, la compañía rival, de que
es el general Grant creador conspícuo y miembro
conocido.

Y los veedores de mal ven riesgos de reclamaciones futuras de súbditos de este país contra un gobierno a quien, tal tratado como éste que se proyecta, ha de dejar sin modo de cumplir, sobre los vastos egresos que su complicado sistema doméstico y
peculiares hábitos políticos requieren, las obligacio-
nes crecidas con gente extranjera que movida de
un noble afán, a par que del deseo de ganar crédito con un pueblo laborioso fatigado de inútil guerrear, ha trabado el gobierno mexicano.

Aunque a esto paran de lado, y paran bien, los
Estados Unidos, mostrando deseo vivo de que una
nueva comisión revise la luenga suma de reclamaciones norte-americanas a cuyo pago, pocos años
hace, fué condenado México, —y devuelva a la República latina lo que, según gentes del caso susu-
rran, fué en cantidad notable concedido con exceso.

No fuera mucho que con México, a quien como
mercado para los frutos sobrantes de los Estados
Unidos necesitan, y cuyo cultivo de frutas tropicales quieren avivar, para alcanzar así mañana a precios mínimos lo que hoy a precio alto compran de
las Antillas y otras comarcas de América, hicieran
los Estados Unidos lo que con el sumiso Japón aca-

ban de hacer, que pagó en otro tiempo a boca de
cañón suma cuantiosa por supuestas ofensas, que
no parecen hoy tales al Gobierno de Norte América, el cual devuelve honradamente al Japón, aunque sin los intereses acumulados por suma que se
reconoce recibida sin razón, y que el Japón tomó
prestada, la cantidad íntegra que pagó más de una
decena de años hace a los Estados Unidos.

De aranceles es cuestión, ya en el proyecto de
reforma de los republicanos, ya en el de tratado
con México. Y no ha habido modo de combate que
los proteccionistas no hayan traído a lío para impedir, so pretexto de rebaja de exceso en el cobro
de contribuciones, rebaja alguna en los derechos
que permiten la producción en Norte América de
artículos que se fabrican también en el extranjero.
Noches hace, que voz trémula y patriarcal, se oía
en una vasta sala, colmada de gente! En mármol
griego, tajada por mano poderosa, y obscurecida
por el polvo del tiempo, parecía tallada la cabeza de
un orador proteccionista; era la de Evarts, de lengua diestra, rica y acerada, cortante como ancha
hoja de Toledo: y cuando acaba la frase, parece que
ha clavado hasta que el pomo choca con el pecho
la hoja de la espada.

Mas no era este el anciano de 92 años, sino otro,
de melena luenga, blanca como espuma, de cuerpo
endeble, como lleno de espíritu, de barba en halo
que en torno de aquel rostro virtuoso, parece más
que barba vapor de luz. Es Pedro Cooper, cristiano como aquellos de los cinco buenos siglos del
Cristianismo; como paloma, dulce; como bálsamo,

misterioso y fantástico, y de tal vida y bondad, que
aún tallado en carne, es ya monumento. En la
casa que él levantó, por ciento de millar se cuentan
los volúmenes, que en Biblioteca rica satisfacen perennemente el ansia de saber de muchedumbre de
artesanos: en aulas grandes, se dicen sin cesar por
hombres sabios y buenos, cosas de virtud, de política práctica, de arte y de ciencia; en museo permanente exhiben los inventores de todas artes sus
novedades y mejoras: y cuando cada sábado, el
buen padre de hombres viene, ya a medio caer sobre su báculo, a ver en aquellas salas que abarcan
millares, a tanto artesano ansioso y educando pobre a quien da escuela y biblioteca, y pan cuando
lo han menester, y mira como a hijos,—siéntese a
veces correr por la muchedumbre enamorada, que
se aparta al paso, un silencio que parece ruido de
rodillas, y otras veces,—como si los hombres todos hubieran de llegar un día a poner todas sus
almas en un solo pecho,—un vítor estruendoso y
unánime que hace llorar al buen anciano.

Y él presidía aquella junta de proteccionistas,
porque su cariño paternal por las gentes de labor,
que vuelcan hoy en tiendas, como volcó él un día,
cajones y barriles, le da miedos, de que acaloran su
mente, de que con la súbita entrada de artefactos
extranjeros que seguiría, con torrencial empuje, a
una legislación libre-cambista, quedarían los artesanos en facilidad de comprar a menos precio lo
que necesitan, más sin trabajo alguno, por el inmediato perecimiento de las industrias de la Nación,
para comprar, no ya lo ajeno, sino lo más nece-

sario propio. ¡Oh, era de oirle hablar, defendiendo
a la gente de labor con la magnífica angustia de un
buen padre que en su lecho de muerte dá consejos
a sus hijos en peligro!

Y a su lado se erguía otro hombre de recia edad
que ya no habla, porque entró en la tierra del silencio, y reposa. Creso no fué más rico que William Dodge. Media varas de tela y piezas de cinta allá en sus mocedades, cuando era New York
corteza de avellanas y daba pasmo ver una carroza
por las calles, guardadas en la noche, de fantasmas
más que de malhechores, por vigilantes que dejaban caer con mayor frecuencia los párpados que
las armas. Era entonces recinto de los nobles el
que ahora apenas parece bueno a mercaderes prin-
cipiantes; e iluminó antes de morir la faz la luz eléctrica a aquel que de pequeño voceó bravamente la
noche del estreno de la primera luz de gas. Dodge
creció luego de traficante en telas a negociador en
metales: y de ellos a ferrocarriles, que no dejó jamás correr en domingo, por parecerle bien que se
abrieran las puertas de la República a todo extraño necesitado de pan y de libertad, sin la que no se
halla sabor al pan más blando, y es el aire del alma,
que lo fortifica y abre al vuelo, mas no creía Dodge
que fuera buen modo de pagar de los extranjeros
esta acogida cariñosa, con la turbación de la paz
dominical, de que fué, en práctica y discursos, y
en escuelas y leyes, vehementísimo partidario. Tanto temor tenía a las rebeliones que amontonan en el
espíritu seis días de yugo que le parecía aún poco
un día de alas. Y con su plática, y su tiempo, y

sus dineros, mantuvo y protegió gran número de Escuelas de domingo, donde los niños cantan, con lo que ya se purifican y se elevan, y los maestros hablan de virtud, que todavía ampara, cuando no siendo ya un hecho, no ha dejado aún de ser un nombre.

Seducen estas vidas milagrosas. Mueren en palacios reales hombres que nacen en cabañas, o bajo aleros de tejados. Una loba crió a Remo. Mejor nodriza es la dificultad, que cría a estos hombres! En ellos no es la vida reflejo de libros, que hace pálido el rostro, inflama el cerebro y falsea la existencia: ni tradición de familia, que echa al hombre a vivir cargado de cadenas: ni copia de obra ajena, que trueca al vivo en queso redondo vaciado en molde de quesos.

¡Oh! no hay cosa como esta de vivir por sí propio! ¡Oh! no hay crianza como la de esta vida directa, esta lección genuina, estas relaciones ingenuas y profundas de la naturaleza con el hombre, que le dejan en el alma cierto perpetuo placer de desposado, a quien no engañó jamás su amada!

Por eso parecen siempre jóvenes estos ancianos, que comenzaron así la vida: en el campo, rompiendo la tierra: en la ciudad, rompiendo los obstáculos. Nada fortalece tanto como el ejercicio de la fuerza. Nada abona y magnifica el ánimo tanto como el contacto con las fuerzas vivas. Así esos hombres, que han subido de semillejas a copas de árboles; y de lecherillos de cortijo, a dueños de casa real, miran siempre con terneza a todo nuevo cortejador de la fortuna, y ven como cosa propia a la natura-

leza, con quien tienen confianza tan estrecha como
de hijo a madre; y hechos a soledades inspiradoras,
y espectáculos sorprendentes y solemnes, tuercen
impávidos los ríos; sacan de su curso, para que mue-
van semilleros de fábricas, las cataratas del Niága-
ra; copian en sus graneros las más altas pirámides
naturales y vuelcan y trastrojan impasibles las altas montañas.

¡Se van, se van los viejos! Ellos son como el ornamento, y la mejor fuente de fuerzas de la vida:
¡Qué ejemplo, un anciano sereno! ¡Qué domador de
fieras, todo anciano! ¡Cuán bueno ha de haber sido el que llega a esos años sonriendo! Con cada
día nacen dos cosas: la luz del sol, y un árbol de
cuasía. ¡Oh; dulzura de los labios, la de aquel que
aún tiene los labios dulces después de tanta copa
amarga! Otro anciano ha muerto, que venció a la
vida desde cuna pobre; que en años sombríos y
gigantescos de la rebelión armó dos veces, de cada
treinta días, treinta mil soldados; ¡y para aquello
fué lícito armar soldados: para limpiar la tierra de
ignominia, y cubrirla de hombres! Ha muerto Morgan, gobernador famoso, por honrado, prudente y
activo, de New York durante la guerra. Empréstitos, con pedirlos, los tuvo. Engaños, sufrió pocos,
y no intentó ninguno. Era hombre de consejo, que
oye y no habla. Y fué amigo de Lincoln.

"Aquí, aquí ¡a la plataforma! 500 me dan por este buen negrazo! Come poco y trabaja mucho, y
ya sabe lo que es mordida de perro": ¡y a esto seguía, como para prueba de los méritos del esclavo
que se remataba, un latigazo: "Aquí, aquí, a la pla-

taforma ¡esta es la linda Adelina, que se ve que
es muy linda y tiene 18 años: le vendimos el hijo,
y está sola! ¿Quién me da 900 por la linda Adelina?" Tales gritos se oían en esta tierra por todas
partes, en los remates de esclavos en plazas y lugares públicos, cuando Lincoln subió a la presidencia, apóstol de la nueva fe, y sacerdote en templo abierto de los hombres libres.

Y ayer Adelina y "el buen negrazo" u otros como ellos, se reunían en la iglesia de Bethel, a oir
a un hombre de aquella vieja raza, que rifle al hombro y pie en la nieve defendió palmo a palmo, al
lado de John Brown el ajusticiado, contra las leyes de su patria a un puñado de negros fugitivos.
John Swinton se llama el hombre sencillo y sincero,
que en esa lengua troncal y robusta de los que saben de coro, y entienden de propia mente, la Biblia,
hablaba ayer a los esclavos de antes, trocados en
caballeros y damas de salón, en una iglesia hermosa, de los espantos y glorias de antaño, de los
soldados del Gobierno, maravillosos cuando defendían la Libertad, cobardes como quien batalla contra sí propio, cuando daban caza por las selvas a los
esclavos prófugos, y huían a la aparición mera de
John Brown cual liebres de mastines; les hablaba
John Swinton, estremecido y lloroso, de aquel abra-
zo que en su camino a la horca dió John Brown
a un pequeñuelo negro; y a la verdad, que recor-
dando estas cosas, dan deseos de salir de nuevo
por la tierra a andantear hazañas!

Y que extraña oratoria la de Swinton, famoso
aquí, sobre muy respetado, por la evangélica sim-

plicidad de sus creencias comunistas; por su hondo
don de ver, y su hábito de callar en tanto que no
lo vé todo, de lo cual le viene singular poder cuando habla. Es tipo puro de esta buena raza ¡no de
la de entecos barbilindos, que hablan inglés, por
no parecer americanos, como aquellos galanes del
Directorio de Barrás hablaban la lengua de Francia, tan poco tiempo hacía estremecedora y fulminante! Es de la raza buena, llena de tal conciencia
en sí, que mira su propia alma como hostia, y comulga directamente con Dios su Señor: Reyes parecen estos hombres pujantes y castos; ríen como
niños; pisan como gigantes; desdeñan como hombres
impecables; hablan como profetas. Swinton, a veces, arroja frases como artillero balas de cañón.
Cuando se enciende en cólera, mueve el brazo de
modo que parece que vá a lanzar lejos, contra la
frente de algún infame, una piedra sagrada.

No es sólo su oratoria propia: es la oratoria de
los hombres convencidos de su raza. El es de los
que se ven con un martillo, echando abajo, como tablazón podrida, tronos. Mira, como quien hoza.
Hay ojos que horadan. Cuando habla, vé desco-
rriendo su propio discurso, y anunciando qué parte
de él viene, como enseñador de panorama que describe al público sus vistas. Nosotros cubrimos el
andamio, y hallamos gozo en este arte. El desdeña
el arte, y deja desnudo el andamio. El encanto de
la primicia estuvo casi siempre reñido con las proporciones amaneradas de la cultura. ¡Por eso an-
helamos vivir de origen, en estos tiempos desqui-
ciados en que desfallecemos de copia! La vida nos

llega ya recalentada y deforme, y morimos a veces sin haber tenido tiempo para hallarnos a nosotros mismos!

Pocas horas hace, parecíame ver en torno mío, el sicomoro bíblico; y en el hueco del tronco, al juez de barba blanca, y en torno, tras el reo, aquel pueblo de túnicas sencillas, desnuda la cabeza y baja, el alma trémula.

—"Acusado: decía, toda llena de lágrimas la voz, un juez puro a un hombre venerable, bien poblado de canas: nunca cayó sobre la justicia más amargo deber: todos te hemos conocido, y saludado, y amado: eras el bienvenido en nuestras casas, y como el mejor de toda la ciudad, pero has faltado a la confianza que en ti pusieron tus conciudadanos; has empleado en usos frívolos los depósitos que tantos trabajadores pusieron en tus manos, y yo te condeno, Presidente del Banco de New Jersey, a diez años de trabajos forzados".

¡Sollozaba el hombre canoso como un niño!

¡Mundo breve esta tierra! De una parte, en baile suntuosísimo, mézclanse a Orión resplandeciente y a Sagitario flechador la Péricole y Mome. l'Archiduc; y en una cuadrilla, escondida entre las trenzas, luz astral misteriosa, danzan, en negros vestidos sembrados de estrellas, las constelaciones resplandecientes, mientras que en otra, donceles de ogaño, puestos en hondas botas, veste y calzón de lana y capa corta, cruzan elaboradas salutaciones con damiselas de saya breve, manga cerrada al puño y alta gola, y lindo modo de peinar el cabello, cogido bien en lo alto de la cabeza, en lo que imi-

tan las niñas del baile a las doncellas cuáqueras
de antaño. Y de otra parte, hombre salvaje, de
barba crespa y torcida, como nido de sierpes, el
cuerpo mal envuelto en cuero de caballo, ágil como tigre, torvo y feroz, aparece en las calles de
Atlanta, devorando a mordidas ansiosas un conejo
recién muerto. La muchedumbre alborotada le persigue, y él a saltos la burla. Le echan un lazo como a bestia, y él lo esquiva, arrástrase velozmente
por la yerba, y entra al bosque, su reino sombrío.

Hubo en tierras de Cuba un magnífico semi-sal-
vaje, que comía peces y todo género de carnes crudas, que conoció la obra de las leyes, y ni acató
ni violó jamás ninguna; que dió un hijo a la tierra, a su pueblo un soldado;—y a una mano impía
que no lo preservó, su vida en un libro; que huía,
llegada la noche, de las moradas de los hombres,
cual noble ciervo de traidora trampa; y decía en
altas voces que iba en busca de su "palacio azul";
que amó a los niños y a su caballo, y odió a los
malvados; que se prendó una vez de dama altiva,
y abatió un toro, le arrancó el corazón, clavó en
él un cuchillo, y envió el presente a la dama como
palabra de su amor: —madrigal homérico!

¡Oh! Cuán ricas enseñanzas, en toda ciencia y
en la suma histórica, arrancan de este pueblo, donde en un mismo día abarcan los ojos un paisaje va-
poroso de Corot y el salvaje de Georgia; colérica
muchedumbre que asalta una cárcel y fuerza al preso a quien reclama enfurecida, allá en pueblo lejano, a sacarse de un tajo de cuchillo la vida por la
garganta, y jueces indomables que traen a escruta-

dor y cerrado proceso los fraudes de altos administradores de Correos que suponían en curso rutas
nunca abiertas, para obtener de este modo del Erario, representado en ellos mismos, sumas poderosas.
Aquí se coje la flor de la selva y se respira el vapor del antro. En esta colosal redoma, por maravillosa alquimia se renueva la vida.

¡Bien sé yo que la tierra a donde te envío, ¡oh
mi carta enojosa, vé delante de sí las grandezas y
glorias que vé esta! ¡Bien sé yo que en amar la
aventaja y en riquezas la iguala, y en entusiasmos
generosos de nadie va en zaga! ¡Bien sé yo que es
cantar de la nueva épica, que ya no se alimenta de
altos muros ferrados, ni sombrías barbacanas, ni en-
sangrentadas hachas de armas, ni de desposadas
de pechero, ni de cabezas de infieles, sino de llanos verdes y valiosos, cuajados de hombres libres,
de terrones desmenuzados por el arado, de bestias
vencidas! Maravillas me contaba hace un instante,
con su palabra que rebosa amores por el suelo patrio, el caballero recién venido, verdadero hidalgo
bonaerense, don Carlos Carranza. Quien ama así
a nuestra América merece bien la estima singular
en que los del solar propio y los del extraño le tienen en ésta. Oyéndole sus fervorosas historias patrias se ven horizontes encendidos, cumbres nuevas,
perspectivas mágicas. Somos jóvenes, y si no hacemos cuanto la naturaleza espera de nosotros, se-
remos traidores!

JOSE MARTI.

La Nación. Buenos Aires. 1 de abril de 1883.

LA CUESTION ARANCELARIA

La importantísima cuestión sobre aranceles está aun pendiente. Las discusiones prolongadas en ambas cámaras hasta el fastidio, sólo han dado por resultados hasta hoy, último día de febrero, en que entran en formas nuestras columnas, el nombramiento de una Comisión de Conferencias para atender a este asunto que mantiene en suspenso todo el movimiento industrial y comercial del país. Inútil sería que comunicáramos a nuestros lectores el mismo cansancio que hoy experimenta el pueblo americano, tratando de seguir paso a paso los acalorados debates, las sordas maquinaciones, las tergiversaciones y trabajos de zapa, en la lucha incesante en que están empeñados los dos principios económicos rivales: el proteccionismo y el libre cambio; lucha que hace aun más agria el elemento político, que sin presentarse francamente en la arena del debate, dirige desde la sombra las opiniones. Bastará, pues, manifestar que el Congreso cierra sus sesiones el cuatro del entrante marzo y que las horas de que puede disponer para resolver cuestión tan importante, están contadas.

Parece que los intereses del hierro de la Pennsylvania y los de la lana de Ohio son las causas principales de los trastornos y dilaciones hasta hoy ocurridos; pero puede asegurarse que el elemento proteccionista en general ha dominado, domina y dominará la situación. Los partidarios de este sistema pretenden con soñada supremacía—que si no fuera perjudicial a la par que ridícula, podría ser soportable—representar la voluntad, en mayoría inmensa, de los cincuenta millones de habitantes que componen el pueblo americano. Este sacrificio, sin embargo, de las grandes masas populares al egoismo de contadas clases privilegiadas, no es la voluntad de la nación; de lo que suceda no tendrá el pueblo nada que reprocharse. Además de estar proclamado el sentimiento general por casi todos los órganos de la opinión pública, citaremos la reunión que tuvo lugar hace poco en *Cooper Institute*, para protestar enérgicamente contra el espíritu ultra proteccionista que se cierne hoy, como el genio de la devastación, sobre las Cámaras americanas.

Varios y expresivos fueron los discursos pronunciados en esta reunión popular, compuesta de gran número de industriales, comerciantes y personas pertenecientes a todos los ramos del tráfico y a todas las clases sociales. Allí se pidieron en coro materias primas baratas para poder luchar contra las manufacturas extranjeras; mejora en que está interesado el obrero como el que lo emplea; allí se hizo ver que no se ignora que el carecer hoy de estas ventajas se debe a que las industrias más antiguas que las de fundación reciente, obtienen con su influencia y su fortuna, derechos protectores exorbitantes sobre los artículos que justamente necesitan como materias primas para sus trabajos las industrias americanas. Allí se hizo oír la voz de la verdad, desnuda de adornos retóricos, concisa, franca y leal, para manifestar que el pueblo sabe que se le obliga a pagar

$50 por un vestido que podría venderse por $25 ó $30 si no existiera un derecho ruinoso sobre el paño.

Por último, se adoptaron resoluciones, tales como la de no pretender nada que fuera opresivo para una clase cualquiera; pedir una escala de derechos que hiciera justicia a todos los intereses; oponerse a la prohibición en un sentido cualquiera; protestar contra toda legislación que tienda a impedir que las materias primas empleadas en las fábricas americanas, puedan adquiirrse ventajosamente, único medio de poder competir con Europa en el comercio del mundo.

Más podríamos decir, para demostrar palpablemente la verdadera opinión del pueblo americano, y los pocos prosélitos con que ya, por fortuna, cuenta el proteccionismo; pero debemos utilizar el espacio de que podemos disponer para bosquejar, aunque a grandes rasgos, la situación a que hoy puede quedar reducido el industrioso pueblo americano, gracias a este ruinoso sistema.

Dijimos que queda a las Cámaras americanas, o mejor dicho a la Comisión de Conferencia nombrada, horas contadas para resolver; y de esta premura de tiempo, resultado de la pérdida de largos días lastimosamente empleados en estériles debates, pueden resultar dos cosas a cual más perjudiciales para la industria y para el comercio de los Estados Unidos, y por consecuencia de todas partes, por ese encadenamiento de intereses que cada vez es más general entre este inmenso mercado y los del resto del mundo. O bien deja la Comisión de Conferencia nombrada las cosas tal como hoy están hasta la

próxima reunión del Congreso, a fines del año; o
bien resuelve tratando de equilibrar las opiniones del
Senado y de la Cámara, y por tanto, desatendiendo
a los intereses del país en general. En uno u otro
caso, sería necesario someterse a una situación que
en poco tiempo vendría a ser insostenible.

Si nada se resuelve, continuará la enorme presión que hoy paraliza todos los elementos de producción, hasta la reunión del nuevo Congreso, y el
movimiento del año actual, que aún podría ser de
prosperidad para todos, quedaría estacionario.

Además, no será posible prolongar con buenos
resultados, la incertidumbre en que están todos. La
paralización de ramos de importancia de la industria, la desanimación y desconfianza que reina en
los círculos comerciales; las quiebras consiguientes
a este estado de cosas, indican claramente que la ansiedad general no podría tolerarse mucho tiempo.
Lo que pase exige pronto y eficaz remedio; esta situación de espera, no podría prolongarse un año
más. Lo que hoy puede pasar como un simple resultado del descontento general, podría mañana tomar un carácter más crítico y amenazador, y producir una de esas crisis económicas de las más serias
proporciones.

En muchas partes del país, varias manufacturas
han reducido sus trabajos, y a éstas seguirán otras.
Estimulados los fabricantes por un arancel ciega-
mente proteccionista, han multiplicado enormemente
la producción, y en la actualidad el consumo del país
no será bastante, a menos que una confianza general vuelva a equilibrar todos los intereses. Con el

aumento de exportación sólo podría contarse a condición de que el fabricante disminuyera sus precios;
de otro modo los mercados extranjeros no abrirán
con más franqueza sus puertos a las producciones
que en el país rebosan.

No querríamos recargar de sombras el cuadro que
presentamos, pero la situación es tal como la indi-
camos. Para formar idea de los resultados que da
la incertidumbre porque atraviesan todos, baste saber que las transacciones comerciales hechas en una
de las pasadas semanas en Nueva York, han tenido
una disminución de más $500.000.000 comparadas
con las de igual semana en febrero de 1882.

Si, por el contrario, se adopta un nuevo arancel,
resolviendo precipitadamente, sin tener en cuenta
lo que exige la opinión pública y sólo atendiendo a
los intereses privados de clases privilegiadas, que
que son las que hoy dominan la mayoría del Congreso, el descontento será tal, y tan tirante la situación, que al fin será necesario anular lo acordado
para emprender nuevos trabajos al fin del año, o
convocar el Congreso a sesión extraordinaria. En
uno y otro caso, sin embargo, la situación será la
misma, y el estado de incertidumbre quedará prolongado.

Mucho nos alegraríamos equivocarnos, pero de no
resolverse la cuestión de aranceles satisfactoria-
mente, lo que dudamos, por las razones que lleva-
mos expuestas, el comercio y la industria nortearne-
ricano recibirán un rudo golpe, del que sólo podrán
reponerse en el transcurso de muchos años.

La América. Nueva York, marzo de 1883.

5

EN COMERCIO, PROTEGER ES DESTRUIR

Un caso concreto esclarece más una cuestión dudosa que complicados razonamientos. Las doctrinas del libre cambio, traídas de nuevo a discusión reciente con motivo de la Revisión proyectada en los Impuestos—acaban de recibir formidable prueba en uno de los hechos que han surgido de la discusión.

Alarmado el partido republicano por la súbita derrota que sufrió en las últimas elecciones, y por el clamor de economías en los gastos públicos, rebajas en las contribuciones innecesarias, y honradez en el nombramiento de los empleados, clamor que cundió por toda la nación, y por las mismas filas de sus partidarios—se decidió a presentar en la actual sesión del Congreso—algún proyecto de reformas, que sin dañar grandemente el conjunto del sistema proteccionista, en cuyo sostenimiento están ligados los magnates del caudal y los de la política republicana, hiciese sentir sin embargo, algún alivio real a la nación, y diera ocasión a los republicanos de presentarse en las elecciones próximas como campeones de la rebaja de derechos. Pero apenas se presentó el proyecto de Reformas, comenzaron a ponerse por sobre el interés general del partido, los intereses y compromisos especiales de determinados grupos de él y de conocidos caudillos de la opinión en el Parlamento. Todas las industrias protegidas

se alarmaban por igual, a cada tentativa de infiltrar
en la legislación, con una rebaja cualquiera de derechos en algún artículo, la tendencia libre cambista.
Y como se sienten aun dueños del Congreso a cuya
formación han ayudado con su influencia en las lo-
calidades, y con sus subvenciones en los momentos
de la lucha eleccionaria,—ejercen tiránicamente, y
con esa prodigalidad que distingue a los comerciantes por quebrar, que se esfuerzan por parecer ricos,
y a los Reyes por caer, que se esfuerzan en parecer
fuertes,—toda la autoridad de que disponen sobre
notorias cabezas del partido a quienes les ligan compromisos y afectos estrechos, y sobre representantes
que, en gran número de casos aunque lo parecen
de una localidad determinada, lo son solamente de
la industria poderosa cuyos caudales e influencia
aseguraron su elección.—En otros países, como en
Francia, en estos tiempos de creación del nuevo Estado de rehervimiento de la vida humana, y de con-
fuso ardor de pueblos nuevos, los diputados son los
siervos de las pasiones e intereses locales de sus
electores: en los Estados Unidos, los representantes
suelen ser los siervos de las empresas colosales y
opulentas que deciden, en pro o en favor, con su
peso inmenso en la hora del voto, la elección del
candidato.

Solicitado a la vez por intereses tan varios, ciegos, alarmados y despóticos, el Congreso no ha podido venir a un acuerdo en el proyecto de Reformas. Y es lo curioso que, con el peligro de perder
sus fueros, los explotadores de las industrias que llaman nacionales, han querido reforzarlos, y, so pre-

texto de rebajas insignificantes, han pedido en realidad en casi todos los casos gravámenes mayores
que los que ya estorban la introducción de los artículos extranjeros.

En cada caso ha sido demostrado por los abogados de la fe libre-cambista la injusticia moral y el
daño pecuniario de obligar a una nación tan vasta
como ésta a vivir estrechamente y a gran costo, por
el mero beneficio del escaso número de capitalistas
y trabajadores que se ocupan en la producción en
territorio nacional a precios altos, de artículos imperfectos, que toda la nación podría comprar perfectos a precios bajos, traídos del exterior. En cada
caso se ha demostrado que no debe mantenerse a un
pueblo, y a un pueblo de elementos tan robustos,
vehementes y heterogéneos como éste, en el cultivo
de industrias que, a pesar de oprimir el país con sus
grandes privilegios, no pueden mantenerse por sí
propias,—lo cual causará el día del descubrimiento
del fracaso, que al cabo ha de venir, terrible suspen-
sión de la actividad nacional, y gran ira en los ejércitos trabajadores.

Pero en ningún caso quedó más en relieve la fa-
lacia de los argumentos proteccionistas, que en el
proyecto de aumentar los derechos de introducción
que ya pagan las maderas extranjeras.—Como herida en la médula se ha levantado la nación. El
riesgo saltó al punto a los ojos, y apenas hay hombre de prensa o de política que ose negarlo. Ya se
ha hecho bandera del peligro. En uno y otro diario
tropiézase todos los días con este aforismo: La im-
posibilidad de introducir maderas extranjeras sig-

nifica la destrucción de nuestros bosques.—Y es obvio que la destrucción de los bosques significa a la larga, y fatal e irremediablemente, el raquitismo futuro de la tierra, y el empobrecimiento agrícola del país. ¡Cómo suspira ahora España por los bosques que dejó cortar en mal hora a leñadores ignorantes! ¡Cómo perecen sedientos los frutos de sus campos! ¡Cómo demandan en vano la lluvia prolífica sus montes mondos, secos y escuetos!—Y en México, el Estado de Tabasco, tan rico aun en valiosísimas maderas, ¡cuán pronto vendrá a ruina, si no se da sin demora, y con cuidado absorbente, a preservar sus hondos y magníficos bosques de cortes en estación inoportuna y sin la resiembra consiguiente! Y en todas partes donde se esté cometiendo igual error, se harán luego en vano por remediar la pobreza nacional inútiles esfuerzos.

Esto acontecería naturalmente en los Estados Unidos, si, amontonando derechos de entradas sobre las maderas extranjeras, hubieran de acudir a las de los bosques del país todos los empeñados en las portentosas empresas de fabricación, que improvisan aquí cada día ciudades nuevas, o reconstruyen las viejas sobre sus quicios. Se caería en el error de creer que esos bosques macizos y solemnes, maravilla de la naturaleza, no habrían de acabarse jamás. Se arruinarían los árboles, cortándolos fuera de época. Se burlarían las leyes de la resiembra, difíciles de hacer cumplir en la soledad de las selvas, por lo que se han burlado en todas partes. El estímulo de la gran ganancia cerraría los ojos al gran peligro. Y a la larga, en días tristes, quedaría la tierra seca, los plantíos enfermizos, y la agricultura en ruina.

Pues así se atrofia la vida nacional con las ligaduras del proteccionismo.

La América. Nueva York, marzo de 1883.

6

CARTAS DE MARTI

*Suma de sucesos.—Los trabajadores; sus fuerzas;
sus objetos; sus caudillos; europeos y americanos.
—Honores a Karl Marx, que ha muerto.—Baile de
Trabajadores.—De lo que se habla en el mentidero
neoyorquino. — El romántico Butler. — Esgrima de
Cuaresma; Homilias y contra Homilias; Fray Luis
de León y Jorge Sand.—Condición y puesto legítimo de la mujer en el mundo moderno; las Universidades y las mujeres.—Un baile famosísimo. —
Tentativa, no aplaudida, de creación de una aristocracia.—Convencionales en la tiniebla.*

Nueva York, 29 de Marzo, 1883.

Por tabernas sombrías, salas de pelear y calles
obscuras se mueve ese mocerío de espaldas anchas
y manos de maza, que vacía de un hombre la vida
como de un vaso la cerveza. Mas las ciudades son
como los cuerpos, que tienen vísceras nobles, e in-
mundas vísceras. De otros soldados está lleno el
ejército colérico de los trabajadores. Los hay de
frente ancha, melena larga y descuidada, color pa-
jizo, y mirada que brilla, a los aires del alma en rebeldía, como hoja de Toledo, y son los que dirigen,
pululan, anatematizan, publican periódicos, mueven
juntas, y hablan. Los hay de frente estrecha, cabello hirsuto, pómulos salientes, encendido color,
y mirada que ora reposa, como quien duda, oye
distintos vientos, y examina, y ora se inyecta, crece
e hincha, como de quien embiste y arremete: son
los pacientes y afligidos, que oyen y esperan. Hay
entre ellos fanáticos por amor, y fanáticos por odio.
De unos no se ve más que el diente. Otros, de voz
ungida y apariencia hermosa, son bellos, como los
caballeros de la Justicia. En sus campos, el francés
no odia al alemán, ni éste al ruso, ni el italiano abomina del austriaco; puesto que a todos los reune
un odio común. De aquí la flaqueza de sus instituciones, y el miedo que inspiran; de aquí que se
mantengan lejos de los campos en que se combate

por ira, aquellos que saben que la Justicia misma no
dá hijos, sino es el amor quien los engendra! La
conquista del porvenir ha de hacerse con las manos blancas. Más cauto fuera el trabajador de
los Estados Unidos, si no le vertieran en el oído sus
heces de odio los más apenados y coléricos de Europa. Alemanes, franceses y rusos guían estas
jornadas. El americano tiende a resolver en sus
reuniones el caso concreto: y los de allende, a su-
birlo al abstracto. En los de acá, el buen sentido,
y el haber nacido en cuna libre, dificulta el paso a
la cólera. En los de allá, la excita y mueve a estallar, porque la sofoca y la concentra, la esclavitud prolongada. Mas no ha de ser—¡aunque pudiera ser!—que la manzana podrida corrompa el
cesto sano. No han de ser tan poderosas las excrecencias de la monarquía, que pudran y roan como veneno, el seno de la Libertad!

Ved esta gran sala. Karl Marx ha muerto. Como se puso del lado de los débiles, merece honor.
Pero no hace bien el que señala el daño, y arde
en ansias generosas de ponerle remedio, sino el que
enseña remedio blando al daño. Espanta la tarea
de echar a los hombres sobre los hombres. Indigna
el forzoso abestiamiento de unos hombres en provecho de otros. Mas se ha de hallar salida a la indignación, de modo que la bestia cese, sin que se
desborde, y espante. Ved esta sala: la preside, rodeado de hojas verdes, el retrato de aquel reformador ardiente, reunidor de hombres de diversos pueblos, y organizador incansable y pujante. La internacional fué su obra: vienen a honrarlo hombres

de todas las naciones. La multitud, que es de bravos braceros, cuya vista enternece y conforta, enseña más músculos que alhajas, y más caras honradas que paños sedosos. El trabajo embellece. Remoza ver a un labriego, a un herrador, o a un marinero. De manejar las fuerzas de la naturaleza, les
viene ser hermosos como ellas.

New York va siendo a modo de vorágine: cuanto en el mundo hierve, en ella cae. Acá sonríen al
que huye; allá, le hacen huir. De esta bondad le
ha venido a este pueblo esta fuerza. Karl Marx
estudió los modos de asentar al mundo sobre nuevas bases, y despertó a los dormidos, y les enseñó
el modo de echar a tierra los puntales rotos. Pero
anduvo de prisa, y un tanto en la sombra, sin ver
que no nacen viables, ni de seno de pueblo en la
historia, ni de seno de mujer en el hogar, los hijos
que no han tenido gestación natural y laboriosa.
Aquí están buenos amigos de Karl Marx, que no
fué solo movedor titánico de las cóleras de los trabajadores europeos, sino veedor profundo en la
razón de las miserias humanas, y en los destinos de
los hombres, y hombre comido del ansia de hacer
bien. El veía en todo lo que en sí propio llevaba:
rebeldía, camino a lo alto, lucha.

Aquí está un Lecovitch, hombre de diarios: vedlo cómo habla: llegan a él reflejos de aquel tierno y
radioso Bakounin: comienza a hablar en inglés; se
vuelve a otros en alemán: ¡dah! ¡dah! responden
entusiasmados desde sus asientos sus compatriotas
cuando les habla en ruso. Son los rusos el látigo
de la Reforma: más no, ¡no son aún estos hombres

impacientes y generosos, manchados de ira, los que han de poner cimiento al mundo nuevo: ellos son la espuela, y vienen a punto, como la voz de la conciencia, que pudiera dormirse: pero el acero del acicate no sirve bien para martillo fundador.

Aquí está Swinton, anciano a quien las injusticias enardecen, y vió en Karl Marx tamaños de monte y luz de Sócrates. Aquí está el alemán John Most, voceador insistente y poco amable, y encendedor de hogueras, que no lleva en la mano diestra el bálsamo con que ha de curar las heridas que abra su mano siniestra. Tanta gente ha ido a oirles hablar que rebosa en el salón, y dá en la calle. Sociedades corales, cantan. Entre tanto hombre, hay muchas mujeres. Repiten en coro, con aplauso, frases de Karl Marx, que cuelgan en cartelones por los muros. Millot, un francés, dice una cosa bella: "La libertad ha caído en Francia muchas veces: pero se ha levantado más hermosa de cada caída". John Most habla palabras fanáticas: "Desde que leí en una prisión sajona los libros de Marx, he tomado la espada contra los vampiros humanos". Dice un Magure: "Regocija ver juntos, ya sin odios, a tantos hombres de todos los pueblos. Todos los trabajadores de la tierra pertenecen ya a una sola nación, y no se querellan entre sí, sino todos juntos contra los que los oprimen. Regocija haber visto, cerca de lo que fué en París Bastilla ominosa, seis mil trabajadores reunidos de Francia y de Inglaterra." Habla un bohemio. Leen carta de Henry George, famoso economista nuevo, amigo de los que padecen. amado por el pueblo, y aquí y en In-

glaterra famoso. Y entre salvas de aplausos tonantes, y frenéticos hurras, pónese en pie, en unánime
movimiento, la ardiente asamblea, en tanto que leen
desde la plataforma en alemán y en inglés dos hombres de frente ancha y mirada de hoja de Toledo,
las resoluciones con que la junta magna acaba, en
que Karl Marx es llamado el héroe más noble y el
pensador más poderoso del mundo del trabajo. Suenan músicas; resuenan coros, pero se nota que no
son los de la paz.

Otro día, vuelven en decenas de miles. Quieren
tener diario suyo, y se dan baile, para ayudar a
fundarlo con sus productos.

¡Buenas mujeres! Allá han ido con todos sus pequeñuelos: ¡qué alegres están sus hombres, que
siempre están tan tristes! Y luego, de noche y con
los trajecitos de bailar, no se ven la color enfermiza
y las mejillas hundidas de los niños! El aire, cargado de salud, suele estar lejos de donde los trabajadores viven. Millones acaba de dejar el ex-
Gobernador Morgan, a sociedades de teología y
a seminarios; pues más valiera que empeñarse a forzar en los hombres la fe en el cielo, crearla en ellos
naturalmente dándoles la fe en la tierra! Y ha dejado Morgan muy buenas sumas a las casas en que
ayudan a los enfermos, a los ancianos, a los niños
y a los pobres: ¿no dejará alguna para ayudar a
hacer casas con aire y luz a los que al cabo, de vivir en las sombras llegan a sentirla en el alma, y
a hacerla sentir? Estas ciudades populosas, que son
graneros humanos, más que palacios de mármol, de-
berán erigirlos de ventura:—y no acumular las gen-

tes artesanas en pocilgas inmensas, sino hacer barrios sanos, alegres, rientes, elegantes y luminosos
para los pobres. Ya son el aseo y la luz del sol,
para ellos desusada elegancia; pues sin ver hermosura ¿quién sintió bondad? ni sin sentir la caridad
ajena ¿quién la tuvo? ¡Aleje de la cabeza de otros
la tormenta el que quiera alejarla de la suya! Si
los viérais, ahora que llegan los meses de verano,
entrarse en bandadas, llenos los brazos de las madres de hijos pálidos y moribundos, por los vapores de paseo en que alguna cofradía o persona amorosa les permite cruzar de balde el río! Es de mor-
derse los labios de cólera, de no andar por toda la
tierra paseando infatigablemente el estandarte de
su redención!

Pero la ciudad no habla mucho de estas cosas.
Ve cómo no cejan en su lucha, y andan a quien reforma más, y más de prisa, por no ser tachado de
poco reformador, demócratas y republicanos. Dicen
de Butler, el brillante gobernador de Massachussetts,
que es como águila fuerte, que hace estremecer el
árbol en que se posa: todos los abusos del Estado,
como fruta pasada de sazón, están viniendo a tierra al golpe del águila: es un Gobernador ubicuo,
omnipresente, alarmante: ve los pliegues de las conciencias y toda cosa bellaca en leyes, contratos o
cuentas. De un caballero de España cuentan, que
halló gozo en echar entre sus convidados un novillo
gentil de su ganadería, y están los empleados de
Massachussetts como los convidados del caballero
de España: dícelo y hácelo todo de modo gallardo,
súbito y nuevo, y en el obrar es tan seguro como en

el hablar pulido y cuidadoso: es un romántico en
el Gobierno: sacude el polvo del Estado, como la
Francia joven de 1830 sacudió el polvo de las aca-
demias. La ciudad habla de la suma crecida que ha
juntado el *Herald* para beneficio de los desventurados de Ohio, y es cosa que da gozo ver cómo, poniendo en junto sus óbolos humildes, han dado tanto y con más prisa los trabajadores de las fábricas
del Estado, que sus gentes de marca y poderío.
Habla de un caballero de iglesia, que trazó tal pintura en sus conferencias de cuaresma de las damas
de moda, y de su vida, y redujo a tan cerrados límites la vida femenil que si en lo de las damas de
moda halló justo aplauso, en lo de echar de nuevo
a las mujeres a ruecas y a conventos ha movido en
su contra a clérigos y seglares. Rezadora y hermana de la Merced quiere el Reverendo a las mujeres. "¿Y la vida? le responde con voces inspiradas
desde un púlpito una mujer elocuente: ¿la vida inevitable e implacable, que la obliga a ser trabajadora
o a ser impura? ¿Y tanta huérfana, y tanta viuda,
sola en esta muchedumbre de gentes, que como
viento del desierto la arrastra y la ahoga?" "Y esta mente mía, que abarca lo que abarcas; y este corazón mío, más tierno que el tuyo, y este desdén
mío, que condena tantas veces los gustos y prácticas bárbaras de tu sexo, habré de sofocarlos como
crímenes, cuando son poderes que me dió la naturaleza?" Así increpa al Reverendo otra dama eno-
jada —"¿Para qué priváis de parte real en vuestras
ganancias, si en nada las emplearemos peor que en
pagar diez pesos, como los hombres pagan por ver

cómo dos peleadores de oficio, o caballeros de ciudad, o estudiantes de altos colegio, se hinchan a golpes el rostro, y con rabia y pujanza de fieras se derriban y revuelcan por la tierra?" Esto dice otra; y un clérigo dice esto: "Santas! Hermanas de la Merced! Mujeres de rezo: El siglo XIX tiene fuera de los conventos mejores santas: santa es María Carpenter, que empleó sesenta años de su vida en educar a los niños de las calles de Londres: y no hay rezadora de las que hermosean las ventanas de cristal de nuestra iglesia de cuyo rostro emerja más radiante luz que del rostro, empapado de amor, de María Carpenter". Una ardiente reformadora recuerda como el rector Wosley, de la Universidad de Yale, favorece la creación de una convención de mujeres, que estudie y decida la ley de divorcio; y mantiene, con agudísima sátira, sazonada de burlas oportunas a los errores de los hombres en el Gobierno, que los Consejos de Educación, las casas de policía, y los puestos todos del Estado, de que el hombre ambicioso y desamorado cuida mal, estarían mejor en manos de mujeres, en quienes el desarrollo de la razón no ahogará la ternura: que es verdad gran dote de gobierno.

A punto viene, en medio de estos clamores, la decisión de la Universidad de Columbia de este Estado de New York. No se atreve a abrir sus cátedras a la par a hombres y mujeres, porque aunque dicen que la Universidad de Cambridge las ha abierto en Inglaterra, no es verdad que las jóvenes estudiantes se hayan aprovechado de la concesión, sino que estudian en el colegio afamado de

Girton, que las prepara, como a los estudiantes varones, en todo arte y ciencia, sin que Cambridge
les dé luego más que tribunales de examen, grados
y títulos. Y esto ofrece ahora la Universidad de
Columbia, y recomienda la creación de un colegio
semejante al de Girton.

¡Acaso se yerra: acaso, en estas naciones en que
el exceso de población, o de ánimo interesado en
los hombres, acarrea estos mismos problemas, el
único modo de salvar a las mujeres de los apetitos
que engendran sus condiciones exteriores de hermosura, sea el de inspirar a los hombres, con el
continuo trato, y el comercio intelectual, amor por
otras más nobles y duraderas condiciones! Se está
aún en la primera letra del abecedario de la vida.
Se hace hasta hoy de un capricho de los ojos, exaltado a necesidad del alma, confundido obscuramen-
te con ella por la generosa y enaltecedora fantasía,
ley de toda la existencia. Y no se mire con ojos
aviesos este encallecimiento del alma femenil, que
esto es, y no menos, la existencia viril a que la necesidad de cuidar de sí, y de defenderse de los hombres que mudan de apetito, la lleva en esta tierra.
Vale más su encallecimiento que su envilecimiento.
Y hay tanta bondad en las almas de las mujeres
que, aun luego de engañadas, de desesperanzadas,
de encallecidas, dan perfume. Toda la vida está en
eso: en dar con buena flor. En esta ciudad grande, en donde la mujer ha de cuidar de sí, y salvarse del lobo, y de los de la vida, ha de hacerse piel
fuerte que la ampare, y aprender toda ciencia o arte
que quepa en su mente, donde caben todas y le dé

modo honesto de vivir. La impureza es tan terrible
que no puede ser jamás voluntaria. La mujer ins-
truída será mejor pura. Y ¡cuánto apena ver cómo se van trocando en flores de piedra, por los
hábitos de la vida viril, estas hermosas flores! ¿Qué
será de los hombres, el día en que no puedan apoyar su cabeza en un seno caliente de mujer?

●

Pero abrió esta semana un suceso que venía siendo comidilla de la prensa un mes há, y de las casas, y de los clubs, como si fuera acto simbólico y
típico, en cuyo acaecimiento estuviese algo de la
vida nacional. De sus generales se envanecía Roma: y los Estados Unidos de sus ricos. Pero no
los levanta sobre el pavés, sino que a la par que
los reverencia, los moteja. Los admira, más los vé
como usurpadores y temporales ocupantes de la
riqueza pública; lo que acontece en mayor grado,
cuando la riqueza de un hombre o de una familia toma tamaños de riqueza de nación. El ojo popular,
que vé los hechos gruesos, se vuelve con cólera
contra los que, en la misma noche en que dos desventurados, transidos de hambre, son presos en el
rincón de una Iglesia, en torrentes de luz y perfumes giran, cuajados de rosas de oro y de diamantes, y enjoyados como silla de caballo persa, haciendo alarde ostentoso de la riqueza que se les
desborda de las arcas. Ancha es la Quinta Avenida, y como calle imperial. Bórdanla palacios, que
ya tímidamente remedan las portadas suntuosas y

lóbregas de las casas ducales de Venecia, y las torrecillas de las Abadías góticas; ya balcones del Louvre, barbacanas de castillo feudal o minaretes árabes. Paseo es la rica calle durante las horas de la tarde, y morada buscada y valiosa de gentes opulentas. Da carta de nobleza neoyorquina la Quinta Avenida. Realzando con los vestidos estrechos los miembros fuertes, pasean allí sus cabezas célticas, y la medalla del club rico que les cuelga al pecho, los galanes desocupados, aunque éstos no son muchos, —que aquí el trabajo es ley. Y quien no lo tiene, lo finje— de vergüenza de parecer que no lo tiene. Pero las damas llenan la calle, cargando en los brazos, nacidos por cierto a más nobles y dulces empleos, unos perrillos de luengo pelo y cabeza espantable, que ahora andan en boga. Son damas de hermosura peregrina, más no animan la calle solemne. Mueven el alma a grandeza el vasto espacio, el imponente y sombrío caserío, la regia calma.

Allá, cerca de Catedral ambiciosa, que copia en vano la de Milán soberbia, desafío afortunado del hombre a su Creador, se alza, ahogado por casas pardas y sombrías, un palacio risueño, que tal parece de encaje menudo. En macizas paredes, severas ventanas. En todas las pinturas, esculturas. La piedra, cincelada. El techo, recogiéndose en pirámide, remata en torrecilla aguda y graciosa. Y de la puerta al techo, todo es calado, esculpido, sacado en relieve, acariciado, bordado. Domina allí la gracia, que es la mejor especie de hermosura. No hay casa más hermosa en esta tierra, y en ella

vive un Vanderbilt. Tal es, que cuando, al pasear
entre las maravillas de su interior caen los ojos sobre un gracioso retrato de la "castellana", de mano
de Madrazo, no parece lienzo allí traído, sino como parte de la casa misma, luminosa y esbelta. Sacude al sol Madrazo sus pinceles, y pinta luego con
estos colores. En tal palacio, entraba por entre
muros de ujieres, este Lunes de Pascua, la gentileza neoyorquina, y no hubo nunca en corte ansia
mayor por baile de monarca, que la de la gente de
New York por el de Vanderbilt: es ley que en
ciudad donde se tiene en mucho la riqueza, se vea
como a cosa real el baile con que abre su palacio el
monarca de los ricos. ¡Que contar de antemano
los lujos de la casa, y el precio de las juyas, y el
de los vestidos, y el de los vinos que habrían de
beberse, y el de los más menudos aditamentos de
noche de baile! ¡Que cuchichear millones! ¡Que
aquilatar diamantes! ¡Que publicar los precios de
las telas! Y así llegó la noche suntuosa. Todo era
en los barrios ricos curiosidad y movimiento. Parecía fiesta de todos, y no de uno. Vaciábanse en
la rica puerta carros de flores. Sentíase a veces en
torno de la casa ese silencio que inspiran los monumentos. Ya al caer del crepúsculo veíanse brillar, a través de los cristales de los coches que andaban de una y otra parte velozmente, cazoletas de
espadas, collares de altos órdenes, lucientes ferre-
ruelos.

Las diez eran dadas, y toda era luz la casa de
las maravillas. Mil carruajes se detenían a sus
puertas. Saltan de ellos monarcas, caballeros, du-

ques, antiguos colonos. Un torero ayuda a bien bajar a una escocesa. De su marco parecen salidas, para entrar por aquel corredor majestuoso, de muros de rica piedra, y de roble de menuda talla artesonado, princesas de Van Dyck, duquesas de Hobbein, damas de Rubens. Contienen mal el asombro que la casa inspira. Cuanto ven, está esculpido, dorado, cincelado. Cuanto pisan, es piedra tal, que vale más que oro. En lo inmenso se piensa, y en templo majestuoso, cuando se sube la ancha escalinata, que aún revuela al tercer piso por bajo un arco altivo que la agiganta y ennoblece. Gimnasio llaman a la sala vasta donde, entra la curiosa muchedumbre, se juntan las cuadrillas de honor que han de guiar la procesión y romper el baile. ¡Oh, que curiosa, esa cuadrilla de damas y caballeros montados en caballos que parecen reales, con largas mantas que ocultan los pies de los bailadores, y cubiertos de pieles verdaderas y de crines que poco ha estaban vivas, la cual cuadrilla vá a bailarse en memoria de las fiestas de Corte! Llevan los jinetes casacas rojas de caza, y veste y medias de raso blanco, y calzón amarillo, como los caballeros de cacería en tiempos de Luis XIV, y ¡qué bordadas van las sayas blancas de las amazonas, y cómo las realza la chaquetilla roja! ¡Cuán brillante esa otra cuadrilla, que es la de Opera Bufa! Esta es Scopolette que dá la mano a Mr. le Diable y allí van Angel Pitón y la Périchole, y Mme. Angot y le Petit Duel! ¡Y esos otros que se han vestido de deslumbrante moaré blanco, y de aquel traje de alba seda, empolvada peluca y blanco narciso en el ojal,

a uso de caballero de la antigua Corte Alemana,
para parecer porcelana de Dresde, cuya marca famosa llevan bordada en el vestido! ¡Qué ingeniosa
la cuadrilla de las estrellas: llevan colores pálidos,
blanco, azul, malva delicado y sutil amarillo! Y ya
se mueven: ya va, tras las cuadrillas, el séquito
opulento. Apenas se habla; los ojos cuentan más
que miran. Todos parecen allí trenes cargados de
rica joyería, duques de Buckingham. ¿Qué maravilla más, la casa o la riqueza de los huéspedes?
Ya llegan, en tanto que afuera la gente ansiosa se
agolpa a las balaustradas, al noble salón que parece
nacido de las manos creadoras de Pedro Lescot.
De fuera hace pensar el palacio en los albañiles de
Strasburgo, y en el Berimi y en Juan Goujón, esta
sala que llaman de Francisco I, arrogante como el
rey caballeresco, cubiertas las paredes de tallados
muy ricos de nogal de Francia y rojo terciopelo,
y chispeando allá en el fondo monumental chimenea hecha como para calentar a reyes gigantes.

De un castillo de Francia fué traída la ornamen-
tación de esta otra sala, en que el séquito entra
ahora, toda vestida de roble dorado, por los amores
de Psiquis y Cupido —que Brandy pintó en el techo—presidida, y ligera y graciosa, como aquel tiempo criminal y amable de olvido y devaneo. Y ya
en el comedor, no tiene coto el asombro. Piso y
techo son de roble, con revueltos y varios dibujos:
y en fajas van vistiendo las paredes roble de talla
exquisita, tapices de flores de oro, cornisa de rara
piedra de Caen, y luego en lo alto, como borda cerrada galería la sala de Embajadas de la Alfaje-

ría de Zaragoza, caliente aún de miradas de mora y
amores de reyes, extiéndese franja ancha de coloreada cristalería, que hace del comedor como cesto
bordado de flores colosales, o nido de luz, o inmenso joyero.   Y de la gran ventana de cristales, que
ha pintado Oudinot, vivos resaltan, cual si desde
sus estribos cincelados recibiesen corte, Enrique VIII
y Francisco I, que a la cabeza de séquitos fastuo-
sos, cruzan las manos reales en el campo del Manto de Oro.   Y, ¡qué palmas por toda la casa! ¡Que
rosas que hacen pensar en la Raffelia Arnoldis,
que es flor gigantesca, de Java y Sumatra! ¡Y como se encarama, por las paredes del gimnasio, ya
poblado de mesas de cenar, al rumor de las fuentes,
por entre la rosa Jacqueminot de obscuro carmesí,
y la María Vassey, que es rosa nueva, la vongen-
villa de flores encarnadas, cubana enredadera!

Ya pasean todos por la casa, de brazo y cuchi-
cheo; el señor de ella, que va de Duque de Guisa,
lleva de brazo —¡oh cosa bella y novísima!—a la
Luz Eléctrica. De raso blanco es el vestido de la
dama, más todo, como su cabello, de brillantes cuajado. Dejad que pasen reyes y pastoras, que son
cosa vieja, más no sin observar como van Francisco
I del brazo de D. Carlos, que le muestra orgulloso
su hoja verdadera de la fábrica antigua de Toledo,
y cuán amigas andan riendo gozosamente María
Estuardo, que es esta vez Cristina Nilsoon, e Isabel
de Inglaterra!

Ese que pasa haciendo galas marciales, lleva el
traje con que paseó su bravo abuelo aquel otro baile famoso que dió New York al Marqués de Lafa-

yette, que fué noble de veras, pués fué tierno. Y
aquella acaba de saltar de una góndola negra de
Venecia, y tal parece que lleva al cuello los ricos
encajes, y en la cabellera suntuosa la matizada joyería de la mujer de Marino Taliero. Aquí viene
el hijo del Duque de Morny, que vió hace poco,
en su casa de París, sereno como la estatua del
vicio, caer muerta a sus pies una criatura ardiente
y delicada, a la muy bella Mlle. Teyghine, y ahora
danza, sin miedo de sombras ni cuidados, en su
lindo vestido de caballero de Luis XV. Un cha-
rro mexicano pasea airosamente a la Música, que
se lleva tras sí todos los ojos: viste la Música traje
de raso rojo que le cae sobre saya de raso blanco,
franjada a modo de pauta, de anchas listas de terciopelo negro, y sobre el peto, en una faja de éste,
lleva bordadas en oro las notas de la escala: lindo gorrillo de seda roja, todo bordado de instrumentos de oro, le recoje todo el cabello. Ahora se
sienta en vieja silla de cuero de Córdoba, estampado de escudos reales, un abogado de New York
que bien lo pudo ser de corte, por las gracias de
su palabra y amena cultura: es Chauncey Depew,
orador de nota, defensor probado de esta casa de
ricos, que ha llevado al baile el traje de los viejos
Knickerbocker que sienta a caballero grave: calzón y chupa son de terciopelo negro: de raso pálido bordado de rosas el luengo chaleco, realzan encajes por cuello y bocamangas, y ciñen al empeine
los negros zapatos dos broches de gruesos brillantes. ¡Oh, quién cuenta la gente innumerable! Este
último es Abraham Heritt, rico piadoso y orador

de fama, que viste de Rey Lear, y lleva del brazo a
esta niña agraciada, a cuya pálida hermosura sientan bien el casco luciente de finísimo acero, y la
cota de malla de plata trenzada de la radiosa Juana de Arco.

Y ya sale el correo, y aún se habla del baile;
más no de sus donaires y discreteos, ni de comedias
de amores, a la sombra de palmas y entre perfumes
de rosas enredadas, ni de las réplicas vivaces que el
Borgoña generoso enciende, y dora el Champagne
bueno; ni de esas gratas y amenas locuras que luego de los bailes animados revolotean en torno de
la frente, cual lindas mariposas de colores, o besos
fugitivos. Háblase del baile cual si hubiera sido
gigantesco paseo, o mostruario de prendas, o certámen de joyas, o sondeo de arcas. Tal parece que
fué procesión muda, que cenó cena recia, se movió pesadamente, y volvió torva. Quien lee en los
diarios las notas del baile, lee cuentos de escenario,
mas no de alma. Y ha caído la fiesta como en hueco, y empiezan a decir que sientan mal, en estos
tiempos de cólera y revuelta, y muchedumbres ape-
titosas y enconadas, muestras tales de lujo desme-
dido y gracia en trajes, que los tristes no entienden,
ni la época seria lleva bien, ni convienen a país republicano, ni olvida ni perdona aquel ejército que
adelanta en la tiniebla, en que capitanean a los
hombres de corazón henchido y frente estrecha
aquellos de frente ancha y miradas de hoja afila-
da de Toledo. Y es que se dió el baile como enseña de riqueza; y como a golpe en el rostro lo han
tomado las gentes envidiosas, miserables y descon-

tentas: —¡aún no se ha levantado de sus sesiones la convención francesa! Pero aquí está sentada a su lado la cordura.

JOSÉ MARTÍ.

La Nación. Buenos Aires, 13 y 16 de mayo de 1883.

7

CARTAS DE MARTI

*Primavera.—El Centenario de Washington Irving.
—La obra de Irving.—Cosas de hace cien años.—
Un centenario histórico.—Newburgh en regocijo.—
Washington.—La agitación irlandesa.—Los irlan-
deses en los Estados Unidos.—Parlamento Irlan-
dés.—En Filadelfia.—Sensatos e insensatos.—La
guerra de explosión. — Suma de historia actual. —
Pánico en Londres.—Indignación en Nueva York.
Caso internacional.—Nueva Liga Irlandesa.—La
madre de Parnell.*

Señor Director de *La Nación*:

Este es mes apacible. A los calentadores de vapor suceden las fuentes; como enfermos a quienes retorna la salud, se cubren de delgados hilos verdes las ramas de los sauces; no plumas opulentas, sino ligeras y gallardas motas de seda adornan los sombreros de las damas; salen de sus prisiones de cristal los perfumosos jazmines de la Arabia y las pálidas hortensias; las mañanas parecen arpas; se llenan de oro las arcas del alma; —es Primavera!— Sonríen los infelices, los ancianos se yerguen, y los niños triscan.

Ni ha habido en los sucesos del país vientos de invierno. Con las crudezas del frío, se adormecen las iras que él agrava. Ya no es miseria, sino salud, para los hijos de los pobres andar con los pies desnudos por sobre las aceras; ya se entra de la calle, por las ventanas abiertas, coloreando flores y animando vidas, el aire nuevo, y los enfermos bendicen a la Providencia, que adormece con el aroma de sus flores a la muerte avara.

De un hombre primaveral celebraron a los comienzos del mes el Centenario. Algunos viven como aquel Koboldt travieso y diabólico de la fábula alemana. con un cuchillo clavado en el costado:

otros viven, como Washington Irving, sentados en divanes. Para unos, el genio es diente que clava, ahonda y desgarra, —diente famélico: para otros, el genio es el beso de una perpetua Margarita, que no ha matado nunca a su hijo.

Washington Irving nació de casa hidalga, que ilustró con la señorial llaneza, patriarcal majestad y fecunda y amena imaginación que hermosean su vida. Tuvo pesares como hormigas, y gozos como montes. De abogado, perdió pleitos; de mercader, perdió onzas; pero aquéllos y éstas ganó en caudales con los hijos risueños y bien nacidos de su ingenio, ya el retozón *Salmagundi,* famoso periódico de reir en que sacó a burlas, y mantuvo en risas, la que era en aquellas edades, —aldea de gente buena y avisada, más que ciudad de Nueva York,—ya la vida de Washington, que se lee por todos los ámbitos en que resuenan palabras humanas,—y que resplandece como el héroe que pinta. Algunos hombres dejan tras de sí caudas de fuego, y rota la tierra, y hecatombes hirviendo: de otros brota la luz de la luna.

Este centenario de Washington Irving, que han celebrado con amor las gentes de letras y las de las cercanías de la histórica casa en que palidecieron las flores de su fantasía y las de su vida, ha sido el centenario de la independencia de la Literatura Americana.

Como en sermones, malos romances y reales pragmáticas aprendíamos a leer los colonos de la tierra hispana, los de ésta soltaban los ojos enamorados siempre de las maravillas, detrás de los pasmosos caballeros del Rey Arturo, o los melosos madrigales, o los amadores de novela que entretenían el ocio inglés.

Y Washington Irving sacudió con mano robusta el arbol patrio, cuajado de frutas, y en bandeja de labor de Europa, recamada de esmaltes de Persia y embutidos arábigos, ofreció al paladar cansado de Inglaterra y al ansioso de América, las frutas nuevas.

Por lo que tiene color homérico y tono primaveral, como quien vé con ojos claros lo no visto, o huella con pie desnudo de calzados de ciudad la selva virgen, o aparta bravamente los cristales de varios colores que para mirar la naturaleza le ofrecen los hombres, y los echa a todos en tierra de un revés, y mira por sí.

Como que tuvo alma vehemente y sensible, la dió a sus creaciones: sólo vá al alma lo que nace del alma. Y como que sobre ser culto y rendido galán de la hermosura, que refleja en los que la aman, fué feliz, no saltaba su estilo de su pluma, pulido como acero de batalla, o abollado como casco de combatiente, o roto en trizas, sino límpido, como un amor dichoso.

La frase coloreada y opulenta, como mañana de bosque continental a sol tranquilo, imponía majestad, y se deshacía en colores.

Le encomiendan que descifre en archivos de España pergaminos roídos, y escribe la "Vida de Cristóbal Colón" con que el hombre de una nación salvó, por su calor humano y compenetración con lo grandioso, los lindes de su patria y los de la Fama.

Vé por entre los sutiles encajes de piedra del balcón, que la quieren viva, aquella egregia mora, como toda hermosura, urna de vida; y cual si el viento del desierto, que arrebata por sobre el lomo de los camellos ondas de arenas de oro, batiese súbitamente su frente maciza de hombre norteño, escribe los encomios de la Alhambra, y sus sueños de moros y moras, como si no fuese de acero inglés, sino de ave del Paraíso, la pluma del poeta.

Nació Washington Irving en tiempos buenos: cuando nacía la libertad. Sus pañales fueron los de la República, y en la frente del niño recién nacido dieron los aires frescos de aquel pueblo nuevo.

Por esto se celebrarán a poca distancia, el Centenario de Washington Irving en "Sunnyside", —*del lado del sol*— como él llamó a la vasta casa que le dió techo en sus postrimerías,—y el centenario de aquel día de gozos, en que todos los menestrales vistieron su mejor calzón de cuero y su chupilla roja, y no hubo barbilindo que no sacase a la luz su gran chupa de paño, de puños colgantes, ribeteados de plomo,—porque Washington proclamó en Newburgh que cesaban las hostilidades entre los ingleses acorralados y los colonos vencedores.

No abrieron aquel día los correos curiosos, como tenían de uso en sus monótonas jornadas, las cartas que llevaban por los rudos caminos a las ciudades ansiosas la buena noticia; ni en aquellos graves *porches*, rodeados de asientos de madera, en que los hijos de los sencillos fundadores se juntaban, a la caída de la tarde, a discutir con los "hermanos legos" pasajes de las Escrituras, o a poner coto a las compañías de pequeñuelos que andaban en riñas por sobre cuál había llevado cestos más lindos a coger fresas, se habló aquella tarde de los matrimonios cercanos de los niños y niñas de esta o aquella compañía, ni del tiempo lejano, en que las vacas de la ciudad se volvían solas, a las campañas de la tarde, del prado común; ni de aquellos santos solterones, que vivían ejemplarmente, daban consejos bíblicos para ésta vida, y se reunían, jubilosos como mancebos, a hablar de las venturas de la otra: sino que fué toda ciudad donde se supo la noticia, collar de luces y asta cuajada de banderas.

Todavía se levanta, testigo recio y venerado de aquellas pláticas, usos y emociones de hace cien años, la casa legendaria, asiento un día de aquel hombre magnánimo que tuvo siempre su alma en paz en medio de los furores de la guerra. ¡No es grande el que se deja arrebatar por la vida, sino el que la doma! ¡No el que va, palpitante y rugiente, por donde sus pasiones, o las agenas, lo empujan, sino el que clava los pies en medio de la vía, y enfrena a los demás, y a sí propio, y vé —como por sobre dosel— por sus pasiones domadas!

¡Y este Newburgh de ahora parecía estar oyendo aquellas sabias palabras, que como agua serena de próvida fuente caían siempre de los labios de Washington! ¡Decid que está enfermo de muerte el pueblo que no cultiva filialmente los laureles que dan sombra a la tumba de sus héroes! El que no sabe honrar a los grandes no es digno de descender de ellos. Honrar héroes, los hace.

Todo fué fiesta el pueblo y el campo vecino: toda ventana, pabellón; todo brazo de hierro, lámpara de colores; y el aire, de tantos fuegos artificiales, danza de estrellas. Y en los banquetes, cien años después del día glorioso, todas las copas hervían llenas, y se vaciaban al son de himnos en honor de Washington!

•

Así celebran ahora el nacimiento de este pueblo, mientras, presididos por el busto del héroe sereno, se juntan en Philadelphia, dando ejemplo a los pueblos cobardes, que tienen regados por la tierra, avergonzados de no poder ser libres, sus hijos silenciosos y macilentos, centenares de diputados irlandeses, venidos, como en elección parlamentaria, en nombre de las populosas comunidades de los hijos de Irlanda, que pululan en los Estados Unidos, para mostrarse a Inglaterra todos juntos, tendidas las manos repletas de oro que el trabajo amontonó en sus arcas, para ayudar, con el calor de su palabra, con las arremetidas de sus hombros, con sus anatemas fustigantes, con sus cuotas cuantiosísimas y permanentes a los indómitos y cuerdos caudillos, que a los lados de Parnell, se han cruzado de brazos, pálidos y resueltos, ante el león británico.

Encadenó Inglaterra a Irlanda; y ahora, por súbito castigo, se ha trocado en melena de cadenas la cabellera con cuyas sacudidas solió poner espanto al orbe. Pueblo que ata así pueblos esclavos, vivirá perpetuamente atado a sus esclavos, y no podrá vivir por sí, sino muriendo, y dando en tierra a cada sacudida de los pueblos siervos, hasta que las fuerzas se le postren, o las ligaduras salten.

Toda Inglaterra tiembla. El dolor, que engendra hijos gloriosos, engendra, en sus horas de locura, fanáticos y abortos. Con cada virtud que luce, se encienden todos los vicios que la combaten. Con cada esperanza que alborea, rompen la sombra todos los obstáculos que pueden ahogarla. Parece la vida una caza perpetua, fatigosa, implacable, frenética, de las virtudes que desmayan y la trailla de satanes diputados a estorbar su triunfo. Cuando la tierra irlandesa, reposada ya del esfuerzo en que dió luz a O'Connell, calentó en una parvada de jóvenes ilustres los fuegos de la elocuencia, y el hambre de libertad, y envió a sus nuevos prohombres al Parlamento inglés, a recabar leyes benévolas, o a mostrar a un dueño tiránico cómo puede un esclavo impaciente turbar el sueño a su señor, al calor de los gloriosos jóvenes, que quieren que en la petición de sus derechos se prepare su pueblo ignorante para gozarlos, y no fían en revuelta de armas hasta que no sea completa la de las voluntades,—se levantaron sectas múltiples de aquel lado del mar y de éste, y retoñaron, más ya desasidas de su árbol, un día corpulento, las ramas fenianas.

A la vez que los apuestos lidiadores ganaban increíbles batallas en el parlamento, y los radicales de Inglaterra temerosos de los frutos preñados de sangre que da el odio, favorecían las bravas tentativas, las tercas contiendas; los fríos incontrastables, las embestidas robustas de los mantenedores de la reforma agraria de Irlanda, y la devolución del hombre a sí, se templaba en la fragua encendida el acero que había de dar muerte al gobernante liberal que a los irlandeses enviaba Inglaterra.

Y cuando, merced a la suprema dueñez de sí que avalora el carácter férreo del jefe de los reformadores, Carlos Parnell, parecía con su lealtad decorosa y su ejemplar prudencia haber reconquistado para Irlanda aquellas simpatías fervientes que la abandonaron de súbito cuando vieron su mano teñida de sangre, salta hecho áñicos un muro del palacio en Londres, vocéase que sordos trabajadores serpean, cargados de dinamita, por las entrañas de la ciudad, descúbrense en los umbrales del parlamento y de edificios notables bultos mortíferos, que hubieran dado en tierra con palacios y abadías, y sorpréndese, en el fondo de una casa, cuya muestra reza que allí venden papeles de entapizar, a un puñado de hombres altivos y sombríos, que manchado el rostro de la greda que impide la explosión, y las fatídicas manos llenas de la nitro-glycerina que con la greda deja hecha la dinamita, amasaban sin miedo y sin remordimiento, como guerrero necesitado que hace pólvora, las armas de la nueva guerra. Al aspecto de la muerte, se levanta, como un reflejo suyo, la traición: no habían dormido aún en la almohada de la cárcel, y ya tocaban a la puerta de los fiscales las denuncias.

Las revelaciones pasman. Los asombros hormiguean. Un ejército entero puebla a Londres. Las sombras parecen haber vaciado sobre Inglaterra todos sus hijos. Cada hora revela un riesgo nuevo.

No de Irlanda pobre, sino de los irlandeses ricos, y de todos los irlandeses: de los Estados Unidos vienen esos caudales que acallan el hambre de los campesinos expulsados de sus chozas, mantienen en viajes escuadrones de agentes, y sustentan la fábrica sombría, donde se elaboran los medios de destruir en una noche colosal a Londres.

Esto dicen los diarios, repiten los diputados, proclaman toda la ciudad. Cuentan de un club de Invencibles, que cree que el puñal es arma lícita, y la grieta del innoble acechador, cuna digna de la Libertad! Cuentan de los diarios irlandeses que en los Estados Unidos publican los abogados de la guerra por la dinamita, para la cual celebran juntas, entonan loas, distribuyen soldados, acumulan públicamente fondos!

Vuela odiado el nombre de O'Donovan Rossa, feniano famoso un tiempo, cabeza ahora de los guerrilleros irlandeses, capitán de gente burda, que se hace amar de ella, y mueve con grande arte sus pasiones, en tanto que en áspera lengua, hablando a un noticiero de periódico, declara que hace bien a los hombres quien abrevia las guerras, y a su pueblo quien espanta y aloca al enemigo de su pueblo, y anuncia, frente al pasaporte de destierro que le cerró las puertas de la patria, que a esta declaración de guerra a él, responde él declarando la guerra a la Gran Bretaña.

Dicen por todo Londres que los temibles miembros del Clan-nagael tienen jurada la independencia de los irlandeses; que están repletas las bolsas de las asociaciones de Irlanda en los Estados Unidos, em-

peñados en la nueva guerra inicua; que gran parte
del pueblo irlandés que ha hallado asilo en América, favorece los planes odiosos de los que creen que
escribe bien el acta de nacimiento de un pueblo un
puñal tinto en sangre, y que Irlanda se levantará
sin pecado y con gloria de un haz terrífico de ruinas
y cadáveres.

No se habla, pues, en New York, ni de Salvini,
que aterra; ni de la Patti, a cuya voz, mudos de
asombro, y bañados de lágrimas, sienten plegarse
sus almas los hombres, como alas de ave, o abrirse,
como cáliz de flor; ni de la Langtry, mujer de ar-
moniosísima belleza, cuyas miradas profundas, ansiosas, abrasantes, hacen pensar en el beso-fuego
de un arcángel; ni de la Nilsson, cuya voz se eleva,
como un halcón canoro, en busca de aves ignora-
das. Se habla sólo del Club de la Esmeralda, del
que cuentan que envió a Inglaterra doctores y hombres de amasar a la fábrica de dinamita; se habla
de salas tétricas donde conciertan asesinatos y explosiones grupos de irlandeses fanáticos; se habla
de O'Donovan Rossa, de quien dicen que sabe en
qué mano están juntas las riendas que guían a éstos poderes de la sombra.

Oyense de todas partes, como puñados de cieno
que buscan rostro, anatemas enérgicos a estos recursos bárbaros: léese con extrañeza el artículo de cabeza del diario de la amena vida social, de Nueva
York, el cual artículo, en lengua muy culta, mantiene que de la agitación de la dinamita y de su
uso, quedará luego mayor respeto de los abusadores
de los hombres a sus abusados, sin que deba ser

visto hoy el nuevo agente de guerra sino como la
pólvora de los desheredados, y el medio único que
un pueblo oprimido tiene para hacer temblar a su
opresor poderoso.

Niegan a una todos los diarios, —aunque encendidos en ira contra los conspiradores—, el derecho de Inglaterra de exigir a los Estados Unidos
mayor acción en contra de los irlandeses que desde
América alientan la guerra de explosión, que la que
Inglaterra se decidió a ejercer a pesar del clamor
urgente de toda Europa, contra Simón Bernard,
cómplice de Orsini.

Y como para sofocar la indignación americana y
arrancar de los brazos de los fanáticos que la ahogan a la patria reúnense, con gran alarde y en número cuantioso, en Philadelphia, los delegados de
las innúmeras asociaciones irlandesas de los Estados
Unidos, para decir en alto, y a todos los vientos del
orbe, que la Libertad no es hija del crimen, que los
patriotas irlandeses repudian a los que amasan con
barro armas de muerte en la tiniebla, que los fanáticos no son el cuerpo de ejército de la Reforma,
sino sus buitres, y que en centenares de miles, y con
todo el fervor, y los ahorros todos de ellos, la Liga
Agraria Irlandesa de los Estados Unidos, y cuantas
sociedades se le asemejan, se convierten espontáneamente en una sola formidable asociación, que
acepta en su gobierno y objetos las declaraciones de
la Liga Nacional Irlandesa que acaudilla en su patria Carlos Parnell, con el propósito de arrancar al
parlamento inglés, por vías legítimas y jamás pe-
nables, el alivio del hambre, la distribución justa de

la tierra, y la gerencia de los negocios propios, sin
lo que no calma sus cóleras Irlanda. Y ved toda
esa imponente cohorte de hombres! Se apasionan
se increpan, se abrazan, se atacan: cubren de aplausos ensordecedores los nombres de los caudillos de
la Reforma Agraria; y cuando sube a la plataforma
de la Presidencia de la Convención, débil, vestida
de negro, la madre de Parnell con el luto de su hija
Fanny, que dió el cuerpo a la tierra y el alma a
Irlanda, humíllanse las iras, pónense en pie los diputados, arrancan para enviárselas las flores que decoran el salón, prorrumpen en unánime hurrah, mientras que ella se desata en lágrimas.

JOSE MARTI.

La Nación. Buenos Aires, 16 y 17 de junio de
1883.

8

CARTAS DE MARTI

La nueva Liga Irlandesa.—Primavera.—Partido de actores.—Los chinos y el opio.—El morfinismo de las elegantes.—Los policías voluntarios y los periodistas.—Irlandeses contra chinos.—La vida yankee. —Sucesos del mes.—Rápida enumeración.—La nueva Ley de Empleos.—El puente de Brooklyn.

Nueva York, 14 de Mayo de 1883.

Señor Director de *La Nación*:

Está Irlanda de gozo, porque sus hijos prósperos, que en centenares de miles pueblan los Estados Unidos, cruzando el pecho de la banda verde, y puesta la mano generosa en la llave de las arcas, han jurado en la Convención de Filadelfia a la madre de Parnell que coronaba, al son del arpa de Erin, de grandes rosas el busto de Washington, unirse en masa a la admirable y sagaz Liga Irlandesa.—David que ha puesto el guijarro en medio de la frente del Goliat británico.

Naturaleza está de risas, y todo es viola, lirio y margarita; y en los rostros, alegría; y en los campos, fresas. Los muelles, llenos de fervorosos caballeros que abrazan a Salvini, que se embarca; a la Nilsson, cargada de honores presidenciales, vía de Europa; a la Patti, que no debiera irse nunca, y se va! Están de huelga los cigarreros; de plácemes, los reformadores; de sosiego, que no es más que velada de armas, los políticos; de mala hora, los chinos infectos, a quienes sus mismos compatriotas honrados persiguen, porque saben de artes abominables y espantosas, y de humos de yerba, y opio hediondo, que llenan el espíritu de miasmas, los ojos de miradas lodosas, las manos de temblores.

Y se sabe que dan dulces de opio a las niñas,
que al cabo gustan de ellos, y van a pedirlos, hasta
que caen como flores en fango, en torno de una
pipa que nunca se apaga, sobre la tarima del tétrico
garito. Y la policía, que sabe de cerrar los ojos,
y de volver la espalda, y padece de gota serena,
porque tiene los ojos abiertos y no vé, deja el garito encendido, las niñas ebrias, y rico y libre al
chino mefítico: pero gallardos mozos de las cercanías
del barrio obscuro, donde es fama que, camino de
las cuevas de opio, bajan de ricos coches suntuosas
mujeres, se han puesto detrás de un cura católico
que los excita a cegar la fuente de veneno recién
abierta; y en la callejuela nauseabunda, donde gran
número de chinos viven, no hay esquina sin patru-
lla de policía voluntaria, ni chino a cuyos talones
no vaya atado un periodista.

¡Oh! el periódico! lente inmensa, que este siglo
levanta y refleja con certidumbre beneficiosa e implacable las sinuosidades lóbregas, las miserias des-
nudas, las grandezas humildes, las cumbres resplandecientes de la vida! Cazadores están pareciendo
ahora los periodistas: azuzan a los policías de ojos
perezosos, los encarnecen, los empujan a las puertas por donde se entra a la casa de opio, sorprenden
a las pobres mozas de trabajo, que con los ojos
opacos y gruesos, los cabellos pastosos y desordenados, y las pálidas mejillas salpicadas de rosetas
cárdenas, el vestido mísero torcido en arrugas, vienen de vaciar en las manos del chino, en pago de la
negra pipa de opio, que las lleva a otros mundos,
la porción de jornal que espera en vano, con sus

manos sin carne, la madre afligida. ¡Allá vá el periodista, tras de un coche que pasa con lacayo y librea, lleno de damas ricas que buscan la casa odiosa, a que el opio las llama, y al verse vigiladas huyen velozmente! ¡Allá trae de la mano a una niña de 13 años, que sale tambaleando, lívida y trémula, de una cueva de chinos! La ciudad no reposa: es formal la batalla: se corre el riesgo de que Irlandeses y otras castas, movidos de odio al chino sobrio que en el mercado de trabajo, les saca codos y puede dejarlos sin labor, de puro abaratarla, exageren el mal que el vicio del opio hace en las clases pobres, a cuyas jóvenes ya cautiva, y en las altas, que tienen en los barrios ricos tarimas recamadas, donde fuman de tarde a mañana, y el día después a veces, el veneno que de la taza de porcelana les lleva a los labios una pipa de oro. Pero este pueblo, implacablemente sensato, estrujará de una puñada a esos gusanos que le andan en la entraña; y pondrá por su cabeza, como Panza a los que creía dignos de estima, a esos otros chinos avisados, aseados, ligeros, que toman, mientras barnizan cuellos y bruñen percheras, lecciones de una maestra de leer, y cuelgan las paredes de frases de la Biblia, que en verdad es libro que, en cosas de alma, dijo todo; y leen cada sábado, detrás de las cortinas rojas que ponen como de muestra a sus lavanderías, el periódico chino que en papel amarillo saca a luz de las prensas el diestro Fom Ling-Chó, mozo de letras, que suele tener mesa y paga buena en los diarios cristianos.

Pero apenas hallan tiempo los ojos de leer, ni los

oídos de tomar al paso los hechos de esta vida singular, que tiene los pies en la edad de piedra, el
pecho acorazado de oro, sobre las selvas la mano
velluda, y la cabeza coronada de rayos, rompiendo,
como sol que asciende, el sonoro taller de la Creación. Percíbense aquí, a la vez, brutalidades patriarcales y exquisitos aromas del espíritu; juicios que
parecen tramados a la sombra de la horca del feu-
do, y sueños que parecen sorprendidos, a modo de
mensajeros extasiados, en los aires de un mundo
que viene.

Ante mí están, en largos hilos de letra menuda
que extiendo y revuelvo, los sucesos del mes buscando forma. Este es un miembro del Congreso,
que de vuelta de hablar por la patria, mató a un
menguado que le sacó su mujer a villanías; y los
pueblos de su comarca se sientan torvos delante de
los Jueces, porque no quieren que el diputado quede preso, sino celebrado y libre.

Este ¡oh espanto! creía hace tres años en el advenimiento del nuevo Mesías; y para dar fe de su
creencia y de su certidumbre de que Dios volvía a
la tierra precedido de milagros, a la luz de una
lámpara que a la cabeza de la cuna tenía en alto la
madre, clavó el puñal en el pecho de su propia hija,
y llamó a sus vecinos a anunciarles que resucitaría al
tercero día; el padre ahora se mesa los cabellos y
se maldice, y no habla sino con lágrimas; y no quiere el Jurado tenerlo por loco.

Esta es la señora Marta Lamb, que dirije, con
aplauso de sabios, el Magazine y American History,
donde un caballero Shea, que sabe de vejeces, ha

reanudado, en pró de Santa Isabela, la querella de
dominicanos y españoles sobre qué baúl de cuero
o urna de piedra guarda los restos de Cristóbal Colón,—que halló la tierra buscando el cielo!

Este es un libro nuevo, que cuenta la vida, demasiado apacible de William Cullen Bryant, que fué
poeta, blanco poeta, al modo cómodo de Woods-
worth, no como aquellos otros infortunados y gloriosos, que se alimentan de sus mismas entrañas. Este
es otro libro, donde hablan alternadamente en cartas,
Carlyle, en quien la magnitud excelsa de la inteligencia llegó a suplir a veces el amor, que como de
tierra fría y breñosa, había huído de su ingrato corazón, y Emerson, en cuya frente pálida, alta, cerrada por ambas sienes, como por vastas paredes,
lucía el fuego eterno.

Miriadas cuentan estas columnas de papel, que
como alas de la memoria, ahora revuelvo.

Ya es la ciudad de Dodge amotinada, como Cartago en tiempo de tropas de merced, o ejército de
Electores de Alemania cuando el segundo Felipe;
que es Dodge ciudad de viciosos, y de tabernas y
garitos, cuyo Mayor es gran rufián, que, apenas
venció las elecciones, junto a los bravos de mina y
de manadas que pasean las tierras del Oeste, de ga-
naderos y buscadores de metal, y echó de la ciudad
a sus rivales que le estorbaban en comercio, puso
los fusiles cargados al pecho de los abogados que
venían a defender a los presos, y sitió, porque tra-
jeran auxilio, los trenes que llegaban a la villa: a
tiempo que en Washington, el Presidente, que es
discretísima persona, promulga, —demasiado tarde

ya para que sirva de bandera útil al partido republicano—, la ley que arranca de las manos de los dadores de oficios públicos, el poder corruptor que se entraba ya, como sutil veneno, por las entrañas del sufragio.

¡Oh! que catástrofe, si se probara que los hombres, abandonados a la libertad, volvían voluntariamente a la tiranía! Más no: no bien sintieron que se les aflojaban las riendas en la mano, las empuñaron en majestuosa fiereza, y miran en su torno pujantes y retadores, como buscando a osado vil que acometer.

Aquí se lee que un amador entristecido, a quien su dama escribió cartas y versos tiernos, que luego olvida, entabla querella ante el juez contra su dama, porque, con su abandono, ha quebrantado su corazón, cuyo quebranto estima en $10,000; y ahí se lee que una dama recaba $10.000 de su galán, porque enojado de que su prometido gustase de ir en compañía diversa, aunque lícita, a saraos y teatros, dió por finado el "compromiso" que aquí precede a las bodas, en lo que ha declarado el juez que no es causa de dar fin al comprometimiento amoroso el que la prometida dance en fiestas ni salga de teatros en brazos ajenos: lo cual celebra esta dama casándose con uno de aquellos de quienes su amante celaba.

Allá cavan al fin, en lo hondo del mar, la piedra en que ha de encajar el cimiento de la estatua de la Libertad, digno guardián de la ciudad titánica que ha doblado seis veces sus hijos en un siglo, y en cuarenta años ha sacado de 312,000 hombres, 12 millones de hombres, y como ave tallada en montaña que empollara nidos, se saca a cada aurora de bajo de las alas palacios descomunales y opulentos.

¡Qué espectáculo tan vario a la sombra de estas potentes alas!

Cohortes de trabajadores, alzadas en huelga, celebran con palmas y vítores al mal mozo cigarrero que de una pedrada rinde moribundo a un empleado leal de la cigarrería venido a poner paz entre la turba, ganosa de más sueldo.

Apretados en vasto salón los irlandeses, proponen que todo irlandés jure que no ha de llevar a su boca, ni tocar con su mano, ni poner sobre su cuerpo durante un año objeto de comer, beber, trabajar o vestir que haya salido del suelo o de los talleres de Inglaterra.

Ciudadanos severos acusan ante el Gran Jurado a famosos capitanes de la policía de que dejan a sabiendas, porque cobran el barato de ellos, abiertos de noche y día de fiesta, rincones de beber, y cuevas de juego.

Desde la nave de la Iglesia, a tiempo que sube las escaleras del altar para besar su libro de oro, una mujer airada acusa con voces tonantes de osadías seculares al sacerdote.

Tras de un hombre que va riendo al cadalso, otro, que arrebatado por ujieres y alguaciles, clava las uñas, casi arrancadas de las manos en el frenético intento, a los bordes del manto de la vida, que mira gozosa e impasible la alegre función humana, ahora en gala, camino de los campos, luciendo en florecidos estandartes los colores de Mayos y de Abriles.

Lindas damas, que en suntuosas comidas se despiden de las alegrías embriagadoras del invierno, adornan sus sombreros de pompones amarillos, y en sensato traje estrecho, que dibuja sin exceso ni alarde las armoniosas formas femeniles, viajan, como mariposas que van a abrir las alas, por los pueblos vecinos, en busca de una tienda de verano, que el mar corteje, tendiéndole sus olas a la falda, cual gigantesco enamorado andaluz que echa su capa por el suelo al paso de su dama, o que el verano cuelgue de enredaderas de jazmines, que crecen bien en la sabrosa y regalada sombra del monte.

Otras damas, frenéticas, remontan sus joyas, porque parezcan nuevas, y den celos; desdoblan sus encajes venecianos, porque ni en tierras europeas ni en éstas vá a haber este verano, para las damas cosa de más precio que los encajes; abren palpitantes los cuidados estuches en que les vienen de Francia las sedas ligeras, los tules nubosos, las modas risueñas, y gastan de antemano, con las ansias del deseo, la vida nueva que la playa del mar o el sosiego del campo devuelven a los miembros, que salen del invierno de ciudad, en las calles, fangoso, en los salones agitado, danzador, glotón, febril, como naranja chupada por un colosal Don Juan hambriento.

Pero son dos los sucesos mayores de este Mayo: uno, una ley; otra, pasmosa maravilla. ¡El escudo de la tierra debía ser una mano de hombre! ¡Oh, palmas de manos pequeñas, que muestran al Creador como derecho a sentarse a su lado, estas torres del puente de Brooklyn!

La ley también es magna. Antes ¡quién sabe por

cuanto tiempo aún, a pesar de la ley! el que más votos cazaba mayor prebenda obtenía; y quien sacaba en hombros un diputado difícil, ya quedaba con ambas manos puestas sobre las arcas del Tesoro. Portero hay de Ayuntamiento que fué pugilador de fama, que en una hora de votos apretados llevó a las urnas una cohorte de púgiles, por lo que le dieron después en premio la portería; de archivero se sabe que no lee; de médico de hospital que sólo lo es de elecciones; y de estenógrafo que jamás probó sus manos en el arte noble de acompañar en su vuelo espléndido a la palabra humana, —la gentil señora! Ni había modo de sacar de las casas del poder al partido victorioso, que costeaba suntuosamente las elecciones, y vencía con el peso de los votos venales el de los votos puros, merced a las cuantiosas cuotas que de barrendero a presidente, so pena de perder su puesto público de presidente o barrendero, exigía el partido voraz.

La ley nueva va encaminada a hacer imposibles tales escarceos del voto, y mercadeos de la vergüenza, y premios inmerecidos de servicios personales, y dádiva de empleos en pago de astucias de día de votos, o de promesas de barrio, o de traiciones a bando enemigo.

La ley es imperfecta, como ley de transacción. Apunta el deseo, que no realiza, de convertir en carrera aparte el servicio público. Ya no será libre el poder de nombrar empleados, sino que habrá de elegirlos el que los haya menester del cuadro de opositores competentes que le ofrezca el Tribunal de Exámenes. Cual persona aspira a un puesto pú-

blico, dirije su demanda a la Comisión de Servicio
Civil, si desea puesto en ministerio alguno; al Secretario de Correos, si en correos quiere servir; o
al Jefe de la Aduana en que pretenda empleos. Llegada la época de exámenes, ha de probar que sabe
ortografía, y escribir buena letra, y copiar. Lo exa-
minarán en fundamentos de aritmética, fracciones,
tanto por ciento, intereses, descuentos y nociones
de teneduría de libros y de cuentas. Ha de demostrar que es dueño de su lengua, y puede decir en ella
correctamente lo que piensa. Y ha de saber, aunque en bosquejo, la geografía e historia de la Nación, y este modo sencillo y solemne, con que, sin
sacudidas ni rivalidades enconosas, se gobierna el
pueblo norteamericano. El Tribunal de Exámenes
gradúa los conocimientos del candidato, y ninguno
quedará en lista de oficio, si no obtienen un 65%
como tipo menor de la suma de sus grados en las
diversas materias del examen. Es válido el examen
por un año, al fin del cual, los nombres de los nuevos vencedores llenan las listas.

Del grupo de opositores que el Tribunal de Exámenes ofrece al magistrado que necesita proveer un
empleo, el magistrado escoge, pone a prueba por
seis meses al escogido, y al cabo de ellos, o por in-
competente lo rechaza, o por capaz lo acepta, sin
que quede, como antes, vendido y suspenso al poderoso que le ungió con el empleo, ni con miedos
de perder su pitanza si no dá porción de ella al
partido que lo nombra, porque esta ley prohibe, so
penas graves, a los cabezas de los partidos que exi-
jan contribuciones a los empleados, y a éstos que las

paguen, y empeña promesa de amparar a los que
se vieren solicitados, y de castigar al empleado que
dé cuota o al partidario que la exija; ni vendrá, luego de sendos años de servicio, un lindo caballero,
amigo de amigos, a sentarse por sobre las canas de
un envejecido servidor, sino que la promoción de
empleados se regulará, como los primeros nombramientos, en libre y abierto certamen, sin que haya
más título privilegiado que el de haber perdido un
brazo o una pierna o un tajo de cráneo en defensa
de la patria.

Pero ¿por qué limpian los soldados urbanos sus
almetes, y aquéllos peinan con esmero los penachos
de sus cascos, y éstos sacuden al sol, rica de botones de oro, su casaca azul? ¿Por qué en las casas
todas, como si la ciudad tuviera un invitado, que se
sentara a la vez en todas las mesas, no se habla más
que del invitado misterioso? ¿Por qué se nota en
la ciudad entera, en los rostros mismos de los hombres, súbita virilidad y expresión de fuerza, como
si les viniera del reflejo de un poder ciclópeo? No
hay bandera que ya no esté buscando el asta; ni
farolillo de colores que no aguarde ya luz, ni palabra que no sea de admiración y de piedad para un
hombre encorvado, ya enjuto, de ojos vibrantes a
la par que dulces, con ese brío de las almas bravas,
que han puesto mano al cielo, y esa tristeza tierna
y desconsolada que viene del contacto de las grandes fuerzas; no hay ojos que no busquen, en el rincón de una ventana saliente, que se empina sobre
una altura de Brooklyn, al ingeniero enfermo y melancólico, que recogiendo y ahilando cada maña-

na los retazos de su vida, que parecían desasirse
de él con desprendimientos eléctricos, con la una
mano sujetaba, como mendigo sus harapos sueltos,
los restos de su existencia, y con la otra trazaba,
en montes de papel, el modo de levantar sobre las
aguas montes de piedra.

Era Washington Roebling, a quien sacaron un
día moribundo del cajón mefítico que había de sustentar, desde su cueva tallada en la roca a ochenta
pies la faz del agua, las portentosas torres de granito que a los 276 pies de altura se interrumpen en
cima graciosa para que por sobre ellas corran los
cables suspensores de 1595 pies, con diez y ocho
dientes de hierro, sujetos bajo una lámina de acero
por hercúleos cerrojos, sobre cuyas raíces se levanta colosal mampostería, como para que tales hilos soporten la aérea calzada de hierro, que con
su pavimento complicado, su doble vía para carruajes, su vía central para peatones, su ferrocarril
de ida y vuelta, pesa 8,120 toneladas.

El hombre enfermo es Washington Roebling, a
quien el hablar fatiga, y el mirar ofusca, y el andar postra, víctima ya perpétua de ese mal veneno-
so que a manera de venganza del misterio vencido,
disloca y pudre los gérmenes de vida en quien desciende, en una lóbrega cueva de madera que llevaba
ya a su espalda el cimiento de la torre ponderosa, a
conquistar, capitaneando los soldados del cerebro,
una ley más del Universo.

De Roebling, que no puede leer ni conversar, que
dá sus órdenes a trozos, porque su extraño mal le
tortura cruelmente apenas habla, de Roebling han

surgido esos cables tendidos por sobre las torres, cada uno de los cuales aprieta bajo su corteza de alambre diez y nueve hilos tamaños, que cada hilo alcanza un millón de pies que va y viene de una a otra raíz del puente, sin quebrarse ni torcerse nunca, 278 veces. De Roebling, como vapor acaso de la suave música con que en los primeros años de su enfermedad solía templar en el violín sus males, surgieron esas torres corpulentas, que los arcos del Puente de Gard no igualan en gracia, y la gran Pirámide de Egipto sólo vence en altura: ¡la naturaleza es brazo de la idea! Y ya la grande obra está acabada: ya levantan sobre los bordes del camino farolillos graciosos; ya pasan por bajo el arco central del puente que se eleva a 135 pies, los más altos buques; ya, desde su altura de 108 pies, se levanta del medio de las torres hacia el centro la armazón del piso a unirse con los cables que cuelgan de las cimas de granito como un arco iris vuelto, y se entran de uno y otro lado del río, por New York y por Brooklyn, a morder, bajo su pesadumbre de mampostería, la tierra a 930 pies de cada margen.

Y aquellos arcos parecen montañas vacías! Y cuando entran en los costados de ambas ciudades, ya parecen, cercados de casas envidiosas y edificios raquíticos, montañas arrodilladas. A los monumentos hace falta, como a los hombres extraordinarios, espacio limpio en torno. Las casas pequeñas, los carros que pasan, los hombres que vocean, distraen los ojos —puertas de monumentos interiores— de la masa empinada e imponente. Las casas de habitación, que por una y otras margen rodean el puente colgante, roen los pies e hincan de rodillas a esas fábricas ciclópeas,—casas del tiempo!

¡Oh! ya viene, ya viene el día de la fiesta. Han querido trabajadores indiscretos e irlandeses odiadores, impedir que el puente se abriese al público entre bosques y mares de fuego, y ruido de campanas, tambores y cañones, y flamear de banderas y de almas, el 24 de Mayo, porque es día en que Victoria, reina de Inglaterra, de Irlanda odiada, cumple años! Más no ha sido homenaje de este pueblo, sino coincidencia! Indiscreción hubiera sido procurarlo: ahora, descortesía dejar de hacerlo. Se abre el puente el día 24; y lo veremos todo: y palparemos todo desde el cable que muerde la tierra, sube a 279 pies, baja a 185, vuelve a subir a 279, y, como monte que camina, entra rompiendo la Ciudad, en Brooklyn, y se clava cerca de su plaza mayor, hasta la bandera del tope, que parece avisar ya al cielo que el hombre anda cerca de él.

Iremos a la fiesta.

JOSE MARTI.

La Nación. Buenos Aires, 20 de junio de 1883.

EL PUENTE DE BROOKLYN

Palpita en estos días más generosamente la sangre en las venas de los asombrados y alegres neoyorquinos: parece que ha caído una corona sobre la ciudad, y que cada habitante la siente puesta sobre su cabeza: afluye a las avenidas, camino de la margen del Río Este, muchedumbre premiosa, que lleva el paso de quien va a ver maravilla: y es que en piedra y acero se levanta la que fué un día línea ligera en la punta del lápiz de un constructor atrevido; y tras de quince años de labores, se alcanza al fin, por un puente colgante de 3,455 pies, Brooklyn y New York.

El día 7 de junio de 1870 comenzaban a limpiar el espacio en que había de alzarse, a sustentar la magna fábrica, la torre de Brooklyn: el día 24 de mayo de 1883 se abrió al público tendido firmemente entre sus dos torres, que parecen pirámides egipcias adelgazadas, este puente de cinco anchas vías por donde hoy se precipitan, amontonados y jadeantes cien mil hombres del alba a la media noche. Viendo aglomerarse, a hormiguear velozmente por sobre la sierpe aérea, tan apretada vasta, limpia, siempre creciente muchedumbre,—imagínase ver sentada en mitad del cielo, con la cabeza radiante entrándose por su cumbre, y con las manos blancas, grandes como águilas, abiertas, en signo de paz sobre la tierra,— a la Libertad, que en esta ciudad ha dado tal hija. La Libertad es la madre del mundo nuevo,—que alborea. Y parece como que un sol se levanta por sobre estas dos torres.

De la mano tomamos a los lectores de *La América*, y los traemos a ver de cerca, en su superficie, que se destaca limpiamente de en medio del cielo; en sus cimientos, que muerden la roca en el fondo del río; en sus entrañas, que resguardan y amparan del tiempo y del desgaste moles inmensas, de una margen y otra,—este puente colgante de Brooklyn, entre cuyas paredes altísimas de cuerdas de alambre, suspensas—como de diente de un mamooth que hubiera podido de una hozada desquiciar un monte —de cuatro cables luengos, paralelos y ciclópeos,— se apiñan hoy como entre tajos vecinos del tope a lo hondo en el corazón de una montaña, hebreos de perfil agudo y ojos ávidos, irlandeses joviales, alemanes carnosos y recios, escoceses sonrosados y fornidos, húngaros bellos, negros lujosos, rusos—de ojos que queman, noruegos de pelo rojo, japoneses elegantes, enjutos e indiferentes chinos.—El chino es el hijo infeliz del mundo antiguo: así estruja a los hombres el despotismo: como gusanos en cuba, se revuelcan sus siervos entre los vicios. Estatuas talladas en fango parecen los hijos de sociedades despóticas. No son sus vidas pebeteros de incienso: sino infecto humo de opio.

Y los creadores de este puente, y los que lo mantienen, y los que lo cruzan,—parecen, salvo el excesivo amor a la riqueza que como un gusano les roe la magna entraña, hombres tallados en granito—como el puente.—Allá va la estructura! Arranca del lado de New York, de debajo de mole solemne que cae sobre su raiz con pesadumbre de 120.000,000 de libras; sálese del formidable engaste a 930 pies de distancia de la torre, al aire suelto; éntrase, suspensa de los cables que por encima de las torres de 276 $^1/_3$ pies de alto cuelgan; por en medio de estas torres pelásgicas que por donde cruza el puente miden 118 pies sobre el nivel de la pleamar: encúmbrase a la mitad de su carrera, a juntarse, a los 135 pies de elevación sobre el río, con los cables que desde el tope de la torre en solemne y gallarda curva bajan; desciende, a par que el cable se remonta al tope de la torre de Brooklyn, hasta el pie de los arcos de la torre, donde ésta, como la de New York, alcanza a 118 pies; y reentra, por sobre el aire con toda su formidable encajería deslizándose, en el engaste de Brooklyn, que con mole de piedra igual a la de New York, sajado el seno por nobles y hondos arcos, sujeta la otra raíz del cable. Y cuando sobre sus cuatro planchas de acero, sepultadas bajo cada una de las moles de arranque, mueren los cuatro cables de que el puente pende, han salvado, de una ribera del río Este a la otra, 3,578 pies. Oh! broche digno de estas dos ciudades maravilladoras! ¡Oh guión de hierro—de estas dos palabras del Nuevo Evangelio!

Llamemos a las puertas de la estación de New York. Millares de hombres, agolpados a la puerta central nos impiden el paso. Levántase por entre la muchedumbre, cubiertas de su cachucha azul humilde, las cabezas eminentes de los policías de la ciudad, que ordenan la turba. A nuestra derecha, por la vía de los carruajes, entran carretas que lle-

van trozos de paredes y columnas; carros rojos del
correo, henchidos de cartas; carrillos menguados, de
latas de leche; coches suntuosos, llenos de ricas damas; mozos burdos, que montan en pelo, entre ri-
meros de arneses, sobre caballos de carga que en
poco ceden al troyano; y lindos mozos, que en nerviosos corceles revolotean en torno de los coches.
Ya la turba cede: dejamos sobre el mostrador de la
casilla de entrada, un centavo, que es el precio del
pasaje; se ven apenas desde la estación de New
York las colosales torres; zumban sobre nuestra cabeza, golpeando en los rieles de la estación del ferrocarril aun no acabado, que ha de cruzar el puente, martillos ponderosos: empujados por la muchedumbre, ascendemos de prisa la fábrica de amarre
de este lado del puente. Ante nosotros se abren cinco vías, sobre la mampostería robusta comenzadas:
las dos de los bordes son para caballos y carruajes,
las dos interiores inmediatas, entre las cuales se levanta la de los viandantes, son las ida y venida del
ferrocarril, cuyo amplios wagones reposan a la entrada: como a los 700 pies la mampostería cesa, y
empieza el puente colgante, que los cuatro cables
paralelos suspenden, trabados a los eslabones de
hierro, que cual inmenso alfanje encorvado con la
punta sobre la tierra, atraviesan la mampostería,
como si tuviera el mango al río y el extremo a la
ciudad, hasta anclar en el fondo de la fábrica. Ya
no es el suelo de piedra, sino de madera, por bajo
de cuyas junturas se ven pasar como veloces recaderos y monstruos menores, los trenes del ferrocarril elevado, que corren a lo largo de esta margen

del río—a diestra y siniestra. Y por debajo de nuestros pies, todo es tejido, red, blonda de acero: las barras de acero se entrelazan en el pavimento y las paredes que dividen sus cinco anchas vías, con gracia, ligereza y delgadez de hilos; ante nosotros se van levantando, como cortinaje de invisible tela surcada por luengas fajas blancas, las cuatro paredes tirantes que cuelgan de los cuatro cables corvos. Parecen los dos arcos poderosos, abiertos en la parte alta de la torre, como las puertas de un mundo grandioso, que alegra el espíritu; se sienten, en presencia de aquel gigantesco sustentáculo, sumisiones de agradecimiento, consejos de majestad, y como si en el interior de nuestra mente, religiosamente conmovida, se levantasen cumbres. El camino de los pedestres, ya bajo la torre, se abre, al pie del muro que divide los dos arcos; lo ciñe en cuadro; vuelve a juntarse, entre la colosal alambrería que en calles aparejadas, colgada de los cuatro cables gruesos, desciende en largas trenzas, altas como agujas de iglesia gótica junto a la torre, más cortas a medida que la curva baja hacia el centro del puente, y al fin, en el centro, a nivel de éste. Y el puente,—encumbrado en su mitad a 135 pies, para que por bajo él, sin despuntar sus mástiles ni enredar sus gallardetes, pasen los buques más altos,—comienza a descender, en el grado mismo en que su mitad primera asciende: la imponente cordelería, que antes bajaba, ahora en curva revertida, se encumbra a la cima de la segunda torre: el camino, al pie de ésta, se reabre en cuadro, como al pie de la torre de New York, y se recoje: bajo de sus planchas de acero silban va-

pores, humean chimeneas, se desbordan las muchedumbres que van y vienen en los añejos vaporcillos,
se descargan lanchas, se amarran buques: la calzada de acero, cargada de gente, se entra al cabo por
la de mampostería que lleva al dorso la fábrica de
amarre de Brooklyn, que, sobre sus arcadas que
parecen montañas vacías, se extiende, se encorva,
sirve de techumbre a las calles del tránsito, bajo
ellas semejantes a gigantescos túneles, y vierte al
fin, en otra estación de hierro, a regarse hervorosa
y bullentes por las calles, la turba que nos venía
empujando desde New York, entre algazara, asombros, chistes, genialidades, y canciones. Regocija
lo inmenso.

Pero quedan siempre delante de los ojos, como
zapadores del Universo por venir, que van abriendo
el camino a los hombres que avanzan, aquellos cuatro colosales boas, aquellos cuatro cables paralelos,
gruesos y blancos, que, como serpiente en hora de
apetito se desenroscan y alzan el silbante cuerpo de
un lado del río, levántase a heróica altura, tiéndense
sobre pilares soberanos por encima del agua, y van
a caer del lado opuesto. Y parece que los pies quedan pisando aquella armazón que semeja de lejos
sutil superficie, y como lengua de hormiguero monstruoso; y es de cerca urdimbre cerradísima, que a los
cables sólo fía su sustentamiento, y a las cuerdas de
acero que en forma de abanico bajan en cuatro paredes, cruzándose con las de tirantes verticales de
cada uno de los lados de las torres. Y se mecen, a
manera de boas satisfechos,—sobre la plancha cón-
cava en que en el agujero en que atraviesan lo alto

de las torres descansan sobre ruedas,—los cuatro
grandes cables, como alambres de una lira poderosa,
digna al cabo de los hombres, que empieza a entonar
ahora sus cantos!

Mas ¿cómo anclaron en la tierra esos mágicos cables? ¿Cómo surgieron de las aguas, con su manto
de trenzas de acero, esas esbeltas torres? ¿Cómo se
trabó la armazón recia sobre que pasean ahora a la
vez, cual por sobre calzada abierta en roca, cinco
millares de hombres, y locomotoras, y carruajes, y
carros? ¿Cómo se levantan en el aire, susurrando
apenas cual fibra de cañas ligeras esas fábricas que
pesan 8.120 toneladas? Y los cables ¿cómo, si pesan
tanto de suyo sustentan el resto de esa pesadumbre
portentosa?

Pues esos cables, como un árbol por sus raíces,
están sujetas en anclas planas, por masas que ni en
Tébas ni en Acrópolis alguna hubo mayores: esas
torres, se yerguen sobre cajones de madera que
fondo arriba fueron conducidos, con los cimientos de
la torre al dorso, hasta la roca dura, 78 pies más
abajo de la superficie del agua: y esos cables no
abaten con sus cuerdas ponderosas las torres corpulentas, sino que del repartimiento oportuno de sus
hilos y la resistencia, apenas calculable, que le viene
de sus amarras, soporta la colgante estructura, y
cuanto el tráfico de siglos, con su soplo febril, eche
sobre ella.

Y ¿qué raíz ha podido asegurar a tierra esa gigante trabazón, pasmo de los ojos, y burla del aire?
¿qué aguja ha podido coser ordenadamente esos hilos de acero, de 15¼ pulgadas de diámetro, y en

los extremos anudarlos? ¿quién tendió de torre a
torre, sobre 1,596 pies de anchura, el primer hilo,
5,000 hilos, 14,000 millas de hilo? ¿quién sacó el
agua de sus dominios y cabalgó sobre el aire, y dió
al hombre alas?

Levanten con los ojos los lectores de *La América*
las grandes fábricas de amarre que rematan el
puente de un lado y de otro. Murallas son que ce-
rrarían el paso al Nilo, de dura y blanca piedra, que
a 90 pies de la marca alta se encumbran: son muros
casi cúbicos, que de frente miden 119 pies y 132 de
lado, y con su enorme peso agobian éstas que ahora
veremos,—cuatro cadenas que sujetan, con 36 garras cada una, los cuatro cables. Allá en el fondo,
del lado de atrás más lejano del río, yacen, rematadas por delgados dientes, como cuerpo de pulpo
por sus múltiples brazos, o como estrellas de radios
de corva punta, cuatro planchas de 46,000 libras de
peso cada una, que tienen de superficie $16\frac{1}{2}$ pies
por $17\frac{1}{2}$, y reunen sus radios delgados en la masa
compacta del centro, de $2\frac{1}{2}$ pies de espesor, donde
a través de 18 orificios oblongos, colocados en dos
filas de a 9 paralelas, cruzan 18 eslabones, por cuyos anchos ojos de remate, que en doble hilera quedan debajo de la plancha, pasan fortísimas barras,
de 7 pies de largo, enclavadas en dos ranuras se-
micilíndricas abiertas en la base de la plancha.—Tales son de cada lado los dientes del puente.—En
torno de los 18 eslabones primeros, que quedaron en
pie, como lanzas de $12\frac{1}{2}$ pies, rematadas en ojo en
vez de astas, esperando a soldados no nacidos,
amontonaron los cuadros de granito, que parecían

trozos de monte, y a la par que iban sujetando los
eslabones por pasadores que atravesaban a la vez
los 36 ojos de remate de cada 18 eslabones contiguos trenzados como cuando se trenzan los dedos
de las manos,—y que a quedar sueltos hubieran gi-
rado unos sobre otros como sobre un eje común las
dos alas de una visagra,—inclinaban hacia el río, en
la curva interior del alfange, con la colocación de las
piedras invencibles, cada doble hilera de eslabones
nuevos, hasta que al avecinarse ya a la altura, por
donde habían de entrar a enlazarse con la complicada cuádruple osamenta los cuatro cables, la doble
hilera se duplica, las dos camas de eslabones se truecan en cuatro; las 18 barras son ya 36; los dos pasadores paralelos, que a tramos diversos e iguales,
como anillos de serpiente chata que anda, han venido asegurando la doble cadena, se convierten en
cuatro, y cada uno de estos pasadores, bastante a
ser mástil de barco o columna de iglesia, sujeta a la
vez atravesando 18 ojos, los 9 en que rematan los
eslabones de cada una de las cuatro hileras, y 9 ojos
de 9 de los hilos de cada cable, que tiene 19 hilos,
cada uno de los cuales se abre en dos a cada extremo para ajustar—como cuña entre las dos porciones del cuerpo que rompe,—entre los ojos de dos
eslabones contiguos,—con lo que quedan por los
cuatro mismos pasadores paralelos unidos en cuatro camas superpuestas e idénticas, los 36 extremos
de cada cadena de anclaje y los 36 extremos de cada
cable. Esas 4 dobles médulas de hierro, hasta 25
pies de lo alto del muro que da al río, en que ya el
cable entra en el muro, atraviesan esos dos cuerpos

monstruosos de granito,—médulas que remata luego
armazón intrincada de nervios de acero, por ser ley,
que anuncia lo uno en lo alto, y lo eterno en lo análogo, que todo organismo que invente el hombre, y
avasalle o fecunde la tierra, esté dispuesto a semejanza del hombre. Parece como si en un hombre
colosal hubiera de rematarse y concentrar toda la
vida.

De madera es, de madera de pino de Georgia,
que debajo del agua ni el oxígeno alcanza ni el te-
deros roe, el sustento de ambas torres. *Caisson* lo
llaman en francés y en inglés, y es invención francesa. Es caja inmensa, vuelta del revés: la boca,
abajo; el fondo arriba; y sobre el fondo que le sirve
de tapa, veinte y dos pies de planchas de pino, cru-
zadas en ángulo recto sujetas al techo del cajón por
tornillos gruesos como árboles, y retorcidos y agi-
gantados, como debe ver, en su cerebro encendido,
sus ideas un loco;—y de madero a madero, abrazaderas de hierro;—y en las junturas, alquitrán y materias adherentes y durables. Oh! bien merecen estas cosas que asombran, que bajemos por el pozo
forrado de hierro, contra entrada de aire, que desciende de lo alto del cajón, por entre los lienzos de
pino, al cajón hueco, también de hierro contra aire,
forrado de hierro de caldera, y cuyas paredes, de
hierro calzadas, van en lo interior disminuyendo,
para dejar mayor espacio a los excavadores, desde
ocho pies con que junto al fondo que hace de techo
comienzan, a ocho pulgadas. Ya flota la estructura
corpulenta, con su margen de once pies, entre la tri-
ple empalizada, que, en el lugar mismo en que ha

de alzarse la torre, le han fabricado los ingenieros;
ya comienza a hundirse, al peso de los primeros
trozos de granito que le echan al dorso; ya baja! ya
baja! Por las canales de aire, introducen en el cajón
el aire comprimido, ante el que huye, no sin grandes luchas, titánicos saltos a quinientos pies por
sobre los pozos, tonantes rugidos y mortíferas rebeldías el agua vencida. Ni silbar pueden los hombres
que trabajan en aquella hondura, donde está el aire
comprimido a 32 libras por pulgada cuadrada: ni
apagar una luz, que de sí misma se reenciende. Del
pozo de hierro por donde bajan los excavadores al
húmedo hueco del cajón, dividido para mejor sustento por seis tabiques, donde los excavadores trabajan,—los hombres pasan, graves y silenciosos a
su entrada, fríos, ansiosos, blancos y lúgubres como
fantasmas a su salida, por una como antesala, o
cerrojo de aire, con dos puertas, una al pozo alto,
otra a la cueva, que nunca se abren a la par, porque
no se escape el aire comprimido, sino la de la cueva
para dar entrada al bravo ejército cuando la del
pozo se ha cerrado ya tras ellos, o la del pozo, para
darles salida, cuando dejan ya cerrada la de la
cueva:—¡ved cómo bajan por cuatro grandes aberturas al fondo de la excavación las dragas sonantes,
de cóncavas mandíbulas, a buscar al fondo de los
pozos—abiertos a hondura mayor que el nivel del
agua, por lo que el agua sube en ellos a nivel—el
lodo, la arena, los trozos de roca, que en incesantes
paletadas echan en los pozos los excavadores, para
que luego, al encajar, con ruido de cadenas, sus
fauces abiertas en la abertura profunda la draga

famélica, las trague, cerrando de súbito los maxilares poderosos, y las saque, cajón y torre arriba, al aire libre, y las vuelque en las barcas de limpieza! Ved como a medida que limpian la base aquellos heroicos trabajadores febriles, en cuyo cerebro hinchado la sangre precipitada se aglomera, van quitando alternativamente las empalizadas que colocaban ha poco bajo los tabiques de la extraña fábrica, y, con este sistema de escalones, dejando caer sobre las empalizadas que quedan la torre, que, sin el apoyo de las que le quitan, pesa más sobre las restantes, y baja,—y reponiendo sobre el terreno nuevamente limpio las que quitaron, para apartar en seguida las que dejaron antes, al separar las cuales la torre baja otra vez sobre las nuevas. Ved como expulsa el agua, y calva ya la roca, echan los hombres entre ella y el tope del cajón 8.000 toneladas de cimiento hidráulico, masa que, celoso de la naturaleza que creó breñas duras, ha inventado el hombre. Así a flor siempre de agua, construyeron, sobre el cajón que con su entraña de hombres se iba hundiendo, la torre que con su pesadumbre de granito, se iba levantando. Y luego, con pescantes potentes, alzaron hasta 300 pies las piedras, grandes como casas, que coronan la torre. Y los albañiles encajaron en aquella altura, como niños sus cantos de madera en torre de juguete de Crandall, piedras a cuyo choque ligerísimo, como alas de mariposa a choque humano, se despedazaban los cuerpos de los trabajadores, o se destapaba su cráneo! Oh trabajadores desconocidos, oh mártires hermosos, entrañas de la grandeza, cimiento de la fábrica eterna, gusanos de la gloria!

¿Y los cables, los boas satisfechos? ¿Qué araña urdió esta tela de margen a margen por sobre el vacío? ¿Qué mensajero llevó 20,000 veces de los pasadores del amarre de Brooklyn las 19 madejas de que está hecho cada alambre, y los 278 hilos de que está hecha cada madeja, a los pasadores del amarre de New York? Una mañana, como galán que corteja a su dama, un vapor daba vueltas al pie de la torre de Brooklyn: ¡arriba va, lentamente izada, la primera cuerda! móntanla sobre la torre; sujétanla a la fábrica de amarre; arrástrala el vapor hasta el pie de la torre de New York; izan el otro extremo; pásanlo por la otra torre; fijando al otro amarre: —del mismo modo pasan una segunda cuerda:— juntan en cada amarre, al rededor de poleas movidas por vapor, los extremos de ambas cuerdas, y ya queda en perpetuo movimiento circular la gloriosa "cuerda viajera". Sentado en un columpio, que cuelga de una carrucha fija a la cuerda que la máquina de vapor pone en movimiento, cruza el primero,—entre estampidos de cañones, silbos de locomotoras, flameos de banderas y hurrah de centenares de miles de hombres—Farrington sin miedo, cabeza de mecánicos.—Luego montan sobre la viajera, alzadas en brazos de hierro, una rueda de madera acanalada, en que engarzan el alambre, bien mojado en aceite de linza para evitar el moho, y después bien seco, que en ocho grandes ruedas, dos al pie de cada cable, tienen enredado, en extensión de dos millas, igual a 52 rollos, alrededor de cada rueda: ¡allá va

la carrucha, hormiga trabajadora, de un cabo a otro
del puente, con su doble hilo de alambre! Llega, la
acarician, desengarzan el hilo, y lo reengarzan en
torno a una gran herradura de hierro de borde es-
triado, molde provisional del que sacan luego el cable para engastarlo en el último pasador de la cadena: vuelve vacía, chirreando y castañeteando, la
carrucha al otro extremo:—ajustan, con grandísimas
labores, desde los amarres y lo alto de las torres la
longitud diversa, que por quedar cada hilo a altura
diversa en la madeja, ha de tener cada hilo: ¡allá
va de nuevo la carrucha; la aguja redonda, que ha
cosido el cable! allá va 139 veces, en que deja 278
hilos! Y ya está la madeja, que de alambre forran,
como las 18 más que hacen, a un mismo tiempo para
cada uno de los cuatro cables: y ya hechas, aprié-
tanlas con grandes abrazaderas; ajustan más aun las
19 madejas, en que los hilos yacen unos al lado de
otros, y no trenzados; ciñen con medios cilindros,
bien apretados, el cable; y sobre una especie de bal-
sa ambulante que del mismo cable cuelga, van, teje-
dores del aire, los forradores, envolviendo la masa
circular con alambre, que una sencilla máquina, semejante a una rueda de timón, que lleva el alambre
enrollado en un carretel, va dejando salir en espiral:
—y, ya el boa bien vestido, lo posan en su plancha
acanalada que, sobre ruedas corredizas, para que el
cable pueda extenderse y encojerse, y no dañar la
fábrica con su peso, lo espera en la cumbre de la
torre.

De los cables cuelgan, sujetos de bandas de hierro, los tirantes trenzados, 208 en cada cable: de

los tirantes, las planchas horizontales que sustentan
el pavimento, y las seis paredes verticales de alturas diversas que las cruzan, y listones de acero de
pared a pared, y listones diagonales, sobre cuya
armazón se extienden, en gruesa lengua de 3,178
pies de largo y 85 de ancho, las cinco calzadas, de
19 pies de ancho las de carruajes; las del ferrocarril,
de $15\frac{1}{2}$; y dando vista a islas como cestos, a ciudades como hornos, a vapores que parecen, por lo
avisados, ruidosos y diestros, mensajeros parlantes,
y hormigas blancas que se tropiezan en el río, cruzan
sus antenas, se comunican su mensaje y se separan,
dando vista a ríos como mares, empínase en el centro, como crestas de 16 pies de ancho, el camino de
las gentes de a pie que desde que abrió puertas el
puente, cruzan, apretándose a veces en masas enormes, para dar salida a las cuales hay que alzar las
barandas del camino, dos formidables y nunca en-
flaquecidas hileras de viandantes.

Ni hay miedo de que la estructura venga abajo,
porque aun cuando se quebraran a un tiempo los
278 que de cada cable la sostienen, bastaría a tenerla en alto, con su peso y el del tráfico, la remazón
de tirantes suplentorios que, a modo de tremenda
mano abierta, de delgada muñeca, baja, casi hasta
la mitad del cable por cada lado, del tope de cada
torre. No hay miedo de que se mueva la estructura,
ni que la sacudan juegos de aire ni iras de tormenta;
porque por su base la muerden las torres con dientes de acero, y para que el viento mayor no la conmueva, los dos cables de afuera se encorvan hacia
adentro al ir tocando la mitad del puente, y los dos

de adentro se doblan hacia los de afuera, con lo que se hace mayor la resistencia. No vendrán, no, los aires traviesos a volcar carros sobre el río, porque los bordes del puente se levantan a ocho pies de alto y entre las vías de carruajes y las del ferrocarril está tendida, para sujetar los empujes del viento, red de fuertes alambres. Ni hay riesgos de que los cables se quebranten,—que nunca vendrá sobre cada uno de ellos peso mayor de 3,000 toneladas, y está hecho para sustentar, con sus 294 brazos, doce mil. Ni se torcerá, astillará o saltará el puente, cuando el calor de estío lo dilate, como al sol de amor el espíritu, o el rigor del invierno lo acorte; porque esta quíntuple calzada está como partida en dos mitades, para prevenir el ensanche y el encogimiento, por medio de una plancha de extensión, en el punto medio de la vía, cuya plancha, fija en el extremo de una de las porciones, empalma sobre junturas movibles con el extremo de la porción segunda. Y cuando al pie de una de las torres se amontonan en bloqueo sin salida, millares de mujeres que sollozan, niños que gritan, policías que vocean, forcejeando por abrirse camino,—se mueven señorialmente, como gigantes que saludan, un ápice apenas los cables en sus lechos corredizos en lo alto de las torres.

Así han fabricado, y así queda, menos bella que grande, y como brazo ponderoso de la mente humana, la magna estructura.—Ya no se abren fosos hondos en torno de almenadas fortalezas; sino se abrazan con brazos de acero, las ciudades; ya no guardan casillas de soldados las poblaciones, sino casillas de empleados sin lanza ni fusil, que cobran el centavo de la paz, al trabajo que pasa;—los puentes son las fortalezas del mundo moderno.—Mejor que abrir pechos es juntar ciudades. Esto son llamados ahora a ser todas los hombres: soldados del puente!

La América. Nueva York, junio de 1883.

10

CARTAS DE MARTI

Gozos de colegiales. — Harvard. — Ben Butler
Guerra contra indios.—Simulacros de la milicia
Campamentos de verano.—Un periódico del día
Edison.

Señor Director de *La Nación*:

¡Oh! los colegios! No dan clases ahora, sino músicas. Ved como llevan aun en el rostro esos pulidos mozos aquella ansiosa melancolía de los discípulos delicados de Platón. Aristóteles, se empieza a ser a los 30 años; pensad mal, de quien ya no es Platón cuando cuenta veinte. Y vale más; por Dios que vale más! ser desterrado de Siracusa que echarse sobre los hombros el manto de púrpura del vicioso Alejandro.

Commencements llaman aquí los colegiales a estos días de fiesta. Tienen sus ceremonias candorosas que les vienen de antaño, como a los estudiantes alemanes, y a que ponen puntillo en ser fieles: en este colegio se ha de decir, en tal traje un discurso chistoso; en aquél, los de la clase graduada han de entregar la pipa de la clase a los noveles que vienen a tomar sus puestos.

Duran las fiestas días y noches, que para el alma del recién graduado sin alba y sin crepúsculo parecen, y día todas, como aquella noche de amor inolvidable que gozó el rey Amasis.

Unos van en procesión por las calles del lugar creado bajo las alas del colegio, hasta el teatro por estas ceremonias consagrado: otros, luego que cie-

rran sus exámenes, puesto que saben de Teócrito,
hacen de él, y danzan sin fatiga con las zagalas del
contorno; otros, a la sombra de robles eminentes,
rompen en lágrimas y aplausos al ver venir, del
brazo de sus hijos, al sabio moribundo que aún les
calienta, con el fuego de su alma que se escapa, el
corazón, a que espera a las puertas del colegio la
severa vida; otros, apesarados de súbito, van, porque así lo quieren la costumbre y el cariño, a des-
pedirse de las amplias aulas donde fueron venturosos: tristeza formidable! decir adiós al colegio! Se
siente ya sobre el hombro la garra del león que no
perdona! se ve venir, arrebujado en nube negra, el
huracán tremendo! Parece como que de repente cae
sobre los hombros el peso de la vida.

Pero son mozos, y no les van bien en la frente
las caléndulas: ya vuelven del jardín con las manos llenas de myosotis y rosas salomónicas: ya asoman por entre los arbustos cargados de azahares
pálidos como alegres, como si presintieran que era la
última vez que habían de estarlo plenamente.

Van de paseo a otro colegio de mujeres, donde
éstas son nutridas de ciencia sólida, y una señorita
lee entre plácemes una plática buena, que es de pensar aunque parece de reir, puesto que lo anuncia el
programa del colegio como un discurso que lleva
este lema no donoso: Pan y Mantequilla. Esta acaba: y otra vestida de blanco, luciendo etérea hermosura, cabellos del sedoso tinte de hebra de mazorca nueva, y ojos grandes y húmedos, lee su obra
premiada, en que ensalza con loa calurosa el menester de tener fe en Dios, en los demás, y en sí.

Y a poca distancia, en otro colegio, un orador de fama, que por honrado y elocuente le mantienen, describe con calor de mancebo, que no se extingue jamás por completo en las almas grandes, las fuerzas maravillosas de la naturaleza.

Pero la fiesta magna ha sido en la Universidad de Harvard.

Ya han pasado las regatas entre estas y aquellas clases de unos y otros colegios; que la mente ha de ser bien nutrida, pero se ha de ver de dar, con el desarrollo del cuerpo, buena casa a la mente. Así como el bambú, más lleno de rumores que de frutos, crece en hojas inútiles que dan con él en tierra, así el hombre en quien no anda aparejado, con sólido pensar, sólido cuerpo. No se ha visto palacio bien seguro sobre cimientos de arena.

Ya han pasado las justas de jóvenes remeros, en que los más ágiles del Colegio de Columbia han vencido esta vez a los más recios de Harvard. Ya se han dado a los vientos las canciones del año y los discursos.

Ya viene de Boston, cubierto por colosal sombrero de Panamá de cinta negra, y seguido de su cohorte de lanceros de casaca roja, el afamado Butler.

Los capitanes del colegio, que son republicanos, y ven mal que con mano victoriosa los haya dejado sin capa y en mala figura ante su pueblo, este gobernador brioso, negáronse este año a darle en ceremonía pintoresca de legendaria usanza, el grado de honor de doctor en leyes con que acostumbra la Universidad regalar a los gobernadores del Es-

tado. Pero la gente moza de lenguaje, que gustan
siempre los mozos de hombres de lengua brillante y
mano inquieta, se pusieron del lado de otros capitanes sensatos que como gloriosa satisfacción, llamaron a Butler, odiado por todos los que ostentan
fraude y mácula, a presidir la fiesta de grados, y
la mesa ya de siglos famosa de curso nuevo. Muchos detalles cansarían. El gobernador cruzó la
ciudad entre bravos.

Aguila de años, más no vieja, parece Ben Butler,
y aunque no las ha menester, por tenerlas propias,
las del sombrero le fingían anchas alas. Pero oidle
ahora, luego que ha hecho reir a sus convives, que
cuidan más esta vez de los manjares de la mente,
que del humeante puerco con judías de que hace gala Boston, oidle luego que abre su plática con esos
gracejos sin los cuales no parece aquí discurso bueno, ni orador genioso, ni ceremonia completa; oidle
hablar casi con lágrimas de los tiempos de la guerra enconada con el Sur, en que Harvard tenía pocos alumnos, porque los niños... los niños estaban tristes porque veían pensativos a sus padres;
los jóvenes... los jóvenes estaban en la guerra.

Y a fe que mientras hay que guerrear, en la
guerra deben estar todos los jóvenes.

De ejercicios están ahora los colegios, y la milicia
ciudadana. De guerra un general que caza indios,
y se entró por sobre tratados y fronteras en tierra

mexicana, a sitiar a los apaches; que se ha traído
en racimos, más torvos que sumisos, a la cola de su
caballo, de lo cual no hablan bien diarios sensatos,
que aconsejan a México que cuide de mejor modo
sus fronteras; y de simulacro de guerra andan los
jóvenes de la milicia ciudadana. Era antes aquí gala ser bombero, y por sacar a una niña en los brazos de las llamas, moría alegre un hombre. Y es
gala ahora ser soldado, y en estos meses en que la
tierra reverdece, los ríos se enguirnaldan y las almas enfloran, van de faena militar los jóvenes, a
dar ficticio empleo, para que luego no les sorprenda
el verdadero, a sus lucientes armas de combate. Les
regocija el cambio ameno.

El escritorio decae. El campo nutre. No parecen compañías de soldados, sino bandas de presos
alegres que gozan, entre pájaros y cervatillos, de
sus primeros días de libertad. En la ciudad el aire
espeso, la vida monótona, el quehacer rutinario, no
les invitan a salir de sus casas temprano. En el im-
provisado campamento, no bien asoma el sol por
la cresta del cerro vecino, ya están tomando los alegres milicianos sus seis onzas de pan y su café, y
vístense de batalla; allá una compañía se adiestra
en el manejo de los rifles; allá la otra, fingiendo que
le viene encima, arrebatada carga de caballería, hinca
la rodilla en tierra, eriza las afiladas bayonetas, pe-
ga a la culata del rifle la mejilla y dispara con cáp-
sulas inofensivas. Paso de ataque se oye a la entrada de aquel bosque, ruido de graneada mosque-
tería se repercute de sus troncos recios al llano y
a las lomas: éntranse bravamente por la arboleda

envuelta en humo espeso los asaltantes; paso de gala y hurrah! "paso de vencedores!"

Mas oh! que suenan risas! y salen de entre los
troncos los prisioneros valerosos, que son damas.
Bailes y honesta huelga acaban en el campamento
siempre el día. Mas en el resto de la noche, no en
voluptuosa pluma duermen, en que no debieran dormir jamás los hombres, sino en lona dura, que aún
es blanda para cuerpos viriles. ¡No sé que tiene
la tierra, que invita a dormir sobre ella!

Y este es el mes. En la naturaleza, en los colegios, en los pueblos de baños, en los campamentos
de jóvenes ricos, dados a veces, con verdadera mengua, a vestirse de bailarines y payasos, en los campos de las carreras, donde a suntuosas damas que
las ven desde elegantes coches se junta montón ávido de burdos apostadores, que al caballo juegan,
como a la ruleta o al dado; en los amplios circos,
donde, acumulando ganancias y vítores, juegan con
brazos desnudos y ágiles, los favoritos de la ciudad a la pelota; en los carros urbanos que rebosan
gente; en las terrazas cálidas, que esparcen aromas,
todo es flor y pompa.

Si se toma un diario, se ve que la vida ofrece señales graves de desarrollo anormal y a veces monstruoso; que las pasiones que esperaban antes para
hacer presa del pecho, a que estuviese maduro, ahora encuentran albergue, en ocasiones tenebroso, en
el pecho de los niños. Se ve que, así como la lar-

ga posesión quita el sentido, la larga ausencia de él lo vuelve, y en frente de los republicanos que se desbandan, y se dan con manos torpes golpes sendos, los demócratas se agrupan en torno a una bandera común y sabia: y puesto que entienden que sin tarifa de Aduana, no podrían pagar los Estados Unidos su deuda, sofocan sus anhelos libre cambistas, y abogan sólo por tarifa moderada con lo cual burlan a los republicanos asustados, que ven como no pueden pasar plaza ante el país de defensores únicos del proteccionismo. Y se ve en el periódico que todo son empresas para sacar los telégrafos de los techos, y los hilos de luz eléctrica de sus eminentes postes, y caen sobre el mercado como gotas de fuego en que se rompe aérea estrella pirotécnica, múltiples compañías de telégrafos y alumbrado subterráneo.

Y de vez en cuando, mientras que limpian en las casas para colgarlas el día 4 de Julio las lindas banderas, y los niños acumulan sus ahorros para trocarlos por cohetes; y los hombres se aprestan en el famoso día a ser niños, se ve cruzar en humilde carruaje a un hombre de cutis liso y blanco, ojos ansiosos, que saltan en chispas, azules, dulces; rostro abstraído y como de quien mirase egregios mundos y por sobre él una misteriosa palidez astral. Es dantesca figura, que cruza como un símbolo la tierra: es Edison.

José Martí.

La Nación. Buenos Aires, 14 de agosto de 1883.

11

CARTAS DE MARTI

*La vida neoyorkina.—Pompas de estío.—Galas del
mes de junio.—Voluntarios neoyorkiinos.—Los colegios y fiestas.—Enseñanza clásica y enseñanza
científica.—Luz eléctrica.—El cónsul argentino y la
luz Edison.—Recuerdo de Catamarca en el "Sun".*

Señor Director de *La Nación*:

La vida en Venecia es una góndola; en París, un carruaje dorado; en Madrid, un ramo de flores; en New York, una locomotora de penacho humeante y entrañas encendidas. Ni paz, ni entreacto, ni reposo, ni sueño. La mente, aturdida, continúa su labor en las horas de noche dentro del cráneo iluminado. Se siente en las fauces polvo; en la mente, trastorno; en el corazón, anhelo. Aquella calma conventual de las ciudades de la América del Sur, donde aún con dedos burdos pasa las cuentas de su rosario, desde su ermita empinada, el Padre Pedro, en esta tierra es vida. Se vive a caballo en una rueda. Se duerme sobre una rueda ardiente. Aquí los hombres no mueren, sino que se derrumban: no son organismos que se desgastan, sino Icaros que caen. No se ven por las calles más que dos clases de hombres: los que llevan en los ojos la pupila sin lustre de la bestia domada, hecha al pesebre, y los que abren al aire encendido la pupila fiera de la bestia indómita: el manso ejército de los resignados, vientre de la humanidad, y el noble ejército de los acometedores, su corazón y su cabeza.

Y si en ningún mes se reposa, en este de Junio,

mes de aves y de madre-selvas, y de sacar nidos,
se amanece en una barca, cuya blanca vela tiñe la
aurora de color de rosa; se almuerzan fresas en un
campamento de estudiantes, que disputan o reciben
premios; se divierte la tarde bajo un parasol rojo,
viendo al jinete que cae, al apostador que murmura,
a la batalla frenética de los caballos corredores, a
la yegua de Vanderbilt que trota una milla en dos
minutos y quince segundos; y se acompaña a la tierra en su giro a la sombra, al compás de los tambores melancólicos de los soldados de ciudad que
hacen en estos días ejercicios de campaña; y se
consume la noche, cual cera en torno a pabilo, en
baile ardiente y loco, trabado a sombra de árboles
o discretas techumbres de vastos corredores, entre
estudiantes satisfechos y soldados novicios, y damiselas lindas que no saben que tienen semilla amarga los manzanos de oro.

¡Oh! los colegios! Ved cómo se abren en verano,
como las rosas. Os digo que el invierno es la estación de los buhos. Sólo el calor del sol engendra
héroes. Parece aquí la tierra en estos meses, no
cuando Agosto quema, sino cuando Junio sonríe,
inmensa flor que a percibir el sol, su novio, abre los
brazos múltiples. Todos parecen dichosos. En el
invierno, se gruñe. En Junio, el padre es más amante; más cortés el esposo; el niño, más gentil; más
galana la dama; el decidor más ameno; el tétrico,
locuaz; azul el mar y el alma. Las casas se vacían;
los buques se dan a la vela; los paseos se repletan.
Los sombreros de colores de las mujeres parecen
como sobre rosales coronados de una alegre flor,

traviesa mariposa. Estas ricas mañanas, en que la
atmósfera se colora de una blanda tinta de espiga
madura, convidan a tender al aire las manos abiertas para coger en ellas el oro ambiente que todo lo
penetra y lo abrillanta.

Ni ¿por qué he de hablar de otra cosa, si toda
la ciudad es ahora doncella de paseo, que no quiere saber que se viene del llanto, y se va al llanto,
sino que vive en el estío caliente, y trizca y goza?
Tierra más limpia que ésta, no ha de hallarse. La
sala más pobre toda llena de anuncios de colores,
ramilletes de cartón, y lazos de cinta, parece, al
vérsela de súbito, más que pobre sala, templo. La
ventana más ruín tiene un clavel, y la moza más pobre, que va de mañanita a echar tinta a las prensas,
rizar plumas o envolver cigarros, tiene su traje de
color de crema y su mantilla azul. Y el pobre mozo que viene de enfrenar caballos o de mover ruedas de hierro, se quita, al obscurecer, sus ropas de
labor, se embona las de fiesta, y vá de gala, con
su niña al brazo, camino de la plaza o los jardines.
El hombre gusta de ir donde la naturaleza se extiende y se evapora.

Mes de Junio, mes de ceremonias de colegios; de
carreras de caballos; de regatas de botes y buquecillos de paseo; de lances de pelotas y boliches; de
probar, en improvisados campamentos, el peso de
las armas de la guerra, y el sabor de los manjares
de batalla.

Los hombres no debían tener jamás en sus hogares estatuas de Venus, ni copias tentadoras de Po-

mona: debiera todo hombre clavar, como el Segis-
mundo de "La vida es sueño", junto a su cama de
dormir el vestido de pieles con que vivió condenado en la montaña. El licor de risas, laxa. Debe
prepararse a todo hombre a la batalla, a la privación, a la desgracia. Pues ¿no se nota que un hombre no es nunca completamente grande sino cuando
es desventurado? La felicidad constante aniña y
debilita.

Hacen bien los soldados voluntarios de New York,
en ir de té y pan sobrio, a dormir sobre lona bajo
la tienda de campaña; a levantarse con el sol, que
es sentirse rey, e inundado de místicas ternezas; a
aprender el manejo de las armas, no ¡por Dios! para volverlas contra pueblos hermanos e indefensos,
sino para clavarlas en la frente de quien, pensando
en hacer de nuevo esclavos a los hombres, deshon-
rase la frente humana. ¡Oh! que gran tiempo! Ya
parece que el hombre está despierto.

Lindos están ahora los patios de los colegios. Todos inauguran, antes de devolver sus educandos a
sus casas, a que remen, en lo que hacen bien, a
que cacen, en lo que hacen mal, a no ser que cacen
zorras o lobos; a que naden, hablen de amores, dan-
cen y corran; todos inauguran sus clases estos días
y departen sus premios, distribuyen sus grados, con-
vocan a sus amigos, celebran sus fiestas.

En esta tierra, los colegios son tan antiguos como
las iglesias! Quien dice Harvard, que es el colegio
magno de Massachussetts y como el Oxford de la
América del Norte, dice palabra mágica, que abre

todas las puertas, lleva de mano a todos los honores, y trae perfume de años. Quien dice Yale, sabiduría dice, que dá tinte de cana a los cabellos rubios de sus jóvenes doctores.

¿Quién enumera aquí colegios? De uno se dijo
que había contado los sueños de las mujeres de un
harem; y de otro los del espíritu de un héroe en-
cadenado, y se les tuvo por grandes contadores:
más estos que tanto contaron, no podrían contar los
colegios de los Estados Unidos. Abrid ahora un
periódico de letra menuda que cuenta los regocijos
de las escuelas en este buen mes del año: para admirar sobrará el corazón; pero de leer nombres diversos se cansan los ojos.

Y no se diga que no pueden estos colegios ser
mejores, que pueden serlo; mas no ha de negarse
que ya tienen alzada la podadera, y están podando
del enteco árbol clásico, —bueno para que crezca,
como planta curiosa y benemérita, en los inverna-
deros, todas las ramas torcidas y hojas secas que
impiden que por las anchas venas corra sin traba el
jugo humano.

Puesto que se vive, justo es que donde se enseñe,
se enseñe a conocer la vida. En las escuelas se ha
de aprender a cocer el pan de que se ha de vivir
luego. Bueno es saber de coro a Homero: y quien
ni a Homero, ni a Esquilo, ni a la Bíblia leyó, ni
leyó a Shakespeare, que es hombre no piense, que
ni ha visto todo el sol, ni ha sentido desplegarse en
su espalda toda el ala. Pero esto han de apren-
derlo los hombres por sí, porque se enseña de suyo,

y enamora, y no se ha menester maestro para las
artes de gracia y hermosura. Y es bueno, por cuanto quien ahonda en el lenguaje, ahonda en la vida,
poseer luces de griego y latín, en lo que tienen de
lenguas raizales y primitivas, y sirven para mostrar de donde arrancan las palabras que hablamos:
ver entrañas, ilustra.

Pero puesto que la tierra brota fuerzas, más que
rimas, e historietas que suelen ser patrañas, y voces
sin sentido, y montones de hechos sin encadenamiento visible y sin causa, urge estudiar las fuerzas de la tierra. Que se lea, cuando el sol es muy
recio, la Biblia; y cuando el sol ablanda, que se
aprenda a sembrar racimos de uva como aquellos
de Canaán, que con su peso anonadaban a los hombres.

Como quien vuelve del revés una vaina de espada, se ha de cambiar de lleno todo el sistema tran-
sitorio y vacilante de educación moderna. Mas, no
habrá para pueblo alguno crecimiento verdadero,
ni felicidad para los hombres, hasta que la enseñanza elemental no sea científica: hasta que se enseñe al niño el manejo de los elementos de la tierra
de que ha de nutrirse cuando hombre; hasta que,
cuando abra los ojos para ver un arado, sepa que
puede uncirlo, como un buey en otro tiempo, un
rayo! Que de aquí a poco, la electricidad moverá
arados. Asombra que con tanto hombre que junta
polos y saca fuerza de ríos y cascadas, no se haya
pensado aún en uncir al yugo, en vez de una criatura viva que padece, un acumulador de Faure.

Hermosa luz eléctrica! Bien hacen, puesto que es
ley que vayan juntos análogos símbolos, en iluminar con la luz de los astros el puente de Brooklyn!
Entrar por aquellas aéreas avenidas, cuando todo
reposa, y con la suave luz de las estrellas brillan sobre los sutiles cordeles de alambre las lámparas eléctricas; dormidas, como dos ejércitos, las dos ciudades; el cielo, encendido; en calma el río solemne;
y en torno, el aire blando iluminado, como con reflejos de alas de ángeles, la mano estremecida y
respetuosa despoja del sombrero la cabeza, y aunque el estático cuerpo quede erguido, se siente que
se ha caído de rodillas.

Apenas amanece suenan golpes de azada por las
calles. Se interrumpen los cavadores, para dejar
camino a una columna corintia que pasa; siguen ta-
jando ancha veta en el piso: y reposan de nuevo,
porque sobre ruedas corpulentas, está pasando una
casa. Y vuelven a cavar, a abrir el lecho al tubo
recio que ha de regar por Bancos y oficinas, Bolsas
que dan miedo, asirios edificios que ponen asombro,
y teatros e iglesias, la luz eléctrica. Ya es la de
Brusch, cuyo brillo excesivo y penetrante no ofusca
a veces la aparición de la aurora: ya la de United
States, que se abre en dardos; ya la más suave,
dócil y coqueta de Edison, que por barata y segura próspera, y me dicen que el brioso cónsul de
la República Argentina, el caballero Carranza, intenta llevar ahora en sus esbeltos y menudos apara-
tos, a la pujante ciudad de Buenos Aires.

Dá gozo ver cómo celebran a la ciudad del mediodía las gentes del Norte: días hace decía un diario, el *Sun*, el gran diario del cultísimo Dana:

"No miréis, si queréis ver racimos como maravillas, y cepas como robles, a California; mirad a Catamarca, que la vence y que crecerá pronto en manos de aquellos hombres industriosos".

JOSE MARTI.

La Nación. Buenos Aires, 15 de agosto de 1883.

12

LIBERTAD, ALA DE LA INDUSTRIA

Sin aire, la tierra muere. Sin libertad, como sin aire propio y esencial, nada vive. El pensamiento mismo, tan infatigable y expansivo, sin libertad se recoge afligido, como el alma de una niña pura a la mirada de un deseador de oficio: o se pone albayalde y colorete, como un titiritero, y danza en el circo, entre el befador aplauso de la gente. Como el hueso al cuerpo humano, y el eje a una rueda, y el ala a una pájaro, y el aire al ala, —así es la Libertad la esencia de la vida. Cuanto sin ella se hace es imperfecto, mientras en mayor grado se la goce, con más flor y más fruto se vive. Es la condición ineludible de toda obra útil.

Esto, que en todo es cierto, ¿cómo no ha de serlo en el comercio y en la industria?

Declamar, es echar gas al aire. Nada enseña tanto, ni prueba mejor, que un caso concreto.

Se han vendido estos días en remate en New York los géneros de algodón sobrantes de la estación anual de consumo, por valor de cuatro millones de pesos. Y se han vendido a precios de ruina, a un veinte y cinco, a veces a un cincuenta por ciento menos que los precios de fábrica.

¿Cómo, se preguntan todos con asombro? ¿Están averiados los géneros? ¿O son de pobre condición? ¿O están fuera de moda? ¿O hay alguna causa financiera extraordinaria, algún pánico en el ramo, que explique la venta?

Nada hay extraordinario: es la situación anormal en que el mantenimiento de la tarifa proteccionista mantiene normalmente a las industrias del país.

¿De qué sirve a las inmensas fábricas su capacidad de manufacturar maravillosa suma de géneros? ¿Adónde los envía luego, luego que está satisfecho el consumo interior, único en que los productos nacionales pueden luchar—por lo alto de los derechos de importación de los artículos extranjeros—con los géneros rivales? ¿Qué hacen los fabricantes con los productos que sobran, que el país ya provisto no necesita, y que no puede enviar afuera? ¿A qué mercado podrán ir a competir los productos norteamericanos caros, hechos con materia prima extranjera importada bajo fuertes derechos, y con maquinaria cara, por gravar la tarifa a la entrada en el país el hierro con que se construye, y con salarios caros, por haber de serlo, para que el trabajador pueda afrontar la general alza de precio en que por natural consecuencia, se mantiene todo en un país proteccionista; a qué mercado podrán ir a competir estos productos, con los elaborados en países donde ni la materia prima paga tan exorbitantes derechos, ni el hierro de que se hacen las máquinas padece tan recios gravámenes, ni los salarios, por la baratez general de los artículos de consumo, montan a tanto?

No pueden ir a competir los productos de un país que mantiene la tarifa alta, con los de países que la han rebajado, y reducido a la suma necesaria para pagar los gastos nacionales, a prorrata con los demás ingresos.

El sobrante, pues, de los artículos de fabricación nacional tiene que imponerse al consumo interior. Pero como éste necesita menos de lo que en el interior se produce, él es el que se impone a los productos, que se ven forzados a tentar con una ruinosa baratura en los precios a un mercado que no necesita lo que le ofrecen ni puede colocarlo al detalle a precios normales.

De ahí esa venta enorme de géneros de algodón por cuatro millones de pesos.

Cuanto entra en la fabricación de los géneros de algodón, paga derechos altísimos: se repletan las fábricas de productos invendibles: se queda irremediablemente el obrero sin obra, por cerrarse el mercado a sus productos.

Si pudieran entrar libres de derechos, o con derechos legítimamente fiscales, los elementos de la producción, ésta podría hacerse de manera que, costando en la nación misma menos, lo cual para el obrero equivale a un aumento en el salario, pudiera luego ir a rivalizar con los productos similares en mercados extranjeros, lo cual significa para el obrero ocupación constante.

A nadie daña tanto el sistema proteccionista como a los trabajadores.

La protección ahoga la industria, hincha los talleres de productos inútiles, altera y descalabra las leyes del comercio, amenaza con una tremenda crisis, crisis de hambre y de ira, a los países en que se mantiene.

Sólo la libertad trae consigo la paz y la riqueza.

La América. Nueva York, septiembre de 1883.

13

CARTAS DE MARTI

Crucifixiones. — Demencia religiosa. — Tiempos medios y nuevos.—Cómo se caza ahora la zorra.— Caballeros de bolsa.—La bolsa.—El verano sagrado. —Sus fiestas, sus inspiraciones.—Coney Island: la isla de gozos, corridas, musicas, ferias, baños.—Se mueren los niños.—La caza de búfalos en la ciudad.—Selva y locomotora.—Congresos a la sombra de los árboles.—La convención de la fe.—La convención de los libres pensadores: su credo, sus sacerdotes. sus oradores. sus métodos. sus demandas.

Nueva York, Septiembre 1º de 1883.

Señor Director de *La Nación*:

Lleva este correo convenciones, cazas de zorra, crucifixiones, sangrientos boxeos, emplumamientos, millaradas de gente de rodillas a la sombra de los árboles, vapores como pueblos, cabalgatas como comedias, un arzobispo galán, que viene de Londres a rebañar damas, un hosco reverendo que invita a su ciudad a que mire con ojos grandes en las artes malas con que se entran por las artísticas almas femeniles los sonrosados arzobispos: en suma, lleva este correo sentada en la falda cómoda de la libertad siempre serena, a la maravillosa vida.

Y se detiene el pensador, y se pregunta: Pues, ¿a qué pasan los siglos, si el bárbaro Silvestre Knobb, como Abraham bárbaro, oveja fiera, sombrío ejemplo de la bestia humana, ata en una cruz que ha hecho de árboles de su heredad a su propio hijo, y mientras le hunde en el pecho la rodilla porque no rebote, con un clavo de gruesa cabeza le fija la mano al madero, ensangrentado; y amarra luego a su hija Mimie a un haz de leños, que a poco es pira humeante, que lame y plaga de úlceras el cuerpo vírgen que el padre insensato, enardecido por las pláticas de ese Ejército de Salvación que anda en moda ahora, ofrece a un Dios horrible, fantasía burda sangrienta de los pueblos en cuna y de los hombres ignorantes?

¡Tantos dioses han puesto los hombres en el cielo, como fases, estados y accidentes ofrece su historia! Pensando en el Espíritu Creador, se sienten mares, y surgir solemnemente ponderosas montañas en el cráneo: y pensando en los dioses religiosos, se ven puños cerrados, ceños boscosos, mazos tintos en sangre, y hormigas.

¿A qué, se pregunta el pensador, pasan los siglos, si Freeman, a la luz de la bujía que su mujer sostiene a la cabecera de la linda cuna, mata en nombre de Dios a su única hija; si la mujer de Pensylvania, para purificarse de pecado, pone las palmas de la mano de su pequeñuela sobre un hierro encendido; si los dos Hicks sujetan en un haz a todos sus hijos, para irlos clavando en una cruz que con mano segura han ido haciendo de árboles frescos el padre y la madre?

Y es que donde quiera que nace el hombre, y en cualquiera época y ambiente de civilización en que aparezca, tiene mientras no lo afinan siglos sucesivos e infusión de razas viejas, la credulidad y necesidad del milagro de la infancia, la crueldad y temblor supersticioso de las razas vírgenes, los acometimientos y las brutalidades de la aún no olvidada fiera. ¿Qué es pecho humano, sino suma de todo ser viviente, y junta de todas las formas de lo Universo, y prodigiosa sementera de donde a quererla regar el agua desconocida, surgiría en todas sus vestiduras y encarnaciones la naturaleza?

Y está el progreso del hombre en ir matando fieras.

¡Oh, no pasan en vano los siglos! ¡Qué crónicas aquellas, si hubiesen sido escritas las de los días menudos, de garra roja y boca de horca, de los tiempos medios! De mañana, era el obispo que se entraba caballero en un caballo negro por entre la grey afinojada, sacudiendo en la corva del cayado la cabeza del conde enemigo; de tarde era el ferrado castellano, jinete en arnesado bridón nuevo, a quien había de echar sobre la arena, sin más escudo que el vello de su pecho, ni más arma que un palo quebradizo, el villano que motejaba a su señor de robo de honra u otra felonía; de noche era el mancebo enamorado que echaba peña abajo el cuerpo triste, antes que ver cómo se entraba por sus puertas, y cabalgaba en su lecho nuevo de marido, el áspero mesnadero que de noche batía palomas, y de día lobos y zorras: ¡oh, vil poesía, que aun parece digna de loa, y repleta de gracias, a poetas seniles y enfermizos, castigados con la dote funesta de amar fervientemente lo pasado!

Y ahora también cazan zorras en Newport, que es gran ciudad de baños; pero como en circo, y por ganar fama de buenos montadores, y porque los vean las gentes, que enfilan a los bordes del puesto de la caza, y aplauden como en títeres o pantomina rabelesca, a los corredores de bolsa, sacerdotes desocupados, hongos de sala, abogados en huelga, y burdos neo-ricos que, como quien sienta plaza de nobleza, profanan los días hermosos del verano de América en menguadas parodias de los divertimien-

tos de los bosques y terratenientes de Austria sel-
vosa y feudal Inglaterra! Damas y caballeros, de
azul o verde aquéllas, y éstos de casaquín rosado,
que pareciera coraza teñida en burlas al bravo San
Huberto, galopan y escapan por sobre el césped,
tráganse arroyos, trasponen vallas, vuelan sobre cercas, azuzan a los mastines, que poco antes vinieron
en carro cubierto, porque no se cansasen, al lugar
de la junta, acorralan en un recodo de ramas secas
a la azorada bestia, remátanla en presencia de las
damas, y a quien saltó mejor le dan el rabo, y a
quien corrió en línea derecha tras la zorra, la cabeza, y este cuarto y aquél del animal a quien ha
ennoblecido la casaca rosa con mayor prohombría.

Mas es de ver a este caballero que se para, todo
galán en sus arreos de cinegesta más cerca aún de
la ciudad suntuosa que del bosque por donde baten a la zorra, a recibir una cubierta cerrada de manos del mozalbete mensajero, de uniforme azul con
botones dorados, que viene como montado en so-
plos, a traer al caballero el telegrama que para él
llega. ¡Es la bolsa que sube! ¡Es el ferrocarril en
que tiene su fortuna que baja! ¡Es la especulación,
la zorra nueva!

¡Y que mal que le sienta al moderno cabalgador
en esta ansiosa batida la casaca rosada! Desvís-
tesela: dá a un caballerizo el corcel de la fiesta,
monta en la locomotora, digno caballo de los hombres nuevos; apéase en la Bolsa, que parece presi-
dio, toda llena de hombres de color cetrina, y miembros pobres, como de quien no saca sus dineros de
las fuentes sanas y legítimas de la naturaleza, sino

de sombríos y extraviados rincones: vende y compra: grita y le gritan: manotea, como gañán que riñe: va de este lado y aquél, empujado por salvaje ola humana: con carcelarios himnos corean los negociantes frenéticos las grandes noticias de alza y baja; como traviesos gorrioncillos cuando comienza a caer la lluvia, agrúpanse en los corredores y dán voces cuando arrecia el ruido, los niños recaderos, pobres pájaros de nido podrido. Y en una vuelta de aquella Bolsa elíptica, acaso queda en miseria, porque el Río Denver baja y el Pacífico del Norte sube, el galán de rapada cabeza y atildado mostacho que poco antes movía apetitos de bellas cazadoras y lucía hinchadas riquezas en la ciudad de los palacios a orillas de la mar que nutre y embalsama.

Y así se mezclan aquí, —porque no sin intención las pongo juntas, para que como son se vean—, las primerías feroces de la vida vírgen, las parodias pueriles de la vida monárquica, las convulsiones aceleradas de la vida moderna. Así corren mezclados estos meses: con botas de exploradores de las selvas llaman todavía a las puertas de estos veloces edificios —que por lo frágiles y mudables, parecen espuma parda o encarnada;— los esposos membrudos de las desentendidas hermosuras que en salones colgados de tapices de Aubusson y de Persia, rechinan, a la lumbre misteriosa de vénetas lámparas, en cojines de rasos relieves sus espaldas sedosas.

¡Oh sagrado verano, estación de poetas y de héroes, de amores que fecundan, viajes que fortifi-

can, canciones que aletean, cielo que proteje, estrellas que hablan! ¡Oh estación de desborde y alegría, que echa de la ciudad, como de cárcel, y llena de buscadores de placer los vapores de ríos
y ferrocarriles, las claras playas, bordadas de hoteles, los afamados manantiales entre montañosos edificios sofocados, y los discretos retiros, abiertos
en lejanas y fragantes selvas! ¡Oh verano, día del
sol, padre de emociones, de movimientos y de ideas!
Como se dan a la libertad los pueblos oprimidos,
así a la luz los pueblos invernosos. Verano no es
el de New York: es fiebre. Tras él, no hay bolsa
llena, ni corazón sin rocío, ni cuerpo sin apetito de
reposo. Vanse las gentes por campos y por ríos
sorbiendo aire, como quien sorbe vida: Todo es
pareja, aurora y amorío. Aun la noche es alba.
Los hoteles, campamento; las playas, hervideros; los
ferrocarriles, boas repletos, jamás desocupados; no
cierra la ciudad de día ni de noche sus fauces de
muelles.

Coney Island, vertidero veraniego de New York,
isla de baños no es, ni sus hoteles lo son, que aquellos baños parecen ejércitos moisiacos o ríos; y aquellas cocinas, estómago de monstruo; y la isla entera
con sus tres pueblos vecinos, gigantesca copa de
Champagne, en cuya hirviente espuma descuaja el
sol alegre sus múltiples colores. ¡Ay! allá en la
ciudad, en los barrios infectos de donde se ven salir por sobre los techos de las casas, como hara-
pientas banderas de tremendo ejército en camino,
mugrientas manos descarnadas; allá en las calles
húmedas donde hombres y mujeres se amasan y

revuelven, sin aire y sin espacio, así como bajo la superficie de las raíces se desenvuelven pesadamente los gusanos torpes y deformes en que se va trocando la vida vegetal; allá en los edificios tortuosos y lóbregos donde la gente de hez o de penuria vive en hediondas celdas, cargadas de aire pardo y pantanoso; allí, como los maizales jóvenes al paso de la langosta, mueren los niños pobres en centenas al paso del verano. Como los ogros a los niños de los cuentos, así el *cholera infantum* les chupa la vida: un boa no los dejará como el verano de New York deja a los niños pobres, como roídos, como mondados, como vaciados y enjutos. Sus ojitos parecen cavernas; sus cráneos, cabezas calvas de hombres viejos; sus manos, manojos de yerbas secas. Se arrastran como los gusanos: se exhalan en quejidos. ¡Y digo que este es un crimen público, y que el deber de remediar la miseria innecesaria es un deber del Estado! A veces, una barca compasiva lleva a una playa vecina a buscar aires, a costa de algunas buenas gentes, a un centenar de madres: ¡oh pobres niños! parecen lirios rotos, sacados del cieno. Las casas, son caras; las madres, ineducadas; los padres, dados a ver boxear y a beber; las industrias, pocas para los industriales; las fábricas, que padecen de plétora de productos, no han menester de nuevos fabricadores; la tarifa prohibitiva, que produce salarios ficticios altos, carga de tal modo las materias primas que, provisto el consumo doméstico, las manufacturas no pueden salir a batallar en otras tierras con los productos más baratos rivales. Y así de sus propios errores, y de la dureza e indiferencia de los acomodados, se aislan; airan, disgustan y envilencen los pobres; y de padres sombríos, y de aire fétido, se mueren los niños.

Coney Island, en verano, es como una almohada de flores en que reclina la ciudad a cada tarde su cabeza encendida, donde golpea el cerebro hinchado. De los libros de comercio, se vá a los muelles, que llevan a Coney Island. Minutos tiene cada hora no más que vapores. ¡Que gozo de los ojos, el de ir encontrando por el río, como sus nobles dioses seculares, majestuosos vapores blancos; el de no ver en el doble animado camino de agua y tierra, ni playa desaseada, ni mugrientas aldeas, ni abandonados y sombríos caminos! ¡Que fortaleza y dignidad ponen en el carácter, el río ancho, el cielo vasto, el campo cultivado, el ferrocarril alado, las ciudades limpias! ¡Que saludable comercio, luego de los menudos y dolorosos de la vida diaria, el del hombre y la naturaleza!

En Coney Island se vacía New York: de día, es inmensa feria; de noche, tal parece que se dieron cita todas las estrellas en un lugar del cielo, y desgajadas cayeron de súbito en tres cestos gigantes de luces sobre la isla. Hoffman alegre! De un pueblecillo a otro, ferrocarriles; a la margen del mar, ancha calzada; por sobre los bordes de las olas, otra. Frente a cada hotel, cobijada por grandísima concha, ora suena a Lohengrin, ora remeda llanto de chicuelos o cacarear de gallinas, con gran aplauso de la gente burda, una ruidosa orquesta: con cañones a veces se acompañan, y otras, con yunques. ¡No me parece mal esta última música! Y cada pueblecillo de los tres de la isla, que lo es de hoteles y de gente que pasa, vocea, atrae, salpica, aturde, desperdicia colores, se disloca. En torres azules, banderas alegres; por sobre las húmedas blancas arenas, clamoreando de júbilo, recogidos los trajes alados, buscan las olas y las huyen, millaradas de niños, con los pies desnudos: bajo un paraguas rojo hacen recodo, como si a sí propios no se vieran, dos amantes joviales; de cómicos bañistas ríen en la repleta baranda, los espectadores perezosos.

Esta máquina es de hacer seda; ved el hilo, ved la trama, ved el coloreo, ved el estampado, ved ya el pañuelo, que a nuestros ojos hacen, y os dán por unos reales. Este que dá voces y alza manos, llama a los que pasan a que vean cómo tiene anillos de plata en los dedos de los breves pies, y de rica y no desairada labor de filigrana de oro cubiertas las orejas, una linda manceba de Madrás, de negra tez, contorneadas formas, joyante y lacia cabellera, y tierna mirada. En aquel chiríbitil pintado, saca una flaca moza de una maquinilla, —¡oh mala caricatura de la gitana gente!— un sobre en que una hada de electro plata, que corona la máquina, dice a sus tributarios la buena ventura. Unos se pesan; otros, del velocípedo se caen; otros, en el rifle se ensayan; aquellos, hombres y mujeres, van como mordidos de sed y de hambre a hacer apuestas en las carreras de caballos; a este paso, y al otro, fuentes de soda aromosa, de pesada cerveza, de champaña de burlas; de sidra sana y leal, que allí se ve como la enjugan de las manzanas encarnadas, fuentes de leche, que de grandes vacas de cuero, como Baco coronadas de pámpanos, sacan, oprimiendo blandamente los resortes de la mecánica ubre, ágiles mujeres, pulcras y graves.

Por ahí van niños y gente niña, a ver como con todo su gentío y colores se refleja la isla en la cámara obscura; allá suben, a cien varas de la tierra, en un elevado, que lleva al tope de colosal armazón de hierro, a los que, en tal sobra de vida, hallan la tierra escasa: por aquel muelle, que como lengua, que tendiera a hacer calzada traidora de insectos, monstruoso hormiguero, echa la isla en calles de doscientos metros por sobre el mar, gentes que corren; beben refrescos, aplauden títeres, rien, vitorean, serpean: acá se cuelgan de un grifo de madera, cabalgan en un gallo; se sientan entre las dos jibas de un dromedario, se montan sobre la cola de un pez, a que les den vuelta en son de música, el mocerío y la gente de servir, que lleva allí parvadas de niñuelos.

Todo es carro que anda, cinta que revolotea, cristal que chispea, ruido de mar humano, gruesa alegría física.

Y allí, al fin, tras aquellos vallados de madera, ante diez mil novelescas gentes, hombres del Oeste de larga melena, mano implacable, fieltro gallardo, y cuerpo nervioso, fingen entre volcánicos hurrahs, con su cohorte de indios y vaqueros, que de las selvas se han traído aquellas románticas y terribles hazañas de los que al testuz de los búfalos, y al enconado diente de los indios, arrebatan las comarcas vírgenes.

¡Allá se ven, los que cazan el ciervo! Este ahora viene, disparando a todo correr de su caballo, sobre una cincuentena de palomas volantes que vá matando a bala. Acá se acercan los indios cantando su lastimera selvática canturría, al lento paso de sus potros de guerra, y de súbito, como de invisible muro, despedido tropel de partesanas, dando gritos que vibran en el aire como espadas carniceras, desbándanse en escape desatado, tendidos sobre el cuello de sus brutos, y acorralan contra un tronco solitario al hombre blanco moribundo que vacía en las emplumadas cabezas y en los pechos amarillos sus pistolas. ¡Presto! ¡presto! que arremeten a redimir a su compañero sorprendido, los exploradores bravos, y los indios culebrean por entre los vengadores; y se les escapan de los brazos y se asen por los talones de los costados de sus animales; huyen por entre el humo negro y denso tiroteo, encogidos debajo de los vientres de sus alígeros caballos. ¡Hurrah! ¡hurrah! que ya indios y exploradores y vaqueros, en paz y brazo a brazo, lacean de pies y manos y cabeza al padre búfalo fuerte, que a modo de recia maza golpea con sus impotentes belfos la tierra, en tanto que las músicas suenan, los caballeros de la larga melena sacuden al aire sano del mar, sus hermosos sombreros, venden los mansos indios, por entre la concurrencia sus retratos y jadea y jadea y rechina a las puertas del hipódromo, elevando por sobre los hombres, como un saludo, su penacho de humo la bufante y lucífera locomotora!

¡Oh! verano clemente, padre de gozos y de pen-

samientos, que pones manto de oro y corona de
astros al espíritu! Porque con él no vienen solamente estos reboses de júbilo, y desperezos y al-
rotos del cuerpo en el invierno entumecido, y fri-
voleos y son de amores de la acre y solitaria vejez
de la ciudad, y de la adocenada muchedumbre. Con
el verano, que aligera la mente, invita a mudar de
casa y echarse a los caminos, y lleva al alma el sol,
surjen las convenciones de filósofos y reverendos,
los congresos a la sombra de los árboles, las juntas
en aldehuelas pintorescas de asociaciones científicas
y morales, las asambleas acá ordenadas y prudentes
de los trabajadores vigilantes y desocupados, y esos
populosos campamentos de oración, en que sesenta
mil seres humanos doblan a veces, como los galos
de Velleda ante los dólmenes, en medio de la selva
carpada de cánticos, las pecadoras y trémulas rodillas.

Cada secta, cada iglesia, cada escuela tiene su
feria religiosa, su jubileo sagrado, su junta de campo, su *camp meeting*. Cobíjanse los unos, de iglesias pobres o de modestos pueblos, bajo los ramajes
de los árboles o improvisadas tiendas, y día y noche imploran con penosos ejercicios el descenso del
óleo de la gracia sobre sus villanísimas cabezas, que
abaten humillados sobre la tierra, a la manera de
aquellos hindús buenos que ponían a que pasase por
sobre ellos el elefante sacro, sus sumisos lomos. Y
gimen, y dán voces tristísimas, y se acarician unos
a otros, y gritan con el rostro bañado de copiosas
lágrimas: ¡Aleluya! ¡Aleluya!

En otro campo riñen, colgadas de las ramas las

levitas, y enrolladas al codo las mangas estorbosas,
los partidarios enconados de dos rivales reverendos;
tal como aquellos partidos de parroquia que en día
de Viernes Santo la daban por pasar a igual momento el señor muerto por la misma calle. Y otro
es campo famoso, a cuyo amor han surgido al borde de la mar pueblos muy bellos, donde ya en tiendas alhajadas con singular riqueza, ya en cómodos
hoteles, dirigidos por los administradores de la fiesta, reúnense a respirar brisas de costa, oir cantantes
y músicos de gala, y comentar la llana y cómoda sabiduría de los ancianos santones protestantes,—las
damas y caballeros ricos en fé y bolsa, a cuyos hábitos pacíficos, o moderada fortuna no convienen los
palaciales y temidos pueblos que albergan a los actores de la moda los veranos:—certámenes vulgares
de riqueza, donde no halla pan la mente ni regalo
los ojos, ni gusto el alto espíritu. Son caballos humanos, y gana entre ellos, la carrera el que puede
colgarse a la cerviz mayor peso de oro. Nervudas
y antipáticas como Atalanta parecen en esas contiendas ansiosas, las más arrogantes doncellas: tal
parecen envolturas rosadas de piel, que encubren
esculturas de granito.

Pero no lejos de ellos ¡oh pasmo y consuelo! frente a la Convención de la Fe, con sus cohortes de
cojos que andan, y ciegos que ven, y mancos que
ya usan sus dos manos, y ricas personas que a decenas de miles dan los pesos para que la convención enseñe en holgado colegio el poder material,
influjo milagroso, y acción terapéutica de la fe;
frente a la mágica tienda donde entre lonas cerra-

das, con un ligero unto de cierto divino óleo, pone
un doctor, que ya ha sembrado escuelas y misiones,
en juicio a los dementes, en patéticos discursos a
los mudos, y a damas paralíticas en alas; frente a
la campiña dócil donde la sorprendida muchedumbre recibe en un día los testimonios de unos tres centenares de pacientes que con venir a aquel congreso
de curar, sintieron que las carnes les nacían en el
motón del brazo o pierna rebanados, levántase risueña y opulenta, con sus dos millares de miembros
y cabezas notables, con su red de asociaciones y
ramales que por todos los Estados adelanta y se
extiende, con sus severos y sencillos estandartes
donde, a guisa de mote de pelea, van bordadas frases de liberaciones pronunciadas por los mejores
amigos de los hombres, la asamblea de los que no
tienen por cierto ni por bueno que el cerebro humano, como el testuz del buey, tome su molde en
yugos; los que oyen dentro de sí, en permanente
pregunta y arrebato, voces de rey y mandamientos
imperiales; los que no saben de recortar alas, sino
de desplegarlas: la Convención de los Libre-Pen-
sadores.

La Ciudad toda de Rochester envió a la sala del
Congreso sus más lujosos jarrones de flores. Con
sus listas azules, que parecen lenguas alegres que
cantan a todos los vientos, las maravillas de la libertad, engalanaban las plataforma los pabellones
nacionales. En retratos presiden, Washington, que
fué tan grande que no se ha apreciado aun bien, ni
por sus más ardientes hijos, la heróica serenidad
y trascendencia secular de su grandeza; Robert In-

gersoll, Voltaire de América, como adversarios y
amigos lo apellidan, orador pujante que quiere hombres libres, y donde vé cuello de clérigo, dice que
vé yugo, y pone en filo la erudita lengua, y la deja caer como hacha; y Thomas Payne que lloraba
de ver ciervos a los hombres. ¡Hay de esas almas,
que parecen mantos que quisieran cobijar y calentar en sí toda la tierra!

En luminosas letras centellean sobre estos retratos de patriarcas, frases suyas famosas. ¡Tales cosas se dicen, que con no ser más que palabras, parecen cimientos de mundo! "Tierra mía es el
mundo, y el bien mi religión", dijo Thomas Payne.
"El Gobierno de los Estados Unidos no está, en
ningún sentido, fundado en la Religión Cristiana",
dijo Washington. Y Robert Ingersoll ha dicho ésto,
que brilla sobre su rostro benévolo y abierto: "Rebeldía a credos religiosos es libertad, y toda religión esclavitud". Y al leer una admirable frase suya, parece como que se ve surgir de entre las paredes, canosa y olímpica, la tranquila cabeza de Jefferson, y que su pueblo le besa la mano como a su
verdadero padre: "He jurado eterna hostilidad a
toda forma de esclavitud mental, y a toda forma
de opresión sobre la mente humana", dijo Jefferson.
Pues esos prosélitos inseguros y desalentados de
una religión, sobrado verdadera para que se reduzca
a templo y forma, sobrado natural para que quepa
en recinto menos vasto y variado que la misma naturaleza, esos son nuestros sacerdotes.

Y ese que ocupa ahora la tribuna, oído atentamente por la concurrencia numerosa ¿quién es que

así le baten palmas, como si fuera amigo predilecto de la casa? ¿Leñador es acaso de mano segura que corta ramas secas de ideas viejas? ¿Es Ingersoll mismo, que al defender a un Director de correos acusado de gruesas estafas, saltaba ayer a un escenario de teatro a malferir y aventar en trizas las milagrerías y servidumbres que traen aún, atados a los hombres? Ruín será el hombre, y pobre en actos, mientras no se sienta creador de sí y responsable de sí, y providencia de sí mismo. Fomenta la cobardía, laxa el carácter, impide el desenvolvimiento natural del espíritu humano la idea de una aciaga Providencia cooperadora. ¿Es el Juez Courtland Palmer el que habla, a quien airan y enrojecen las palabras y métodos de Iglesia? El que habla es un clérigo, que en medio de los librepensadores, que lo atacan y aplauden, riñe en lid oratoria con un recio abogado del libre pensamiento, que nadie a la libertad tiene derecho, cuando no hace hábito y gala de respetar la libertad agena.

Enciclopedia hablada fué la Convención. Había entusiastas de decir extremo, vanguardia que ha de ser vigilada y tenerse siempre a la mano, mas hace gran falta, a la marcha de todo ejército de ideas. Los exagerados son los zapadores, luego, a la hora de dar leyes, ni los zapadores tienen que zapar, ni a los exagerados toca la obra. Aunque ha de tenérsele siempre en pie, porque así empujan a los perezosos, y sacan el antifaz a los hipócritas, y aterran a los débiles, y vienen a ser como los policías de legislación. No son un grupo artístico, ni parecen necesarios a los hombres justos, pero son una inevitable fuerza lógica. De entusiastas estuvo llena la Convención: pero por entre ellos pasaba respetado y cambiando saludos, rota en la mano la vara milagrosa de Moisés, el clérigo a quien brindaban su tribuna los hijos de Jefferson.

Doctores, jueces, comerciantes, damas, todos abogan en fervientes y macizos discursos por el pleno ejercicio y desembarazado movimiento de la mente del hombre. No quieren que se transija, sino que se cercene. A la cortesía en filosofía, llaman traición. Delito grave llaman a permitir la propaganda del error. Harto trae el hombre en sí propio de corruptor y rebajante, para que se abra el paso hasta sus oídos, a errores que vician la naturaleza humana.

El mal es accidental: sólo el bien es eterno. Contra el dogma del mal eterno, el dogma nuevo del eterno trabajo por el bien. Confiar en lo que no se conoce no mejora mundos, sino trabajar en ello. A los *camp-meetings* epilépticos, las convenciones del libre pensamiento, tolerantes e investigadoras. En vez del recodo en mal hora florecido, donde, profanando la majestad de los árboles y el calor amoroso de la luz, pelean por el mando de la comunidad dos sacerdotes membrudos, a puntapies y puñadas, la tribuna serena y cobijada de la convención del libre pensamiento, donde un clérigo católico discute en paz solemne y respetuosa con sus jurados adversarios.

Habla un hombre: "Dad tiempo a la naturaleza —dice— y ella arrojará de la faz de la tierra, como arrojé yo mi levita de cura, toda enfermedad y mala semilla".

"Saludemos a Foot y a Ramsie, de Inglaterra; a Krapotkine, de Francia; a Haywood, de América," dice otro, con palabras de alabanza, a la Convención que los saluda.

"No levanteis edificios de caridad para mujeres y hombres caídos —dice magníficamente en la tribuna una discreta señora: —levantad en vez de eso a los hombres de manera que no caigan:—que yo os digo que el hombre ya viene: ésta es la época de advertimiento del hombre". ¡Ya alumbra lo que puede oponerse a lo que se apaga!

"Cómo he de venir de lo infinito —dice en su discurso otra dama incrédula— yo, que soy finita? Pues el Dr. Hawley, que sabía 100 años ha, de la circulación de la sangre, era más sabio que el Jehovah de la Biblia, que nunca supo de ella!" Y esta dama desfigura con ideas las hermosuras de la mente libre. La verdad quiere arte. Sólo triunfa lo bello.

"Y oid, pueblos y hombres de Norte América, lo que, como tarea práctica de este año y párrafo de sus Evangelios, quiere esta convención de razonadores: oid —dice, al cerrar en fiesta fervorosa y solemne los debates que del sol a la madrugada tuvieron en pie a la convención, oid los delitos públicos, las faltas de alevosía humana, las vendas y ataduras que condenamos y extinguiremos. Que por toda la tierra habitable, la mente sea libre. Que los gobiernos de los pueblos, que son de credo vario, no traicionen a varias porciones de su pueblo, favoreciendo un solo credo. Que toda iglesia o propiedad de iglesia pague el tributo público: Que no haya capellanes de un secta en el Congreso, en que se sientan por igual hombres de todas: ni capellanes en las Legislaturas de los Estados, como hay ahora: ni en armada: ni en milicia: ni en ningún otro asilo e instituto sostenidos con dineros del público, que comulga en diversas capillas, o en ninguna. Que en las escuelas se prohiba, ni como libro de un culto que no hay derecho de imponer traidoramente a inteligencias indefensas, ni como libro de texto, rudimentario y erróneo, el uso de la Biblia. Que cese de ser facultad del Presidente de la República el señalamiento de fiestas religiosas. Que en los tribunales y oficinas se afirme decir verdad, y no se jure. Que no quede en pie ley que hurta a los hombres, el libre uso de un día de la semana, por darlo a un culto en que los compelidos ya no creen. Que a la moral convencional suceda la moral natural; al Gobierno dogmático el Gobierno secular, al espíritu místico en el Gobierno, un nuevo espíritu, sereno y amplio que por sobre las religiones que batallan y jadean, se cierna como el alción sobre los mares''.

Y nosotros agregamos que, besando en la frente a Cristo muerto en la cruz por la redención de todos, hagan de sus maderos instrumentos del trabajo humano!

JOSE MARTI.

La Nación. Buenos Aires, 21 de octubre de 1883.

14

ESCENA NEOYORKINA

Es mañana de otoño, clara y alegre. El sol amable calienta y conforta. Agólpase la gente a la puerta del tranvía del puente de Brooklyn: que ya corre el tranvía y toda la ciudad quiere ir por él. Suben a saltos la escalera de granito y repletan de masa humana los andenes. Parece como que se ha entrado en casa de gigantes y que se ve ir y venir por todas partes a la dueña de la casa!

Bajo el amplio techado se canta este poema. La dama es una linda locomotora en traje negro. Avanza, recibe, saluda, lleva a su asiento al huésped, corre a buscar otro, déjalo en nuevo sitio, adelántase a saludar a aquel que llega. No pasa de los dinteles de la puerta. Gira: torna: entrega: va a diestra y a siniestra: no reposa un instante. Dan deseos, al verla venir, campaneando alegremente, de ir a darle la mano. Como que se la ve tan avisada y diligente, tan útil y animosa, tan pizpireta y gentil, se siente amistad humana por la linda locomotora. Viendo a tantas cabecillas menudas de hombres asomados al borde del ancho salón donde la dama colosal deja y toma carros, y revolotea, como rabelaisiana mariposa, entre rieles, andenes y casillas—dijérase que los tiempos se han trocado y que los liliputienses han venido a hacer visita a Gulliver.

Los carros que atraviesan al puente de Brooklyn vienen de New York, traídos por la cuerda movible que entre los rieles se desliza velozmente por sobre ruedas de hierro, y, desde las seis de la mañana hasta la una de la madrugada del día siguiente, jamás para. Pero donde empieza la colosal estación, el carro suelta la cuerda que ha venido arrastrándolo, y se detiene. La locomotora, que va y viene como ardilla de hierro, parte a buscarlo. Como que mueve el andar su campana sonora, parece que habla. Llega al carro, lo unce a su zaga; arranca con él, estación adentro, hasta el vecino chucho; llévalo, ya sobre otros rieles, con gran son de campana vocinglera, hasta la salida de la estación, donde abordan el carro, ganosos de contar el nuevo viaje, centenares de pasajeros. Y allá va la coqueta de la casa en busca de otro carro, que del lado contiguo deja su carga de transeúntes neoyorkinos.

Abre el carro los grifos complicados que salen de debajo de su pavimento; muerde con ellos la cuerda rodante, y ésta lo arrebata a paso de tren, por entre ambas calzadas de carruajes del puente; por junto a los millares de curiosos, que en el camino central de a pie miran absortos; por sobre las casas altas y vastos talleres, que como enormes juguetes se ven allá en lo hondo; arrastra la cuerda al carro por sobre la armazón del ferrocarril elevado, que parece fábrica de niños; por sobre los largos muelles, que parecen siempre abiertas fauces; por sobre los topes de los mástiles; por sobre el río turbio y solemne, que corre abajo, como por cauce abierto en un abismo; por entre las entrañas solitarias del puente magnífico, gran trenzado de hierro, bosque extenso de barras y puntales, suspendido en longitud de

media legua, de borde a borde de las aguas. Y el
vapor, que parece botecillo! Y el botecillo, que parece mosca!—Y el silencio, cual si entrase en celes-
tial espacio! Y la palabra humana, palpitante en los
hilos numerosos de enredados telégrafos, serpeando,
recodeando, hendiendo la acerada y colgante male-
za, que sustenta por encima del agua vencida sus
carros volantes!

Y cuando se sale al fin al nivel de las calzadas
del puente, del lado de New York, no se siente que
se llega, sino que se desciende.

Y se cierran involuntariamente los ojos, como si
no quisiera dejarse de ver la maravilla.

La América. Nueva York. octubre de 1883.

15

¿CUAL ES EL OBJETO
DE LA TORRE?

Entre todas las Bolsas de New York, por su grandor descuella la de Productos. La de Acciones, a pesar de su fachada de mármol y sus columnas de granito, es punto menos que ridícula: y parece casa vieja aprovechada para usos modernos. La de Productos, colosal, cuadrada, maciza, roja, enclávase en las entrañas de la ciudad, y empínase sobre ellas, con tales espacio y altura, que parece que allí cabrían de veras cuantos granos producen las dilatadas comarcas del Oeste.

Rematan cerca del techo las cuatro grandes esquinas, agudas proas de antiguas galeras, tan tamañudas, por serlo tanto el edificio que decoran, que si de cada esquina se bajan las dos mitades de galeras de ladrillo, y se les echa juntas por el río, en cada una de ellas navegaría cómodamente una docena de hombres.—Bordan, a manera de faja labrada, los diversos pisos, medallones en tierra cocida, donde ostentan sus figuras alegóricas los Estados diversos de la Unión. No son espadas ni lanzas; sino hombres que se dan las manos; rollos de cuerda y cajas de algodón; ferrocarriles y bahías; árboles bien cargados y cuernos de abundancia. Y por entre los medallones, y en todo lugar conspicuo de la fachada, asoman, en buenos relieves, cabezas de los animales que de cerca ayudan a la agricultura: allí la cabeza ponderosa del recio caballo de carros; allí el testuz pequeño y el delgado hocico del preciado Durham; allí el carnero próvido de retorcidos cuernos; allí la estrecha cabeza del cerdo cebado.

Por mala arte arquitectónica, las puertas de esta gran casa roja no salen de ella misma, como consecuencia y porción de ella, y al modo con que salen los labios de la cara, que es como las puertas deben salir de los edificios, para que parezcan verdaderamente parte de ellos; sino que parecen traídas de afuera; recortadas en pórfido suntuoso, y engastadas allí, como señora de pueblo, no hecha a maravillas, se pone sobre severo vestido de lana de faena diaria, mantón rico de seda japonesa, o cofia de finísimos armiños.

Vienen estos apuntes a cuento de una frase que oyó por estos días *La América* en la modesta y ocupada calle de Nassau, donde aun se albergan en covachuelescos tendorrios, aquellos antiguos mercaderes de barba en halo, labios finos rasos, sombrero alto de pelo, y rematando sobre grandes botas el bolsudo calzón, holgadamente sujeto de los hombros por lujosos tirantes cruzados.

Dos de ellos venían calle abajo, cubierto el traje venerando de tíos Samueles con esas anchas hopalandas que recuerdan los gabanes de mahon de los antiguos coroneles retirados de la tropa española, y aquí son muy usados en verano, para proteger los vestidos del polvo en ferrocarriles y vapores, por lo que los llaman "cobertores de polvo".

Calle abajo venían, en una de las doradas mañanas de agosto, dos de aquellos agudos comerciantes neo-ingleses, nacidos cuando todavía cruzaban enconadas balas los Estados Unidos e Inglaterra.

Hablaban en voz alta de cosas altas: hablaban del puente de Brooklyn, que no acierta a iluminar bien la Compañía de Luz Eléctrica de los Estados Unidos, cuyas lámparas de luz radiada se debilitan y apagan con frecuencia con la imperceptible trepidación del puente: hablaban del gran palacio rojo de D. O. Mills, palacio de oficinas, cuya escalera de mármol y laboriosa verja de bronce no son menos ricos que las que ostentan palacios de reyes. Y hablaban de la Bolsa de Productos, que de su masa cuadrada eleva al cielo torre que a la de Babel recuerda, aunque ya no se confunden en ella, sino que se unen ¡oh símbolo! las lenguas de los hombres.

Bien parecían a aquellos huraños y prósperos comerciantes, de botas sólidas y sólidos negocios, de rostro sano y sanas cajas, los amplios salones de paredes y techos de hierro, por donde han de pulular, voceando precios y exhibiendo muestras, los agentes de venta y compra, y mercaderes incorregibles, y avaros y culpables especuladores, y ricos grandes, tocados del vicio de riqueza, que dan tipo y tamaño a esta tierra. Y como en la mente de estos comerciantes de antaño no suele hacer casa el ángel estético, ni se preguntaban qué hacían en los remates de las esquinas aquellas proas de galera, que no se desgajan ni derivan de la naturaleza y arquitectura del edificio, por más que las defienda la idea de que representan el comercio—que en tamaño edificio moderno debía estar representado por un vapor—, ni hallaban mal las cuadradas, postizas y pretenciosas puertas. Porque en sirviendo para entrar, ya les parecen inmejorables las puertas; y como que le recordaban objetos de práctico servicio, las galeras no les parecían mal.

Pero no acertaban los acaudalados Samueles a explicarse el objeto de la torre.

—No acierto—decía uno, abriendo como quien va a hilvanar estambres sus dos nudosas manos—, no acierto para qué puede ser aquella torre.

—Eso, eso es lo que me pregunto—decía el otro tendiendo pontificialmente la mano—: ¿cuál puede ser el objeto de la torre?

—¿Cuál puede ser su objeto?

Y esa es toda la llave, médula, fuerza del carácter norteamericano: no hace cosa sin objeto. No del carácter de los americanos de ahora, gozadores descuidados y rápidos, que ya no tienen fruición como la tuvieron sus padres, en ver crecer y fructificar su riqueza, sino que la anhelaban sólo por la suma de goces que produce: del carácter de los americanos fundadores hablamos, que, si no tenían la levadura de arte que sazona, embalsama y preserva de la obra mordente de los siglos a las naciones, tenía una poderosa e ingenua sensatez que se trocaba en lo práctico en un amor grande al cimiento, y un desamor no menos grande al ornamento.

Por esto creció este pueblo; por la frase de los Samueles de Nassau Street; porque no se han dado a ornamentar sino después de que tienen ya tal edificio, que con el peso lujoso de los adornos no puede venir estrepitosamente al suelo.

Y por eso no crecen otros pueblos: por el amor excesivo al ornamento.

La América, Nueva York, octubre de 1883.

16

LAS ASOCIACIONES DE OBREROS

Raro don, don excelso, es la justicia. Todo hombre tiene un poco de león, y quiere para sí en la vida la parte del león. Se queja de la opresión agena; pero apenas puede oprimir, oprime.—Clama contra el monopolio ageno; pero apenas puede monopolizar, monopoliza. No en balde, cuando el Libro de los hebreos quería dar nombre a un varón admirable, lo llamaba "un justo".—No desearlo todo para sí; quitarse algo de sí para que toquen a igual parte todos,—es valor que parece heróico, a juzgar por el escaso número de los que dan prueba de él.

Así son los gremios de trabajadores en los Estados Unidos.—Simpáticos, porque tienen de su lado la razón, cuando se congregan para resistir a los abusos del fabricante que los emplea; irreprochables cuando en uso de un legítimo derecho se niegan a trabajar por una suma que no alcanza a cubrir los gastos urgentes de la vida de familia, mientras que con la parte de salarios que les acorta, añade el fabricante una cantidad innecesaria y excesiva a sus provechos,—conviértense a su vez estos gremios en tiránicos, apenas se sienten con fuerzas para imponer su voluntad.

En nombre del derecho humano al trabajo y a la vida se rebelan contra los que les pagan salarios que no bastan a mantenerlos en pie, y a abrigar en el invierno a sus hijos; pero no bien tienen en su mano, acumulada más por la fuerza moral que les

da la simpatía pública que por sus propios medios,
un ápice de autoridad, o un beneficio que compartir,
o un mal que hacer,—los emplean en impedir a otros,
a sus propios hijos, el derecho al trabajo y a la vida,
en cuyo nombre establecen la sociedad con que los
impiden.

En los Estados Unidos, no se está en esto más
hoy adelantado de lo que en tiempo del bravo Mar-
tel, el heróico munícipe de París, estaban los gremios de artesanos, mantenedores altivos del derecho del hombre a la dignidad y al uso de sí propio.
—Egoístas y tiránicos los gremios, niegan a los
hombres nuevos, de su misma clase y familias el derecho de aprender los oficios en que ellos trabajan;
sólo permiten aprendices en el número en que necesitan de ellos, más como bestiecillas de carga que
como alumnos inteligentes; se rebelan contra las leyes mismas de la naturaleza; no quieren que haya
obreros nuevos, para que no les hagan competencia
en sus oficios: si a despecho de ellos, los jóvenes
aprenden sus oficios,—se coaligan contra los jóvenes, y les prohiben trabajar en ninguno de los lugares donde trabajan los miembros de los gremios,
que amenazando huelga, o de otra manera más violenta, consiguen que el empleador despida al "nuevo", o que éste se retire atribulado. Al hombre que
se ha atrevido a aprender un arte, sin pedir permiso
a los que lo tienen ya aprendido, les niegan todos
los beneficios, hoy considerables, de las ligas de
trabajadores. Años enteros vagan por las calles los
hijos de los artesanos agremiados, sin que las súplicas y esfuerzos de sus padres, que tienen miedo

de salir del gremio, consigan para sus propios hijos un puesto de aprendiz.—Mientras con tanta injusticia traten a los que dependen de ellos los obreros, no pueden esperar ser tratados con mayor justicia por los fabricantes de quienes ellos dependen. El favor público que los acompaña cuando claman por la mejora justa de su condición, los abandonará indignado, como en este punto los abandona ya hoy, cuando traten de coartar el derecho de los demás hombres a asegurar con su trabajo su vida.—Si el despotisimo es abominable en un déspota, que no ha conocido jamás los dolores del vasallaje, las penas agudísimas de la servidumbre; más odioso e inexcusable es en los que imponen deliberada y friamente a los demás, a sus propios hijos, las amarguras que ellos han sufrido.

Pero las injusticias tienen de bueno que de sí mismas provocan el modo de remediarlas.—Cuando existen, lo que hay que desear es que se extremen: porque viéndolas de bulto, la naturaleza humana, siempre generosa, monta en ira y remedia.

Esta indigna presión de los trabajadores agremiados, de los "Trade Unions" —como a estos gremios de artesanos se llama en los Estados Unidos e Inglaterra— ha inspirado a un buen caballero, de nombre extravagante, que parece sin embargo bello, R. F. Auchmulty, la creación de una escuela casi gratuita, escuela con buenos maestros y excelente práctica para que aprendan los oficios más importantes y socorridos los jóvenes estudiosos y aspiradores que en vano buscan empleo en los talleres y fábricas donde dominan, como dominan en casi todos los talleres importantes, los obreros agremiados.—Y como siempre sucede que hay artesanos rebeldes que se niegan a aceptar las imposiciones duras de los vengativos y autocráticos capataces de los gremios —a cuyos trabajadores ex-corporados llaman aquí "non-union men", los cuales trabajan a precio menor, o en condiciones más ventajosas que los corporados,— entre ellos hallan empleo los buenos obreros que desde hace años salen de los talleres paternales del caballero Auchmulty:—¡con qué placer llamamos caballero, a éste que si no lo es de corte de reyes, por haber librado de la ira de un marido, o procurado dama, o salvado de enemigo personal, o adulado bien al rey,—es caballero de los hombres!

Y como en la escuela no quieren usar, cual usan en los talleres, por mucho tiempo a bajo salario, o sin salario, de los aprendices, por lo cual en los talleres los dejan abandonados a sí mismos,—aprenden los alumnos con rapidez grande, ya porque casi siempre traen ese conocimiento necesario, que en todas las escuelas públicas debiera enseñarse, de los instrumentos de trabajo; ya porque el fundador de la escuela desea sinceramente crear artesanos buenos y coloca para que los enseñen bien a buenos maestros. Y les da obras a hacer,—que como a jornaleros usuales les paga—de los mismos oficios que aprenden. $40.000 de su propia bolsa ha empleado en esta empresa el buen Auchmulty:—nada más que 3 pesos al mes, por aprender sólido y aplicable oficio, pagan los aprendices: $10 por el curso entero,

—pensión que jamás compensa los gastos anuales de la generosa escuela.

Con cólera justa recordamos el abuso de los artesanos agremiados.—Y con fe absoluta aguardamos, por la esencial bondad del hombre, que de éste mismo, en su ejercicio libre, surgirán todos los medios de poner coto a los errores en que le haga caer lo que aún tiene de feroz y avara su naturaleza.

La América. Nueva York. diciembre de 1883.

CARTAS DE MARTI

Grandes fiestas y grandes problemas.—De Washington, hace cien años, a Carlisle, Presidente de la Cámara Democrática.—Broadway en fiesta: el último centenario de la Guerra.—La estatua nueva de Washington.—Ben Butler, vencido.—Almas populares.—Querellas de otros tiempos y de estos.—Politicastros ruines.—Honrada elección del Presidente de la Cámara.—Los tres campeones: Cox, Randall y Carlisle.—Lo que significa cada uno.—Librecambismo, proteccionismo y sistema preparatorio.—El gravísimo problema económico.—Sus causas, su alcance, su remedio, sus consecuencias, su aspecto.— El padre Jacinto en New York.—Un cardenal y un poeta inglés.—La Patti.

---

(1) Los trabajos en este tomo con los números 4, 5, 9, 12, 14, 15 y 16 proceden del archivo de Félix Lizaso, y los demás del archivo de Néstor Carbonell.

Nueva York, Diciembre 21 de 1883.

Señor Director de *La Nación*:

Magnífica luna, de luz cara a los hombres, viaja por el cielo. Una luz blanca se esparce por la ciudad, se refleja en los techos, irradia desde el pavimento de las calles y se entra por el alma. Los trineos vocingleros colgados de cascabeles, y a la zaga de alegres caballos, coronada la cabeza de plumero de colores, asoman y se escapan, fugaces como la belleza y la ventura. Se vive como en un astro. La miseria misma parece que se limpia y argenta. Nueva York festeja sus primeras nieves.

Quedan atrás los grandes días patrióticos, que han sido celebrados con júbilo y bravura, como para dar fe de Nación grave y buena, que no se cansa de sus héroes.

En 25 de Noviembre, cien años ha, los ingleses vencidos salieron al cabo, como de su último baluarte, de la codiciada Nueva York, y Washington y los suyos entraron en la ciudad, sin odio y sin rudeza, como sienta a los héroes, a sentarse en la silla de los dueños; lo cual quisieron los neoyorkinos en este veinticinco de Noviembre memorar con festival suntuoso, fogatas y banderas, banquetes

y discursos y procesión de armas. Contarlo, fuera
tarea épica: millas de hombres; las paredes colgadas y los techos almacenados de niños y mujeres;
de lo alto de Nueva York a lo alto de Brooklyn,
bajo aguaceros tropicales, y el negro lodo a la rodilla, en masa compacta se apretaba cuanto la ciudad tiene de vivo, a ver pasar la colosal procesión
de cinco horas, con sus gallardos coroneles de vanguardia; sus gobernadores y generales afamados,
en coches de gala sus zuavos de mostacho gris, vi-
toreados como vitorea la muchedumbre siempre lo
pintoresco y lo brillante; sus negros bulliciosos, que
danzaban y cantaban como ébrios, —ébrios de verse libres; sus comparsas de tricornio y barba blanca, vestidos como en aquellos tiempos de Whigs y
de Tories de lindas chupas azules y rosadas. Y los
regimientos de voluntarios, que ondeaban a lo largo de Broadway como solemne río. Y los viejos
bomberos, que era gente de pro y no mercenaria,
que a la campana que anunciaba incendio salían con
su sombrero de hule y su camisa roja, resplandeciente el rostro del gozo del sacrificio, a halar en
loca carrera por las calles, uncidos como caballos
a las cuerdas, las bombas burdas que eran de uso
antaño.

¡Que coros de gloria cuando pasan las banderas
rotas, las banderas de la guerra de Lincoln, tar-
dío y grandioso complemento de la guerra de Washington! Cuando pasan, en hombros de los aban-
derados transidos de la lluvia, los pabellones despedazados, los pilluelos que cabalgan en los postes
de la luz eléctrica echan al aire, sin cuidar del agua

recia, sus sombreros rotos; olean ambas aceras y se ensanchan, como si creciese el corazón de la multitud; y brillan más a través de las ventanas los ojos de las mujeres, nunca cansados del valor, del romance y de la gloria: urnas de vida.

Pero el que de toda la procesión distingue el vulgo; aquel a quien saludan las damas desde los balcones, y los hombres con altos hurras desde las aceras; el que con su negro sombrero de tres picos, remate de uniforme ricamente galoneado, no cesa de dar gracias a los vitoreadores a diestra y siniestra, no es neoyorkino, sino de Boston: es Ben Butler; Ben Butler vencido como todo el que osa decir la verdad a los hipócritas; amado, como al cabo lo es todo el que ama; adivinado por la masa pública, que siente que tiene en él como reflejo y campeón voltairo y caprichoso como ella; como ella pujante y alma-abierta. Quiso volver a ser gobernador de Massachussetts, donde ha probado que a ciencia de los empleados del gobierno, vendíase para curtir y sacar al mercado en guantes y otros usos, la piel de los pobres muertos en la casa de limosna del Estado. Y como esa probó otras crudezas; por lo que Massachussetts soberbio, que venía pasando plaza de comunidad inmaculada, dió la espalda a su abogado mejor en las elecciones de Noviembre y eligió para su gobernador a un republicano. Lo que no abate a Ben Butler, que adiestra ahora sus huestes para reñir el año próximo, ya que no por la candidatura presidencial que a haber sido reelecto hubiera acaso caído en él, por un nuevo término del gobierno del Estado. En verdad quien se siente

con fuerzas para hacer bien a los hombres, no tiene
derecho al descanso. ¡Butler curioso! En la guerra
no intentó batalla que no perdiese: en política, de
diez que reñía, nueve perdía; ya en el mando, lo
sacan de él cuando hace ánimo de quedarse en él;
lo cual dice que no usó malamente del gobierno
—como tantos otros— para retenerlo; y la muchedumbre lo aclama, a raíz de su última y estruendosa
derrota, como a un triunfador. Es que por sobre
tanto hombre vaciado en un mismo molde, el que
sale del molde y se crea y crea, brilla como si tuviera luz de sol, y da calor y ciega. Gusta la naturaleza humana de quien deslumbra, produce y
acomete; y ama a menudo más la sinrazón brillante
y gloriosa que la sensatez moderada y apacible.
Todo rebelde tiene un cómplice en cada hombre: y
el que anuncia que quiere ser quien es, admira. Admira, en estos tiempos, venales como los antiguos,
en que Esaú no ha acabado todavía de comer su
plato de lentejas. Pot-Bouille es un bravo libro,
que enciende en ira y disgusta, pero enseña, y apenas hay hombre que no sea como aquel arquitecto
de Pot-Bouille, que por tener buenos dineros con
que pagarse gozos, finje que cree en camándulas
de Iglesia, y ríe bajo el bigote bien peinado de los
retablos de convento que fabrica. ¡Sea rendido tributo al que tiene el valor de ser quién es!

Como lo ha rendido ahora Nueva York a aquel
héroe sereno, a cuyo nombre se inclina la cabeza,
como si pasase criatura sobrenatural. Ese día mismo 25 de Noviembre, y en el lugar mismo donde
se alzó en carne a jurar que serviría a la Unión

Americana con amor y lealtad, se alza ahora en bronce; con luenga capa colgada a las espaldas, extendiendo la mano tranquila —como quien ampara y proteje—, Washington, que cien años hace lloraba en días como éstos, al estrechar la mano, en la fonda célebre —que aún dura— a sus generales y oficiales, que le respondían con mal ahogados sollozos.

En la escalinata de la casa del Tesoro, como para decir que los héroes, creadores de las naciones, importan más que la pecunia que luego las sustenta; y frente a la calle de negocios Wall Street, frente a la misma Bolsa, se levanta ahora, en buena pieza de arte, la efigie de aquel hombre perfecto, tallado en virtudes. Las gentes campesinas han venido a millares, más que a ver, a palpar la estatua.

Le tocaban las hebillas de los zapatos, la orla de la capa, se iban cargados de medallas con su efigie, de estampas con escenas de su vida, de grandes retratos. Leían en coro, no sin risa de mercaderes opulentos y rico-maníacos corredores, copias curiosas de las gacetas breves de aquel tiempo, en que al paso de Washington, movido más de una vez a dulces lágrimas, se alzaban arcos de que dejaban caer sobre sus sienes, como en Filadelfia, una corona de laurel; se cubrían de siempre vivas y de mirtos los puentes en que resplandeciente y tranquilo había librado antes batallas; y se vestían de sus mejores trajes las matronas y doncellas para ir a regar flores en el camino del jefe milagroso de la paz. Un ambicioso, es un criminal. Un caudillo desinteresado.

es una gala de los hombres y huésped eterno de la patria.

Recias eran en aquellos días las querellas que venía a calmar Washington. Esos voceadores perniciosos, turbia espuma de todas las revoluciones, vencían y gobernaban, con el nombre de liberales avanzados. Otros, ocupados en fundar la libertad, olvidaban hablar de ella. Los realistas huían aterrados a las posesiones inglesas, o vivían amenazados y tímidos.

La liberalesca quería punto menos que el cercen de toda cabeza de realista. Y los liberales sinceros como que no necesitaban diplomas de bravura y de lealtad, defendían el derecho de los realistas a vivir en el suelo en que nacieron: perdonar es vencer.

Y querían los unos, con gran escándalo de los más, que al Presidente se llamara Alteza.

Y eran pocos los bravos de la guerra que no anduvieron desluciendo sus hazañas con pretensiones de canongías y emolumentos, como si hubiera paga digna del deber más que el gozo supremo de cumplirlo. Sólo lo arraigado del hábito común de ejercitar la libertad individual, que ponía miedo a los que hubieran intentado sofocarla, salvó a este pueblo en su cuna de esas fieras querellas que mueven en los pueblos nacientes los odios triunfantes y los desordenados apetitos, que en igual grado tuvieron, y con furia semejante enseñaron estos hombres del hielo que los que de derecho somos ardientes y bravíos por tenerlo de la mayor savia de la

tierra y la proximidad del Sol. Sólo el ejercicio
general del derecho libra a los pueblos del dominio
de los ambiciosos.

Pues ahora mismo, el peligro mayor de esta gran
tierra, no es el de una crisis económica, que de todas partes asoma, y hace este año moderada la alegría de Christmas: es el del desdén de ejercitar el
derecho de gobierno que a cada gobernador toca;
es el del abandono voluntario de las prendas de sí
en manos de los políticos de oficio, criminales repugnantes, que en las cosas públicas hacen a los
hombres honrados el efecto que a los creyentes sinceros ha de hacer la presencia de un ladrón en los
altares. ¡Abatírseles, debiera como a perros rabio-
sos! Inventan ofensas, para levantar odios; soplan
las iras con aire envenenado para que arrollen los
votos adversos; presentan a las muchedumbres in-
cultas, no los peligros venideros y la necesidad de
afrontarlos, con medidas sabias que recorten para
ahora los haberes, pero los aseguren para luego, sino los peligros accidentales, como la cesación de la
labor de fábrica y la rebaja de salarios. Callan lo
que saben; cansan para asegurar su bienestar de
ociosos prohombres, el daño público; fingen cólera
y pena que no sienten: ¡si de barro los hubieran
hecho, mancharían menos de lo que ahora manchan!
Y los rebaños, porque la mayoría de los hombres
se mueve aún en manadas, van por donde los llevan los pastores. ¡Oh, Rabelais, grandísimo maestro! Riéndose con risa más sana y saludable que
la de Voltaire, pondría yo su efigie culminante en
cada plaza pública: para que los hombres se aver-

gonzasen de no serlo y despertasen a sí, con lo que empezarán a ser felices. El egoismo aconseja la abnegación. Predíquese insaciablemente, y ayúdese, el afianzamiento de los caracteres. Créase en la perpetua vida, que a cada hombre asegura en estación futura el premio de los sacrificios que se impone en ésta. Hágase preceder el dolor al placer, porque está en la naturaleza que vayan siempre equilibrados, y cuando con aquél no se merece éste, éste se paga luego con aquél. Empleen los mejores por la mente y por la ternura, aunque sea con daño propio y angustia, sus fuerzas todas en levantar a su nivel a la gente mínima, que no sabe y no ama. Y así, procurando la felicidad universal venidera, se asegura y avecina la felicidad propia.

Nótase ahora en los negocios públicos como miedo y espera. Las gentes cautas, que ven venir relativa pobreza y baratura, acaudalan sus fondos, para emplearlos cuando los apuros que se preveen para el comercio obliguen a los que necesitan levantar dineros o deshacerse de su hacienda en mala venta. Queríase alejar del programa presidencial —que nada más que programa quiere decir en romance la voz inglesa *platform*— la cuestión de tarifa. Y la cuestión de la tarifa se impone, y como un gigante entre liliputienses, llena todo el programa. Los demócratas tienen mayoría en la Cámara de Representantes, y en la primera y por cierto culta y leal batalla que libraron por tal o cual candidato para la Presidencia de la casa, la querella no fué sobre quién defiende con más o menos brío la independencia de los Estados dentro de la Unión,

ni sobre quién anhela de más veras la reforma del
servicio público; sino sobre quién veía con más prudencia y concreción en los problemas de la tarifa.
Tres prominentes demócratas aspiraban, con derecho al triunfo, a la Presidencia. Y fué contienda
hermosa, en que los contendientes, amigos buenos,
se hacían visitas cordiales, y reñían a la luz del
sol, no merodeando votos, ni cambiándolos por la
propia independencia, sino convenciéndolos. Cox,
que hace poco fué —como a colorear su viva fantasía— a Constantinopla, y habla a nuestra manera; imaginativa, adjetivosa, alada y abundante,
parecía en sus cuartos de campaña, llenos de amigos
menos numerosos que activos, caballero de Roma,
a la hora de salir a tribunales, rodeado de su cohorte de clientes.

Randall, austero y agrio, más amigo de los que
conservan que de los que impulsan, y tenido por
los más como cabeza visible del partido, recontaba
de antemano, seguro de su victoria, los votos de sus
parciales.

Carlisle, de frente alta, cuadrado en las sienes;
de ceja montuosa, como de quien mira mucho, y
sabe callar, y ha padecido; de boca fina como de
orador discreto; de ropa y modos llanos, como sienta a hijo de casa humilde y recién hecha; Carlisle,
en quien parece que se juntan las dotes dichosas de
ir a la par zapando y construyendo, y no echa abajo piedra vieja, para reponer la cual no tenga piedra nueva a mano; Carlisle vencía. Cox es libre
cambista, y vencerá mañana. Randall, es proteccionista, y venció ayer. Carlisle quiere que se vaya

sin conmoción súbita, y de manera que las industrias artificiales del país, puedan prepararse para
resistir el tránsito del proteccionismo al libre-cam-
bio: sabe que los errores económicos crean un derecho relativo, tan respetable a los ojos de los hombres prudentes como el derecho absoluto. Derecho
de accidente, que para que al absoluto no cierre el
paso, ha de irse cercenando, convirtiendo, reponiendo, evaporando.

Asombra como no esclarece en la suerte pública
el grave peligro. Por fortuna no bien se anuncia,
ya los inteligentes de la tierra, los verdaderos sacerdotes, los caudillos y padres verdaderos, ponen
sus odios civiles en freno, como cetrero a sus perros en trailla, y hombro a hombro y en silencio,
ven de hacer camino natural a la catástrofe. Los
fabricantes nativos tenaces, que aún ven dinero en
el mercado, no quieren que entren sin derechos, o
en condición de luchar con los nacionales, los artefactos extranjeros: y los trabajadores apurados,
que creen se quedarán sin labor que hacer en las
fábricas nativas, o cobrarán menos salario por tener que venderse entonces todo lo nativo a menos
precio, sin que por eso vean que bajan los costos
de la vida, hacen con los fabricantes que los emplean y los azuzan las alas fuertes del ejército proteccionista. Pero la razón, y el miedo que también
la sirve, llenan solos, con probabilidades de triunfo, el ala enemiga: el vigor permanente viene del
equilibrio justo. Al trabajo y a la inteligencia humana le están marcando límites de prosperidad pre-
cisos.

El que excede en riqueza, excederá en pobreza. Los países que crecen por merced de condiciones accidentales, y leyes antilógicas que las aprovechan, enflaquecen de súbito luego como los perros del loco de Cervantes. En la armonía universal inmensa, el que acapara y abusa, depleta luego y no tiene qué usar. La esclavitud que enriqueció a los dueños, los ha ahogado luego en sangre o en vicios y mejor le fuera haberlo sido en sangre! El proteccionismo, que hincó con sobra inesperada de caudales las cajas del país, ha roto las arcas.

El caso es simple. Salta de suyo. La tarifa proteccionista subió de tal modo los derechos de introducción a los artefactos extranjeros, que cerró el mercado a todos los productos extranjeros de las especies que se elaboraban en el país. El país se enriquecía por la abundancia de sus cosechas. Dueños exclusivos del mercado patrio rico, le impusieron a altos precios sus productos imperfectos. El dinero que devolvía el mundo entero por el exceso del valor de las cosechas que iban de los Estados Unidos sobre el de los artefactos y frutos que venían a ellos, mantenía el mercado pletórico de caudales, por lo que no se paraba mente en los altos precios. Los grandes provechos acumulados merced a éstos por los productores nacionales, les habilitaron para crear fortísimas fábricas, para montar hercúleos talleres, para poner a hervir el hierro en calderas que parecen montes vacíos, vueltos sobre su copa; para atraer millaradas de obreros, para pagarles cuantiosos salarios, para crear organismos voraces y poderosos, para despertar a la vida

ciudades enteras, sobre estas bases de espuma y
capricho, que, en cuanto le sacaron el puntal de la
tarifa, vendrían todas a tierra. Y mientras el mercado enriquecido se surtía de los nuevos productos,
iban como en volandas de gloria los productores.
Pero el mercado se ha saciado; las importaciones,
con el loco lujo han crecido; el país no necesita más
productos nativos de los que tiene; lo que vaya ne-
cesitando será siempre mucho menos de lo que las
fábricas vayan produciendo.

Como los manufactureros ganaban tanto, no ponían reparo en pagar los altos derechos que, para
que la tarifa fuese lógica, se cobraba por la importación de las materias primas, de manera que con
la carestía de las materias primas, el alto tipo de los
salarios y toda la entretejida fábrica de costos, crecidos por ley mutua en consecuencia del sistema,
los productos nacionales (en gran parte burdos,
porque como se vendían de todos modos, no tenían
porque esforzarse en ser mejores) ni encuentran en
el mercado patrio quien los compre, ni pueden salir
a los mercados extranjeros a competir con los productos rivales, baratos y perfectos. Y la fábrica
falsa, tremenda, con sus ojos de hoguera y su vientre de hierro, comienza a levantar al cielo espanta-
da sus millares de manos. Hay manufacturas que
se cierran; telares que no tejen; pueblos de hacer
máquinas que apagan sus fraguas; asociaciones de
obreros; empresarios que despiden a los obreros por
falta de trabajo. Este año podrán hacer frente con
los beneficios acumulados en el largo período del
sistema, al exceso de los costos de las fábricas so-

bre el de la venta de sus productos. Pero ya comienzan a no poder hacer frente.

Cada fábrica de estas colosales es un pueblo de millares de vientres que quieren alimentos, de voces que amenazan, de almas que gruñen. Mantenerlas es como mantener ejércitos. Son cosas de gigantes, poderosos y terribles como el anudamiento de los vientos en la atmósfera o como las corrientes de la mar.

Y la vida de los prohombres es costosa: treinta mil pesos al año, es renta nimia. A poco, vá a ser gala tapizar de billetes de banco las paredes. Ya hubo un vil, años ha, que cubrió de billetes de banco un vestido de novia. El problema está erguido. El proteccionismo ha dado su fruto. Se ha creado un colosal pueblo industrial que no tiene mercados donde colocar sus industrias imperfectas.

Esto que es hoy sospecha mañana será clamor. La inquietud comienza; y en lo hondo, donde se trabaja la superficie, se enciende la vía. La crisis, lenta primero, causará males agudos. Será penosa, amarga, sombría. Despreciaciones súbitas, traerán grandes pánicos. Con continuar la tarifa primitiva, crecería el monstruo. Con abrir de súbito los puertos a los productos extranjeros, las fábricas que pudiesen afrontar los gastos del período de transformación de manufactura que impone a precios caprichosos en un mercado forzoso un artefacto incompleto, a manufactura que solicita a precios bajos un mercado abastecido, con artefactos perfectos. Y los intereses fabriles son aquí tan grandes, que cercenarlo de súbito sería incomparable catástrofe.

Parece, pues, necesario ir manteniendo a raya a los productos extranjeros a la par que se avisa del peligro en fecha cercana a los produtores nacionales, para que las fábricas tengan al menos seguro el consumo del país, mientras convencidos del error temible y de la rivalidad inevitable, perfeccionan sus artefactos de manera que, con ayuda del derecho bajo a las materias primas importadas, y de los salarios bajos por el descenso en los costos usuales de la vida, —ventajas ambas que vendrán con una tarifa libre-cambista— pueda al cabo ser ésta establecida, y aquellos salir a luchar con los productos competidores en los mercados extranjeros.

Cuanto aquí pasa hoy, gira sobre ésto.

Ante la pluma se hierguen, pidiendo espacio, el Padre Jacinto que aquí predica; un monseñor Capel, magnífica zorra; Mathew Arnold, el escolar inglés que observa y lee en público; y la Nilsson, cuya voz, como un águila herida ya no alcanza a su cielo natural, y muere; y la Patti, criatura canora, de cristal hecha y plata, que aras merece, y no loas de pluma. En nidos se piensa viéndola; nidos de argentería. Toda es hecha de alas, alas que se encumbran graciosamente en su seno, que se recogen coquetamente hacia los pies menudos, que se abren anchamente —como aquellas inmensas y radiantes que Doré pintaba— junto a los hombros colombinos; que caen sobre la gallardísima cabeza en caudas abundantes de plumas negras y sedosas. Y cuando canta el aria de Lucía, parece ala tendida, vuelta al cielo! Se abren cajas de joyas; se ven bandadas de aves, y caen ramos de estrellas cuando canta. ¡Risueña y caprichosa criatura, por quien los hombres han vuelto a ser vasallos!

Pero mañana hablaremos de Mathew Arnold, alto en inglesa fama; del cardenal de blanda lengua, flexible como estileto napolitano; y del Padre Jacinto, un hombre roto.

José Martí.

La Nación. Buenos Aires, 27 de enero de 1884.